AS TUTELAS PROVISÓRIAS NO PROCESSO DO TRABALHO

1.ª Edição — Janeiro de 2018
2.ª Edição — Junho de 2023

AUTORIA
MANOEL ANTONIO TEIXEIRA FILHO

LTr®

AS TUTELAS PROVISÓRIAS NO PROCESSO DO TRABALHO

2ª EDIÇÃO
2023

LTr Editora Ltda.

Rua Jaguaribe, 571
CEP 01224-003
São Paulo, SP — Brasil
Fone: (11) 2167-1101
www.ltr.com.br
Junho, 2023

Projeto Gráfico e Editoração Eletrônica: Peter Fritz Strotbek - The Best Page
Projeto de Capa: Danilo Rebello
Impressão: Log & Print Gráfica e Logística

Versão impressa: LTr 6420.8 — ISBN 978-65-5883-251-5
Versão digital: LTr 9889.1 — ISBN 978-65-5883-252-2

Dados Internacionais de Catalogação na Publicação (CIP)
(Câmara Brasileira do Livro, SP, Brasil)

Teixeira Filho, Manoel Antonio
As tutelas provisórias no processo do trabalho / Manoel Antonio Teixeira Filho. — 2. ed. — São Paulo : LTr, 2023.

Bibliografia.
ISBN 978-65-5883-251-5

1. Direito processual do trabalho 2. Direito processual do trabalho — Brasil 3. Medidas cautelares — Brasil 4. Tutela provisória I. Título.

23-159352 CDU-347.9:331(81)

Índice para catálogo sistemático:

1. Brasil : Tutela provisória : Direito processual do trabalho 347.9:331(81)

Eliane de Freitas Leite - Bibliotecária - CRB 8/8415

Aos netos:

Manuelzinho, Carolina,

Vanessa e Isadora —

com profundo carinho.

Índice Sistemático da Matéria

Segunda Parte — Comentários às Disposições do CPC Sobre Tutela Provisória (sob a perspectiva do Processo do Trabalho)

Preâmbulo

1. O CPC de 1973 estava dividido em cinco Livros, a saber: I – Do Processo de Conhecimento; II – Do Processo de Execução; III – Do Processo Cautelar; IV – Dos Procedimentos Especiais; e V – Das Disposições Finais e Transitórias.

As medidas cautelares, como é de fácil inferência, estavam compreendidas no Livro III (arts. 796 a 889); a antecipação dos efeitos da tutela era disciplinada no Livro I (art. 273).

No processo do trabalho, havia larga utilização das medidas cautelares inominadas, derivantes do notável *poder geral de cautela* que o art. 798, do CPC, atribuía aos magistrados, assim como da antecipação dos efeitos da tutela de mérito, designadamente, quando houvesse "fundado receio de dano irreparável ou de difícil reparação" (art. 273).

2. O CPC de 2015 alterou, profundamente, essa estrutura, pois foi bipartido em Parte Geral e Parte Especial. A Parte Geral compreende os Livros I a VI; a Especial enfeixa os Livros I a III. Há, ainda, o Livro Complementar, que se ocupa das Disposições Finais e Transitórias.

O Livro V, da Primeira Parte, versa sobre a Tutela Provisória, que compreende as Disposições Gerais (Capítulo I), a Tutela de Urgência (Capítulo II) e a Tutela da Evidência (Capítulo III).

3. Conforme se verifica, o CPC de 2015, no Livro V, fez uma espécie de fusão entre as medidas cautelares e a antecipação dos efeitos da tutela, que eram regulados pelo CPC de 1973.

Dentre as inovações inseridas nesse Livro, destaca-se a tutela de urgência antecipada requerida em caráter antecedente, que pode se tornar estável se a decisão concessiva não for objeto de recurso (processo civil) ou de mandado de segurança (processo do trabalho). É o que consta do art. 304, *caput,* do CPC. Embora a decisão concessiva da tutela não produza coisa julgada, a revisão, reforma ou invalidação da tutela estabilizada será possível mediante decisão de mérito, proferida em ação específica, a ser exercida dentro de dois anos da ciência da decisão que extinguiu o processo em que se deu a referida estabilização (art. 304, §§ 2.º a 6.º).

As antigas medidas cautelares *nominadas* (arresto, sequestro, caução, busca e apreensão, exibição, produção antecipada de provas, justificação, protestos, notificações, interpelações e atentado) foram eliminadas, *como tais*. Algumas delas foram disseminadas, a títulos diversos, ao longo do Código: a busca e apreensão está contida na ampla previsão do art. 139, IV, que trata dos poderes e dos deveres do juiz; o arresto e o sequestro se converteram em tutela de urgência de natureza cautelar (art. 301); a produção antecipada de provas foi deslocada para o Processo de Conhecimento (arts. 381 e 383), o mesmo ocorrendo com a exibição de documentos (arts. 396 a 404); as notificações e as interpelações foram transferidas para os domínios dos Procedimentos de Jurisdição Voluntária (arts. 726 a 729); o atentado ficou insinuado no elenco dos deveres das partes e de seus procuradores (art. 77, VI).

4. Vista sob a perspectiva do processo do trabalho, a sistematização das tutelas provisórias, realizadas pelo CPC de 2015, se revela extrema complexidade, seja quanto às suas modalidades, seja quanto aos respectivos procedimentos. Basta ver que o legislador traçou procedimentos distintos para a tutela de urgência antecipada requerida em caráter antecedente (arts. 303 e 304) e para a tutela de urgência cautelar requerida em caráter antecedente (arts. 305 a 310); além disso, não estabeleceu o procedimento alusivo a essas duas tutelas quanto requeridas de modo incidental, o mesmo se dando com a tutela da evidência.

Seguramente, com o decorrer do tempo, juízes, advogados e membros do Ministério Público do Trabalho acabarão por habituar-se a essa intrincada sistematização das tutelas provisórias, efetuada pelo CPC de 2015. Seja como for, torna-se de extrema relevância a conscientização de que a incidência dessas tutelas, no processo do trabalho, deve atender ao requisito da *compatibilidade* com este (CLT, art. 769), razão pela qual, em nome desse requisito fundamental, será necessário, em alguns casos, adaptar-se o procedimento referente às tutelas provisórias ao procedimento que é característico do processo do trabalho.

De *lege ferenda*, ao processo do trabalho, mercê de sua (ameaçada, aliás) tendência à simplificação objetiva, será suficiente atribuir aos magistrados um *poder geral de cautela*, cuja plasticidade ou maleabilidade haverá de ser suficiente para debelar todas as situações de periclitância de direito da parte. Esse processo do futuro também poderá conceder ao magistrado o poder de, em determinadas situações específicas, deferir medidas satisfativas, antes mesmo da sentença de mérito, como quando o réu estiver fazendo mau uso do direito de defesa, ou agindo com má-fé.

5. De resto, dividi o livro em duas Partes. Na Primeira, a que denominei de Propedêutica, lancei considerações próprias da teoria geral do processo, envolvendo a ação, sua natureza jurídica, seu conceito e condições para o

correspondente exercício. Também discorri sobre os princípios processuais, tanto de natureza constitucional quanto infraconstitucional, terminando por versar sobre as tutelas jurisdicionais definitiva e provisória. Na Segunda Parte, de caráter pragmático, efetuei comentários, sob a perspectiva do processo do trabalho, a cada artigo do CPC de 2015, pertinente ao universo das tutelas provisórias.

Os fluxogramas se destinaram a propiciar ao leitor uma visão ampla e sistematizada do procedimento alusivo, principalmente, às tutelas de urgência antecipada e de urgência cautelar, quando requeridas em caráter antecedente. O fluxograma concernente à tutela da evidência foi bastante simplificado.

Curitiba, janeiro de 2018

O Autor

Primeira Parte

Propedêutica

Capítulo I

Ação: Natureza Jurídica e Conceito

É razoável intuir que um crítico algo precipitado se sentiria em boa sombra para não ver sentido em nosso propósito de dedicar, neste livro que versa essencialmente sobre *tutelas de urgência*, todo um Capítulo ao estudo da natureza jurídica e do conceito da ação; argumentaria, por suposto, que nossa atitude, além de impertinente, conduziria a uma larga incursão pelos domínios da doutrina do processo civil, sem qualquer proveito científico ou utilidade prática ao processo do trabalho.

A eventualidade de uma tal objeção sugere-nos redarguir, em prolepse, que a investigação doutrinária a respeito desses assuntos pertencentes à teoria geral do processo não é inadequada ao escopo da obra, no particular, nem desvaliosa aos interesses essenciais do processo trabalhista, no geral; as razões desta afirmativa, aliás, coincidem com os objetivos que nos inspiram a escrever o Capítulo: de um lado, valermo-nos da oportunidade para dar início, ainda que heterotopicamente, à inadiável tarefa de revisão doutrinal do processo do trabalho, mediante aprofundada reflexão científica acerca de alguns dos seus temas e institutos característicos, dentre os quais se inscreve e se destaca o da *ação*; de outro, efetuarmos, com base no resultado desse reexame, o bosquejo de uma *teoria geral* do processo trabalhista, sem embargo de reconhecermos, desde logo, que o processo — enquanto método ou técnica estatal de solução dos conflitos intersubjetivos de interesses — seja, em sua estrutura onto-teleológica, fundamentalmente unitário, de sorte a exigir que o seu conceito traga sempre o traço da homogeneidade.

Quando falamos, entretanto, em processo *do trabalho* não estamos, como se possa imaginar, desrespeitando a unidade ontológica do processo, mas apenas colocando em realce uma de suas *especialidades*, que se determina segundo a *natureza das lides* a que é destinado a compor.

Neste aspecto, vale ser lembrada a feliz alegoria, ideada por *Carnelutti*, em que o processo é representado por uma grande árvore, a crescer em um só tronco, até que, a partir de certa altura, surgem os diversos galhos. O tronco, no caso, é o processo, correspondendo os galhos às suas variadas ramificações (ou *especialidades*, como dissemos), que embora possam apresentar alguns particularismos, de modo a diferençá-las entre si, têm em comum o caule de que se originam e de cuja seiva se nutrem.

Devemos também precatar-nos em esclarecer que a alusão, feita há pouco, a *processo* foi no sentido rigorosamente técnico do vocábulo, porquanto estávamos a pressupor a existência de *lide* — qualificada, na doutrina carneluttiana, por uma pretensão resistida e insatisfeita. É elementar, por isso, que, em rigor, a ausência de lide, em determinada hipótese, somente nos autorizará a cogitar de mero *procedimento*, nunca de *processo.*

Cremos, de outro ponto, que não nos abandonará o senso de comedimento se afirmarmos que em matéria de sistematização científica do processo trabalhista a doutrina avançou (a despeito de seu esforço) muito pouco até os dias da atualidade, razão por que quase tudo está para ser construído nesse campo. Podemos mesmo asseverar que, sob esse prisma, o processo do trabalho ainda se encontra em sua proto-história; o que é, no mínimo, preocupante, se levarmos em conta o atual estádio de evolução científica do processo civil.

Essa falta de elaboração doutrinária, como é de sua índole, acabou por refletir-se nas próprias estruturas normativas trabalhistas, bastando argumentar, *e.g.*, com o fato de a CLT designar de *reclamação* (*sic*) aquilo que, em linguagem depurada pela ciência processual, e já coberta pela pátina dos séculos, o processo comum denomina, em melhor técnica, de *ação*. Idêntica impropriedade terminológica também se verifica quanto à *notificação*, utilizada pela CLT para significar, de maneira indistinta, a intimação e a citação — formas de comunicação dos atos procedimentais que possuem conceitos e finalidades inconfundíveis. Além disso, o termo *notificação*, na vigência do CPC de 1973, era empregado para nomear uma das providências cautelares típicas (CPC, art. 867).

É até provável que com a adoção dessa nomenclatura peculiar (que não se circunscreve às figuras mencionadas) tenha o legislador trabalhista de 1943 procurado assinalar a desejada autonomia do processo do trabalho — conquanto esta conclusão seja infirmada pelo art. 769, da CLT, que constitui uma espécie de reconhecimento solene quanto à insuficiência numérica das normas processuais trabalhistas para atender, satisfatoriamente, às necessidades que a realidade prática sói manifestar. Ademais, merece censura o deslize técnico evidenciado nesse artigo, em considerar o processo civil como "fonte" do processo do trabalho; *venia concessa,* a ocasional incidência de normas forâneas neste processo especializado — mesmo que feita à luz do preceito legal permissivo — não as transformam, como pensou o legislador, em *fonte* deste, exceto se as palavras já não significam o que os bons léxicos ensinam. Tais normas têm, unicamente, caráter *supletivo*, pois se destinam a suprir lacunas do sistema do processo do trabalho. São, por assim dizer, normas de colmatação deste processo.

De qualquer forma, assume ares de romantismo acadêmico imaginar-se que a autonomia enciclopédica do processo do trabalho seja obtenível por intermédio de um rompimento simplista com a terminologia tradicional, como se a mera substituição do envoltório tivesse o condão de transmutar o conteúdo do recipiente.

Daí vem, que a efetiva autonomia do processo trabalhista — que todos buscamos — haverá de ser produto de metódica e perseverante atividade de cerebração científica, sendo de desprezar-se, por inútil, qualquer critério que se funde apenas em epidérmicas modificações terminológicas. Cumpre à inteligência doutrinária, portanto, lançar-se o quanto antes a essa instante revisão de conceitos, princípios, temas e institutos singulares do processo do trabalho, cuidando de colocar à frente, nesse afanoso mister de (re)construção, aquela que nos parece constituir a principal finalidade — quer do ponto de vista jurídico, quer do ideológico — desse processo: *servir, com a máxima fidelidade, ao direito material a que corresponde.*

Não se vislumbre na menção a essa *correspondência* uma nossa deliberada tentativa de provocar a involução dos estudos doutrinais do processo (*lato sensu*); jamais desejamos fazer perigosa concessão ao passado, para efeito de ressuscitarmos a equivocada teoria civilista (ou imanentista) da ação, liderada por *Savigny*, de acordo com a qual o direito de agir em juízo condiciona-se à existência do *correspondente* direito substancial. Está em nossa intenção demonstrar, no item subsequente, que a ação, opostamente ao sustentado pela precitada teoria, firmou-se, nos tempos modernos, como um direito *abstrato* de agir, a significar que o seu exercício não está, necessariamente, subordinado a que o autor possua razão jurídica ou o direito invocado. Cabe-nos rememorar que *Adolfo Wach,* ao argumentar com as ações declaratórias *negativas*, golpeou de morte a teoria da ação como um direito *concreto* de impetrar a tutela jurisdicional do Estado.

A revisão doutrinária do processo trabalhista — que preconizamos e principiamos a realizar neste Capítulo — não deve ser interpretada à conta de banal amor à novidade, com ser destituída, em virtude disso, de objetivos mais sérios; esse desiderato de ampla revisão exprime, acima de qualquer coisa, a necessidade de estimular um progresso verdadeiramente científico da disciplina, como medida tendente a adequá-la às exigências da atualidade, sob pena de perda da própria identidade enciclopédica desse processo especializado. Como adverte *Chiovenda* (*La Riforma del Procedimento Civile*, Roma, 1911, p. 4), em muitos casos, como o que estamos a apreciar, "*Convien decidersi a una riforma fondamentale o rinunciare alla speranza di un serio progresso*".

Sábia regra de prudência alvitra, de outro lado, que nessa obra de reconstrução doutrinária — e, mais tarde, legislativa — sejam preservados aqueles institutos incorporados ao texto vigente, que a experiência acumulada ao longo dos anos esteja a comprovar serem convenientes aos objetivos da reforma; afinal, é sabido que o progresso dos povos e da ciência decorre, em grande parte, do descortino de bem saber distinguir entre o que é bom e o que é mau para si; entre, pois, o que deve ser mantido e o que deve ser posto à margem. E, nesse ato de escolha racional de busca de alternativas, não devem existir fronteiras entre o passado, o presente e o futuro, uma vez que, na lúcida ponderação de *Niceto Alcalá-Zamora y Castillo*, "*El reformador no debe olvidar nunca que por muy viejo que sea un edificio siempre de su derribo se obtienen materiales para construcciones futuras*" (*Principios Teóricos y Políticos de una Reforma Procesal,* Honduras, 1950, p. 7 e segs.).

Assim como a natureza não dá saltos, a revisão científica do processo do trabalho haverá de ser lenta e gradativa, para ser profunda e sensata, preparando, dessa forma, o material que deverá ser colocado à disposição do legislador, no futuro. Urge, porém, que se dê início a esse movimento de reexame, se não pretendermos que os tempos vindouros venham a deitar-nos justas críticas por nosso imobilismo e apatia diante desse desafio, a par de atribuir-nos culpa pelas deficiências do processo que se instituir de *lege ferenda.*

A consciência dessa reprovação do porvir impôs-nos um agir imediato, mesmo sabendo que nesse tipo de empreitada os naturais desacertos tendem a comprometer os sadios propósitos que levam a realizá-la.

Eis as razões que nos levaram a escrever este Capítulo — como se houvesse um dever de justificá-las.

1. Natureza Jurídica da Ação

a) Teoria civilista

A doutrina do direito romano — tendo em *Celso* um dos seus preeminentes representantes — concebia a ação como o direito de postular em juízo o que fosse devido (*actio nihil aliud est quam ius persequendi in iudicio quod sibi debeatur*); em virtude disso, ação e processo eram considerados simples capítulos do direito material, sem que lhes fosse reconhecida qualquer autonomia científica.

Mais tarde, juristas de diversas nacionalidades — embora sob acentuada influência da concepção romana — empenharam-se na investigação a respeito da *natureza jurídica* da ação. Resultado dessa intensa prospecção doutrinária foi o surgimento da teoria (ou escola) *civilista* (também dita clássica, ou imanentista), que encontrou em *Savigny* o seu agente de difusão e de consequente consolidação. Em breve tempo, a grande maioria dos pensadores aderiu a essa doutrina, dentre os quais alguns brasileiros, como foi o caso de *João Monteiro*.

De acordo com a teoria em foco, a ação representa o próprio direito material em estado de reação a uma violência, já concretizada ou na iminência de vir a ser; por outros termos, a ação fica reduzida à mera qualidade do direito substancial. Em decorrência da profunda infiltração dessa doutrina no pensamento de quase todos os juristas da época, os conceitos de ação, que estes vieram a formular, conduziam a certas conclusões comuns, que podem ser assim sintetizadas: 1) inexiste ação sem direito material; 2) não há direito sem ação que o assegure; 3) a ação se subordina à natureza do direito material lesado ou ameaçado.

É certo que cada jurista procurou imprimir a marca de sua individualidade ao enunciar uma opinião acerca da natureza jurídica da ação, conquanto permanecesse a uni-los o princípio medular de que a ação estava umbilicalmente ligada ao direito material, que lhe dava — por assim dizer — expressão jurídica. Daí por que *Savigny* definiu a ação como o direito substancial a movimentar--se em consequência da violação sofrida; para *Vinnius*, ela representava o direito material em estado de guerra, reagindo contra a ofensa ou a ameaça; *Mattirolo* a considerava uma posição assumida pelo direito; *Filomusi Guelfi*, por seu turno, identificava na ação uma propriedade, elemento, qualidade, função, anexo do direito material, ou seja, mantinha a posição central da doutrina civilista, aos olhos da qual a ação surge como o próprio direito subjetivo material assumindo uma atitude de reação a um constrangimento.

Ao dispor, a propósito, em seu art. 75, que "*A todo direito corresponde uma ação, que o assegura*", o Código Civil Brasileiro de 1916 demonstrava haver incorporado a doutrina civilista da ação, sendo proveitoso ressaltar que o citado Código, instituído pela Lei n. 3.071, de 1.º de janeiro de 1916, entrou em vigor a 1.º de janeiro do ano seguinte (art. 1.806), sendo, posteriormente, revogado (Lei n. 10.406, de 10 de janeiro de 2002). O novo Código não repetiu a norma contida no anterior.

Essa teoria, contudo, acabou — em virtude do amadurecimento das reflexões sobre o tema — recebendo duras objeções, na medida em que ficava a dever uma explicação juridicamente razoável diante de certas indagações, como qual teria sido o direito de o autor provocar o exercício da função jurisdicional do Estado quando a sentença viesse a declarar que *não* possuía o direito material alegado. Com efeito, se, na linha de entendimento da doutrina civilista, a ação nada mais representava do que um reagir do direito a uma lesão ou ameaça, como justificar que o autor teve, na hipótese, ação sem possuir o *correspondente* direito material? A mesma dificuldade lógica era enfrentada por essa teoria em face das ações declaratórias *negativas*, cuja finalidade é, caracteristicamente, obter um provimento jurisdicional declarativo da *inexistência* do direito material ou da relação jurídica. Tais ações ainda estão presentes nos ordenamentos processuais modernos, onde o interesse do autor pressupõe, exatamente, a *inexistência de relação jurídica.*

Em meados do século XIX — precisamente em 1856 — *Bernard Windscheid*, professor na Universidade de Greifswald, publica a sua obra "*A ação no direito romano sob o ponto de vista do direito atual*", que viria a provocar famosa cinca com *Theodor Müther*, professor na Universidade de Könisberg, quanto ao conceito *da actio* no direito romano e seu desenvolvimento no plano do direito contemporâneo.

Em seu livro, *Windscheid* empenhou-se, basicamente, em: *a)* demonstrar a profunda diversidade entre os sistemas jurídicos de Roma e os do mundo moderno, considerando que aquele era um sistema de *actiones*, razão por que somente por intermédio da *actio* é que se poderia chegar ao *ius*; *b)* traduzir, em linguagem avançada, os termos romanos relativos ao mencionado sistema; *c)* opor-se à comparação, feita pelos estudiosos modernos, entre a *actio* e a ação atual.

Chega *Windscheid* à conclusão de que a *actio* romana constitui um fenômeno que é representado, no direito contemporâneo, pela denominação *Anspruch* ("pretensão") consistente na "*faculdade de impor a própria vontade em via judiciária*". Informa *Pugliese* que o conceito de *Anspruch,* formulado por *Windscheid*, foi introduzido no Código Civil alemão (BGB, § 194), na parte referente à prescrição da pretensão (Betti, in: *Introduzione intorno all'actio, Ragione* e *Azione,* p. 206, nota 3).

A obra de *Müther* (*Zur lehre von der romischen Actio, dem heutigen Klagerecht, der litiscontestation und der Singularsucession in Obligationem*), escrita em 1857, se caracteriza por três aspectos essenciais: 1) tentativa de reaproximar os conceitos romano e moderno de *actio* e ação; 2) declaração de que o sistema romano o *ius* tinha preeminência em relação à *actio*; 3) a definição da *actio* segundo o direito à tutela jurídica, em que era titular passivo o magistrado e não o adversário.

Em suma, para *Müther* a ação se diferençava do direito subjetivo material tanto pela diversidade do sujeito passivo quanto pelo fato de existirem direitos não protegidos pela ação. Ao contrário de *Windscheid*, sustentou que o ordenamento jurídico romano não era um sistema de ações e sim de direitos, à feição dos sistemas jurídicos contemporâneos.

No mesmo ano, *Windscheid* publica outra obra, sob o título "*A actio — réplica a Th. Müther*", na qual reafirma o pensamento exposto no livro anterior; esse trabalho encerra a disputa, ardentemente travada, entre os dois juristas.

Na observação de *Chiovenda*, essa polêmica, embora não tenha conduzido a resultados definitivos — porquanto as discussões que dela se irradiaram não conseguiram aclarar de todo o assunto — teve o indiscutível merecimento de suscitar um amplo e profundo debate em um campo onde quase tudo estava para ser desbravado (*La acción en el sistema de los derechos*, in: *Ensayos de Derecho Procesal Civil*, vol. I, trad. Argentina, p. 3 e segs.).

É correto afirmar-se, de outro ângulo, que a cizânia surgida entre os dois ilustres romanistas alemães revelou que o direito material e a ação possuem conteúdos próprios, inconfundíveis, o que representou, sem dúvida, um grande progresso dos estudos doutrinários respeitantes à ação.

Para *Müther*, *v.g.*, a ação consistia no direito de obter a tutela jurisdicional do Estado, cujo exercício era reconhecido a quem houvesse sofrido alguma lesão de direito. A contar daí, ele fixou o seu entendimento de a ação ser um direito que se exerce *contra o Estado*, ao qual o indivíduo invoca a tutela jurisdicional. Apresenta-se a ação, desse modo, como um direito público subjetivo, desvinculado de qualquer direito material. O pensamento de *Müther* rompeu com a doutrina civilista da ação, que, como vimos, sustentava ser esta simples manifestação do direito substancial.

b) Teoria do direito concreto

Em 1885, *Adolfo Wach*, influenciado pela doutrina de *Müther*, dá a lume a sua importante monografia a respeito da ação declaratória; esse trabalho — que se tornou célebre — é apontado como a mais notável contribuição ao advento da moderna teoria do processo; o próprio *Wach* é considerado um dos fundadores do direito processual contemporâneo.

Na obra, o grande jurista demonstrou ser a ação um direito autônomo, sem qualquer liame com o direito material que ele acaso vise a proteger; a ação não pressupõe, consequentemente, a existência de um direito material, que constituiria a sua razão de ser. Dentro dessa construção, *Wach* pôde argumentar com a *ação declaratória negativa*, cujo objetivo reside, precisamente, na obtenção de um provimento jurisdicional que diga da inexistência da relação jurídica ou do direito substancial aventado. Dessa forma, se o que o autor deseja conseguir, em tal tipo de ação, é uma declaração jurisdicional quanto à não existência do direito material, como se poderia afirmar que a ação estaria a proteger um direito que inexiste?

Podemos afirmar, diante disso, que o argumento de *Wach* — lastreado na ação declaratória negativa — deitou por terra, em definitivo, a teoria civilista da ação.

Na óptica de *Wach*, a ação era dirigida contra o Estado e contra o adversário, com o intuito de conseguir a tutela jurisdicional. Contra o Estado, porque este se situa na obrigação indeclinável de administrar justiça; desse posicionamento estatal o renomado jurista tira a conclusão de que a ação assume foros de direito público subjetivo. Para ele, entretanto, a tutela jurisdicional deve ser consubstanciada em uma sentença *favorável* ao autor, a expressar que o direito de ação fica na dependência do atendimento de certos requisitos de direito material, como as condições da ação, e de direito formal, como os pressupostos processuais; segue-se, que ausentes tais requisitos não haverá a entrega da prestação jurisdicional invocada, nem ação. Esse fato levou a denominar-se de teoria do direito *concreto* à tutela jurídica a doutrina em questão.

Von Büllow, por sua vez, reconheceu que a relação de direito material é distinta da relação jurídica processual; há no processo, diz ele, duas relações, que não se confundem, cabendo ao julgador examiná-las: "*O juiz tem de decidir não só sobre a existência do direito controvertido, mas também para conhecê-lo, examinar se concorrem os requisitos de existência do próprio processo; deve verificar assim, além da questão relativa à relação jurídica litigiosa (res in iudicio deducta), também a concernente à relação jurídica processual (iudicium). Esse dualismo da matéria processual desde sempre existiu, determinado pela estrutura do procedimento judicial. Ele conduz a uma divisão do processo em duas fases, do qual uma delas é dedicada ao exame da relação jurídica material e outra à verificação dos pressupostos processuais*" (*apud* SANTOS, Ernane Fidelis dos. *Introdução ao Direito Processual Civil.* Rio de Janeiro: Forense, 1978. p. 49).

A importância do pensamento de *Büllow* para a evolução da ciência processual pode ser medida pelo abalizado depoimento do Prof. *James Goldschmidt:* "*la teoría de la relación juridica procesal y de sus presupuestos forma la base de todos los sistemas del proceso, siendo indudable que a partir de Büllow, y no antes, comienza a formarse una Ciencia propia del Derecho Procesal*" (*Teoría General del Proceso.* Barcelona: Labor, 1936. p. 15).

c) Teoria do direito potestativo

Tempos depois, *Chiovenda* — discípulo de *A. Wach* — desenvolve a teoria da ação como direito concreto de agir, embora impondo-lhe modificações em pontos fundamentais. Efetivamente, a despeito de considerar a ação um direito autônomo — conforme proclamara a doutrina alemã —, *Chiovenda* sustenta que ela não é dirigida contra o Estado e sim contra o adversário; assim sendo, a ação é identificada como o direito de provocar, contra a parte contrária, o exercício do poder-dever estatal, a que se chama jurisdição.

Para o mestre italiano, o titular do direito subjetivo de ação tem o direito (que também é um poder) de produzir, em seu benefício, o efeito de provocar o funcionamento da atividade jurisdicional do Estado, relativamente ao adversário, sem que este possa impedir referido efeito. O direito de ação se caracteriza, em razão disso, pela potestatividade e se afirma como um direito destinado a produzir resultados jurídicos, em prol do autor, com o consequente ônus para a parte contrária, que, como se disse, nada pode fazer com vistas a obstar a produção desses efeitos.

Com o intuito de esquivar-se das críticas formuladas à teoria civilista da ação, *Chiovenda* edificou engenhosa teoria geral do direito, em que a norma legal representa a *vontade abstrata da lei*. Destarte, quando se verifica a ocorrência do fato nela previsto, a vontade da lei se manifesta concretamente, com o objetivo de garantir ao autor a consecução de um bem da vida. Essa garantia é realizada: *a)* mediante a prestação, pelo devedor, de maneira a assinalá-la como um direito subjetivo à prestação; *b)* na ausência da prestação, obtém-se a garantia pelo direito subjetivo de ação, que o Estado coloca ao alcance do indivíduo. Um e outro direito, conseguintemente, promanam da mesma vontade concreta da lei.

Na teoria chiovendiana, como se percebe, a função jurisdicional sobressai como a de atuar a vontade da lei, com a finalidade de manter a ordem jurídica. Essa função é privativa do Estado, que a exercita mediante provocação do interessado e sem que se dê à parte adversa o direito de impedir tal provocação. Por aí se vê que o ato de invocar a tutela jurisdicional figura, na doutrina de *Chiovenda*, como condição (essencial) à atuação da vontade concreta da lei, respeitando, portanto, o *princípio da demanda* — consagrado pelos CPC brasileiros de 1973, no art. 2.º, e de 2015, também no art. 2.º — conforme os quais o juiz não deve atuar por sua iniciativa (*ne procedat iudex ex officio*); logo, não se permite que o Estado preste a tutela jurisdicional sem que o interessado a requeira (*nemo iudex sine actore*).

Em termos objetivos, a habilidosa teoria elaborada por *Chiovenda* significa que a afirmação de alguém possuir ação corresponde ao reconhecimento de que essa pessoa é dotada do poder jurídico de provocar, por força de seu pedido realizado em juízo, a atuação jurisdicional, ou seja, a própria atuação da vontade da lei (*Instituições*, vol. I, n. 6, p. 53).

O direito de ação pode ser público ou privado, patrimonial ou não, segundo seja a vontade concreta da lei que lhe deu origem.

O pensamento de *Chiovenda* exerceu larga influência na Itália, onde surgiu, e em vários outros países, nada obstante hoje se encontre, no particular, sem o mesmo prestígio de outrora. Algumas objeções foram feitas a essa teoria: argumentou-se, por exemplo, que ela não era capaz de justificar qual teria sido o poder que permitiu ao autor provocar o exercício da função jurisdicional do Estado — e movimentar a máquina judiciária — quando se declarar que ele não possui o direito de ação. É verdade, contudo, que algumas vozes se levantaram para combater essa objeção, mediante a advertência de que não se deve confundir o direito de ação com a faculdade de pedir ao Judiciário que diga com quem está o direito, sabendo-se que essa faculdade estabelece nexo com a relação processual e não com o direito de agir (CASTRO, Amílcar de. *Comentários ao Código de Processo Civil*, vol. X, tomo 1.º, 2.ª edição, n. 19, p. 47).

Essa doutrina se assentava na trilogia: direito — titularidade — interesse, quer dizer, exigia como requisito fundamental: *a)* a existência de um *direito; b)* que somente poderia ser postulado por quem fosse o seu *titular*; *c)* devendo o autor possuir *interesse* na consecução de uma sentença que lhe fosse favorável.

Embora se fizesse aqui a separação entre direito material e direito de agir em juízo, entendia-se que o decreto judicial que negasse a ação poria fim ao processo com julgamento do mérito, exatamente porque a concepção predominante era de que a ação constituía um direito ao *julgamento favorável* às pretensões do autor. Disse *Calamandrei*: "*Os três requisitos devem concorrer a fim de que se possa considerar nascida a ação, entendida no sentido concreto, como direito à providência favorável; a falta de um só deles determina igualmente que seja repelida a demanda no mérito*" (*Instituições*, vol. I, pág. 129).

Conforme anota *Ernane Fidelis dos Santos*, ao constatar-se que o direito de agir em juízo tem como escopo conseguir um pronunciamento jurisdicional acerca da *res in iudicio deducta*, ainda que seja desfavorável ao autor, logo se percebeu que o sujeito passivo do direito de ação é o próprio Estado e não o adversário, na medida em que pertence àquele o encargo de prestar a tutela jurisdicional. Assim sendo, o fim desse direito não é providência favorável ao interesse do autor e sim um pronunciamento respeitante ao mérito. Também não era o direito de agir um direito potestativo, "*pois que ele não existe como uma faculdade de se realizar, independentemente da atuação da outra parte, pois sendo o Estado o sujeito passivo do direito de ação, ele não se realiza sem sua atuação, que consiste, correlatamente, na obrigatoriedade de ele, Estado, prestar a tutela jurisdicional*" (obra citada, p. 55).

d) Teoria do direito abstrato

Contrapondo-se à teoria da ação como um direito concreto de agir, e que pressupunha a obtenção de uma sentença favorável ao autor, formou-se na Alemanha uma outra, denominada de teoria da ação como direito *abstrato* de agir. *Dagenkolb*, na Alemanha, e *Plosz*, na Hungria, foram os seus eminentes representantes.

Proclamaram esses juristas que haveria ação mesmo quando a sentença negasse a existência do direito invocado pelo autor, ou concedesse o direito a quem realmente não o possuísse. Com isso, estabeleceu-se uma nítida e definitiva separação entre a ação e o direito material, sustentando-se que aquela, para existir, não depende da presença deste.

O direito de agir em juízo prende-se unicamente a que o autor aluda a um seu interesse, protegido de modo abstrato pelo direito, incumbindo ao Estado, a partir daí, exercer a função jurisdicional que lhe é privativa, ainda mesmo que seja para proferir uma sentença oposta ao interesse manifestado pelo autor. Ao direito de ação corresponde, pois, a obrigação de o Estado prestar a tutela jurisdicional, e de compelir o réu a participar do juízo. Consagra-se aí, a ação como autêntico direito público subjetivo, preexistente ao processo e sem qualquer vínculo com o direito material alegado. Justamente porque essa teoria desvincula a ação do direito substancial é que se lhe atribuiu o apropriado designativo de teoria do direito *abstrato* de agir.

Na Itália, a teoria em pauta foi refutada por *Chiovenda*, em que pese ao fato de *Alfredo Rocco* a ter acolhido, com algum entusiasmo, dando-lhe, inclusive, base doutrinária própria. *Rocco* pôs em destaque a particularidade de o Estado haver avocado o encargo de solver, com exclusividade, os conflitos de interesses ocorrentes entre os indivíduos, tornando-lhes proibido, em razão disso, fazer justiça pelas próprias mãos. Aquele cujo direito foi violado, ou se encontra ameaçado de sê-lo, deve, portanto, solicitar ao Estado que preste a tutela jurisdicional que monopolizou, a fim de que o direito seja reparado ou a ameaça, afastada.

Rocco separa, com sua teoria, duas classes de interesses: de um lado, o interesse protegido pelo direito; de outro, o interesse na tutela desse direito, pelo Estado. É do festejado jurista a afirmação de que "*Toda pessoa, que é titular de interesses tutelados pelo direito, tem interesses em que o Estado intervenha para satisfação de seu interesse*" — quando deixar de atuar a norma legal que o tutela, acrescentamos.

Dessa maneira, os titulares de direitos subjetivos têm um único interesse abstrato e secundário em conseguir a interveniência estatal com o propósito de realizar os interesses protegidos pelo direito. O interesse secundário é o de agir com o objetivo de eliminar os obstáculos opostos ao atingimento do interesse principal; interesse secundário e tutelado pelo Estado, via normas processuais. Disto decorre ser também um direito subjetivo e autônomo. Tal direito subjetivo, tendo como componentes o direito secundário, revela o direito de ação, que é abstrato e geral, não se subordinando à existência de um direito subjetivo material.

O direito de ação, para *Alfredo Rocco*, é um direito público subjetivo do indivíduo contra o Estado "*e só contra o Estado, que tem por conteúdo substancial o interesse secundário e abstrato na intervenção do Estado para a eliminação dos óbices que a incerteza ou a inobservância da norma aplicável ao caso concreto possam opor à realização dos interesses tutelados*" (*apud SANTOS,* Moacyr Amaral. *Primeiras Linhas de Direito Processual Civil.* 1.º vol., São Paulo: Saraiva, 1978. p. 130).

Ugo Rocco, por sua vez, também viu na ação um direito abstrato de agir, um direito público subjetivo, introduzindo-o na categoria dos direitos *cívicos*, a ser exercido contra o Estado e não contra o adversário.

Sem afastar-se da concepção nuclear da doutrina em estudo, *Betti* edificou peculiar teoria, mediante a articulação de duas figuras jurídicas: a pretensão e a ação. A primeira é tida como a alegação de uma efetiva e concreta situação de direito, abstratamente considerada, formulada pela parte que invoca a tutela jurisdicional e apresentada como justificativa dessa mesma invocação; a segunda consiste no poder de dar início ao processo. Levando em conta que a ação, na espécie, representa o veículo para realizar a pretensão, *Ugo Rocco* a conceitua como o poder jurídico, que se outorga ao indivíduo, de provocar a atuação jurisdicional da lei, visando a satisfazer uma pretensão.

Para *Betti*, em síntese, o direito de ação não contém vínculos com a existência objetiva da situação de direito afirmada, porquanto se relaciona com a afirmação da pretensão deduzida em juízo.

Carnelutti, como geralmente acontece, é incluído entre os juristas que aderiram à teoria da ação como direito abstrato de agir. Parece-nos correta, todavia, a observação de *Moacyr Amaral Santos* (obra cit., p. 131) de que essa inclusão decorre, acentuadamente, do fato de *Carnelutti* não haver condicionado — como pressuposto necessário — a ação à efetiva presença do direito material invocado pelo autor. De resto, a doutrina carneluttiana mantém poucos pontos de contatos com a teoria de que estamos a cuidar.

Realmente, a doutrina do notável jurista italiano se caracteriza por haver efetuado uma fundamental disjunção da lide e do processo, no plano dos conceitos. Lide, para ele, é o conflito de interesses qualificado pela pretensão de um indivíduo (autor), a que um outro se opõe (réu). São quatro os elementos integrantes da lide: 1) as partes, que representam os sujeitos ativo e passivo da relação processual; 2) o objeto do interesse, vale dizer, um bem da vida; 3) a pretensão, que corresponde à exigência de submissão de outrem ao interesse do autor; 4) a resistência à pretensão, manifestada pelo réu ou interessado.

Já o processo é visto como método utilizado pelo Estado para fazer atuar o direito. O escopo do processo é, por isso, não o interesse em litígio e sim a composição da lide, o seu solucionamento jurisdicional.

Passo de extrema relevância, dado por *Carnelutti,* foi o de reconhecer na ação um direito de obter um pronunciamento jurisdicional a respeito da lide *in iudicio deducta*, ainda que contrastante com o interesse do autor. O elemento propulsionador da ação não é, portanto, o interesse sobre o qual controvertem as partes e sim a justa composição da lide. Como consequência prática desse entendimento, pode ter ação mesmo quem não possuir o direito material subjetivo alegado em juízo. É recomendável esclarecer, entretanto, que *Carnelutti* admitia a existência de uma espécie de ponto de intersecção entre o direito material e o direito de ação, ao dizer que a atribuição do direito processual é determinada pela pretensão de direito material; a ação deve ser exercida, diante disso, por aquele que deseja obter, jurisdicionalmente, a realização de um direito substancial.

Nessa teoria, o juiz — e não o Estado — é indicado como o sujeito da obrigação pertinente ao direito público subjetivo de ação, pois se trata de um direito à sentença que resolva a lide, pouco importando que seja injusta ou desfavorável ao autor. Ao juiz compete a obrigação de, como diretor do processo, praticar os atos e atividades que conduzam a esse objeto da ação.

e) Outras teorias

Muito embora sempre se busque estabelecer uma divisão apenas dicotômica das correntes de pensamento acerca da natureza jurídica da ação (teoria da ação como direito concreto e como direito abstrato de agir), cabe-nos observar que diversos outros juristas puderam opinar sobre o assunto, sem, contudo, formar escolas específicas. *Pekelis*, por exemplo, concebeu a ação não como um direito de agir e sim de *fazer agir,* concluindo ser esse o único direito subjetivo do indivíduo. *Satta*, divergindo, negou o conceito publicístico que se atribuía à ação, reputando-a como um mero instrumento do direito material, com o que lhe negava a autonomia reconhecida por outros estudiosos. Para *Levi*, a ação possuía natureza de negócio jurídico; *Couture* a tomava como manifestação do direito de petição, uma vez que a inseriu no direito constitucional de representação; *Mortara*, em opinião aceita por muitos, imaginou a ação como a relação de direito público que se forma em decorrência do conflito de interesses entre os indivíduos, tendo curso no processo com a consequente aplicação, pelo juiz, da regra de direito apta a incidir no caso concreto.

Não nos parece haver andado no melhor caminho, *data venia*, o insigne *Eduardo Couture* ao ver na ação um reflexo do direito de petição. Ocorre que esse direito, conquanto possua, como a ação, origem constitucional, relaciona-se com a defesa dos direitos individuais ou coletivos, promovida diante da autoridade pública, "*como precedente da representação popular e confinado com o direito de representação*" (*DINAMARCO,* Cândido. *Fundamentos do Processo Civil Moderno.* São Paulo: Revista dos Tribunais, 1986. p. 78). Demais, são largamente distintas as origens históricas do direito de petição e do direito de ação.

Merece destaque, a esta altura, a teoria de *Enrico Tullio Liebman.* Antes, devemos lembrar que esse notável jurista italiano viveu alguns anos no Brasil, a partir de 1940, quando chegou a São Paulo. Em pouco tempo, formou-se o hábito de realizar reuniões semanais em sua casa, das quais participavam, entre outros, Luís Eulálio Bueno Vidigal, Alfredo Buzaid e José Frederico Marques.

Liebman — que fora discípulo de *Chiovenda* —, embora tenha perfilhado o entendimento de que a ação figura como um direito que não se subordina, para existir, a um direito material, construiu prestigiosa teoria de acordo com a qual o direito de agir apenas existiria se o autor satisfizesse a determinados requisitos — a que denominou de *condições* — imprescindíveis ao julgamento do mérito da causa.

Em *Liebman*, portanto, o direito de ação corresponde ao direito de o autor receber uma sentença que aprecie o mérito; além do mais, a ação é proposta *contra* o Estado e não contra o adversário.

A doutrina liebmaniana foi incorporada pelo Código de Processo Civil brasileiro de 1973, como indicavam os arts. 3.º e 267, VI, dentre outros, nada obstante alguns autores tenham denunciado a presença, nesse texto processual, de evidentes contradições entre a teoria de *Liebman* "*e, uso da linguagem tradicional, que só se adapta bem à tese chiovendiana da ação*" (BARBI, Celso Agrícola. *Comentários ao Código de Processo Civil.* vol. I, Rio de Janeiro: Forense, 1981. p. 32). Detectando essa contradição, aliás, *Egas Moniz de Aragão* elaborara bem fundamentada emenda ao projeto do Código, para harmonizá-lo, nesse ponto. Dita emenda, apresentada ao Senado pelo Relator Geral, o Senador paranaense Acioli Neto, sob n. 139, foi rejeitada sem justificativa (in: *Diário do Congresso Nacional*, edição de 24 nov. 1972, p. 4.760).

A propósito, na vigência do CPC de 1973 escrevemos:

> Pela nossa parte, entendemos que a doutrina de Liebman esteja a merecer alguns reparos. Antes de apontarmos as razões de nossa opinião, rememoremos que compõe as condições da ação a tríade: a) possibilidade jurídica do pedido; b) interesse processual; c) legitimidade ad causam. Convém à finalidade do Capítulo examiná-las, ainda que brevemente.
>
> *a) Possibilidade jurídica do pedido, conforme arguta observação de Egas Moniz de Aragão (Comentários ao Código de Processo Civil.* vol. II. Rio de Janeiro: Forense, 1974. p. 436), *não deve ser conceituada, como geralmente o é, segundo a existência, no ordenamento jurídico, de uma previsão que torne o pedido viável, em tese, mas, ao contrário, com vistas à inexistência, nesse ordenamento, de norma que o torne inviável.*
>
> *Com isso se quer dizer que um pedido somente será considerado juridicamente impossível caso haja veto legal à sua formulação. Se,* v. g., *um empregado não optante pelo regime do FGTS, despedido sem justa causa, ingressar em juízo para postular, além da indenização relativa ao tempo de serviço, também ressarcimento pelas perdas e danos que lhe acarretou a injusta ruptura do contrato de trabalho, o seu pedido deverá ser rejeitado (CPC, art. 459), em virtude da inexistência do direito material invocado (perdas e danos) e não por ser juridicamente impossível. Ainda que não haja, na legislação material trabalhista, previsão quanto ao direito material invocado pelo autor, isto não significa que, na hipótese, o seu pedido deveria ser recusado sob o fundamento de ser impossível do ponto de vista jurídico; ora, inexistindo no ordenamento normativo qualquer veto (= proibição) a uma pretensão dessa natureza, o caso será de simples rejeição do pedido por falta de previsão legal quanto ao direito alegado.*
>
> *Um dos reparos, que pensamos esteja a reclamar a doutrina de Liebman, radica no fato de haver considerado a possibilidade jurídica do pedido como uma das condições da ação. Ocorre que, em consonância com a própria construção do ilustre jurista, sempre que a sentença declarar o autor carecente da ação — por inexistência das condições correspondentes — o processo extinguir-se-á sem julgamento do mérito. Essa regra está inscrita no próprio Código de Processo Civil Brasileiro (art. 267, VI). Sucede, entretanto, que ao declarar a impossibilidade jurídica do pedimento posto em juízo a sentença estará, sem dúvida, pronunciando-se sobre o mérito da*

causa. Ora, se há um veto legal a essa pretensão, é elementar que o provimento jurisdicional, ao fazer uma afirmação nesse sentido, acarretará a extinção do processo com manifestação acerca do mérito.

O próprio Liebman, como sabemos, acabou por reformular o seu entendimento, nesse ponto, para admitir que a possibilidade jurídica do pedido não constitui da ação e sim matéria integrante do meritum causae.

Consulte-se, a respeito, a 3.ª edição do seu Manuale di Diritto Processuale Civile, Giuffrè, 1973. p. 197.

b) O interesse de agir relaciona-se com a necessidade (e não apenas com a mera utilidade) de o autor obter um pronunciamento jurisdicional concernente às pretensões deduzidas em juízo, que são quase sempre de direito material. Impunha o CPC de 1939 que o interesse fosse, além de legítimo, econômico ou moral (art. 2.º). A exigência de que fosse legítimo na lição de Pontes de Miranda (Comentários ao Código de Processo Civil. Rio de Janeiro: Forense, 1975. tomo VII, p. 154), foi introduzida em nosso Código Civil (art. 76) por Clóvis Bevilacqua ao traduzir, equivocadamente, o texto italiano em que se inspirou.

O atual CPC fala apenas em interesse (art. 3.º), sem qualificá-lo de legítimo, econômico ou moral: "Interesse, sem, mais nada", arremata Pontes de Miranda (obra cit., p. 155).

Ao dispor que para propor ou contestar ação é necessário haver interesse, o diploma processual civil vigente acabou por dizer menos do que pretendia, na medida em que se sabe que o interesse também constitui requisito essencial para excepcionar, reconvir, recorrer etc. Em sede de recurso, por exemplo, por princípio não teria interesse em impugnar a sentença a parte que fosse integralmente vencedora na ação; caso viesse, mesmo assim, a exercer a pretensão recursal, o seu apelo seria recusado por absoluta falta de interesse em agir.

c) A legitimidade "ad causam" *tanto pode ser ativa quanto passiva, conquanto esta última seja mais expressiva em tema de condições da ação. Por ela se diz que apenas está legitimada a integrar a relação jurídica processual a pessoa que seja titular da obrigação relacionada ao direito invocado pela parte contrária. Os casos de substituição processual representam exceção àquilo que Buzaid designou de "pertinência subjetiva da ação", para demonstrar que a legitimidade* ad causam *consiste na individualização daquele a quem pertence o interesse de agir e daquele diante do qual se deve formular a pretensão.*

Bastam estas considerações para inferir que no âmbito da Justiça do Trabalho incorrem em manifesta escorregadela técnica os pronunciamentos jurisdicionais que, negando a relação de emprego pretendida pelo autor, declaram-no, em consequência, carecedor da ação, supondo que o réu seja parte ilegítima ad causam. Com o respeito que nos merecem semelhantes decisões, não podemos deixar de censurá-las, pois tanto que provada a prestação pessoal de serviços ao réu, é evidente que este se encontra legitimado para a causa, *uma vez que ele, e não outrem, é quem deve responder às pretensões apresentadas pelo autor. Impende esclarecer que a legitimidade (ativa ou passiva), no geral, pertence aos titulares dos interesses em antagonismo.*

Carência da ação haveria, aí sim, se o autor houvesse prestado serviços para pessoa diversa da que figura no polo passivo da relação processual; faltaria, na hipótese, a "pertinência subjetiva da ação", referida por Buzaid.

A oportunidade sugere, aliás, que lancemos o escólio de que a legitimidade ad causam, em rigor, também não deve figurar como condição da ação, porquanto entendemos que a sentença, ao declará-la ausente em determinado caso concreto, estará extinguindo o processo com exame do "mérito". Queremos com isso argumentar que a legitimidade (ou a ilegitimidade) para a causa se apresenta como singular questão de mérito, embora não se relacione diretamente com a pretensão in iudicio deducta, que, como dissemos, é quase sempre de direito material. Discrepar deste entendimento seria sustentar que o autor poderia ajuizar a ação infindáveis vezes, "contra" o réu, pois a tanto estaria autorizado pelo art. 267 do CPC.

Segue-se que, a nosso ver e conforme o melhor critério doutrinário, as condições da ação, previstas por Liebman, devem ficar reduzidas a uma: o interesse processual. Sob o prisma legal, todavia, permanecem as três (possibilidade jurídica do pedido, legitimidade para a causa e interesse processual) por se encontrarem incorporadas ao texto do código (As Ações Cautelares no Processo do Trabalho. 4.ª ed. São Paulo: LTr, 1996. p. 41-45).

O CPC de 2015, atento às lições da doutrina, eliminou *a possibilidade jurídica do pedido* do elenco das *condições da ação*, que ficaram, assim, reduzidas a duas: *interesse* e *legitimidade* (art. 17).

f) A ação trabalhista em face das teorias expostas

Antes de ingressarmos no estudo da ação trabalhista à luz das construções doutrinárias até esta parte examinadas, torna-se conveniente chamarmos a atenção ao fato de que o pensamento do ser humano, em geral, sofre fortes inflexões das tendências sociais, políticas, filosóficas, econômicas, morais, etc., do meio em que é concebido. Daí por que determinadas correntes de opinião costumam ser apontadas como espelho fiel de seu tempo. Não é diferente o que se passa no mundo jurídico. Aqui, muitas vezes, o jurista elabora a sua doutrina sob a influência — consciente ou não — que esses fatores exercem em seu pensamento, não sendo sensato, por isso, realizar-se, mais tarde, um estudo dessas doutrinas com abstração da época e do meio em que surgiram.

As diversas teorias relativas à natureza jurídica da ação, por exemplo, "*traduzem a equação das relações entre o homem e o Estado, vistas do campo do direito processual e reproduzidas do ângulo em que se põe o jurista que as formula*" (SANTOS, Moacyr Amaral. *Primeiras Linhas de Direito Processual Civil*. vol. 1. São Paulo: Saraiva, 1978. p. 133). A observação é necessária não apenas para justificar a diversidade de doutrinas acerca de um mesmo assunto, mas também para advertir que nem sempre um dado fato ou fenômeno verificado fora do ambiente em que essas teorias foram produzidas a elas se quadram com perfeição. Talvez esses fatos ou fenômenos exijam uma doutrina própria, que melhor os explique e discipline.

Feita essa consideração preliminar, dediquemo-nos ao objetivo deste item.

> 1) A *teoria civilista da ação* não vinga no processo do trabalho pelas mesmas razões que não vingou no processo comum.

Não negamos que sob o ângulo teleológico este processo "especializado" existe para servir ao direito material do trabalho. Nós próprios externamos esse pensamento no início do Capítulo. O reconhecimento dessa finalidade essencial do processo trabalhista, contudo, não corresponde à afirmação de que ele constitui simples capítulo do direito material; o processo não é um elemento apendicular do direito substancial, como proclama a doutrina civilista em exame; não é, como se disse no passado, *ancilla iuris civilis*.

É inegável que a toda lesão de direito subjetivo corresponde uma ação, que o assegura; isso não significa, porém, que não possa haver ação sem que exista o direito material. Argumentemos, inspirados em *Wach*, com a ação declaratória de *inexistência de relação de emprego*: conquanto o provimento jurisdicional tenha sido, exclusivamente, declaratório-negativo, ninguém se atreveria a objetar que o direito de ação não fora exercitado. Que direito, faculdade ou poder, afinal, teria permitido ao autor invocar — e obter — a prestação da tutela jurisdicional do Estado, se ele não era detentor do direito material alegado na inicial? Formule-se idêntica indagação diante daqueles casos em que o autor pede a condenação do réu ao pagamento de certas quantias e a sentença rejeita os seus pedidos, sob o fundamento de que não possuía o direito invocado: como pôde, também aqui, fazer atuar o poder-dever jurisdicional?

Esses fatos demonstram, à saciedade, que o direito de agir em juízo não se confunde com o direito material que ele porventura tenda a tutelar; daí, o desacerto da teoria civilista da ação ao não haver efetuado a disjunção dos dois direitos. Referida teoria, felizmente, pertence ao passado.

2) A *doutrina do direito concreto de agir* nos fornece certos subsídios que poderão ser úteis à peculiar edificação da doutrina respeitante à natureza jurídica da ação trabalhista. Vejamos.

Modernamente, é irrefutável o entendimento de que a ação se posiciona na ordem jurídica como um direito *autônomo*, cuja existência não se subordina ao direito material subjetivo invocado pelo autor. Essa foi, inegavelmente, a grande contribuição da teoria em exame — pondo-se em relevo a proveitosa disputa estabelecida entre *Windscheid* e Müther — para o desenvolvimento dos estudos doutrinários alusivos à natureza jurídica da ação. Neste assunto, *Wach* também não pode ser esquecido.

A ação trabalhista — como a civil — é, pois, um direito distinto do substancial; não se pode, entretanto, atrelar o direito de agir em juízo ao *resultado* do provimento jurisdicional, como quer a teoria do direito concreto. Segundo ela, a ação, para ser reconhecida como direito, depende de sentença *favorável* às pretensões do autor. Por outro modo de expressar: somente haverá ação quando o Estado reconhecer o direito em que o autor fundamentou os seus pedidos. Ora, sabemos que a ação terá existido mesmo que a sentença venha a declará-la "improcedente" (*sic*); é que a "improcedência", no caso, se refere aos pedidos formulados com base no direito material e não ao direito de agir. De qualquer modo, devemos aproveitar a oportunidade para advertir que os pedidos formulados em juízo não devem ser julgados "procedentes" ou "improcedentes"; os pedidos são acolhidos ou rejeitados, como esclarece o art. 490, do CPC.

Pode haver, conseguintemente, ação trabalhista sem que exista o direito material brandido pelo autor.

3) A *teoria da ação como direito abstrato de agir* não se desassemelha, no essencial, da anterior, pois admite a autonomia da ação, embora en-

tenda que o direito de agir estará presente ainda que a sentença rejeite as pretensões do autor. No que, como é palmar, está cheia de razões. Se o Estado nega o direito a quem afirma possuí-lo, ou concede-o a quem não o possuía, nem por isso o direito de ação terá deixado de existir. Importa esclarecer que o interesse a caracterizar a ação não se subordina ao acolhimento dos pedidos formulados e sim ao pronunciamento jurisdicional acerca desses pedidos. Segue-se, ser possível ter direito de ação quem não possui direito material.

Para resumirmos: a ação trabalhista se define como um direito subjetivo público de alcançar um pronunciamento jurisdicional sobre a *res in iudicio deducta*, cujo exercício independe da (pre)existência de um direito substancial. Tem-se, dessa forma, que eventual sentença declaratória da inexistência do direito material pleiteado não pode ser interpretada no sentido de também conter, mesmo implicitamente, uma afirmação de que o direito de agir em juízo teria inexistido.

De outra parte, é de grande relevância prática a separação entre direito material e direito de ação — com o consequente reconhecimento da autonomia, deste, em cotejo com aquele —, porquanto as denominadas "sentenças de improcedência" (*sic*) dizem respeito, na verdade, à rejeição do direito material invocado; está embutida, contudo, nessa espécie de pronunciamento jurisdicional, uma declaração de que o direito de agir existiu, tanto que o Estado teve de manifestar-se sobre o direito material. Se, ao contrário, o autor não reunia as condições legalmente fixadas para o exercício do direito de agir em juízo, haverá a sentença de declará-lo carecedor da ação.

Por tudo isso, chega a ofuscar os olhos dos mais esclarecidos o inescusável equívoco em que incorrem os provimentos jurisdicionais trabalhistas quando, convencendo-se da ausência da pretendida relação de emprego, dão o autor como "carecedor da ação". *Data venia*, presentes que estejam a legitimidade *ad causam* e o interesse processual, não se pode cogitar — sem graves escoriações aos preceitos legais e à melhor doutrina — de carência do direito de agir; em situação, como a mencionada, a sentença deveria referir-se à *rejeição do pedido* como forma adequada de revelar que houve manifestação acerca da pretensão de direito material, deduzida pelo autor (de relação de emprego).

Seria de perguntar-se, uma vez mais: fosse de prevalecer a declaração de "carência", qual teria sido o poder, o direito, a faculdade que possibilitou ao autor, no exemplo suscitado, provocar o exercício da função jurisdicional do Estado, se não era detentor do direito pretendido?

Ocasional objeção de que a ser como entendemos ter-se-ia de concluir que a ação é um direito dos que *não têm direito,* longe de ter eficácia jurídica para impugnar o argumento de ser a ação um direito autônomo desnuda uma injustificável confusão entre o direito material e o de agir em juízo, de par com trazer, velado, o escopo de restituir à vida a antiga teoria civilista da ação, que, como vimos, reduzia a ação a simples aspecto, capítulo ou emanação do direito material.

O sentido abstrato do direito de agir guarda, a propósito, harmonia com a tese carnellutiana de que o objetivo do processo reside na justa composição da lide, entendida esta como o conflito de interesses qualificado pela pretensão de um indivíduo e pela oposição (ou reação) de outro. De tal arte, somente se configurará a ação trabalhista com a existência de um conflito intersubjetivo de interesse, em regra entre empregado e empregador. Ressalte-se que a despeito de não se poder falar em lide no caso de *revelia,* por faltar aqui o elemento essencial da *resistência* do réu à pretensão do autor — não há conflito, portanto —, a sentença que for proferida estará a apreciar o mérito da causa porque, na espécie, impõe-se ao Estado realizar uma locução jurisdicional sobre os pedidos formulados pelo autor — ainda que seja para rejeitá-los. Lembramos que a lei conceitua como sentença o ato jurisdicional que põe fim ao processo, mesmo sem exame do mérito (CPC, art. 203, § 1.º).

A ação trabalhista é presidida pelo princípio da demanda, a teor do qual a tutela jurisdicional apenas poderá ser prestada mediante provocação do interessado, contanto que atendidas as correspondentes condições e os pressupostos processuais. Dizendo-se por outro modo: o Estado-Juiz não pode agir de ofício, exceto nos raros casos em que estiver legalmente autorizado a fazê-lo. A regra alcança também o processo civil, como está na dicção do art. 2.º do CPC. O preceito referido, aliás, não decorre — como se tem suposto — do princípio dispositivo, pois este não se relaciona com a demanda; exige o último, como dissemos, que o indivíduo provoque o exercício da função jurisdicional, na razão do seu interesse. O *princípio da demanda* encerra, portanto, uma declaração de que a jurisdição se mantém em estado de inércia, cuja ativação deve provir da iniciativa do interessado.

Poder-se-ia imaginar, diante disso, que os casos de substituição processual — de que cuidam, *e. g.*, os arts. 195, § 2.º, e 872, parágrafo único, da CLT — representam exceções ao princípio em tela. Nada mais inexato. Em tais situações, o órgão jurisdicional não atua *de ofício* (logo, inexiste ofensa ao princípio da demanda) e sim, em virtude de provocação daquele que, embora não seja o titular do direito material subjetivo invocado, está legalmente legitimado a agir como se fosse. Daí, o traço de *anomalia* dessa espécie de legitimação.

Afirme-se o mesmo quanto à hipótese prevista pelo art. 39, da CLT, que determina a remessa do procedimento (e não "processo", *sic*, como consta) administrativo à Justiça do Trabalho sempre que o "reclamado" alegar inexistência de relação de emprego. Não se trata aqui de ação sem autor, como se possa imaginar: autor há, com a singularidade apenas de que, por força de norma legal, a remessa (obrigatória) do procedimento administrativo ao Poder Judiciário surge como sucedâneo do ato particular de provocação jurisdicional. No plano das ações ("dissídios") coletivas, a faculdade atribuída ao Presidente do Tribunal do Trabalho para "instaurar a instância" de dissídio coletivo (CLT, art. 856) era apontada como inegável quebra do princípio da demanda. No caso, facultava-se ao órgão jurisdicional a iniciativa de agir — conquanto a lei também permita ao interessado invocar a tutela jurisdicional coletiva; semelhante faculdade também é concedida ao Ministério Público do Trabalho, especialmente, nos casos de greve. A nosso ver, contudo, o art. 856, da CLT, foi tacitamente revogado, em parte, pelo art. 8.º, da Lei n. 7.783, de 28-6-1989 (Lei de Greve), que atribuiu somente às partes e ao Ministério Público legitimidade para instaurar o denominado *dissídio coletivo*, nos casos de greve.

As ações coletivas (*dissídios coletivos*) caracterizam-se, sobremaneira, pelo rompimento de determinados postulados dogmáticos da ciência processual, cabendo-nos exemplificar com o fato de a lei não exigir que as petições iniciais, nessa modalidade *sui generis* de ação, contenham pedidos (CLT, art. 858), como os que soem ser efetuados nas ações individuais. Cremos que essa peculiaridade se articula com o poder normativo da Justiça do Trabalho (Const. Fed., art. 114, § 2.º), que encontra exatamente nas ações coletivas o campo propício à sua atuação concreta. Esse poder ficaria neutralizado se fosse submetido à regra clássica de que o pronunciamento jurisdicional deve conter-se nos limites estabelecidos pela peça vestibular (CPC, arts. 141 e 492), sob pena de comprometer-se pelas eivas de ser *ultra, extra* e *infra petita,* conforme fosse o caso. É, portanto, o vazio, a indeterminação da inicial, que rende ensejo a que a Justiça do Trabalho torne efetivo o seu poder de criar a norma jurídica a ser aplicável, abstrata e genericamente, às categorias em antagonismo — malgrado saibamos que esse poder jurígeno sofra acentuadas restrições, impostas pelo ordenamento legal.

2. Conceito de ação

A ação se consagrou como o direito de o indivíduo provocar o exercício da função jurisdicional do Estado, a fim de que se manifeste acerca de um interesse juridicamente tutelável, vinculado a bens ou a utilidades da vida. Trata-se de um direito subjetivo público, hoje alteado à categoria de direito constitucional, nos sistemas normativos de diversos países, como é o caso do Brasil (CF, art. 5.º, XXXV). A outorga desse direito público aos seres sociais pode ser realçada como um dos mais expressivos traços dos modernos Estados de Direito.

O direito de agir em juízo corresponde, sob certo aspecto, à contrapartida do Estado ao indivíduo, proveniente do fato de haver-lhe tornado defesa a autossatisfação ou autotutela dos interesses. É o *exercício arbitrário das próprias razões,* tipificado pelo Código Penal como crime contra a administração da justiça (art. 345). Exatamente por não se permitir ao indivíduo buscar a realização da justiça por mãos próprias é que o nosso texto constitucional inibe a lei ordinária de excluir do Poder Judiciário a apreciação de qualquer ameaça ou lesão de direito, embora a Constituição Federal de 1697, com a Emenda n. 2/69 (art. 153, § 4.º), consentisse que o ingresso em juízo pudesse ser condicionado à prévia exaustão das vias administrativas, contanto "*que não exigida garantia de instância, nem ultrapassado o prazo de cento e oitenta dias para a decisão sobre o pedido*" A Constituição de 1988 não contém norma semelhante, conquanto disponha, no art. 217, § 1.º, que "*O Poder Judiciário só admitirá ações relativas à disciplina e às competições desportivas após esgotarem-se as instâncias da justiça desportiva, regulada em lei*". É o único caso em que se veda o acesso direto ao Poder Judiciário. Como resquícios atuais do período da autotutela de direitos, podem ser indigitados o esforço físico do possuidor turbado ou esbulhado, na proteção da posse (Cód. Civil, art. 1.210, § 1.º) e a legítima defesa (Código Penal, art. 21, *caput*), a despeito de exigir-se, em ambos os casos, imediatidade e moderação por parte do defendente.

O Estado Moderno, todavia, reserva aos indivíduos a possibilidade de autocomposição do litígio (que não se confunde com a autotutela ou autodefesa), que se concretiza sob as conhecidas modalidades de: *a) desistência* (renúncia à pretensão); *b) submissão* (renúncia da resistência à pretensão); e *c) transação* (estabelecimento de concessões recíprocas).

a) Processualmente, a *renúncia* à pretensão se exterioriza não sob a forma de desistência da ação (CPC, art. 485, VIII), como seja de imaginar-se, porquanto, nesta hipótese, a extinção do processo ocorre *sem* pronunciamento sobre o mérito (CPC, art. 485, *caput*), e sim de renúncia ao direito sobre que se funda a ação (CPC, art. 487, III, "*c*"), quando então o processo se extingue com julgamento acerca do mérito (CPC, art. 487, *caput*). A dessemelhança reside em que, no primeiro caso, o autor poderá intentar novamente a ação (CPC, art. 486, *caput*), o que já não lhe será consentido, por princípio legal, no segundo.

b) A *submissão* se manifesta mediante o ato que o CPC vigente entendeu designar de reconhecimento da "procedência" (*sic*) do pedido (art. 487, III, "*a*"). Rigor lógico à frente, devemos elucidar que tanto nos fatos da vida, quanto no universo do processo, tudo "procede", ainda mesmo que não venha a ser acolhido pela sentença. Advirtamos, novamente, que o substantivo *procedência* indica, lexicamente, a *origem*, a *proveniência* de alguma coisa, não se justificando, por isso, a sua utilização, pela lei, doutrina e jurisprudência, para demonstrar o *resultado* da prestação jurisdicional. Como se percebe, estabeleceu-se equivocada sinonímia processual entre "procedência" da ação e acolhimento dos pedidos formulados pelo autor; *venia concessa*, uma ação poderá ser "procedente" (ou seja, desde que atendidas as condições previstas em lei) sem que, obrigatoriamente, os pedidos tenham sido acolhidos, no todo ou em parte. A mesma impropriedade terminológica se evidencia com relação à "improcedência". Tais razões sugerem, pois, que a doutrina, mercê do magistério que lhe é imanente, se ponha a denunciar esse equívoco inveterado, sendo imprescindível, para tanto, que ela própria dê o exemplo inicial, utilizando uma linguagem mais adequada ao discorrer sobre o assunto. Por outro lado, bons serviços haveriam de prestar à ciência processual e à técnica de redação dos pronunciamentos jurisdicionais os magistrados que abandonassem o arraigado hábito de empregar, no dispositivo das sentenças, as formas "procedência" ou "improcedência". Os pedidos, insista-se, são *acolhidos ou rejeitados;* falar em "procedência" ou "improcedência" é confundir direito processual com direito material, é render culto à imprecisão vocabular. O art. 490, *caput*, do CPC, felizmente respeitou a melhor lição, nada obstante a tenha ignorado no art. 487, III, *"a"*. A CLT, acientífica, também alude à "procedência" (art. 832, § 1.º).

c) No que tange à transação, dispõe o art. 764, § 2.º, da CLT, ser *"lícito às partes celebrar acordo, que ponha termo ao processo, ainda mesmo depois de encerrado o Juízo conciliatório"*. Em que pese ao fato de haver certa controvérsia doutrinária acerca do tema, podemos afirmar que o acordo e a transação, conquanto tenham a separá-los linha sutil, se relacionam intimamente, na medida em que este provém daquele; vale dizer, o acordo constitui pressuposto da transação, verdadeiro negócio jurídico bilateral por meio do qual as partes extinguem obrigações duvidosas ou litigiosas, mediante concessões recíprocas. Na vigência do CPC de 1973, a praxe consagrou (e, em alguns casos, até exigiu) que a transação fosse *homologada* por sentença, embora essa espécie de ato jurídico bilateral produzisse efeitos imediatamente à sua exteriorização (CPC, art. 158, *caput*). O CPC de 2015, porém, faz expressa referência à sentença homologatória da transação (art. 487, III, *"b"*).

A precitada sentença é necessária para dotar o credor do indispensável título executivo para o caso de a obrigação não ser cumprida. O inciso II, do art. 515, do CPC, inclui a sentença homologatória de transação no elenco dos títulos executivos judiciais.

Transação e *renúncia*, todavia, traduzem atos distintos: enquanto a primeira, além de caracterizar-se pela bilateralidade, pressupõe a incerteza do direito (*res dubia*); a segunda, eminentemente unilateral, se funda, ao contrário, na certeza do direito que foi objeto da manifestação volitiva do renunciante.

Determinado segmento da doutrina trabalhista vê na greve uma reminiscência moderna dos tempos de autotutela dos direitos, sob a assertiva de que a paralisação coletiva temporária dos serviços, por parte dos empregados, representa uma reação direta e pessoal ao não atendimento, pelo empregador, das reivindicações formuladas. Dissentimos desse entendimento. A greve, como fato social e jurídico, não traduz a tentativa de fazer justiça pelas próprias mãos, que era característica do sistema de autodefesa; a solução dos conflitos coletivos de interesses é tipicamente *jurisdicional*, sendo bastante argumentar que a greve deságua, por força de lei, em dissídio coletivo, oportunidade em que o Estado-Juiz não apenas dirá da abusividade, ou não, do movimento paredista, como (se for o caso) apreciará o elenco de reivindicações apresentadas pelos trabalhadores.

A greve, se levarmos em conta o momento de sua eclosão, mais se aproxima do ato de invocar a incidência prática da conhecida cláusula *exceptio non adimpleti contractus*, oriunda do direito romano e agasalhada por nosso Código Civil, como atesta o seu art. 476, *verbis*: "*Nos contratos bilaterais, nenhum dos contraentes, antes de cumprida a sua obrigação, pode exigir o implemento da do outro*". É certo que a nossa referência à cláusula *inadimpleti contractus* somente se justifica enquanto serve ao objetivo de quadrar a greve na moldura do ordenamento jurídico civil, porquanto na esfera específica do direito do trabalho não há lugar para a atuação da aludida cláusula; dá-se que, sendo uma das características do contrato individual de trabalho o *trato sucessivo* ou a *execução continuada*, isso significa que, por princípio, o empregado deve estar sempre prestando serviços, só podendo parar quando a lei expressamente o autoriza, sob pena de perpetrar falta grave.

Seja como for, a greve não pode ser indicada como suposto fragmento do período de autotutela de direitos, pois, como observamos há pouco, a solução dos conflitos coletivos de interesses — qualificado, na espécie, pela resistência do empregador às reivindicações feitas pelos empregados — decorre da interveniência jurisdicional obrigatória, pelo Estado.

Fincadas essas considerações, é momento de esboçarmos um conceito de ação — que abrange, como é necessário — a própria ação trabalhista; ei-lo: é um direito subjetivo público e autônomo, de natureza constitucional, mediante o qual o autor, satisfeitos os requisitos legais, pede um pronunciamento jurisdicional do Estado a respeito de um interesse manifestado, sem que o adversário possa impedir a invocação dessa tutela.

Dissemos:

a) é um direito — e não simples poder — pois o Estado, ao proibir a autossatisfação dos interesses individuais, fez do ato de provocar o exercício da função jurisdicional um inequívoco direito subjetivo. Tanto isso é verdadeiro, que a nossa Constituição integrou a ação no rol dos direitos e garantias individuais fundamentais (art. 5.º, XXXV); a esse direito corresponde a obrigação de o Estado prestar a tutela jurisdicional. O direito de ação é pré-processual e se relaciona, umbilicalmente, com o veto estatal à realização da justiça pelas próprias mãos (CP, art. 345). Em um certo sentido, pode-se mesmo sustentar que neste reside a origem histórica daquele.

Considerando que o direito de ação é dirigido ao Estado, a quem o cabe satisfazer, percebe-se a impropriedade técnica da expressão correntia "propor ação"; o autor não "propõe" a ação: ele *exerce* o direito de ação e a dirige contra o Estado. Logo, a ação — enquanto direito — é exercida e não "proposta". Não podemos negar, entretanto, que a expressão "propor ação" se encontra consagrada pela linguagem da doutrina, da jurisprudência e da própria legislação.

b) subjetivo público, porque o interesse na composição da lide não é apenas dos indivíduos em conflito, mas também do Estado. Sabemos que as lides tendem a provocar uma perturbação na harmonia das relações sociais — podendo transformar-se, inclusive, em poderoso fator de desagregação social — e desestabilização da própria ordem jurídica; daí emana o interesse que o Estado possui em solucioná-las de maneira justa e rápida — nada obstante a realidade prática esteja a demonstrar que nem sempre esse ideal é atingido, em virtude das notórias deficiências das estruturas judiciárias do País, fato que acarreta comprometedoras riscaduras no prestígio do Poder Judiciário, como instituição, além de colocar em risco a respeitabilidade das suas decisões.

Nem por isso, todavia, o direito de ação se vê destituído do caráter público, que lhe é inerente.

Diz-se, enfim, que a ação constitui um *direito subjetivo público* porque o indivíduo é titular de posições jurídicas ativas diante da autoridade estatal.

c) e autônomo, porquanto o ingresso em juízo, a despeito de ter, no mais das vezes, a finalidade de proteger o direito material, não depende, para o seu exercício e a sua efetiva existência, do direito substancial. Já não vigora a teoria civilista da ação, que cedeu lugar à do direito abstrato de agir.

A ação declaratória *negativa* continua sendo o mais poderoso argumento em prol desta última doutrina, pois o objetivo do autor, nessa espécie de ação, é justamente conseguir um pronunciamento jurisdicional respeitante à *inexistência* de relação jurídica (CPC, art. 19, I). Os modernos estudos no campo da ciência processual puderam demonstrar, enfim, com grande lucidez, que a ação é um direito *autônomo*, assim caracterizado pelo fato de não se relacionar com o direito material que, acaso, busque proteger.

d) de natureza constitucional, porque, conforme pudemos ver, a Suprema Carta Política brasileira inseriu a ação no elenco dos direitos e garantias fundamentais dos indivíduos e das coletividades. Essa declaração do texto constitucional é de fundamental importância para o patrimônio jurídico das pessoas, visto que o legislador ordinário não poderá impedir — a que motivo ou pretexto seja — que qualquer lesão ou ameaça de lesão a esse patrimônio possa ser excluída da apreciação do Poder Judiciário. Basta que o interessado invoque a tutela jurisdicional que o Estado está obrigado a prestar, desde que o faça nos casos e forma legais (CPC, art. 2.º).

e) pelo qual o autor, satisfeitos os requisitos legais. Em nosso sistema processual comum — e, por extensão, no trabalhista — o direito de agir em juízo está subordinado a que o autor satisfaça os requisitos específicos, estabelecidos por lei: tais são as *condições da ação: interesse e legitimidade* (CPC, art. 17).

Ausente que esteja uma só dessas condições, o autor será declarado carecedor da ação, com a consequente extinção do processo sem julgamento do mérito (CPC, art. 485, VI). Não podemos deixar de fazer, neste ensejo, mais um reparo à teoria de *Liebman*: é que, sendo a extinção do processo (mediante sentença) o consectário legal da declaração de carência de ação, resta sem explicação satisfatória o fato de, mesmo assim, o autor haver colocado em funcionamento a máquina judiciária, ou seja, haver provocado o exercício da função jurisdicional. Que faculdade, poder ou direito ter-lhe-ia permitido, neste caso, provocar a atividade jurisdicional do Estado até o momento em que este expediu a sentença declaratória da carência?

Cândido Dinamarco (*Fundamentos do Processo Civil Moderno*. São Paulo: Revista dos Tribunais, 1986. p. 69) procura solucionar o problema com o argumento de que embora o autor não tivesse o poder de exigir o provimento de mérito, tinha-o, porém, "*Como todos em qualquer situação têm, o poder de acionar os órgãos da jurisdição, ao menos para deles receber aquela declaração (de ser carecedor da ação); e esse poder é o direito de `demandar' ou direito à administração da `justiça', ou ainda `ação' em sentido* *impróprio, que não se sujeita à condição alguma e também está garantida constitucionalmente*".

A opinião desse jurista coincide com a nossa e comprova a deficiência da teoria de *Liebman*, nesse aspecto.

f) pede um pronunciamento jurisdicional do Estado. Constituindo a jurisdição (*iuris* = direito + *dictio* = dizer) uma atividade monopolista do Estado, é compreensível que qualquer ofensa (ou ameaça) a direito só possa ser reparada por ato do Poder Judiciário, desde que, por certo, o infrator se tenha recusado a fazê-lo, espontaneamente. Só o Estado, pois, pode dizer, com a autoridade que lhe é própria, com quem está ou com quem não está o direito disputado. Esse pronunciamento estatal não é administrativo, e sim, essencialmente jurisdicional, porquanto nesse ato o Estado substitui a atuação do indivíduo — a quem, como sabemos, impede de realizar a autotutela de direitos ou de interesses.

O comando sancionador e imperativo, que se irradia da sentença — como exteriorização formal dessa dicção jurisdicional do Estado — se torna definitivamente irrecusável com o advento do fenômeno da coisa julgada material, cuja desconstituição apenas será possível pela via rescisória.

A coisa julgada, convém elucidar, não é efeito e sim *qualidade* da sentença.

g) a respeito de um interesse manifestado. O *interesse* forma dentre as condições indispensáveis ao exercício do direito constitucional de ação (CPC, art. 17) e se manifesta, concretamente, sob a forma de um pedido para que o Estado-Juiz se pronuncie sobre a *res in iudicio deducta.* O *interesse* determina a espécie de provimento jurisdicional que se pretender obter: declaratório, condenatório constitutivo, mandamental ou executivo — se pensarmos na classificação quinária das ações, estabelecida por Pontes de Miranda. O interesse — repisemos — está ligado a bens ou a utilidades da vida.

Esse elemento do conceito de ação, que esboçamos, coloca-nos a braços, uma vez mais, com a natureza abstrata do direito de agir em juízo, pois o que o autor pede ao Estado, segundo afirmamos, é um pronunciamento a propósito da situação ou da relação jurídica levada à cognição deste. Conquanto o autor sempre espere que o decreto estatal lhe seja favorável, eventual pronunciamento contrário aos seus interesses não significará que terá deixado de existir, na hipótese, o direito de ação. Referido direito não se subordina ao *resultado* da prestação jurisdicional invocada; daí, o sentido *abstrato*, que lhe é apropriadamente atribuído.

h) sem que o adversário possa impedir a invocação dessa tutela. A ação é exercida contra o Estado — que é detentor da correspondente obrigação de prestar a tutela jurisdicional — e em face do adversário, contanto que o autor observe os casos e forma legais (CPC, art. 2.º). Não pode o adversário, via de consequência, opor-se, a que título seja, ao regular exercício desse direito subjetivo público. Tal é o princípio da *irrecusabilidade da jurisdição*.

A observação é importante, porque poderia parecer juridicamente possível a alguns que o réu se valesse, por exemplo, de medida cautelar inominada com a finalidade de impedir que determinado indivíduo provocasse o exercício da função jurisdicional; ora, sendo a ação — como tantas vezes assinalamos — um direito constitucional, não é admissível que esse direito possa vir a ser coarctado por meio de simples medida acautelatória, criada pela legislação ordinária processual.

O que ao réu se assegura é o direito de *responder* à ação (CPC, art. 335), valendo destacar que o exercício desse direito é facultativo, pois a moderna processualística não impõe a presença do réu no processo, para efeito de regular estabelecimento da correspondente relação e da composição da lide, embora ele sofra certas consequências processuais relacionadas à ausência de sua resposta (CPC, art. 344; CLT, art. 844, *caput,* parte final).

Desejamos esclarecer que empregamos, no enunciado de nosso conceito, o adjetivo *manifestado* para demonstrar que o interesse não apenas figura como uma das *condições da* ação, mas, sobretudo, deve ser expresso pelo autor, cuja particularidade se articula com o princípio da demanda (*ne procedat iudex ex officio),* pois mesmo que tenha ocorrido a lesão de um direito material (embora o direito de agir em juízo, como sabemos, não pressuponha, necessariamente, a existência de direito substancial) o Estado somente poderá pronunciar-se a respeito se o autor, na medida do seu interesse, invocar a tutela jurisdicional, nos casos e forma legais (CPC, art. 2.º).

O *pedido*, formulado na peça inaugural, a par de ser objeto da ação, representa a materialização do interesse; inexistindo pedido, a petição de revela inepta (CPC, art. 330, § 1.º, I). O indeferimento da petição inicial, com a consequente extinção do processo sem resolução do mérito (CPC, art. 485, I), no entanto, somente será lícito se o autor, intimado, deixar de atender ao despacho judicial, que lhe determinou a emenda ou a complementação daquela peça processual, no prazo de quinze dias (CPC, art. 321)

A *jurisdição* tem, portanto, nítido caráter *substitutivo*, dado que por intermédio dela o Estado toma o lugar do indivíduo no ato de fazer valer o direito; mais do que um poder, conseguintemente, a jurisdição se firma como irrecusável *dever* estatal. Trata-se, pois, de um compósito poder-dever.

Já o *processo* representa a técnica (ou o método) de que se vale o Estado no desempenho do poder-dever de compor os conflitos intersubjetivos de interesses submetidos à sua cognição jurisdicional. As normas procedimentais, sendo vinculativas de todos os sujeitos do processo (juiz, partes, advogados, Ministério Público, funcionários do Juízo e outros), se destinam a evitar a instauração da arbitrariedade e do tumulto processuais.

Modernamente, aliás, o processo tem sido visto como instrumento de preservação do próprio interesse público.

Capítulo II

Condições da Ação

A despeito de a ação, como pudemos ver, constituir um direito subjetivo público de índole constitucional, de par com ser autônoma e abstrata, o correspondente exercício pode ser subordinado ao atendimento de certos requisitos legais, como medida tendente a evitar que a atuação do poder-dever jurisdicional do Estado seja provocado por aquele que não reúna condições para realizar essa invocação. Permitir, pois, que o interessado impetrasse a tutela jurisdicional sem a observância de quaisquer requisitos seria, em nome do direito de ação, abrir larga oportunidade ao abuso do direito, às aventuras judiciais.

As *condições da ação* foram realçadas na doutrina de *Enrico Tullio Liebman*. Discípulo de *Chiovenda*, *Liebman* conhecia em profundidade as doutrinas processuais italiana e alemã, pois além de grande estudioso do assunto, era Professor titular de direito processual civil na Universidade de Parma. A extraordinária cultura jurídica e a personalidade afável do jovem mestre italiano logo motivaram a que pensadores brasileiros dele se acercassem, ávidos de entrarem em contato com as ideias imperantes na velha Europa. Surgiram, então, as reuniões semanais na casa de *Liebman*, em São Paulo.

Alfredo Buzaid, um dos discípulos de *Liebman*, absorveu, com fidelidade, as lições do mestre; mais que isso, utilizou-as na elaboração do anteprojeto do Código de Processo Civil de 1973, ao tempo em que era Ministro da Justiça. Com efeito, esse Código fazia referência às condições da ação no art. 267, VI, declarando, em harmonia com a doutrina de *Liebman*, que elas compreendiam: *a)* a possibilidade jurídica do pedido; *b)* a legitimidade das partes; e *c)* o interesse processual.

No sistema do CPC de 1973, a inexistência de quaisquer dessas condições poderia conduzir ao indeferimento da petição inicial (CPC, art. 295, II e III e parágrafo único, III), com a consequente extinção do processo sem pronunciamento sobre o mérito (CPC, art. 267, VI).

Sempre discordamos da inserção da *possibilidade jurídica do pedido* no elenco das condições da ação. O problema estava no plano dos conceitos. Habitualmente, a doutrina entendia que o reverso, ou seja, a impossibilidade jurídica do pedido significava que o autor não possuiria o direito alegado. Ocorre que, no sistema do CPC de 1973, a ausência de qualquer das condições da ação acarretava a extinção do processo sem julgamento do mérito. Ora, se a impossibilidade jurídica do pedido traduzia a existência de um veto legal à formulação de determinado pedido, era elementar que a sentença, ao fazer prevalecer esse veto, punha fim ao processo com resolução do mérito. A entender-se de forma diversa, implicaria admitir que o autor pudesse ajuizar, novamente, a ação (mesma causa de pedir e mesmo pedido), conquanto continuasse a existir o veto legal a que nos referimos. Isso poderia conduzir a uma interminável renovação do exercício da ação e uma interminável extinção do processo, sem resolução do mérito. Como sempre sustentamos que a impossibilidade jurídica do pedimento conduzia à extinção do processo mediante resolução do mérito, a conclusão que tirávamos era de que o autor não poderia ajuizar, outra vez, a ação.

Conforme asseveramos em linhas anteriores, o CPC de 2015, atento às lições da doutrina, não incluiu o *pedido juridicamente impossível* no rol das condições da ação, que, assim, ficaram reduzidas a duas: *legitimidade* e *interesse processual* (CPC, art. 17).

A bem da verdade, o próprio Liebman, ao retornar à Itália, reviu a sua doutrina e acabou por limitar as condições da ação à legitimidade e ao interesse. Ele escreveu:"Le condizioni dell'azione, poco fa menzionate, sono l'interesse ad agire e la legittimazione. Esse sono, come già accenato, i requisiti di esistenza dell'azione, e vanno percio accertate in giudizio (anche se, di solito, per implicito) preliminarmente all'esame del mérito. Solo si ricorrono questi condizioni, puo considerasi esistente l'azione e sorge per il giudice la necessità di providere sulla domanda, per accoglierla o respingerla" (*Manuale di Diritto Processuale Civile*. 3.ª ed., vol. I. Giuffrè, p. 120).

a) Legitimidade *"ad causam"*

A legitimidade para a causa figura como uma das condições da ação. Tanto pode ser ativa quanto passiva.

Via de regra, a legitimidade *ad causam* é do possível titular do direito material que dá conteúdo à *res in iudicio deducta*. Segue-se, que tirante os casos de legitimação anômala — que configuram a chamada substituição processual — somente pode integrar a relação jurídica processual a pessoa que seja titular da obrigação correspondente ao direito alegado. Daí, referir-se *Liebman* à "*pertinência da ação àquele que a propõe e em confronto com a outra parte*" (*Manuale*, p. 46).

Podemos afirmar, por outras palavras, que a legitimidade para a causa consiste na individualização daquele a quem pertence o interesse de agir e daquele perante o qual se formula a pretensão.

Retornemos ao exemplo cogitado na letra pretérita, do autor que ingressa em juízo visando a obter um provimento declaratório de existência de relação de emprego com o réu, para enfatizarmos a impropriedade científica das sentenças que, negando a presença do *vínculo* empregatício, consideram o autor carecente da ação, por ser o réu, *supostamente*, parte ilegítima *ad causam.*

Ora, provada que esteja a prestação pessoal de serviços ao réu, é elementar que este se encontra passivamente legitimado para a causa; portanto, é precisamente diante dele que o autor deve manifestar a sua pretensão, sabendo-se que são legitimados para agir, ativa e passivamente, os titulares dos interesses em conflito.

Sempre, pois, que o réu estiver vinculado a uma situação jurídica proveniente das alegações formuladas pelo autor, ele estará, fora de qualquer dúvida, legitimado para a causa.

Ilegitimidade do réu existiria, isto sim, se (ainda no exemplo da relação de emprego) o autor houvesse deduzido a sua pretensão diante de pessoa *diversa* daquela para a qual prestou serviços.

Mesmo que o órgão jurisdicional não reconheça a relação de emprego desejada pelo autor (logo, a sentença seria declaratória-negativa) isto não significa que devesse declará-lo carecente da ação, porquanto as correspondentes *condições* foram atendidas (supondo-se que sim). Os juízes que, em casos dessa espécie, emitem um decreto de carência, ignoram que o direito de agir em juízo é algo abstrato, que em nada se relaciona com o direito material que acaso busque proteger; confundem, em síntese, o exercício do direito de ação com o *resultado* da prestação jurisdicional. O que deve ser evitado.

b) Interesse processual

No passado, por influência da teoria civilista da ação, o interesse de agir em juízo era considerado como uma espécie de repercussão do interesse protegido pelo direito material; com isso, se dizia que quando o direito subjetivo era ameaçado ou lesado, o que nele estava contido recebia a denominação de interesse de agir.

Modernamente, porém, em virtude do reconhecimento da autonomia do direito de ação, já não se confunde o interesse que é próprio do direito substancial com o interesse de agir judicialmente, ou seja, com o interesse processual.

Debruçando-se sobre o problema do interesse no plano processual, a doutrina cindiu-se em duas correntes: a primeira entende que o interesse, motivador do ingresso em juízo, decorre da *necessidade* de obter um pronunciamento jurisdicional a propósito da *res in iudicio deducta*; a segunda sustenta que esse interesse é caracterizado pela *utilidade* que o decreto judicial proporciona ao autor, por ser eficiente para solver o conflito de interesses em que se encontra o envolvido.

Dizendo-se por outra forma: pela primeira corrente doutrinária, o interesse existirá sempre que o indivíduo invocar a tutela jurisdicional do Estado, com vistas à solução do litígio, que não pôde dirimir extrajudicialmente; pela segunda, o interesse se relaciona com o pressuposto de que o provimento jurisdicional seja efetivamente eficaz para resolver o conflito de interesses.

Moniz de Aragão observava, na vigência do CPC de 1973, que conforme fosse o ponto de vista que se adotasse, aquele Código parecia haver incorporado uma e outra dessas teorias, argumentando com o parágrafo único do art. 4.º, a teor do qual era admissível a ação declaratória ainda que tivesse ocorrido a lesão do direito: "*Se a lei reputasse válida a opinião dos que se filiam à primeira corrente, não haveria necessidade da regra inscrita no art. 4.º, parágrafo único, pois para estes é evidente que basta a simples necessidade de ingressar em juízo para estar preenchido o requisito do interesse; se a lei faz o esclarecimento referido no mencionado texto, é porque reconhece que, sem essa ressalva, a ação declaratória não poderia ser proposta. Logo, esse dispositivo cria exceção à regra geral, a qual consiste na segunda teoria acima indicada*" (*Comentários ao Código de Processo Civil*. vol. II. Rio de Janeiro: Forense, 1974. p. 440).

Não tem sido, todavia, convergente a opinião da doutrina acerca da existência de um *interesse processual*. Já em 1928 *Invrea* refutava todas as concepções sobre o tema. A seu ver, a ideia de interesse era supérflua, redundante, porquanto o interesse estaria relacionado, intimamente, com a propositura da ação. Deitou críticas contundentes às teorias de *Mortara* (da *utilidade*) e de *Chiovenda* (da *necessidade*). Com apoio na afirmação de que a liberdade jurídica não deve receber restrições desnecessárias, concluiu ser imprescindível que exista uma razão jurídica — e não um mero interesse — para ser aceita essa restrição. Para ele, a razão jurídica se caracterizava pelo fato de o réu haver cometido uma lesão de direito (motivo por que deve arcar com as consequências do seu ato) ou pela necessidade de o autor obter um provimento jurisdicional para fazer atuar o seu direito (considerando que o limite da liberdade jurídica é o direito alheio).

Carnelutti também anatematiza o conceito de interesse de agir, julgando-o "*morto, e, se não está morto, moribundo*". Essa conclusão do ilustre jurista italiano está em harmonia com o seu entendimento de que o conteúdo do processo não é a ação e sim a lide, que surge quando alguém deseja a tutela de um interesse, em oposição ao interesse de terceiro, que resiste à satisfação do interesse do autor. *Carnelutti* reputa ser o interesse simples reflexo da existência da lide; inexistindo lide, representa ele uma daquelas situações que devem ser objeto de um processo, a fim de fazer surgir o direito: "*Quando se diz, pois, que existe uma lide (ou uma destas situações) e que, respeito a ela, se deve encontrar naquela relação, que constitui a legitimatio, já se disse tudo; e o interesse de agir não representa senão a quinta roda do carro... Se, pois, se considera o próprio processo, não só a lide é uma condição do interesse de agir, mas a sua existência absorve esse inútil requisito: os pressupostos da ação são portanto estes dois: a lide e a legitimação*"(*Lite e Processo,* in: *Studi di Dirittto Processuale*. vol. III, p. 21 e segs.).

Não aceitamos a opinião de *Carnelutti*.

Em primeiro lugar, a lide, por si só, não justifica o interesse; basta imaginar o recurso interposto pela parte que foi integralmente vencedora na ação: conquanto exista a lide, é manifesto o seu *desinteresse* (considerado o vocábulo em sua significação processual) em formular uma pretensão recursal; afinal, que necessidade ou mesmo utilidade justificaria o fato de impugnar a sentença? Em segundo, há casos em que inexiste lide (pretensão resistida por outrem), mas o interesse processual não só é concreto como está até mesmo previsto em lei. Invocamos, neste momento, a ação declaratória, cujo pressuposto é exatamente a *incerteza* quanto à relação que constitui o objeto do litígio; incerteza objetiva e atual, ou seja, capaz de provocar uma efetiva hesitação quanto à verdadeira vontade da lei, e ser existente e não apenas aleatória. Essa situação de dubiedade deve ser ainda de natureza jurídica e apta para acarretar dano ao autor.

O *interesse processual* não é, portanto, como assevera *Carnelutti*, algo inútil, desnecessário; ao reverso, ele representa a mais característica das condições da ação, para não dizermos que é a única.

Não pertence ao propósito deste nosso estudo, no entanto, realizar uma profunda incursão doutrinária a respeito do interesse processual. Lembramos, apenas, que o CPC de 1939 exigia que esse interesse fosse, além de legítimo, econômico ou moral (art. 2.º, *caput*), em consonância com o preceito insculpido no art. 76 do Código Civil, então vigente. No magistério de *Pontes de Miranda*, a exigência de que fosse "legítimo" o interesse foi introduzido no Código Civil por *Clóvis Bevilacqua* ao traduzir, equivocadamente, o texto italiano, em que se inspirava *(Comentários*, p. 154).

O diploma processual civil vigente, em modificação acertada, suprimiu do interesse a adjetivação que o marcava no texto do Código de 1939. Na atualidade, se exige, unicamente, que a parte tenha *interesse* (CPC, art. 17). *Interesse processual* — a que a doutrina do passado denominava de *interesse de agir em juízo*. Em essência, ambas as expressões significam a mesma coisa.

Capítulo III

Princípios Processuais

Princípios

A revelação dos princípios reitores do processo — este, como técnica estatal destinada à solução dos conflitos de interesses —, é relevante para o estudo das denominadas *tutelas provisórias*, trazidas pelo CPC de 2015.

Na ordem léxica, o vocábulo *princípio* possui significado multifário; em essência, contudo, traduz aquilo que constitui o início, o primeiro momento da existência de algo. Vejamos o seu conceito no plano processual.

Para Miguel Reale trata-se de "*verdades fundantes de um sistema de conhecimento, como tais admitidas, por serem evidentes ou por terem sido comprovadas, mas também por motivos de ordem prática de caráter operacional, isto é, como pressupostos exigidos pelas necessidades da pesquisa e da praxis*" (*Lições Preliminares de Direito.* 7.ª ed. São Paulo: Saraiva, 1980. p. 299).

Com efeito, se tomarmos o vocábulo *princípio,* de acordo com o seu senso geral, podemos asseverar que ele traduz os elementos ou as regras fundamentais de qualquer ramo da cognição científica, artística ou filosófica; nosso objetivo, contudo, não é o de estudar os princípios segundo sua acepção ética, mas, sim, lógico-jurídica. Sob esse estrito ângulo óptico, devemos dizer que, no marcante particularismo do Direito, os princípios representam formulações genéricas, de caráter normativo, com a função não apenas de tornar logicamente compreensível a ordem jurídica, mas, também, de servir de fundamento para a interpretação ou para a própria criação de normas legais.

Não se confundem, todavia, os princípios gerais do processo com aquelas normas ideais que refletem um desejo de aprimoramento do aparato processual. Levando em conta esse aspecto, a doutrina aponta quatro regras, por ela denominadas de "princípios informadores do processo":

a) *princípio lógico*, que respeita à seleção dos meios mais eficazes e céleres de descobrimento da verdade e de evitar o erro;

b) *princípio jurídico*, que diz da necessidade de tratamento igual para todas as partes e de justiça na decisão;

c) *princípio político*, que concerne ao máximo de garantia social, com o mínimo de sacrifício individual da liberdade;

d) *princípio econômico*, que preconiza um processo acessível a todos, segundo o seu custo e a sua duração.

Na observação de Ada Pellegrini Grinover, essas normas ideais, embora sejam distintas dos princípios, os influenciam de maneira indireta, razão por que se situam no limiar da dogmática jurídica, nos limites desta com a zona deontológica, concluindo que "*o estudo comparado das tendências evolutivas do processo tem apontado uma orientação comum que inspira todos os ordenamentos do mundo ocidental, mostrando uma tendência centrípeta de unificação que parece ser o reflexo daquelas normas ideais, a imprimirem uma comum ideologia mesmo a sistemas processuais de diferente matriz (v. g., os países da* common law *e os da* civil law*)*" (*Teoria Geral do Processo.* 6.ª ed. São Paulo: Revista dos Tribunais, 1986. p. 21).

Muitos princípios gerais de processo têm sede na lei e, em especial, na própria Constituição, como ocorre, p. ex., com os:

- da inafastabilidade da jurisdição (art. 5.º, XXXV);
- do juiz natural (art. 5.º, XXXVII);
- do devido processo legal (art. 5.º, LIV);
- do contraditório e da ampla defesa (art. 5.º, LV);
- da publicidade (arts. 5.º, LX, e 93, IX);
- do juízo competente (art. 5.º, LIII),
- da liceidade dos meios de prova (art. 5.º, LVI),
- da razoável duração do processo (art. 5.º, LXXVIII),
- da fundamentação das decisões (art. 93, IX),
- da não prisão civil por dívida (art. 5.º, LXVII),

dentre tantos; outros, contudo, são produtos de construções doutrinárias e jurisprudenciais, conforme veremos, oportunamente.

Tem-se propalado, a propósito, com uma certa inflexão dogmática, que embora um princípio geral de direito possa não estar previsto em lei não se admite que esteja em contraste com ela, pois — sustenta-se — a finalidade dos princípios é servir à compreensão, à elaboração ou mesmo à integração da norma legal. Coloquemos um necessário grão de sal nesse assunto.

A despeito de não se dever estimular a formulação de princípios gerais *contra legem*, há situações particulares que justificam o abandono dessa regra, ou seja, que permitem a elaboração doutrinária ou jurisprudencial de princípios não só dissonantes da norma legal como, até mesmo, eventualmente conflitantes com ela. Corolário expressivo disso é o prestigioso *princípio da inversão da ordem dos depoimentos*, de grande utilidade prática, capaz de abreviar, em muitos casos, sem lesão ao direito das partes, a instrução oral do procedimento. Como sabemos, estatuía o art. 344, *caput,* do CPC de 1973, que a parte seria interrogada na forma prescrita para a inquirição das testemunhas, elucidando o art. 413, do mesmo estatuto processual, que o juiz inquiriria as testemunhas separada e sucessivamente, "*primeiro as do autor e depois as do réu*, providenciando de modo que uma não ouça o depoimento das outras" (destacamos). Essas duas disposições vinham sendo pacificamente aplicadas ao processo do trabalho, em virtude da omissão da CLT a respeito do tema. Considerando, entretanto, que em determinados casos o ônus da prova incumbia ao empregador (réu), passaram os juízes, a partir de certo momento de elogiável criatividade, a inverter a ordem dos interrogatórios, com manifestos objetivos de ordem prática, porquanto, ouvido primeiramente o réu e havendo confissão expressa deste (voluntária ou provocada, pouco importa), tornava-se absolutamente desnecessário ouvir-se o autor e as testemunhas em geral; afinal, como se diz em processo, a confissão é a "rainha das provas" (*regina probationum*).

Essa provecta inversão passou, algum tempo depois, a ser também efetuada com relação às testemunhas, de tal maneira que a inovação, tímida e hesitantemente introduzida por alguns juízes do trabalho (entre os quais nos incluímos), acabou por elevar-se à categoria de princípio, à força de ser reiteradamente praticada. Não ignoramos que, em sentido estrito, essa inversão configurava uma técnica destinada a obter resultados práticos no campo da instrução; como afirmamos antes, todavia, uma técnica pode convolar-se para princípio sempre que for empregada com generalidade e constância.

Em que pese à circunstância de a precitada inversão da ordem dos depoimentos estar em antagonismo com os arts. 344, *caput*, e 413 do CPC de 1973, ambos de aplicação supletória ao processo do trabalho, *ex vi* do art. 769 da CLT, a praxe a consagrou em nome da necessidade de racionalização do processo, que atendia, por sua vez, ao princípio da economia dos atos do procedimento, consistente em um máximo de atividade jurisdicional com um mínimo de dispêndio de tempo.

A esses princípios, ocasionalmente enunciados ao arrepio da norma legal, ou mesmo em conflito com ela, bem calharia a designação de *rebeldes* ou de *transformadores da realidade*, pois destinados a fazer com que a situação regulada pela norma legal seja posta em harmonia com o próprio sistema de que essa norma participa ou com os fins colimados pelo processo.

No caso específico da inversão da ordem dos interrogatórios, de que nos ocupamos há pouco, longe de constituir um ato judicial tumultuário do procedimento (capaz de render ensejo à correição parcial), representou um engenhoso contributo da magistratura para o ideal de aprimoramento do processo, cuja praxe deverá — como é nossa sugestão — converter-se em norma legal. A concretizar-se esse nosso desejo, teremos mais um exemplo de como um princípio pode influir no espírito do legislador, fazendo com que proveja o processo do trabalho de um dispositivo de grande utilidade prática.

O CPC de 2015 não reproduziu a regra inscrita no art. 344, do Código de 1973, concernente ao *interrogatório das partes*. Essa norma do mencionado Código, entrementes, passou a integrar o *processo da praxe*, construído pelos juízes do trabalho. Negar a existência desse processo é algo que se aproxima da hipocrisia, bastando argumentar com algumas emanações dessa criatividade judiciária, como: a resposta (exceção, contestação, reconvenção) escrita, o protesto antipreclusivo, a apresentação de memoriais escritos, etc.

No tocante à *inquirição das testemunhas*, embora o *caput* do art. 456 do CPC de 2015 determine que, por primeiro, sejam ouvidas as do autor, e, depois, as do réu, o parágrafo único permite ao juiz alterar essa ordem — desde que com isso as partes concordem. No processo do trabalho, essa inversão pode ser realizada *ex officio*, pois os juízes do trabalho possuem ampla liberdade da direção do processo (CLT, art. 765).

O CPC de 2015 permite ao juiz inverter o ônus na prova, nas situações de que cogita (art. 373, § 1.º). O CDC também prevê essa inversão, conforme revela o seu art. 6.º, VIII. Essa inversão, contudo, nada tenha a ver com a que se refere à ordem do depoimento das partes e da inquirição das testemunhas (CPC, art. 456).

Cogitamos, até esta parte, da possibilidade de princípios serem formulados em contraste com a norma legal; situação diversa se dá, porém, quando o princípio se coloca em antagonismo com a lei por haver sido equivocadamente *aplicado.* Aqui, não se trata de conceber princípio rebelde ou transformador da realidade, segundo a nomenclatura que sugerimos, e sim, de aplicá-lo de forma inadequada. Isso tem ocorrido, particularmente, com o do i*n dubio pro misero,* quando invocado para resolver dificuldades surgidas no espírito do julgador diante do que se convencionou denominar de *prova dividida*, assim reputada aquela que se caracteriza pelo fato de autor e réu haverem produzido provas dos fatos alegados, que são antagônicos. Ora, se o juiz ficar em um estado de hesitação, em face dessa prova, incumbir-lhe-á examinar (= valorar) qual é a *melhor* prova (CPC, art. 371) e decidir de acordo com ela, significa dizer, a favor de quem a produziu. Se, acaso, como resultado dessa valoração, vier a decidir em benefício do empregado, haverá de ser sob o fundamento jurídico de ter sido este quem fez a melhor prova: decidir, simplesmente, com fulcro no princípio *in dubio pro misero* será emitir sentença frágil, inconsistente e, em decorrência disso, suscetível de reformulação pela via recursal. É imprescindível ter-se em mente, de uma vez por todas, que o manejo prático desse princípio só se justifica nos casos de interpretação de *norma legal*, nunca de prova dividida. A razão é palmar: sendo o direito material do trabalho protetivo do trabalhador (ao menos, como discurso retórico), é compreensível que o juiz, tendo diante de si uma norma legal de senso dubitativo, anfibológico, opte pela interpretação mais favorável ao trabalhador, porquanto essa sua atitude estará em plena consonância com o caráter tutelar que fornece a nota marcante e indica o conteúdo ideológico daquele ramo do Direito. Assim, se o mais (direito material) é tuitivo do trabalhador, é manifestamente lógico que o menos (interpretação de determinada norma desse direito) reflita essa proteção.

Como o Direito Processual também insinua — ainda que palidamente — a tutela do trabalhador, podemos dizer que o juiz, estando tomado por dúvida razoável quanto ao sentido literal de determinada norma desta natureza, poderá optar pela interpretação que lhe pareça mais benéfica ao trabalhador, amparando-se, se for o caso, no princípio *in dubio pro misero*. Tratando-se, portanto, de norma legal (seja de índole material ou mesmo processual), estará o juiz autorizado a fazer uso do referido princípio, levando em conta o escopo protetivo do trabalhador, que anima uma e outra. No momento, contudo, em que estiver *valorando* a prova, não poderá lançar mão desse princípio, pelos motivos que já expusemos, cabendo-lhe, isto sim, acolher a *melhor* prova e decidir, de maneira fundamentada (CF, art. 93, IX), em favor de quem a tenha produzido. O critério, aqui, será, pois, essencialmente axiológico e, jamais, ideológico, uma vez que não estará o julgador diante de norma legal.

Por outro lado, eventual conflito entre um princípio processual tipicamente trabalhista e outro, que informe certo sistema forâneo de processo (civil, comercial, fiscal, etc.), deverá ser solucionado, no âmbito do processo do trabalho, mediante a declaração de preeminência inderrogável (aqui, sim, ideológica) do primeiro e a consequente rejeição do segundo.

Não será sensato, ainda, descartar-se a possibilidade de um princípio vir a ser substituído por outro, como resultado de certas exigências sociais, políticas ou ideológicas sobrevindas àquele, em dado momento histórico; essa derrogação de um princípio por outro poderá igualmente acontecer no caso de alteração da norma legal em que o anterior se inspirara ou de significativa mudança da interpretação (doutrinária ou jurisprudencial) que se vinha conferindo a tal norma.

Por fim, devemos assinalar o fato de alguns princípios terem aplicação idêntica tanto no processo civil (e, por extensão, no do trabalho) quanto no processo penal, como se dá, *v. g.*, com os da imparcialidade do juiz, da ação, do contraditório, etc.; outros, no entanto, incidem de maneira distinta nesses ramos processuais, como, p. ex., o da verdade real, que predomina no processo penal, ao passo que no processo civil a supremacia é da verdade formal.

Classificação

A distribuição sistemática, em classes específicas, dos princípios informadores do processo, variará conforme seja o critério metodológico que se venha a perfilhar.

A doutrina tem classificado esses princípios em três grupos básicos, que dizem respeito: a) à elaboração da norma processual; b) ao procedimento; e c) ao processo propriamente dito.

Como não nos anima o propósito de descer a minúcias, neste assunto — pois estamos convencidos de que uma tal empreitada, além de infundir justificado fastio no espírito do leitor seria desapercebida de interesse prático —, classificaremos ditos princípios, fundamentalmente, *segundo a norma legal que os prevê*. Destarte, teremos uma divisão dicotômica dos princípios em: a) *constitucionais* e b) *infraconstitucionais*. Isso é o quanto basta ao processo do trabalho, com sua inegável vocação pragmática.

Assim fazemos, porque estamos considerando a existência de um Direito Processual Constitucional, que sistematiza as normas reguladoras da jurisdição constitucional, e de um Direito Constitucional Processual, que se ocupa dos dispositivos processuais enfeixados pela Constituição. Como ensina Cândido Dinamarco (*A Instrumentalidade do Processo.* São Paulo: Revista dos Tribunais, 1987. p. 76 e 79), o exame analítico das relações entre processo e Constituição revela dois sentidos vetoriais em que elas se desenvolvem: o primeiro, no sentido Constituição-processo, no qual se tem a tutela constitucional deste e dos princípios que devem regê-lo, elevados ao nível constitucional; o segundo, no sentido processo-Constituição, que revela a jurisdição constitucional, destinada ao controle da constitucionalidade das leis e dos atos normativos do Poder Público e à preservação das garantias contidas na Constituição (jurisdição constitucional das liberdades), além de toda a ideia de instrumentalidade do processo, em que este se apresenta como sistema instituído para a realização da ordem pública, inclusive, a constitucional.

Interessa-nos, em particular, para efeito de justificar a classificação que logo a seguir apresentaremos, a *tutela constitucional do processo*, que se caracteriza segundo o seu objetivo de amoldar os institutos processuais, sob seus aspectos dinâmico e estático, aos princípios inscritos na Constituição.

Efetivamente, é da ordem constitucional que brotam os princípios medulares do processo, que irão constituir a base, o fundamento de todo Direito Processual; por esse motivo, procuramos formular uma classificação dos princípios informativos do processo que tenha como critério primordial a norma legal que os prevê.

A *jurisdição constitucional*, conquanto seja tema de inegável relevância, não será por nós examinada, em face da preeminência que ostenta, neste Capítulo, a tutela constitucional do processo — que se estabelece em decorrência da já mencionada relação Constituição-processo.

Vamos, pois, à anunciada classificação.

a) Princípios constitucionais

1. do devido processo legal (art. 5.º, LIV);
2. da inafastabilidade da jurisdição (art. 5.º, XXXV);
3. do juiz natural (art. 5.º, XXXVII);
4. do juízo competente (CF, 5.º, LIII);
5. da igualdade de tratamento (art. 5.º, *caput).*
6. do contraditório e da ampla defesa (art. 5.º, LV);
7. da publicidade (arts. 5.º, LX, e 93, IX);
8. da liceidade dos meios de prova (art. 5.º, LVI);
9. da fundamentação das decisões (art. 93, IX);
10. da razoável duração do processo (art. 5.º, LXXVIII);
11. da proibição de prisão civil por dívida (art. 5.º, LXVII).

b) Princípios infraconstitucionais

1. da demanda (CPC, art. 2.º);
2. do impulso oficial (CLT, arts. 765 e 878; CPC, art. 2.º);
3. da preclusão (CPC, art. 223);
4. da oralidade (CLT, art. 847);
5. da economia (CPC, art. 57 e outros);
6. da lealdade (CPC, art. 77, I e II);

7. da livre investigação das provas (CLT, art. 765; CPC, art. 371);
8. da valoração das provas (CPC, art. 371);
9. do duplo grau de jurisdição;
10. da eventualidade (CPC, art. 336);
11. da impugnação especificada dos fatos (CPC, art. 341)
12. da informalidade dos atos (CPC, arts. 188 e 277);
13. da sucumbência (CLT, art. 791-A);
14. da estabilidade da lide (CPC, art. 108);
15. da inalterabilidade dos prazos peremptórios (CPC, art. 222, § 1.º);
16. da renúncia aos prazos (CPC, art. 225);
17. do ônus da prova (CLT, art. 818);
18. da cooperação (CPC, art. 6.º);
19. da proporcionalidade e razoabilidade (CPC, art. 8.º).
20. da eficiência (CPC, art. 8.º).
21. da vedação à decisão-surpresa.

Passemos à análise individual desses princípios.

1. Devido processo legal

A cláusula do "devido processo legal" *(due process of law)* teve origem na *Magna Charta Libertarum*, do Rei João Sem-Terra, de 1215, cujo art. 39 dispunha:

> *Nenhum homem livre será detido ou sujeito à prisão, ou privado dos seus bens, ou colocado fora da lei, ou exilado, ou de qualquer modo molestado, e nós não procederemos nem mandaremos proceder contra ele senão mediante um julgamento regular pelos seus pares ou de harmonia com a lei do país* (destacamos).

Inicialmente, a garantia de um "julgamento regular", referida nessa Carta, fora denominada *de law of the land*, expressão que foi mais tarde substituída, no Estatuto *(Statute of Westminster of the Liberties of London)* de 1354, de

Eduardo III, por *due process of law.* Depois de ser interpretada durante cerca de três séculos como sendo um direito a um *ordely proceeding* (processo ordenado), tem início no século XVII, na obra de Coke, a evolução do conceito de *law of the land* (que, até então, guardava sinonímia com o de *due process of law*), que acabará por identificar-se com a tutela do *common law*, de Blackstone, transformando-se no art. 39 da *Magna Charta*, por influência do pensamento predominante no século XVIII, na garantia essencial do direito inglês.

Na América do Norte, algumas Constituições estaduais também previram a cláusula do devido processo legal, como as de Maryland, Pensylvania, Massachussets e Virgínia. As Constituições da Virgínia (*Declaração dos Direitos*, de 16-8-1776), de Maryland (de 3-11-1776) e da Carolina do Norte (de 14-12-1776) faziam expressa referência à *law of the land.* Coube à de Maryland, todavia, o mérito de haver aludido, pela primeira vez, ao trinômio: vida-liberdade-propriedade (*life, liberty or property*), que seria incorporado por outras Constituições norte-americanas.

Foi, contudo, por força da Emenda n. 5, elaborada por Madison em 1791, que se inseriu na Constituição norte-americana de 1787 a cláusula do devido processo legal, cuja redação era a seguinte:

> *Nenhuma pessoa poderá responder por qualquer grave ou infame crime senão mediante apresentação e libelo de um grande júri, exceto nos casos surgidos nas forças militares e policiais, quando em serviço no tempo de guerra ou em período público, nem poderá pessoa alguma, pela mesma ofensa, por mais de uma vez, ter exposta a vida ou a integridade, nem ser compelida em qualquer caso criminal a testemunhar contra si mesma, nem ser privada da vida, da liberdade ou propriedade sem o devido processo legal; nem ter bens expropriados sem justa indenização* (destacamos).

Mais tarde, a Emenda n. XV exigiu que os Estados-Membros concedessem a mesma garantia:

> *Nenhum Estado privará qualquer pessoa de sua vida, liberdade ou propriedade sem o devido processo legal, nem denegará dentro de sua jurisdição, a qualquer pessoa, a igual proteção das leis* (destacamos).

A Emenda n. XVI, introduzida na Constituição de 1868, por sua vez, dispõe:

> *Todas as pessoas nascidas e naturalizadas nos Estados Unidos e sujeitas à jurisdição de lá são cidadãos dos Estados Unidos e do*

Estado onde residem. Nem um Estado deve fazer ou forçar qualquer lei que abranja os privilégios e imunidades dos cidadãos dos Estados Unidos; nenhum Estado deve privar qualquer pessoa da vida, liberdade ou propriedade sem o devido processo legal, nem condenar qualquer pessoa sem sua jurisdição de igual proteção das leis (realçamos).

A maioria das Constituições dos Estados Democráticos modernos incorporou a cláusula do devido processo legal. No Brasil, ainda que essa garantia se encontre dispersa pelos textos anteriores, foi na Constituição de 1988 que a ela se fez expressa referência, pela primeira vez. Com efeito, consta do art. 5.º, inciso LIV, da Constituição Federal, que ninguém será privado da liberdade ou de seus bens "sem o devido processo legal". Note-se que o constituinte brasileiro fez alusão apenas ao binômio liberdade-propriedade, e não, ao trinômio vida-liberdade-propriedade, característico das Constituições norte-americanas, porquanto, entre nós, não existe a pena de morte, salvo em caso de guerra (Constituição, art. 5.º, inciso XLVII, letra *"a"*).

Em verdade, o princípio do devido processo legal não pode ser visto como um dos tantos princípios do processo, senão como o mais importante de todos, um *super princípio*, por assim dizer, do qual todos os outros, de certa forma, decorrem. Realmente, se verificarmos que o devido processo legal compreende: a) o direito à citação; b) o direito a um julgamento público, e rápido; c) o direito à produção de provas em geral; d) o direito ao contraditório; e) o direito de não ser processado por lei retroativa; f) o direito à igualdade de tratamento; g) o direito de não ser acusado ou condenado com base em provas ilegais; h) o direito à assistência judiciária gratuita; i) o direito a obter uma sentença fundamentada, etc., haveremos de concluir que, praticamente, todos os princípios processuais estão contidos na cláusula constitucional do *due process of law.*

A nosso ver, bastaria que o constituinte brasileiro houvesse feito referência ao *devido processo legal* para dizer tudo; entretanto, supostamente impulsionado por motivos didáticos, ele especificou os princípios que consubstanciam o do *due process of law.* Dissemos: didáticos, porque essa especificação se destinou a evitar dúvidas ou controvérsias a respeito do assunto. Não se pode afirmar, por isso, que teria havia, superabundância, por parte de nosso constituinte, ao realizar essa especificação; houve, sim, didatismo.

Mesmo que se devesse admitir — somente para argumentar — que, no âmbito estrito do processo civil, o princípio do devido processo legal abarcasse, apenas, os: a) de garantia do direito de ação; b) do direito de defesa; c) de igualdade de tratamento; d) do contraditório, ainda assim estaríamos diante de um princípio fundamental, de um superprincípio, conforme dissemos. Em todo o caso, para nós, o princípio do devido processo legal tem abrangimento muito mais amplo, pois constitui o somatório de todos os outros princípios. O fato de o constituinte brasileiro haver feito menção não só ao princípio do devido processo legal, mas também a outros, que se encontram naquele compreendidos, não pode ser oposto à nossa conclusão de que o princípio do devido processo legal abrange os demais. Repitamos: quer nos parecer que essa atitude do constituinte derivou de uma preocupação esclarecedora, consistente em enfatizar o elenco dos princípios integrantes do devido processo legal. Essa enumeração teve, portanto, uma finalidade muito mais didática do que sistemática. De qualquer forma, não devemos confundir o legislador com o jurista: apenas este sói deter o conhecimento da ciência processual.

Processo e *procedimento* são conceitos que jamais poderão ser encambulhados, sob pena de graves riscos para a exata compreensão de um e de outro. Enquanto o primeiro significa, como pudemos mostrar, o método de que se utiliza o Estado para dirimir os conflitos intersubjetivos de interesses, o segundo corresponde ao conjunto preordenado de atos (via de regra preclusivos) que constituem uma unidade teleológica e que se dirigem para um ponto de atração e de exaustão: a sentença de mérito — embora, muitas vezes, por acidentes de percurso, ocorra a extinção do processo sem pronunciamento sobre o *meritum causae*. Na feliz metáfora ideada por Büllow, o procedimento é a manifestação extrínseca do processo, o seu envoltório natural.

Sabemos que a ação é um direito público subjetivo colocado pelo ordenamento constitucional à disposição dos indivíduos e das coletividades. Caso, porém, às pessoas fosse dado praticar os atos que bem entendessem, no lugar, no tempo e na forma que melhor lhes aprouvessem, é elementar que essa indisciplina conduziria a um incontrolável tumulto do procedimento — a desafiar, com isso, sucessivas intervenções correcionais —, além de favorecer ao litigante mais astuto e afeito a velhacadas, que, com tais atos, estaria praticamente subtraindo do juiz o comando do processo e fazendo com que fosse duramente golpeado o prestígio desse método estatal de solução dos conflitos de interesses, que é provido de um conteúdo marcadamente ético.

Foi justamente para evitar a instauração de indisciplina dessa natureza que a lei estabeleceu, com certa rigidez, um complexo sistema de exigências concernentes não só à atuação das partes em juízo, como à própria disciplina a ser observada, para efeito da prática dos atos por elas desejados. Estabeleceu-se, desse modo, o moderno sistema da *legalidade das formas*, de acordo com o qual, em princípio, os atos devem ser realizados no lugar, tempo e forma previstos em lei; em muitos casos, a inobservância a essas regras conduz à nulidade do processo.

O princípio da regularidade do procedimento — que integra o do devido processo legal, mais amplo —, como se nota, decorre do sistema da legalidade das formas, pois enquanto processo é método, procedimento é forma.

A regulamentação legal dos atos do procedimento não decorre, apenas, da necessidade de disciplinar-se a atuação das partes em juízo (impedindo, como dissemos, a escravização de uma aos caprichos ou artimanhas da outra), mas, também, da preocupação do legislador de impedir a instauração do que bem se poderia chamar de *ditadura do magistrado.* Com efeito, o juiz deve não somente fiscalizar a conduta dos litigantes como conduzir-se segundo as normas legais, vale dizer, praticar os atos que lhe digam respeito conforme a lei. Podemos dizer, em face disso, que inversamente ao que se passa no terreno político, no processual a "ditadura das formas e das fórmulas", longe de ser algo concebido para restringir, cercear ou espezinhar o direito das partes, é um eficaz instrumento destinado a garantir a atuação imparcial do magistrado e a consequente segurança jurídica dos jurisdicionados. Sem um sistema de legalidade das formas, provavelmente haveríamos de assistir a ocasionais — ou a reiteradas — demonstrações de prepotência e de arbitrariedade do juiz, que dirigiria o processo conforme seus impulsos pessoais, subministrando um tratamento desigual às partes e comprometendo o prestígio do Poder Judiciário.

Em alegoria singela, poderíamos comparar, tão somente sob esse aspecto, o magistrado a uma locomotiva, que só pode andar sobre trilhos, não lhe sendo possível, portanto, escolher caminhos próprios. Os trilhos, no caso, são as normas legais de processo; se deles o magistrado sair, descarrilará, devendo ser reconduzido aos trilhos pelos aparatos legais (mandado de segurança, correição parcial, recurso, etc.).

Embora, no Brasil, a doutrina vincule o princípio do *devido processo legal somente ao* processo, em outros países, como nos Estados Unidos, é comum a referência também ao devido processo legal *substancial,* que se liga ao direito *material.* Com base nesse princípio, o Poder Judiciário pode exercer o controle de atos oriundos dos Poderes Executivo e Legislativo, sob a perspectiva da razoabilidade ou da falta desta.

É certo que, a despeito das considerações que expendemos até esta altura, há um conjunto de regras moderadoras do princípio das *nulidades processuais*, que se funda no postulado de que não se deve decretar a nulidade se do ato não sobrevier nenhum prejuízo à parte, salvo se a norma legal violada for de ordem pública. Dessas "regras moderadoras" falaremos a seguir.

Regras moderadoras das nulidades processuais

a) Transcendência

Constitui, inegavelmente, a viga mestra de toda a estruturação das regras de moderação do princípio das nulidades processuais. Por ela se declara que somente haverá nulidade se o ato irregularmente realizado acarretar manifesto prejuízo à parte que o impugnou (*pas de nullité sans grief,* consoante a conhecida expressão do direito francês). Essa regra se encontra radicada nos arts. 794 da CLT e 282, § 1.º, do CPC, e significa, por outras palavras, que o prejuízo é a medida da nulidade; sem aquele, esta é nenhuma.

Digamos, e. g., que o juiz tenha indeferido a produção de determinada prova, pelo autor, tendo este, em consequência, alegado, no momento oportuno, nulidade do processo por restrição ("cerceamento", costuma-se afirmar) ao direito de defesa. A sentença, contudo, é inteiramente favorável ao autor, que, em virtude disso, não terá (em princípio, ressalve-se) interesse de recorrer, dada a ausência de prejuízo. Fica claro, desse modo, que se o ato praticado pelo juiz, apesar de molestar direito da parte, não trouxer nenhum prejuízo a esta, não deverá ser declarado nulo.

O problema, todavia, não é tão simples quanto possa parecer, pois — aproveitando o exemplo apresentado —, em alguns casos, embora a sentença seja inteiramente favorável à parte que arguiu a nulidade, esta possuirá interesse em interpor o recurso adequado. Justifiquemos a opinião. Supondo que o juízo houvesse formado a sua convicção sem qualquer fundamento na prova dos autos (até porque estas inexistiam), o autor, ainda que vencedor na causa, poderia ter interesse em recorrer da sentença a fim de que o tribunal, dando provimento ao recurso, anulasse o processo a partir do momento em que o requerimento de produção de provas foi indeferido; com isso, o autor poderia produzir a prova pretendida, com vistas a fazer com que a sentença, estribada nessa prova, pudesse resistir razoavelmente ao recurso que viesse a ser interposto pela parte contrária. A não se entender dessa maneira, o autor ficaria na incômoda situação de, não podendo recorrer da sentença, resignar-se a ver o tribunal prover o recurso do réu e, em razão disso, rejeitar os pedidos constantes da inicial ("julgar a reclamação (*sic*) improcedente (*sic*)", segundo expressão do gosto da maioria dos juízes, que, entretanto, deveria ter sido abandonada há muito tempo, como forma de prestar-se justa homenagem ao rigor científico).

Insta esclarecer que, na situação imaginada, o autor poderia interpor recurso adesivo ao do réu, porquanto lhe faltaria, efetivamente, interesse de recorrer de maneira autônoma: se a sentença lhe foi inteiramente favorável e dela o réu não interpôs recurso, o fenômeno da coisa julgada material faria com que ficasse afastado o risco de a sentença ser modificada pela via recursal. Nem mesmo a ação rescisória seria admissível, pois era do autor o direito lesado pelo ato do juiz (de produzir provas). A circunstância de a sentença haver acolhido por inteiro os pedidos formulados pelo autor não representa, a nosso ver, obstáculo para o manejo do recurso adesivo, porquanto a peculiaridade do caso justifica o eventual afastamento da regra impressa no art. 997, § 1.º, do CPC, qual seja, de que autor e réu fiquem vencidos (em capítulos distintos da sentença, como é óbvio).

Tirante situações particulares, como a que examinamos, prevalece a regra geral de que não se deve declarar a nulidade se do ato não advier nenhum prejuízo à parte. Prejuízo *manifesto*, esclarece o art. 794, da CLT. As dificuldades existentes em torno da aplicação dessa regra se devem ao fato de que determinados prejuízos só se manifestam algum tempo depois de praticado o ato violador do direito da parte, como se deu no exemplo do autor que, apesar de ver indeferido seu requerimento de produção de provas, acabou se tornando vencedor na causa. O seu prejuízo, na espécie, surgiria com o provimento que viesse o tribunal a dar ao recurso interposto pelo réu.

b) Instrumentalidade

Em que pese ao fato de a lei prescrever certa forma para a validade do ato, sem a cominação de nulidade, este valerá se, praticado de maneira diversa, atingir a mesma finalidade. Esse princípio tem sede nos arts. 277 e 188 do CPC; conquanto dele não fale a CLT, é incontestável a sua incidência no processo do trabalho, cujo procedimento é dotado de relativa simplicidade.

O princípio em questão significa um reconhecimento (ainda que implícito) de que as formas dos atos processuais não representam um fim em si mesmas, senão que uma providência tendente a atribuir legalidade extrínseca a tais atos. Dizendo por outros termos, o conteúdo ideológico desse princípio é a constatação de que, embora o ato se encontre vinculado a uma finalidade (elemento teleológico), pouco importa que esta venha a ser alcançada por forma diversa da prescrita em lei. A forma não deve ser, portanto, entendida como um molde inflexível, ao qual se devem submeter todos os atos do procedimento, e sim uma orientação legal a respeito de como o ato deve ser praticado.

No processo do trabalho, a resposta do réu (exceção, contestação, reconvenção, reconhecimento da "procedência" do pedido) deve ser apresentada, oralmente, em audiência, no prazo de vinte minutos (CLT, art. 847); nada obstante, a praxe tem sido a formulação por escrito dessa resposta. Em princípio, esse ato deveria ser declarado nulo, pois realizado em desacordo com a lei; como, apesar disso, atinge a sua finalidade, convalida-se plenamente, sem dar margem ao decreto de nulificação. A única resposta que deve ser apresentada por escrito é a exceção de incompetência territorial (CLT, art. 800).

O processo do trabalho, aliás, tem sido arrojado na aplicação do princípio da instrumentalidade, fazendo-o atuar mesmo nos casos em que o desvio da forma preconizada em lei seja cominado com nulidade. Tomemos como referência o art. 280 do CPC, de aplicação supletiva ao processo do trabalho, por força do qual "*as citações e as intimações serão nulas quando feitas sem observância das prescrições legais*" (destacamos). Pois bem. Mesmo quando o réu residia fora da jurisdição perante a qual a ação fora ajuizada (e sem que fosse comerciante ou industrial), os juízes do trabalho, a contar de certa época, passaram a determinar que a citação fosse feita pelo correio, e, não, mediante carta precatória, como exigia o art. 200 do CPC de 1973. Esse procedimento inovador, adotado pela magistratura trabalhista, não causou, em princípio, nenhum prejuízo aos réus (pois estes recebiam cópia da petição inicial), razão por que eventuais arguições de nulidade processual, formuladas com fundamento na ofensa ao art. 222, daquele CPC, não tiveram êxito. Tempos depois, a Lei n. 8.710, de 24 de setembro de 1993, alterou a redação do precitado dispositivo do estatuto processual civil, para permitir a citação pelo correio, "para qualquer comarca do País", salvo nos poucos casos que indica.

O CPC de 2015 manteve a regra (art. 247).

O princípio da instrumentalidade e as audiências mediante carta precatória no processo eletrônico

De uns tempos até esta parte, alguns juízes passaram a adotar o seguinte procedimento, referente, por exemplo, à inquirição de testemunhas mediante carta precatória: a testemunha comparece ao juízo deprecado, mas é inquirida, diretamente, pelo deprecante. Não se pode negar que esse procedimento é conveniente aos juízos deprecante e deprecado: ao primeiro, porque passa a colher, por via direta, a prova; ao segundo, porque não necessita participar da inquirição.

Esse procedimento seria lícito, sob a perspectiva dos arts. 794, da CLT, e 188 e 277, do CPC?

No tocante ao art. 794, da CLT, não se pode pensar em nulidade, pois esse novel procedimento não acarreta manifesto prejuízo às partes.

Quanto aos arts. 188 e 277, do CPC, devemos ponderar que a convalidação de atos processuais praticados sob forma diversa da prevista em lei não se aplica à situação que estamos a examinar. Assim afirmamos, porque a testemunha, no juízo deprecado, não fica na presença do magistrado local, e sim, diante do serventuário encarregado de operar o sistema. Desse modo, o juízo deprecante não tem como controlar o ambiente em que se encontra a testemunha, sendo certo que esse mister não cabe ao serventuário do juízo deprecado. Com a expressão: "controlar o ambiente" estamos a referir à verificação se a testemunha não está fazendo uso de meios escusos ou sub-reptícios para depor, como: consultando *e-mails ou* mensagens de texto enviadas ao seu telefone celular, lendo texto exibidos em *teleprompter*, enfim, comunicando-se com terceiro.

Não estamos convencidos de que os avanços impostos pela tecnologia justifiquem esse procedimento instituído pela praxe.

Em suma, juiz inquiridor e pessoa inquirida devem estar no mesmo ambiente físico; e, nesse espaço, não há lugar para os arts. 188 e 277, do CPC. O espaço será ocupado pelos arts. 824, da CLT, e 139, VII, 385, § 2.º e 456, do CPC — que não são meros convidados, para presença indispensável nas audiências.

c) Proteção

A nulidade somente deverá ser pronunciada se não for possível suprimir-se a falta ou repetir-se o ato e desde que não seja arguida por quem lhe deu causa (CLT, art. 796, *"a"* e *"b"*; CPC, art. 276).

Se, p. ex., após haver designado data para o julgamento o juiz constatar que se esqueceu de oferecer às partes oportunidade para apresentarem razões finais, é elementar que não deverá, a despeito disso, julgar a causa, sob pena de o processo ser anulado pelo tribunal (em virtude de recurso interposto por uma das partes), a partir do momento em que não se propiciou ensejo para o oferecimento das mencionadas razões finais; incumbir-lhe-á, isto sim, invocando o princípio da proteção, converter o julgamento em diligência para o fim específico de suprir a falta, e, com essa providência, salvar o processo de virtual decreto de nulidade.

Igualmente, se diga na hipótese de o juiz haver deixado de formular a segunda proposta de conciliação — levando-se em conta a orientação jurisprudencial de que a ausência da primeira proposta não leva à nulidade do processo. Suprida a falta, o nulo se dissipa.

Em outros casos, o princípio de que estamos a cuidar autoriza a repetição do ato, como providência capaz de salvar o processo de virtual nulidade. Mais uma vez, argumentemos com as razões finais. Por lei, essas razões devem ser aduzidas oralmente, em audiência, no prazo de dez minutos para cada litigante (CLT, art. 850, *caput)*. Alguns juízes, no entanto, influenciados pelo art. 364, § 2.º, do CPC, vêm permitindo que as razões finais orais sejam substituídas por memoriais escritos. Essa prática, no entanto, é irregular e tumultuária do procedimento, pois conforme o referido art. 850, *caput*, da CLT, ditas razões devem ser apresentadas antes de ser renovada a proposta de conciliação, cuja antecedência se justifica pelo fato de o juiz, após ouvir o arrazoado final das partes, sentir-se eventualmente mais seguro para encontrar argumentos tendentes a conduzir as partes à conciliação. Os memoriais escritos, via de regra, são oferecidos depois de formulada a segunda proposta conciliatória, vale dizer, quando esta já havia sido recusada pelos demandantes.

Aplicando o princípio em tela, deverá o juiz converter o julgamento em diligência para que as partes aduzam, oralmente, em audiência, as razões finais, efetuando, em seguida, a renovação da proposta de solução negociada do conflito. O que ao magistrado será lícito fazer é permitir a juntada de memoriais escritos, sem prejuízo das razões finais orais, que deverão ser expendidas no momento previsto em lei. Uma advertência oportuna: se houver, na audiência, algum ato que a parte considere capaz de gerar nulidade processual, a pertinente arguição deve ser feita no ensejo das razões finais (e não dos memoriais, apresentados posteriormente), sob pena de preclusão.

Enfim, sempre que constatar a ausência de ato imprescindível para a regularidade do procedimento ou a prática irregular de determinado ato, não deverá o juiz decretar a nulidade do processo e, sim, invocando o princípio da proteção, ordenar que a falta seja suprida, ou o ato, repetido.

Não deverá, contudo, ser pronunciada a nulidade arguida por quem lhe deu causa, pois isso levaria a uma situação de antagonismo com o conteúdo ético do processo.

Constituem emanação tópica do princípio da proteção, dentre outros, os arts: 896, § 11, da CLT, e 932, parágrafo único, 938, § 1.º, e 1.007, §§ 2.º e 4.º, do CPC.

d) Convalidação

Significa que a nulidade pode ser sanada pelo consentimento, ainda que tácito, da parte contrária, exceto se decorrer de violação de norma de ordem pública. A doutrina costuma apontar os arts. 795 da CLT e 278 do CPC como fonte legal desse princípio. Nós mesmos assim o fizemos em obra anterior. Todavia, o princípio da proteção, segundo o seu conceito doutrinal, não está previsto em nenhum desses textos legais. O que neles se menciona é o *momento* em que a parte interessada deve alegar a nulidade, sob pena de preclusão temporal, o que é coisa diversa. O princípio da convalidação, na verdade, emana de uma regra processual ampla, que se encontra espraiada por diversos pontos do digesto de processo civil, segundo a qual o silêncio de uma das partes faz gerar a aceitação do ato realizado pela outra, ou induz à presunção de veracidade dos fatos narrados por esta. É, pois, nessa moldura que se encaixa o princípio da convalidação, com a singularidade de que, aqui, o silêncio da parte tem eficácia convalidadora do ato praticado pelo adversário, observadas as restrições que apontamos.

Duas inferências de ordem prática se extraem dessa regra: a) a nulidade relativa pode ser convalidada pela anuência do litigante adverso; b) a absoluta, nunca.

Na primeira hipótese, o assentimento poderia ser tácito ou expresso. Tácito seria, *e. g.*, sempre que o réu deixasse de alegar a incompetência *ratione loci* do juízo, fazendo com que, em virtude desse silêncio, a competência se deslocasse para o juízo no qual a ação foi exercida — sabendo-se que a incompetência em razão do lugar é sempre relativa; já as *ratione materiae* e *ratione personae*, por serem absolutas, não seriam afetadas pela omissão da parte, incumbindo ao juiz conhecê-las de ofício, em qualquer tempo ou grau de jurisdição (CPC, art. 64, § 1.º), desde que não tenha transitado em julgado a sentença ou o acórdão. Concordância expressa haveria, p. ex., quando a parte a quem a declaração de nulidade aproveitasse dissesse, oralmente ou por escrito, de sua aceitação do ato praticado pelo adversário — salvo, como alertamos, se a nulidade implicasse violação à norma de ordem pública, quando, então, o ato não se convalidaria.

Ao lado das regras de "moderação das nulidades", que analisamos, situam-se outros preceitos legais de grande utilidade para uma exata compreensão do assunto. Um deles estabelece que, anulado o ato, serão reputados de nenhum efeito todos os subsequentes, que dele dependerem (CPC, art. 281) e que a nulidade de uma parte do ato não contaminará as outras, que dela sejam independentes (*ibidem*). Para o correto entendimento desse preceito faz-se necessário recordar que a doutrina tem classificado os atos processuais em três espécies: a) simples; b) compostos; c) complexos.

Atos simples são os que possuem existência autônoma, ou seja, em si mesmos; para a sua validade nada mais se exige do que a atividade da parte. Os *compostos* (ou complexos), ao contrário, são constituídos pela agregação de diversos atos simples, sem que estes percam a individualidade, daí por que tais atos são caracterizados por duas ordens de efeitos: os provenientes de cada ato unitário e os oriundos do conjunto deles. Os atos *complexos*, na lição de Carnelutti, se apresentam como uma variedade dos atos simples, distinguindo-se em sua forma, no sentido de que para produzirem o efeito jurídico desejado torna-se necessária não apenas uma ação, mas uma multiplicidade de ações.

No tribunal, a arguição de nulidade será apreciada antes do mérito (preliminarmente, portanto), deste não se conhecendo se incompatível com a decisão tomada com relação àquela (CPC, art. 938, *caput*). Sendo a nulidade sanável, o órgão *ad quem* — desde que a providência seja justificável

— converterá o julgamento em diligência, determinando a remessa dos autos ao juízo competente, a fim de ser eliminado o vício (*ibidem*, § 1.º).

Mesmo nas situações típicas de nulidade suprível, todavia, a regra da conversão do julgamento em diligência não vem sendo observada, no geral, pelos tribunais do trabalho, pressurosos em não admitir recursos. Nesse cenário, merece encômios a nova redação dada à OJ n. 140, da SBDI-1, do TST: "DEPÓSITO RECURSAL E CUSTAS PROCESSUAIS. RECOLHIMENTO INSUFICIENTE. DESERÇÃO (nova redação em decorrência do CPC de 2015) – Res. n. 217/2017 – DEJT divulgado em 20, 24 e 25-4-2017. Em caso de recolhimento insuficiente das custas processuais ou do depósito recursal, somente haverá deserção do recurso se, concedido o prazo de 5 (cinco) dias previsto no § 2.º do art. 1.007 do CPC de 2015, o recorrente não complementar e comprovar o valor devido".

Sendo rejeitada a preliminar de nulidade, ou se o exame do mérito não for com ela inconciliável, proceder-se-á à discussão e ao julgamento da matéria de fundo, a respeito da qual deverão se pronunciar os juízes vencidos na preliminar (CPC, art. 939).

2. Inafastabilidade da jurisdição

Em rigor, este princípio diz respeito à jurisdição, não ao processo; visto sob a perspectiva da jurisdição, o princípio aparece como sendo da indeclinabilidade.

Nada obsta, porém, a que o apreciemos agora sob o ponto de vista do processo, mormente se considerarmos que fizemos uma separação entre os princípios constitucionais do processo e os infraconstitucionais, estando o da inafastabilidade da jurisdição compreendido no primeiro grupo.

Antes, façamos um escorço histórico da luta do homem pela justiça, para melhor ilustrarmos as considerações comas quais fecharemos este item.

Se empreendermos um sobrevoo sobre a história do direito dos povos, verificaremos a existência de certa fase remota, envolvida pelas brumas da insensatez, em que se permitia ao indivíduo satisfazer, com os meios pessoais de que dispusesse, as suas pretensões vinculadas a bens ou utilidades da vida, sempre que houvesse o interesse de outrem sobre os mesmos bens e utilidades. Vivia-se, na altura, o execrando período da autotutela ou autodefesa, da realização da "justiça" por mãos próprias, em que a prevalência nem sempre era do direito — como seria desejável pelas consciências de hoje — e, sim, da astúcia, da velhacada, do ardil, da prepotência, da riqueza e, de certo modo, das classes dominantes e detentoras dos poderes político ou econômico.

Convencendo-se, não sem grande tardança, de que esse sistema iníquo estava colocando em grave risco a estabilidade não só das relações jurídicas, mas das próprias relações sociais, o Estado, que até então se mantinha em uma atitude irresponsavelmente passiva, interveio nesse campo e trouxe para si o encargo de solucionar, em caráter monopolístico e de maneira imparcial e heterônoma, os conflitos de interesses ocorrentes entre os integrantes do grupamento humano.

A contar desse episódio de extraordinária importância para o direito dos homens, instaura-se a Justiça Pública — e, com ela, surge essa tríade fundamental, que viria a constituir-se na viga mestra de todo sistema moderno de solução estatal dos conflitos intersubjetivos de interesses protegidos pela ordem jurídica, a saber, a *jurisdição*, a *ação* e o *processo*. A jurisdição, mais do que um *poder*, torna-se um indeclinável *dever* do Estado de declarar com quem se encontra o direito em disputa; a *ação* traduz-se no direito público, de que passaram a ser detentores os indivíduos e as coletividades, de invocar a tutela jurisdicional (nos casos e forma previstos em lei), sempre que sofrerem lesão de direito ou estiverem na iminência de sofrê-la; o *processo* firma-se como o método ou técnica de que se utiliza o Estado para compor as lides, revelando-se ao mundo sensível pelo *procedimento* —, suas vestes formais, consistente em um conjunto de atos sequentes e preordenados, e em regra preclusivos, que se encaminham para o seu polo de atração magnética e de exaustão: a sentença de mérito.

Mesmo nas situações em que a sentença não resolve o *meritum causae*, não se pode negar a presença da jurisdição, da ação e do processo, porquanto a existência e a conceituação desses elementos essenciais não se ligam ao resultado da prestação jurisdicional realizada.

A garantia do exercício do direito de ação constitui uma salutar tradição constitucional de nosso País. Praticamente, todas as Constituições republicanas contiveram cláusula a esse respeito. Exceção isolada foi a Carta de 1937, outorgada por Getúlio Vargas, na qual não se inscreveu essa garantia. Esse período de exceção ao Estado de Direito, felizmente, já faz parte de um passado (obscuro, por certo). Merece ser referido — e, sem dúvida, lamentado — também o fato de o Ato Institucional n. 5, de 13 de dezembro de 1968, produzido durante o período do Governo Militar, haver excluído "*de qualquer apreciação judicial todos os atos praticados de acordo com este Ato Institucional e seus Atos Complementares bem como os respectivos efeitos*" (art. 11).

O grande contributo da Constituição Federal de 1988 ao tema em estudo consistiu em assegurar o exercício do direito de ação não somente nos casos de lesão de direito, mas nos de simples *ameaça de lesão*. Como essa ameaça torna o direito material periclitante, isto quer dizer que esse risco pode ser afastado por meio das tutelas de urgência, dentre as quais se incluem as ações cautelares (máxime as derivantes do poder geral de cautela, que o art. 301 do CPC atribui, em abstrato, aos magistrados) e a ação de mandado de segurança, apenas para citarmos alguns exemplos.

Em termos práticos, o inciso XXXV do art. 5.º da Constituição está a advertir que o legislador (ou quem quer que seja) não poderá, por que motivo for, excluir, ainda que temporariamente, da apreciação dos órgãos do Poder Judiciário qualquer lesão ou ameaça de lesão a direito. Para que o direito constitucional de ação seja regularmente exercido, contudo, será necessário que a parte o faça no prazo legal e atenda às condições previstas em lei, quais sejam: legitimidade para a causa e interesse processual (CPC, arts. 17 e 485, IV); exigir-se-á, ainda, a presença dos pressupostos de constituição e de desenvolvimento regulares da relação jurídica processual (CPC, art. 485, VI).

O art. 3.º, do CPC, refletindo no plano infraconstitucional, a garantia expressa no art. 5.º, XXXV, da Constituição Federal, declara: *"Não se excluirá da apreciação jurisdicional ameaça ou lesão a direito".*

Embora se possa afirmar que o princípio constitucional da inafastabilidade da jurisdição tenha como destinatário o legislador, não podemos deixar de reconhecer que esse princípio também é dirigido ao juiz. Assim estamos a dizer, porque o art. 140, do CPC, proíbe o juiz de eximir-se de proferir decisão alegando lacuna ou obscuridade do ordenamento jurídico. Desta forma, o juiz dos tempos modernos já não pode pronunciar o antigo *non liquet*, que o isentava de julgar determinadas causas. O desrespeito do magistrado ao art. 140, do CPC, caracteriza, sobremaneira, uma afronta ao art. 5.º, XXXV, da Constituição Federal.

É necessário esclarecer, entretanto, que o princípio da inafastabilidade da jurisdição não significa apenas a possibilidade de o interessado *ter acesso* aos órgãos do Poder Judiciário, traduzindo, também, o direito de acesso à ordem jurídica justa.

Não podemos deixar de reconhecer que o fato de a ação encontrar-se, em nosso meio, alcandorada à categoria de direito ou garantia constitucional é de vital relevância para o patrimônio jurídico dos indivíduos e das coletividades, na razão em que lei ordinária não poderá coarctar — e, quanto menos, cercear —, a que pretexto seja, o exercício desse direito público subjetivo, ainda que temporariamente, embora se compreenda a exigência, que vem das normas infraconstitucionais, de que, para o exercício desse direito, deverão ser atendidas as mencionadas *condições da ação*.

É, precisamente, desse compromisso histórico (e moral) assumido com os jurisdicionados que dimana o indeclinável dever do Estado de prestar a tutela jurisdicional, sempre que regularmente invocada — ou, até mesmo, de ofício, em situações excepcionais e autorizadas por lei. Esse dever, cabe advertir, não se resume à simples realização prática de distribuição da justiça: é indispensável para o seu pleno cumprimento que a proteção jurisdicional seja ministrada de forma rápida e boa, conquanto seja forçoso admitir que, em concreto, certas deficiências estruturais inveteradas da organização judiciária de nosso país, agravadas por algumas imperfeições técnicas do processo, façam com que a solução dos conflitos de interesses ocorra em um espaço de tempo muito superior ao tolerável.

Malgrado essa nota preocupante, a ação representa, sem dúvida, esse direito dos indivíduos e das coletividades de terem "o seu dia na Corte" (*his day in court*) — direito que é produto de uma das mais puras e sublimes manifestações do sentimento democrático.

O princípio da *inafastabilidade da jurisdição* possui, como procuramos demonstrar, profundas raízes históricas e representa uma espécie de contrapartida estatal ao veto à realização, pelos indivíduos, de justiça por mãos próprias ("exercício arbitrário das próprias razões", na peculiar dicção de nosso Código Penal — art. 345); mais do que isso, ela é uma pilastra de sustentação do Estado de Direito.

O princípio da *inafastabilidade da jurisdição* também pode ser denominado *princípio da ação*. Com efeito — e reiterando o que dissemos há pouco — a Constituição Federal declara, no inciso XXXV do art. 5.º, que "*a lei não excluirá da apreciação do Poder Judiciário lesão ou ameaça a direito*"; com isso, está a assegurar o *direito de ação*, consistente na possibilidade de o indivíduo invocar a prestação da tutela jurisdicional, nos casos e forma previstos em lei. A particularidade de a prestação dessa tutela — desde que regularmente invocada pelo interessado — não poder ser recusada pelo Estado justifica falar-se em um princípio da *inafastabilidade* da jurisdição, ou, mesmo, de um *princípio da ação*. Em essência, todas essas expressões significam a mesma coisa: o direito de os indivíduos e as coletividades invocarem a atuação jurisdicional do Estado, a que corresponde o dever estatal de prestar essa tutela. São duas faces da mesma moeda, por assim dizer.

O princípio-garantia constitucional *da inafastabilidade da jurisdição* compreende, portanto, não somente a *jurisdição preventiva* (tutela provisória), mas, também, a jurisdição reparatória (tutela definitiva).

Poderá, entretanto, a própria Constituição condicionar o ingresso em juízo à exaustão de certas vias não jurisdicionais (administrativas, *lato sensu*), como é o caso do art. 217, § 1.º, da atual, segundo o qual "*O Poder Judiciário só admitirá ações relativas à disciplina e às competições desportivas após esgotarem-se as instâncias da justiça desportiva, reguladas em lei". Esta possuirá o prazo de sessenta dias para proferir decisão final* (§ 2.º).

A Lei n. 9.307, de 23-9-1996, que dispõe sobre a arbitragem, não é inconstitucional, pois não proíbe o exercício do direito de ação: tão somente faculta às partes resolver os seus litígios de natureza patrimonial por meios extrajudiciais, mediante a eleição de árbitro. Para isso, o contrato deverá conter cláusula compromissória e ser firmado o compromisso arbitral. Se uma das partes se recusar a assinar esse compromisso, a outra poderá ingressar em juízo, a fim de que a recusante seja citada para vir assinar o termo (art. 7.º). Convém lembrar que a sentença arbitral produz, entre as partes e sucessores, os mesmos efeitos da sentença proferida pelo Poder Judiciário e, sendo condenatória, constitui título executivo (art. 31). De qualquer forma, a parte interessada poderá se dirigir ao Poder Judiciário para pleitear a nulidade da sentença arbitral (art. 33), quando for o caso.

Embora determinado segmento da doutrina se recuse a distinguir o direito de ação do direito de petição, parece-nos que essa separação é necessária. Assim dizemos, não em decorrência do fato de o primeiro estar previsto no inciso XXXV, e o segundo, no inciso XXXIV, *"a"*, ambos do art. 5.º da Constituição Federal, enquanto aquele, como vimos, se destina a obter um pronunciamento jurisdicional, este visa a uma resposta ou manifestação dos poderes públicos em geral, aí incluída a Administração e a Legislatura.

O art. 840, § 1.º, da CLT, ao exigir que a parte indique, já na petição inicial, o *valor* dos pedidos contém traços de inconstitucionalidade, por traduzir expressivo embaraço ao exercício do direito constitucional de invocar a prestação da tutela jurisdicional do Estado. Não raro, o autor não dispõe, desde logo, de elementos para proceder à quantificação monetária dos pedidos. Em outro livro, procuramos abrandar o rigor da norma, alvitrando que o pedido possa ser formulado por *estimativa*. Essa parece ser a inclinação da jurisprudência, inclusive, do TST.

3. Juiz natural

Consideramos pouco didática a difundida locução *juiz natural,* pois, em rigor, não reflete a ideia que, por meio dela, se procura expressar. Melhor seria, p. ex., que se falasse em *juízo preexistente*, porquanto o que o princípio *sub examen* busca demonstrar é a garantia de as pessoas serem julgadas por órgão jurisdicional instituído anteriormente ao fato que motivou o ajuizamento da ação em face delas, coibindo-se, com isso, a criação de tribunais de exceção ou de juízos *ad hoc*, vale dizer, incumbidos de julgar, com discriminação, indivíduos ou coletividades.

O princípio em foco está inscrito no inciso XXXVII da Constituição em vigor, assim redigido: "não haverá juízo ou tribunal de exceção". A cláusula do juiz natural (ou juiz legal, como preferem os alemães), surgiu, entre nós, na Constituição Federal de 1946 (art. 141, § 26). Tribunal ou juízo de exceção é o que foi criado para julgar fato já ocorrido. Sob este aspecto, não é despropositado falar-se em tribunal *ad hoc*, cuja expressão latina significa "para isto".

Melhor explicando: a cláusula constitucional do juiz natural representa a garantia de que alguém somente poderá ser condenado por órgão jurisdicional preexistente ao ato praticado por essa pessoa, vale dizer, por órgão judicante pré-constituído. Proíbe-se, assim, a constituição de órgão destinado ao julgamento de questões *ex post facto*.

A existência de tribunais de exceção poderia fazer com que esses órgãos casuísticos fossem levados a prejulgar, ou a julgar sob forte influência de certas circunstâncias ou injunções políticas, religiosas, emocionais, étnicas, etc., ou seja, a decidir de maneira preconceituosa, de tal modo que o ideal de justiça cederia lugar ao espezinhamento de direitos, à retaliação, à afronta à dignidade das partes, notadamente, do réu. É oportuno observar não ser por acaso que a instituição de tribunais de exceção tem coincidido, historicamente, com o surgimento de regimes ditatoriais. Logo, fica evidente que a cláusula do juiz natural constitui traço característico dos Estados de Direito.

Repugnaria, deveras, à consciência jurídica e ao espírito democrático a possibilidade de alguém vir a ser julgado por uma corte instituída, propositadamente, para aquele caso, ou seja, para apreciar o ato praticado por determinada pessoa ou por determinado grupo de pessoas. Seria, à evidência, um tribunal de preconceitos, quando o que reclamam os ideais de justiça é que o juízo seja, simplesmente, preconcebido (e imparcial, como é óbvio). Sob esse aspecto, impõe-se reconhecer que a competência dos diversos órgãos jurisdicionais guarda estreita vinculação com o princípio do juiz natural, uma vez que, sendo defesa a criação de tribunais de exceção, isso corresponde não apenas a proclamar a garantia constitucional do juízo preconcebido, como a de que o julgamento seja sempre realizado por órgão competente — conforme se encontrem distribuídas, em lei, as diversas competências.

É inconteste que a provecta cláusula do juiz natural não seria bastante, por si só, para atingir os objetivos almejados pelo constituinte brasileiro; daí, o motivo por que a nossa Carta Magna outorga à magistratura as garantias fundamentais da vitaliciedade, da inamovibilidade e da irredutibilidade de vencimentos (art. 95, *caput,* I, II e III, nessa ordem), a fim de que possam os seus membros exercer com segurança, independência e imparcialidade os elevados misteres institucionais que lhes são cometidos.

Juízo natural e juízo especializado, entrementes, são expressões inconfundíveis: enquanto aquela, como dissemos, espelha a garantia constitucional de que alguém somente poderá ser condenado por tribunal pré-constituído, este indica a presença de órgãos jurisdicionais dotados de competência específica (em contraposição à competência comum), como é o caso da Justiça do Trabalho, da Justiça Eleitoral, da Justiça Militar. Essa especialização dos juízos derivou de certas conveniências sócio-políticas, que não se relacionam, necessariamente, com as bases do regime democrático. Assim estamos a asseverar porque, no tocante ao juízo natural, como procuramos demonstrar, há um estreito vínculo com a ordem democrática, se considerarmos que esse juízo representa um expressivo corolário do Estado de Direito, fora do qual, por isso, dificilmente sobreviveria.

Também não se pode confundir tribunal de exceção (que é vedado) com prerrogativa de foro (que é lícita). Esta prerrogativa ocorre quando a lei, levando em conta certo interesse público, define a competência do órgão jurisdicional segundo o foro. Destarte, as ações de divórcio, separação, anulação de casamento e reconhecimento ou dissolução de união estável devem ser propostas no foro indicado no inciso I, letras *"a"* a *"c"*, do art. 53, do CPC. De igual forma, na ação de alimentos a ação deve ser exercida no foro do domicílio ou da residência do alimentando (*ibidem*, II). Um outro exemplo de prerrogativa a ser referido é o do julgamento do Presidente da República pelo Senado Federal, não pelo Poder Judiciário, nos crimes de responsabilidade, conforme prevê o art. 52, I, da Constituição.

A especialização dos juízos decorre de conveniências sócio-político-jurídicas que não se ligam, necessariamente, com as bases do regime democrático, diante das quais aquelas se mantêm indiferentes; no que toca ao juiz natural, contudo, esse relacionamento com a ordem democrática é figadal, pois tal juízo constitui significativo corolário do Estado de Direito, fora do qual, conforme dissemos, dificilmente sobreviveria.

A cláusula do juiz natural, aliás, se completa com a do juízo competente, contida no inciso LIII do art. 5.º, da Constituição. Por uma questão metodológica, no entanto, separamos as duas cláusulas, a fim de as examinarmos especificamente. Por ora, estamos a nos dedicar à do juiz natural; a do juízo competente será apreciada no próximo item (4).

Repitamos: para que a cláusula do juiz natural não ficasse gravemente comprometida pelas vicissitudes e injunções da realidade prática, a Constituição Federal concedeu aos juízes determinadas garantias indispensáveis ao pleno exercício das funções, como as da vitaliciedade, da inamovibilidade e da irredutibilidade de vencimentos (art. 95, incisos I a III). Em contrapartida, a LOMAN e o CPC lhe impuseram uma série de deveres, dentre os quais sobressai o de imparcialidade (CPC, art. 139, I).

Em resumo, o princípio do juiz natural é formado pelos seguintes elementos: a) pré-constituição do órgão jurisdicional; b) competência do órgão; c) independência e imparcialidade dos juízes.

4. Juízo competente

Como o Estado é detentor do monopólio da jurisdição, poderia parecer lógica a conclusão de que seria facultado à parte exercer o direito de ação perante qualquer autoridade judiciária, pouco importando as pessoas envolvidas no conflito de interesses; a matéria que desse conteúdo às pretensões de direito material; a localidade em que o fato ocorreu, etc.

Essa imaginária jurisdição inespecífica, ou "indiferente", por força da qual os juízes poderiam solucionar toda e qualquer lide que lhes fosse submetida à cognição, acarretaria, por suposto, inúmeros inconvenientes de ordem prática, a começar pela distribuição desproporcional da massa de ações (pois o autor preferiria ver a causa apreciada por juiz de sua predileção pessoal, por exemplo); pela dificuldade de os magistrados dominarem, de maneira satisfatória, todas as áreas do conhecimento jurídico (cultura enciclopédica), que hoje são extremamente vastas e complexas; pelo menosprezo às singularidades marcantes de cada espécie de lide, etc. Pondo à frente esses fatos, o nosso sistema legal atribuiu distintas competências aos órgãos jurisdicionais, tendo em vista a matéria, as pessoas, o valor da causa, o território, a hierarquia e o mais. Por outras palavras, o legislador fixou a quantidade de jurisdição para cada órgão do Poder Judiciário. Deste modo, podemos dizer que a definição de uma competência em benefício de um juízo exclui, de forma automática, a competência de qualquer outro. Com efeito, não se admite, em princípio, a existência de mais de um juízo competente para apreciar a mesma causa. Tanto isto é exato, que se houver conflito positivo (para cogitarmos apenas deste) de competência, o Tribunal será chamado a declarar qual é o (único) juízo competente.

A única exceção à regra legal de que a competência se define, exclusivamente, com relação a um juízo decorre da competência em razão do território (*ratione loci*). Sucede que eventual incompetência, neste caso, por ser relativa, deverá ser alegada no momento oportuno, pelo interessado, mediante exceção (CLT, arts. 799 e 800), sob pena de a competência prorrogar-se (melhor: deslocar-se) em favor do juízo perante o qual o direito de ação foi exercido (CPC, art. 65, *caput*). No sistema do processo civil, a incompetência relativa (assim como a absoluta) deve ser alegada como preliminar da contestação (art. 337, II). Essa norma é inaplicável ao processo do trabalho, pois a CLT, conforme vimos, possui disposições específicas).

Tão relevante é a distribuição das competências que a Constituição Federal vigente declara (logo, assegura) que ninguém poderá ser processado "senão pela autoridade competente" (art. 5.º, inciso LIII). Essa norma está a patentear não apenas que o julgamento por juízo competente constitui uma garantia constitucional do indivíduo, como a impossibilidade de o legislador ordinário interferir nesse terreno das competências, modificando-as. É elementar, contudo, que a regra estampada no art. 5.º, LIII, da Constituição leva em conta as competências ditas *absolutas*, como se dá com as relativas à pessoa, à matéria, à hierarquia. Segue-se, que esse mandamento constitucional não será contravindo pelo fato de, eventualmente, a ação vir a ser exercida perante juízo incompetente em razão do território, pois a incompetência, no caso, é relativa.

Assim, se a incompetência em razão do território não for alegada pelo réu, no momento oportuno, por meio de exceção, a consequência prática será o deslocamento da competência para o juízo que, em princípio, não a detinha. Esse deslocamento, porém, não ocorrerá se a incompetência for absoluta, porquanto esta pode ser alegada em qualquer tempo e grau de jurisdição, independentemente de exceção (CPC, art. 64, § 1.º). Aliás, somente a incompetência absoluta pode ser declarada por iniciativa do juiz (*ex officio*). Demais, apenas a sentença proferida por juízo absolutamente incompetente pode ser rescindida (CPC, art. 966, II).

5. Igualdade de tratamento

A partir do momento — de extraordinária importância histórica — em que o Estado proibiu os indivíduos de realizar justiça por mãos próprias (autotutela), não só assumiu o compromisso ético e político de efetuar, de maneira rápida e satisfatória, a entrega da prestação jurisdicional, como de ministrar um tratamento rigorosamente igualitário às partes.

Em termos objetivos, estamos a dizer que um dos deveres do magistrado consiste em tratar igualmente os litigantes. Esse dever, conquanto esteja previsto no art. 139, inciso I, do CPC, decorre, na verdade, da regra geral inscrita no art. 5.º, *caput*, da Constituição, segundo a qual todos são iguais perante a lei, sem distinção de qualquer natureza. Essa regra de isonomia deve ser acatada, portanto, não apenas pelo legislador, mas pelo próprio magistrado.

A Declaração Universal dos Direitos do Homem, aprovada em Resolução da III Sessão Ordinária da Assembleia Geral da ONU, em Paris, 1948, estabelece, no art. 10, *verbis*:

> Todo homem tem direito, em plena igualdade, a uma justa e pública audiência por parte de um tribunal independente e imparcial, para decidir os seus direitos e deveres ou do fundamento de qualquer acusação criminal contra ele.

A Convenção Americana sobre Direitos Humanos (Pacto de São José da Costa Rica), integrante do ordenamento jurídico brasileiro, em virtude do Decreto n. 678, de 6-11-1992, por seu turno, dispõe, no art. 8.1:

> Toda pessoa tem direito a ser ouvida, com as devidas garantias e dentro de um prazo razoável, por um juiz ou tribunal competente, independente e imparcial, estabelecido anteriormente por lei, na apuração formal de qualquer acusação penal formulada contra ela, ou para que se determinem seus direitos ou obrigações de natureza civil, trabalhista, fiscal ou de qualquer outra natureza.

Seria, em verdade, intolerável a existência de juízes parciais, iníquos, tendenciosos, pois isso colocaria sob grave risco não só a respeitabilidade dos pronunciamentos jurisdicionais, mas a própria razão de ser do Poder Judiciário. Sob esse ângulo, chega a encerrar um certo vício pleonástico a expressão *juiz imparcial*, como se pudessem existir, institucionalmente, juízes parciais.

Quando se fala em imparcialidade judicial não se está unicamente a asseverar que o juiz deve propiciar iguais oportunidades às partes, e sim que, de modo mais amplo, a ele incumbe subministrar um tratamento isonômico aos litigantes em todas as fases do procedimento. A quebra, pelo magistrado, de seu ontológico e indeclinável dever de neutralidade, por traduzir uma forma de discriminação, poderá ensejar a nulidade do processo.

Seria de indagar-se, a esta altura de nossa exposição, se a prerrogativa que o CPC atribui ao Ministério Público, consistente no prazo em dobro para contestar e em dobro para manifestar-se nos autos (art. 180, *caput*) e, à União, aos Estados, ao Distrito Federal, aos Municípios e suas respectivas autarquias e fundações de direito público, sob a forma de reexame necessário das decisões que lhe forem desfavoráveis (art. 496, I) não acarreta transgressão da norma constitucional que diz da igualdade de todos perante a lei. Certamente que não. O que o art. 5.º, *caput*, da Constituição proíbe é a distinção lesiva entre iguais, e não entre pessoas que se encontram vinculadas a situações ou a estados naturalmente distintos. Sob este aspecto, compreende-se que a finalidade dos arts. 180, *caput*, e 496, I, do CPC, não foi estabelecer uma odiosa discriminação entre pessoas ou realizar um aviltamento da dignidade dos particulares em geral, senão que dar preeminência ao interesse público. Note-se, que a própria Constituição, em diversos momentos, atribui supremacia ao interesse público, em cotejo com o particular, como quando, por exemplo, determina que a execução por quantia certa contra a Fazenda Pública se realize mediante precatório (art. 100, *caput*), exceto no caso de "pagamento de obrigações definidas em lei como de pequeno valor" (*ibidem*, § 3.º).

Por outras palavras: a igualdade não deve ser estabelecida, de maneira exclusiva, sob o ponto de vista formal, de tal modo que não se possa ministrar nenhum tratamento diferenciado às pessoas em geral; essa igualdade deve ser determinada, isto sim, segundo o aspecto real, vale dizer, só se deve tratar com isonomia as pessoas substancialmente iguais.

Como ponderam Cintra, Grinover e Dinamarco: "*Fazenda e Ministério Público gozam da dilação de prazos prevista no art. 188 do Código de Processo Civil: as partes não litigam em igualdade de condições e o benefício de prazo se justifica, na medida necessária ao estabelecimento da verdadeira isonomia. A Fazenda, em virtude da complexidade dos serviços estatais e da necessidade de formalidades burocráticas; o Ministério Público, por causa do desaparelhamento e distância das fontes de informação e de provas. Outras prerrogativas, que se justificam pela idoneidade financeira e pelo interesse público, são a procrastinação do pagamento das despesas processuais (dispensa de preparo) e a concessão da medida cautelar independentemente de justificação prévia e de caução (...).* "(*Teoria Geral do Processo*. 21.ª ed. São Paulo: Malheiros, 2005. p. 56).

Também não são transgressoras do art. 5.º, *caput*, da Constituição, as normas infraconstitucionais que atribuem a uma das partes superioridade jurídica para compensar a sua inferioridade econômica, a sua hipossuficiência. Essa é uma das características do processo do trabalho, no qual é visível o seu sentido protetivo do trabalhador. O art. 4.º, inciso I, do Código de Defesa do Consumidor (Lei n. 8.078, de 11-9-1990), por sua vez, efetua verdadeira e notável declaração de princípio, ao reconhecer, expressamente, a "vulnerabilidade do consumidor no mercado de consumo", permitindo, em razão disso, dentre outras coisas, que o juiz inverta o ônus da prova em benefício do consumidor, quando este for hipossuficiente (art. 6.º, VIII). Destacamos. O art. 373, do CPC de 2015, revelando sensibilidade diante dos fatos da realidade, dispõe, em seu art. § 1.º: *"Nos casos previstos em lei ou diante de peculiaridades da causa relacionadas à impossibilidade ou à excessiva dificuldade de cumprir o encargo nos termos do* caput *ou à maior facilidade de obtenção da prova do fato contrário, poderá o juiz atribuir o ônus da prova de modo diverso, desde que o faça por decisão fundamentada, caso em que deverá dar à parte a oportunidade de se desincumbir do ônus que lhe foi atribuído".*

A possibilidade, prevista no art. 113, § 1.º, do CPC, de o juiz reduzir o número de litisconsortes, quando este, por ser elevado, puder dificultar a defesa (ou comprometer a rápida solução do litígio), também pode ser referida como uma providência legal destinada a preservar a regra de igualdade, contida no art. 5.º, *caput,* da Constituição. É que esse número expressivo de pessoas situadas num dos polos (ativo) da relação processual pode acarretar um desequilíbrio técnico no processo, em prejuízo do réu. É bem verdade que essa limitação subjetiva de litisconsortes só pode ser efetuada nos regimes do tipo *facultativo*, como deixa claro o próprio texto legal mencionado.

Pondo de lado essas situações extraordinárias, devemos dizer que mesmo no processo de execução, em que o credor tem preeminência jurídica, e o devedor, estado de sujeição, o juiz deve dispensar um tratamento igualitário às partes. Por outro modo de expressão: embora a execução se processe no interesse do credor (CPC, art. 797), essa particularidade não autoriza o juiz a fazer tábua rasa dos arts. 5.º, *caput,* da Constituição, e 139, I, do CPC. A superioridade axiológica (e ideológica) que o credor ostenta em face do devedor é relevante, apenas, para revelar a finalidade do processo de execução, e não para justificar um tratamento discriminatório do devedor, no que respeita à prática de atos processuais destinados à promoção da defesa dos seus legítimos interesses.

Eventual tratamento anti-igualitário — como *princípio* —, em benefício do trabalhador, encontra terreno fértil domínios do direito *material*. Por meio desse tratamento, o Estado atribui preeminência jurídica ao hipossuficiente, para compensar a sua inferioridade econômica.

6. Contraditório e ampla defesa

A Constituição de 1967, com a Emenda n. 1 de 1969, assegurava o contraditório, apenas, para o processo penal (art. 153, § 16), embora a doutrina do período entendesse que essa garantia era extensível aos processos civil e administrativo. Talvez por isso, a Constituição Federal de 1988 tenha se preocupado em assegurar, de maneira expressa, o contraditório e a ampla defesa "em processo judicial ou administrativo", conforme declara o inciso LV do art. 5.º.

Refletindo o disposto no preceptivo constitucional há pouco mencionado, o art. 7.º, do CPC, declara que ao juiz competirá "*zelar pelo efetivo contraditório*". O adjetivo *efetivo* foi utilizado pelo legislador infraconstitucional para enfatizar a importância do *contraditório.*

O princípio do contraditório significa a imposição legal de audiência bilateral *(audiatur et altera parte),* ou seja, a necessidade de o juiz, caso tenha ouvido uma das partes, também ouvir a outra; traduz, enfim, de modo mais amplo, a imposição legal de dar-se conhecimento da ação (ao réu) e de todos os atos processuais às partes, e de assegurar-lhes a possibilidade de reagir juridicamente aos atos que lhes forem desfavoráveis. Resumindo: o contraditório consiste na "ciência bilateral dos atos contrariáveis", como se costuma dizer em doutrina. Esse princípio não deve, todavia, ser interpretado como uma exigência de que os litigantes se manifestem, efetivamente, acerca dos atos e termos do processo, e sim que lhes seja concedida a *oportunidade* para essa manifestação. Se, por exemplo, o réu for regularmente citado e deixar de responder à ação, tornar-se-á revel (o que se deverá verificar, apenas, é se ocorreu o efeito da revelia: CPC, art. 348), sem que isso implique violação ao princípio constitucional do contraditório: no caso, ele teve oportunidade para se defender, e a desperdiçou.

Tradicionalmente, entendia-se que o princípio do contraditório dizia respeito exclusivo às partes, envolvendo, portanto, os elementos objetivos de *postulação* (autor) e *reação* (réu). Essa visão, entrementes, passou a ser ampliada pela doutrina moderna, que acrescentou a essa relação o próprio magistrado, por meio do elemento *participação*. Passou-se a atribuir, enfim, um papel mais ativo (participativo) no processo, a ponto de não ser estranho ouvir-se dizer de juízes *ativistas*. Se esse *ativismo judicial* constitui algo inovador, nos domínios do processo civil, não se pode dizer o mesmo no tocante ao processo do trabalho, pois, aqui, desde a Consolidação da legislação trabalhista se atribui ao juiz *ampla liberdade* na direção do processo (CLT, art. 765). Essa liberdade sempre permitiu ao juiz do trabalho, entre outras coisas, tomar a iniciativa em relação a atos que o processo civil veda, como a intimação *ex officio* de testemunhas (CLT, art. 825, parágrafo único) e a iniciativa da execução de título judicial (CLT, art. 878, *caput*), conquanto esta última faculdade tenha sido restringida pela Lei n. 13.467/2017 (que deu nova redação ao art. 878, *caput*, da CLT) aos casos em que as partes estejam atuando sem a representação por advogado (CLT, art. 791, *caput*). Se bem refletirmos, veremos que o princípio do contraditório está intimamente ligado ao da igualdade de tratamento (CF, art. 5.º, *caput;* CPC, art. 139, I), pois a audiência bilateral a que nos referimos há pouco nada mais é do que uma emanação do dever imposto ao magistrado de dispensar um tratamento equânime, paritário, aos litigantes. Exatamente por isso é que, mesmo no processo do trabalho, onde as normas legais tendem à proteção do trabalhador, o princípio do contraditório deve ser observado à risca. Esse princípio, como parece estar evidente a esta altura, não tem um conteúdo ideológico, e sim político. Se fosse ideológico, justificaria a sua aplicação em benefício apenas de uma das partes, com a consequente desconsideração de um outro princípio, qual seja, o da igualdade de tratamento.

O contraditório, na verdade, figura como cláusula inerente ao Estado de Direito, segundo o qual os atos processuais devem ser praticados não somente com transparência (publicidade), mas com indispensável ciência das partes (bilateralidade).

A despeito disso, alguns estudiosos, sentiram-se à vontade para reduzir a área de incidência do princípio em exame ao terreno da prova. Barbosa Moreira, por exemplo, sustenta que "*a garantia do contraditório significa, antes de mais nada, que a ambas as partes se hão de conceder iguais oportunidades de pleitear a produção de provas: seria manifestamente inadmissível a estruturação do procedimento por forma tal, que qualquer dos litigantes ficasse impossibilitado de submeter ao juiz a indicação dos meios de prova de que pretende valer-se. Significa, a seguir, que não deve haver disparidade de critérios no deferimento ou indeferimento dessas provas pelo órgão judicial. Também significa que as partes terão as mesmas possibilidades de participar dos atos probatórios e de pronunciar-se sobre os seus resultados*" (*Temas de Direito Processual*. São Paulo: Saraiva, 1984. p. 67), acrescentando não ser inconciliável com a garantia do contraditório a iniciativa do juiz ou do Ministério Público (nos processos em que atue na qualidade de *custos legis*) na busca de elementos esclarecedores (*ibidem*, p. 68).

Essa restrição, porém, é injustificável, acima de tudo, porque a própria Constituição não a consagra. De outro lado, embora devamos reconhecer que o princípio do contraditório possa aflorar com mais intensidade no sítio das provas, não menos exato é que ele se manifesta, vivamente, em vários outros momentos do procedimento.

Basta lembrar a fase das alegações finais, de que trata o art. 364, do CPC: o princípio do contraditório exige que o juiz conceda a palavra a ambos os litigantes, em ordem sucessiva. Por igual se diga quanto à sustentação oral, nos tribunais: haverá quebra desse princípio se se permitir que apenas uma das partes (estando ambas inscritas) assome à tribuna para realizá-la. Assim, também, quanto às razões finais, no processo do trabalho (CLT, art. 850, *caput*).

Como se percebe, Barbosa Moreira reduziu a instrução processual à prova e, dessa forma, confinou o contraditório aos lindes desta. Para nós, no entanto, instrução é algo mais: é preparação; preparação do provimento de fundo, que dirimirá o conflito de interesses. A prova corresponde a uma fase, a um capítulo dessa atividade de preparação, ainda que seja de reconhecer-se que figura como um dos mais importantes. Não é, porém, o único. Vejam-se as razões finais, que podem as partes aduzir no prazo de dez minutos (CLT, art. 850, *caput*): elas integram, à evidência, o conjunto de atos preparatórios do provimento final, sob a forma de argumentos ou de informações apresentadas pelos litigantes. Se fôssemos limitar a aplicação do princípio do contraditório ao terreno da prova, por certo haveríamos de concluir que esse princípio, embora decorrente da regra constitucional de igualdade de todos perante a lei, não incidiria em momentos outros do processo, como, *e. g.*, o das razões finais, de tal sorte que estas poderiam ser deferidas apenas a um dos demandantes, sem que o outro pudesse arguir qualquer nulidade processual.

Talvez por isso, tenha Giuseppe La China dito, com muita propriedade, que o contraditório representa, de um lado, a imprescindível informação dos atos do processo às partes e, de outro, a possível reação destas aos atos que lhes forem contrários aos interesses. Consoante o parecer desse jurista, portanto, teríamos, no contraditório, dois elementos inconfundíveis: a informação necessária e a reação possível.

Para que haja informação e participação dos litigantes, no processo, é indispensável que estes sejam cientificados de todos os atos aí praticados; essa comunicação é feita pela citação (do réu) ou pela intimação (dos contendores em geral), atos que a CLT, em linguagem nada científica, denomina, genericamente, de *notificação*. A falta dessas comunicações conduz, quase sempre, à nulidade do processo, consequência que, embora necessária para ressalvar o direito do prejudicado, deixa atrás de si as marcas de uma atividade jurisdicional inutilmente realizada.

Cabe indagar, nesta quadra de nossa exposição, se o princípio constitucional do contraditório não estaria sendo desrespeitado nos casos em que o juiz concede providências liminares sem audiência da parte contrária, como se passa em sede cautelar (CPC, art. 300, § 2.º); de ação mandamental (Lei n. 12.016/2009, art. 7.º, inciso III); e de ação civil pública (Lei n. 7.347/85, art. 12), entre outras. Esclareça-se que se desrespeito aí houvesse teria sido praticado pela norma legal ordinária e não pelo juiz (que tão somente a aplicou), devemos dizer que a concessão *inaudita altera parte* de certas medidas (desde que legalmente autorizadas) não implica violação do aludido princípio, que se manifestará, concretamente, no momento da citação do réu (ação cautelar e ação civil pública), ou do litisconsorte (ação mandamental), que terá, assim, oportunidade de responder à ação (ampla defesa) e participar do processo, ouvindo e sendo ouvido, produzindo provas, aduzindo razões finais, interpondo recursos etc. (contraditório).

Não ocorrerá, igualmente, ofensa ao princípio do contraditório quando, na ação monitória, juiz ordenar, desde logo, a expedição de mandado (de pagamento ou de entrega de coisa), sem ouvir o réu (CPC, art. 701). Dá-se que o réu poderá oferecer embargos, no prazo de quinze dias (art. 702), ficando, com isso, atendido o princípio em exame.

No plano do processo penal, o contraditório é efetivo, real, motivo por que mesmo sendo o réu revel deverá existir defesa técnica, como exige o art. 261, do CPP, conjugado com o art. 497, V, do mesmo Código, que determina seja concedido defensor ao réu, quando o juiz o reputar indefeso. Nos processos civil, trabalhista e administrativo esse princípio, como foi dito, estará atendido com a simples concessão de oportunidade para que a parte seja ouvida.

O que estamos a dizer, enfim, é que o contraditório, como princípio constitucional, não precisa ser imediato, podendo ser *diferido*, ou seja, reservado para momento posterior. O contraditório não é, contudo, um princípio que esteja exclusivamente a serviço das partes, que, através dele, exercem no processo uma atividade prestante, vinculada ao interesse de colocar diante do juiz elementos capazes de assegurar um pronunciamento favorável. Sob essa óptica, não se nega que o contraditório constitua, com efeito, uma garantia constitucional para os litigantes, como sujeitos parciais (e interessados) do processo. O que não se pode ignorar, porém, é o fato de esse princípio estar relacionado também com o juiz, pois este, na qualidade de reitor, de condutor soberano do processo, tem interesse em ouvir as partes, com vistas a obter, como resultado prático dessa audiência bilateral, informações, elementos probantes, esclarecimentos e o mais de que se possa valer para formar a sua convicção jurídica acerca dos fatos narrados na causa, e controvertidos. Desta forma, mesmo que, em determinada situação, a lei não imponha a oitiva das partes, poderá o juiz ouvi-las ou abrir prazo para que uma delas se manifeste sobre ato praticado ou requerimento formulado pela outra, assim como assinar prazo, comum ou sucessivo (que, neste caso, deve ser igual), para que falem a respeito do laudo pericial, dos cálculos do contador, ou de informação prestada por terceiros em geral.

Podemos afirmar, por isso, que o contraditório é uma cláusula constitucional típica dos Estados de Direito e segundo a qual todos os atos processuais devem ser realizados não apenas com transparência, mas com o indispensável conhecimento daquele a quem tais atos possam afetar. Por esse princípio se garante, ainda, a participação ampla dos litigantes em todo o processo e não apenas na fase de produção de provas, porquanto, como dissemos há pouco, a instrução não está limitada à coleta de provas (conquanto seja nessa fase que ela se apresente de modo mais perceptível), compreendendo, também, a preparação do provimento final, que comporá a lide — preparação que enfeixa um complexo de atos diversificados, dentre os quais se incluem, p. ex., as razões finais. Assim sendo, ambas as partes têm direito de aduzir essas razões (e em igual prazo), direito que promana, a um só tempo, dos princípios do contraditório e da igualdade, que se inter-relacionam.

Convém deixar clarificado que o contraditório, como princípio, não deve ser interpretado como uma imposição para que os litigantes participem realmente do processo e sim que a eles se conceda oportunidade para essa participação, na medida do interesse de cada um, a fim de que possam apresentar as suas razões ou se contraporem às aduzidas pelo adversário; logo, essa participação é meramente facultativa, malgrado a abertura da correspondente oportunidade seja obrigatória. Desse ponto de vista, encara-se o contraditório não como participação efetiva, e sim, como oportunidade de participação.

Os princípios de que estamos a cuidar (contraditório e ampla defesa) se encontram estampados no art. 5.º, LV, da Constituição Federal em vigor, assim redigido: "Aos litigantes, em processo judicial ou administrativo, e aos acusados em geral, são assegurados o contraditório e ampla defesa, com os meios e recursos a ela inerentes". A Constituição anterior, por seu art. 153, assegurava ampla defesa aos acusados (§ 15) e declarava que a instrução criminal seria contraditória (§ 16). Pelo cotejo entre ambas as Constituições, constata-se que a atual condensa em um só inciso (LV) disposições que vinham contidas, na revogada, em parágrafos distintos.

Nada obstante, certo setor da doutrina se sentiu em boa sombra para asseverar que o texto vigente (art. 5.º, LV) deveria ter a sua redação desmembrada, para efeito de inferir-se que assegurava: a) aos acusados, ampla defesa; b) aos litigantes em geral, o contraditório. *Venia concessa,* essa disjunção da regra constitucional, pretendida por alguns, é arbitrária, insensata e discriminadora, pois tende a subtrair do processo civil o contraditório e do processo penal a ampla defesa, em atitude que ofende o princípio da igualdade, proclamado pelo *caput* do art. 5.º da mesma Constituição. Há que se entender, portanto — e para sempre —, que as cláusulas constitucionais do contraditório e da ampla defesa são aplicáveis, indiferentemente, ao processo civil (litigantes) e ao processo penal (acusados) e, por extensão, ao do trabalho.

É verdade que no sistema da Constituição de 1967/69, como vimos, a ampla defesa e o contraditório vinham regulados em parágrafos distintos, um e outro atinentes ao processo penal; apesar disso, a melhor doutrina do período sempre sustentou, com êxito, a incidência de ambas as cláusulas também no processo civil, exatamente em nome do princípio da igualdade, preconizado pelo § 1.º do art. 153 daquele texto. Na atual, como está evidente, não só a igualdade é assegurada pelo *caput* do art. 5.º, como o contraditório e a ampla defesa vêm referidos no mesmo inciso (LV) — razões suficientes para anatematizar a esdrúxula interpretação, por nós combatida, que visa a cindir em duas a regra constitucional, com o desassisado propósito de deixar fora do processo civil (e trabalhista) o contraditório, e, do processo penal, a ampla defesa. Esses dois princípios atuam, inclusive, nos procedimentos administrativos, como deixa patente a norma constitucional comentada.

A leitura apressada (logo, irrefletida) do inc. LV do art. 5.º da Constituição em vigor conduziu não somente à canhestra ilação que acabamos de criticar, senão que a uma outra, não menos absurda. Expliquemos. Essa norma constitucional assegura, como demonstramos, o contraditório e a ampla defesa, "com os meios e recursos a ela inerentes", ou seja, a esta última. A partir de uma interpretação estrábica desse preceito, chegaram alguns estudiosos a anunciar o fim das sentenças irrecorríveis, em virtude da derrogação constitucional das leis ordinárias que as previam, como, em particular, a de n. 5.584, de 26 de junho de 1970 (art. 2.º, § 4.º). Esses intérpretes dos primeiros momentos, tangidos pela afoiteza, cometeram o erro crasso de imaginar que a expressão "com os meios e recursos a ela inerentes" fosse uma impressionante novidade trazida pela Constituição de 1988. Ora, se tivessem tido o cuidado científico de examinar a história de nossas Constituições veriam que o que consta do inc. LV do art. 5.º da atual nada mais é do que a manutenção de uma antiga (e, por certo, salutar) tradição de nossos Textos Supremos. Com efeito, vejamos o que estatuíam, sobre o assunto, as Constituições do passado: a) de 1891: "*Aos acusados se assegurará na lei a mais ampla defesa, com todos os recursos e meios essenciais a ela...*" (art. 72, § 16); b) de 1934: "*A lei assegurará aos acusados ampla defesa, com os meios e recursos essenciais a esta...*" (art. 113, § 24); c) 1937: omissa (por motivos político-ideológicos censuráveis); d) de 1946: "É assegurado aos acusados ampla defesa, com todos os meios e recursos essenciais a ela... (art. 141, § 25); e) de 1967: "A lei assegurará aos acusados ampla defesa, com os recursos a ela inerentes..." (art. 150, § 15); f) Emenda Constitucional n. 1, de 1969: "*A lei assegurará aos acusados ampla defesa, com os recursos a ela inerentes...*" (art. 153, § 15).

Não há registro de que se tenha sustentado, com sucesso, de 1891 até antes da vigência da atual Constituição, de um lado, a impossibilidade de leis ordinárias instituírem, em alguns casos, sentenças irrecorríveis, e, de outro, a revogação dessas leis pela Constituição ou a inconstitucionalidade das mesmas. O duplo grau de jurisdição, a despeito de ser um princípio processual, não tem sua sede na Constituição, e sim, nas leis infraconstitucionais. Não se suspeite que o fato de estarmos defendendo a sobrevivência das sentenças irrecorríveis implique eventual antipatia pelo duplo grau de jurisdição. Nada disso. Estamos seguramente convencidos de que essa duplicidade de graus constitui medida de fundamental importância para o aprimoramento da prestação jurisdicional — conquanto saibamos que, em alguns casos, uma boa sentença acabe sendo substituída por um mau acórdão. Acidentes dessa índole, contudo, não invalidam os motivos que determinam, em nosso sistema de processo, a possibilidade de um pronunciamento jurisdicional ser revisto, em regra, por outro órgão, hierarquicamente superior. A História tem demonstrado, aliás, que a restrição do uso das vias recursais (ou, quanto mais não seja, o veto ao acesso a elas) tem coincidido com a instauração de regimes de vocação ditatorial, particularidade que autoriza a conclusão de que, em sentido oposto, a possibilidade de reexame, no mesmo processo, das causas já apreciadas, representa um expressivo traço dos regimes democráticos. Jamais, portanto, nos abalançaríamos a discursar contra o duplo grau de jurisdição, que encontra no truísmo da falibilidade humana uma das razões de sua existência; o que estamos a dizer é que o inc. LV do art. 5.º da Constituição Federal não inclui, no elenco de seus direitos e garantias individuais, esse duplo grau, seja porque o vocábulo *recursos* foi aí empregado no sentido de *providências*, nunca em sua acepção técnica de meio de impugnação dos pronunciamentos jurisdicionais (afinal, a Constituição não é um Código de Processo, para que se dê ao aludido termo um sentido técnico), seja porque apenas forma com o substantivo meios uma expressão reforçativa, surgida na Constituição de 1891!

Bem ou mal, conseguintemente, ainda estão a viger as leis ordinárias que colocaram em determinadas sentenças o selo da irrecorribilidade, exceto se infringentes da letra da Constituição ou dos princípios por ela consagrados.

Por outro lado, também não se justifica limitar o contraditório ao processo de conhecimento. Por força da regra contida no art. 5.º, inciso LV, da Constituição, esse princípio deve ser observado, de igual modo, nos processos cautelar (tutela provisória) e de execução. Essa nossa afirmação requer algumas considerações complementares. Em primeiro lugar, devemos reiterar a advertência, feita em linhas anteriores, de que o fato de, na execução, o credor possuir preeminência jurídica, e o devedor, estado de sujeição, não autoriza o juiz a deitar fora o princípio da igualdade de tratamento, inscrito no art. 5.º, *caput*, da Constituição. Por essa mesma razão, o princípio do contraditório (que se imbrica com o da igualdade de tratamento) deve ser aplicado no processo de execução. Em segundo, no processo cautelar, o fato de o juiz conceder a medida liminar sem audiência do réu (*inaudita altera parte*) não configura, como, às vezes se tem imaginado, uma transgressão ao princípio do contraditório. A concessão da cautela, sem o conhecimento do réu, é necessária justamente para evitar que ele, sendo citado, torne a medida ineficaz, vale dizer, frustre os objetivos desta. O contraditório será estabelecido mais tarde, quando ocorrer a citação. Trata-se, como se vê, de um contraditório diferido.

7. Publicidade

Mais uma vez, torna-se perceptível a intimidade da relação que há entre o princípio da publicidade dos atos processuais e os regimes democráticos. Em sentido inverso, esse princípio é tanto mais coarctado quanto mais os regimes políticos manifestam tendência ditatorial.

O princípio da publicidade assegura uma transparência do processo, permitindo, dentre outras coisas, que o público em geral tenha acesso às salas de sessão dos órgãos jurisdicionais. O art. 368, do CPC, por exemplo — repetindo a regra inscrita no art. 93, IX, da Constituição Federal —, declara que as audiências serão públicas. Em nome do princípio que estamos examinando, as pessoas podem requerer certidões de atos processuais em geral; tratando-se de processo que corra em segredo de justiça, diz o art. 189, § 1.º, do CPC, que o direito de requerer certidão é restrito às partes e seus advogados. O terceiro que demonstrar interesse jurídico poderá requerer ao juiz certidão apenas do dispositivo da sentença, assim como de inventário e de partilha decorrentes de divórcio ou separação (*ibidem*, § 2.º). Parece-nos, contudo, que essa disposição do CPC está em antagonismo com o art. 5.º, inciso XXXIV, letra *"b"*, da Constituição, que assegura a todos a obtenção de certidões em repartições públicas, para defesa de direitos e esclarecimentos de situações de interesse pessoal. Sendo assim, pensamos que o juiz não possa indeferir o requerimento de certidão relativa a qualquer ato processual, formulado por terceiro, contanto que este demonstre a necessidade de obtê-la, para efeito de promover a defesa de um seu direito ou de obter esclarecimento de situação de foro pessoal.

Pode-se dizer que o princípio da publicidade visa a permitir ao povo fiscalizar a atuação dos juízes e de todos os sujeitos do processo. Podemos falar, portanto, em uma *publicidade popular* do processo. A declaração Universal dos Direitos do Homem, enunciada pela Organização das Nações Unidas em 1948, assegura o princípio da publicidade popular do processo (art. 10), que é de certa forma ampla, pois enseja ao povo acompanhar (logo, fiscalizar) a atuação dos juízes, mediante, *e. g.*, o comparecimento às sessões de audiência e de julgamento. Ao declarar que "todos os julgamentos do Poder Judiciário serão públicos" (destacamos), a Constituição Federal de 1988 revela haver perfilhado esse princípio fundamental (art. 93, inciso IX).

Convém rememorar que o devido processo legal constitui um instrumento democrático de solução de conflitos de interesses tutelados pela ordem jurídica. Os julgamentos secretos, felizmente, fazem parte do passado. A reação contra esses julgamentos esotéricos surgiu com a Revolução Francesa de 1789, que proclamou a publicidade dos atos processuais como garantia de independência, de imparcialidade e de responsabilidade da magistratura e, ao mesmo tempo, de justiça para os jurisdicionados.

Todavia, como pondera Ada Pellegrini Grinover, *"toda precaução há de ser tomada contra a exasperação do princípio da publicidade. Os modernos canais de comunicação de massa podem representar um perigo tão grande como o próprio segredo. As audiências televisionadas têm provocado em vários países profundas manifestações de protesto. Não só os juízes são perturbados por uma curiosidade malsã, como as próprias partes e as testemunhas se veem submetidas a excessos de publicidade que infringem seu direito à intimidade, além de conduzir à distorção do próprio fundamento da Justiça através de pressões impostas a todos os figurantes do drama judicial. Publicidade como garantia política — cuja finalidade é o controle da opinião pública nos serviços da Justiça — não pode ser confundida com o escândalo e a afronta à dignidade humana. Cabe à técnica legislativa encontrar o justo equilíbrio e dar ao problema a solução mais consentânea em face da experiência e dos costumes de cada povo"* (*Teoria Geral do Processo*. 6.ª ed. São Paulo: LTr, 1986. p. 38).

Existe, entretanto, no sistema do processo civil uma publicidade menos ampla (dita, por isso mesmo, restrita), que diz respeito às partes e seus procuradores e, eventualmente, a terceiros. O próprio texto constitucional indica os casos em que a lei poderá restringir a publicidade dos atos processuais: "*Quando a defesa da intimidade ou o interesse social o exigirem*" (art. 5.º, LX; realçamos). Em tais situações, os atos processuais serão realizados em segredo de justiça. O art. 189, do CPC, define esses casos, nos incisos I a IV. Em tais situações, a audiência será realizada com as portas da sala fechadas. O art. 189, do CPC, é aplicável, *mutatis mutandis*, no processo do trabalho, naquilo que for da competência da Justiça do Trabalho.

Embora o processo civil haja consagrado o princípio da publicidade popular, pelo qual se consente que as pessoas em geral compareçam às salas de audiências ou de sessões dos órgãos jurisdicionais, seja para assistir a esses atos por mera curiosidade; para fiscalizar a atuação dos juízes, das partes, dos advogados ou do Ministério Público, isso não significa que tais espectadores possam intervir nos trabalhos que aí se desenvolvem, ou perturbar a boa ordem desses trabalhos, como: comunicando-se, por palavras ou gestos, com as partes, advogados e testemunhas; formulando críticas à atuação do juiz ou dos advogados; aplaudindo ou vaiando as declarações das partes ou das testemunhas; conversando em voz alta, etc. Tem sido frequente, *v. g.*, nas sessões de julgamento dos denominados dissídios coletivos o plenário do tribunal ser ocupado por integrantes das categorias em conflito, que ali vão, muitas vezes, não com o objetivo de acompanhar a votação, mas, sim, de influenciar os juízes, mediante pressão que se revela já pela própria presença maciça dessas pessoas e se complementa pela reação de contentamento ou de desagrado diante de cada voto proferido.

Esse comportamento é atentatório à dignidade da Justiça e incompatível com o decoro que se exige de quem se encontra nas dependências das unidades judiciárias. Por isso, vindo qualquer pessoa a adotar atitudes dessa natureza, o juiz, no exercício do seu inerente poder de polícia, a advertirá para que se abstenha de fazê-lo, sob pena de ser retirada da sala de audiência ou de sessões (CPC, art. 360, II; CLT, art. 816). Se houver necessidade, o juiz poderá requisitar força policial, a fim de que a sua ordem seja cumprida (CPC, *ibidem*, III). Cuida-se de medida extrema, embora necessária, em determinados casos.

De uns tempos até esta altura, aliás, tem sido frequente — e, sobretudo, perturbadora — a presença de telefones celulares nas salas de audiências ou de sessões, cujos aparelhos passam a receber chamadas durante a realização desses atos processuais. Pouco importa que sejam as partes, seus advogados ou terceiros que estejam a portar essa espécie de aparelho: ao juiz incumbirá solicitar que sejam desligados, sob pena de a pessoa ser retirada da sala de audiências, ou adotada outra providência que a situação esteja a exigir. Não ignoramos, contudo, a existência de controvérsias doutrinárias e jurisprudenciais acerca do tema. Ocorre que, algumas vezes, o advogado, que está na audiência, deseja fazer uso do seu telefone celular, não para comunicar-se com alguém, mas para ter acesso a aplicativos contendo, digamos, legislação ou jurisprudência a respeito de assunto controvertido, que faz parte do processo. Em outras situações, entrementes, o advogado pretende fazer uso sub-reptício do celular para transmitir às testemunhas que se encontram em outra sala, o que foi dito pelas testemunhas da outra parte.

Não se imagine, porém, que o magistrado, ao determinar que sejam retiradas da sala de audiência pessoas que estejam a perturbar os trabalhos estará, com isso, golpeando o princípio constitucional da publicidade. Ora, é elementar que esse princípio, embora seja extremamente necessário, pelas razões já apontadas, não autoriza que as pessoas se comportem de maneira inconveniente no recinto em que se realiza a audiência, ou mesmo em suas proximidades. É importante lembrar que o juiz tem o dever de manter a ordem e o decoro na audiência e de determinar que sejam retiradas da sala as pessoas que estiverem, de algum modo, perturbando os trabalhos.

Aliás, se o juiz, eventualmente, mandar que a porta da sala de audiências seja fechada, em decorrência de vozearia ou ruído intenso que esteja sendo produzido em sala contígua ou em corredor próximo, também não estará desacatando o princípio constitucional da publicidade dos atos processuais, senão que adotando uma providência indispensável para que a audiência possa ser realizada sem essas interferências sonoras externas e perturbadoras.

O princípio da publicidade também não significa que qualquer pessoa, seja jornalista ou não, possa filmar ou gravar em fitas magnéticas tudo o que se passa na audiência. Ocorre que isso poderá acarretar violação do direito à intimidade (e à preservação da imagem), de que são detentoras as pessoas em geral. Basta observar que a própria Constituição autoriza o afastamento ocasional do princípio da publicidade, quando isso for necessário para assegurar a intimidade da parte (art. 5.º, LV). Embora essa regra constitucional seja dirigida ao legislador, nada obsta a que o magistrado a adote, desde que fundamente o seu ato.

8. Liceidade dos meios de prova

Do ponto de vista processual, a prova pode ser conceituada como a demonstração, segundo as normas legais específicas, da verdade dos fatos relevantes e controvertidos na ação.

Dissemos *demonstração*, porque, em concreto, a atividade probatória, que às partes preponderantemente incumbe em decorrência do ônus subjetivo que a lei lhes atribui (CLT, art. 818), consiste em trazer aos autos elementos que demonstrem a verdade dos fatos alegados, e com fulcro nos quais deverão desenvolver um raciocínio lógico, tendente a influir na formação do convencimento jurídico do magistrado; *segundo as normas legais específicas*, porque as normas de processo não apenas estabelecem as modalidades de prova admissíveis em juízo (CPC, art. 369), como também disciplinam o procedimento probatório dos litigantes; *da verdade dos fatos*, porque, em regra, o objeto da prova são os fatos (CPC, art. 369); só excepcionalmente será exigida a prova do direito alegado (CPC, art. 376); *relevantes*, porque a prova não deve recair em todo e qualquer fato narrado na causa, mas apenas naqueles que são importantes para a solução do conflito de interesses; *controvertidos*, porque devem ficar fora do campo da prova os fatos incontroversos, assim tidos os que, sendo afirmados por uma das partes, são confessados pela outra, adversária (CPC, arts. 341 e 374, II); os admitidos no processo como incontroversos (CPC, art. 374, III), assim como os notórios (CPC, art. 374, I); e aqueles em cujo favor milita a presunção legal de existência ou de veracidade (CPC, art. 374, IV); *na ação*, porque, embora relevantes e controversos, não devem ser destinatários da prova os fatos que não tenham pertinência com a demanda — *quod non est in actis non est in mundo*, admoesta o antigo apotegma latino, de larga e proveitosa aplicação na realidade forense.

A prova possui uma finalidade de fundamental importância no universo do processo, pois somente com apoio nela poderá o juiz formar a sua convicção jurídica acerca dos fatos alegados pelas partes, oportunidade em que deverá valorá-la para optar pela que lhe tenha parecido ser a de melhor qualidade. O princípio da *persuasão racional* — moldado, no processo do trabalho, pela conjugação do art. 371, do CPC, com o art. 765, da CLT — e que preferimos denominá-lo de *livre convencimento motivado*, diz exatamente que o juiz terá ampla liberdade para formar o seu convencimento, devendo, contudo, fazê-lo sempre com base nas provas existentes nos autos. Sob essa óptica, podemos asseverar, com Couture, que a liberdade que o juiz possui, nesse campo, muito se assemelha à do prisioneiro: pode ir aonde quiser, desde que dentro dos limites da cela.

Às partes cabe o ônus de produzir provas, na exata medida dos interesses que estejam a defender na causa; é precisamente com vistas ao exercício dessa atividade que assume especial importância o princípio da liceidade dos meios de prova, que estamos a comentar.

Declara o diploma processual civil em vigor que "*As partes têm o direito de empregar todos os meios legais, bem como os moralmente legítimos, ainda que não especificados neste Código, para provar a verdade dos fatos em que se funda o pedido ou a defesa e influir eficazmente na convicção do juiz*" (art. 369); e a Constituição Federal, que são inadmissíveis as provas obtidas por meios ilícitos (art. 5.º, LVI).

À primeira vista, poderia parecer que, diante da supremacia hierárquica da norma constitucional, que é também cronologicamente posterior ao Código de Processo Civil, somente não podem ser aceitas provas obtidas por meios ilícitos, inexistindo qualquer restrição quanto às que são produtos de meios moralmente ilegítimos. Essa inferência seria nimiamente equivocada, pois o que é moralmente ilegítimo também é, sob certo aspecto, ilícito.

Como esclarece João Carlos Pestana de Aguiar, "*o meio de prova moralmente legítimo é aquele não tipificado em lei, ou seja, sem exata adequação às hipóteses legalmente previstas. Seu limite repousa na legitimidade moral de sua formação. De outro modo valeria todo e qualquer meio, ainda que fossem utilizados os mais repulsivos processos para sua obtenção. Por isso o advérbio "moralmente" constante do art. 332 tem por escopo não só ultrapassar as lindes da tipificação legal, como restringir a área de sua ultrapassagem*" (*A Crise da Privacidade e os Meios de Prova,* RF, 252/69). O autor fazia referência ao art. 332, do CPC de 1973, cujo correspondente, no sistema do CPC de 2015, é o art. 369.

Pensamos, contudo, que o vocábulo *meios*, constante da redação do inciso LVI do art. 5.º, da Constituição, não foi aí utilizado em seu significado técnico, e sim com sentido genérico. Expliquemo-nos. Do ponto de vista técnico, os meios de prova são documentos, confissões, declarações de testemunhas, laudos periciais, etc. Como todos esses meios estão previstos em lei, são, à evidência, lícitos. O que o inciso LVI do art. 5.º da Constituição pretendeu dizer, na verdade, é que seriam inadmissíveis as provas obtidas por formas ("meios") ilícitas. Não é inútil aproveitar a oportunidade para esclarecer que prova, em rigor, não é o mesmo que meio de prova. Prova é resultado; meio é a fonte de produção da prova.

O problema atinente aos meios de prova moralmente legítimos, entretanto, é mais complexo do que se possa conceber, a contar do fato de inexistirem critérios objetivos que permitam determinar a moralidade ou a imoralidade do meio ou instrumento de que se possa utilizar a parte para produzir as provas necessárias à demonstração da veracidade das alegações feitas em juízo.

Cremos, a despeito disso, que possam ser reputados imorais, e. g., todos aqueles meios que atentem contra os direitos da personalidade, particularmente quanto à liberdade de pensamento e à privacidade, que foram alteados ao predicamento constitucional (art. 5.º, IV, X, XI, XII).

Haverá violação destes últimos, p. ex., quando forem desrespeitadas a intimidade, a vida privada, a honra e a imagem das pessoas, assim como a sua casa e o sigilo de sua correspondência e dos seus meios de comunicação. Em princípio, pois, as provas obtidas de maneira sub-reptícia, como mediante gravações telefônicas ou de conversações em geral, não devem ser aceitas em juízo. É que tais gravações clandestinas afrontam o direito à inviolabilidade das comunicações, que a Constituição outorga ao indivíduo. É evidente, porém, que se a pessoa a quem ditas declarações prejudicam as houver prestado de maneira espontânea e com conhecimento de que seriam gravadas, nada haverá contra a sua utilização no processo.

A respeito do assunto, o Supremo Tribunal Federal, havia decidido: "*Inadmissibilidade, como prova, de laudos de degravação de conversa telefônica e de registros contidos na memória de microcomputador, obtidos por meios ilícitos* (art. 5.º, LVI, da CF)*; no primeiro caso, por se tratar de gravação realizada por um dos interlocutores, sem conhecimento do outro, havendo a degravação sido feita com inobservância do princípio do contraditório, e utilizada com violação à privacidade alheia* (art. 5.º X, da CF)*; e, no segundo caso, por estar-se diante de microcomputador que, além de ter sido apreendido com violação de domicílio, teve a memória nele contida sido degravada ao arrepio da garantia da inviolabilidade da intimidade das pessoas"* (art. 5.º X e XI, da CF). (Ac. do Pleno, por maioria, in: RF, 335/183).

Posteriormente, o Excelso Pretório passou a admitir, como lícita, a gravação de conversa telefônica efetuada por um dos interlocutores.

Por outro lado, são lícitas as gravações realizadas mesmo sem o conhecimento de um dos interlocutores, quando se verifica uma investida criminosa do outro. Este é, inclusive, o entendimento predominante no SFT: "*PROVA – Licitude. Gravação de telefonema por interlocutor. É lícita a gravação de conversa telefônica feita por um dos interlocutores, ou com sua autorização, sem ciência do outro, quando há investida criminosa deste último. É inconsistente e fere o senso comum falar-se em violação do direito à privacidade quando interlocutor grava diálogo com sequestradores, estelionatários ou qualquer tipo de chantagista. (STF – HC 75.338-8 – RJ – TP – Rel. Min.* Nelson Jobim – DJU *25-9-1998)"; e: "UTILIZAÇÃO DE GRAVAÇÃO DE CONVERSA TELEFÔNICA FEITA POR TERCEIRO COM A AUTORIZAÇÃO DE UM DOS INTERLOCUTORES SEM O CONHECIMENTO DO OUTRO QUANDO HÁ, PARA ESSA UTILIZAÇÃO, EXCLUDENTE DA ANTIJURIDICIDADE – Afastada a ilicitude de tal conduta — a de, por legítima defesa, fazer gravar e divulgar conversa telefônica ainda que não haja o conhecimento do terceiro que está praticando crime —, é ela, por via de consequência, lícita e, também consequentemente, essa gravação não pode ser tida como prova ilícita, para invocar-se o art. 5.º, LVI, da Constituição com fundamento em que houve violação da intimidade (art. 5.º, X, da Carta Magna). (STF – HC 74.678-1 – DF – 1.ª T. – Rel. Min. Moreira Alves –* DJU *15-8-1997) JCF.5 JCF.5.X JCF.5.LVI".*

Fora disso, as conversações gravadas podem servir, quando muito, como um indício de onde possa estar a verdade e, dessa forma, dar ao juiz uma orientação acerca dos rumos que deverá tomar a atividade probatória a ser desenvolvida pelos litigantes, no sentido de demonstrá-la.

Ninguém, seguramente, haveria de sentir-se à vontade para afirmar que podem ser admitidas em juízo as provas obtidas por meio de tortura, de substâncias químicas alucinógenas ou por qualquer outro modo onde o indivíduo tenha sido objeto de constrangimento físico, moral ou intelectual ou não tenha podido ter consciência do que estava declarando.

Estamos a cogitar, é claro, nestas nossas considerações, das provas obtidas extrajudicialmente, sejam pré-constituídas ou não, porquanto as produzidas em juízo dificilmente o seriam com espezinhamento dos direitos constitucionais do indivíduo, aqui mencionados, em virtude dos princípios da publicidade e do contraditório que informam o processo. Seja como for, é necessário advertir que a regra constitucional de que somente serão aceitas provas que não tenham sido conseguidas por meios ilícitos (ou moralmente ilegítimos) é aplicável tanto às produzidas extrajudicialmente quanto em juízo. A tudo sobreleva o princípio fixado pela Constituição da República, que se articula com o conteúdo ético do processo, enquanto método estatal de resoluções dos conflitos de interesses, individuais ou coletivos, protegidos pelo ordenamento jurídico — ou que não estejam em contraste com este.

Vem adquirindo certo prestígio na doutrina a opinião de que a ilegalidade do meio de prova decorre da violação de normas legais ou de princípios gerais de direito, sejam de natureza material ou processual. Assim, quando a proibição estiver contida em lei processual, a prova será ilegítima; quando, porém, o veto partir de uma lei material, a prova será ilícita. Coube a Pietro Nuvolone a precedência dessa opinião. Esse jurista italiano utilizou a expressão *prova vedada* para identificar a que é ilícita. Para ele, a prova seria ilegal quando houvesse violação do ordenamento jurídico como um todo, aí compreendidas as leis materiais e processuais e os princípios gerais de direito; e ilícita quando a sua proibição fosse material.

Sintetizando: para que a prova seja admitida em juízo, é necessário não apenas que o meio utilizado para produzi-la seja lícito e adequado, mas também moralmente legítimo. A entender-se que a Constituição somente veda os meios ilícitos, estar-se-ia concluindo, de maneira inaceitável, que seriam válidos os meios moralmente ilegítimos. Assim, o art. 369, do CPC, longe de estar em antagonismo com o inciso LVI do art. 5.º da Constituição, complementa-o de maneira harmoniosa.

Obviamente, não se admite validade à prova obtida mediante constrangimento físico, intelectual, moral, econômico, etc. Nem sempre foi assim, todavia. Em determinados períodos obscuros da História, por exemplo, a tortura era método oficial de interrogatório do acusado, como revela o trecho do "Manual dos Inquisidores", elaborado por dois dominicanos, Nicolau Eymerich e Francisco Peña, o primeiro, no séc. XIV e o segundo, no séc. XVI, a seguir reproduzido:

> *E enquanto (a acusada de bruxaria) estiver sendo interrogada a respeito de cada um dos pontos, que seja submetida à tortura com a devida frequência, começando-se com os meios mais brandos; o Juiz não deve se apressar em usar os meios mais violentos. (...) Se após a devida sessão de tortura a acusada se recusar a confessar a verdade, caberá ao Juiz colocar diante dela outros aparelhos de tortura e dizer-lhe que terá de suportá-los se não confessar. Se então não for induzida pelo terror a confessar, a tortura deverá prosseguir no segundo ou no terceiro dia, mas não naquele mesmo momento, salvo se houver boas indicações de seu provável êxito. (...) Durante o intervalo, antes da sessão de tortura seguinte, o próprio Juiz ou outros homens honestos deverão tentar persuadi-la, por todos os meios que estiverem a seu alcance, para que confesse a verdade da forma que dissemos, dando-lhes, se lhes parecer conveniente, a promessa de que a sua vida será poupada. (...) caso contrário, que ordene aos oficiais que a amarrem com cordas e a coloquem em algum aparelho de tortura; então que o obedeçam de imediato, mas sem que demonstrem satisfação, antes mostrando-se aparentemente perturbados pela tarefa. Em seguida, que ela seja tirada dali à solicitação de algum dos presentes, e levada a um canto, para que seja persuadida novamente; ao persuadi-la, convém dizer-lhe que poderá escapar da pena de morte* (da obra: *O Martelo das Feiticeiras*, de Heinrich Kramer e James Sprenger. 12.ª ed. Rio: Editora Rosa dos Tempos, 1997. p. 433).

Ainda bem que, agora, os tempos são outros...

9. Fundamentação das decisões

Tradicionalmente, a exigência de que as decisões judiciais sejam fundamentadas é formulada por normas infraconstitucionais, como é o caso do art. 489, II, do CPC, e do art. 832, *caput*, da CLT. Igual imposição era encontrada nas Ordenações Filipinas (Livro III, Título LXVI, n. 7), no Regulamento Imperial n. 737, de 1850, e em diversos códigos estaduais de nosso País. Entrementes, considerando a extraordinária importância jurídica e política da motivação dos pronunciamentos jurisdicionais, essa exigência acabou sendo elevada, entre nós, à categoria de mandamento constitucional. Com efeito, estabelece o art. 93, inciso IX, da Constituição em vigor, que todas as decisões judiciais (assim como as administrativas) serão fundamentadas, sob pena de nulidade. Deve ser dito, porém, que Constituições estrangeiras anteriores à nossa, de 1988, já haviam exigido fundamentação nas decisões judiciais, como as da Itália, da Bélgica, e de alguns de países da América Latina.

O princípio que estamos a examinar possui estreita ligação com os postulados essenciais dos regimes democráticos dos Estados de Direito, aos quais repugna a possibilidade de as pessoas serem submetidas a decisões judiciais arbitrárias, assim entendidas aquelas que refletem não o comando da lei, mas a vontade pessoal do magistrado, influenciada, quase sempre, por motivos de ordem política, religiosa, social, ética, econômica, corporativa, afetiva etc.

Se os pedidos que as partes formulam em juízo são de natureza jurídica (não se admite a efetuação de pedidos juridicamente impossíveis), é absolutamente lógico e politicamente exigível que o magistrado forme a sua convicção acerca dos fatos narrados na causa com base no mesmo ordenamento jurídico que ensejou a pretensão de um dos litigantes e a resistência do outro.

Fundamentar a decisão significa, pois, a exigência de que o juiz indique as razões de fato e de direito, com base nas quais formou a sua convicção jurídica acerca dos fatos da causa. Como escreve Nelson Nery Junior: *"A motivação da sentença pode ser analisada por vários aspectos, que vão desde a necessidade de comunicação judicial, até sua submissão, como ato processual, ao estado de direito e às garantias constitucionais estampadas no art. 5.º, CF, trazendo consequentemente a exigência da imparcialidade do juiz, a publicidade das decisões judiciais, a legalidade da mesma decisão, passando pelo princípio constitucional da independência jurídica do magistrado, que pode decidir de acordo com sua livre convicção, desde que motive as razões de seu convencimento (princípio do livre convencimento motivado)"* (*Princípios do Processo Civil na Constituição Federal.* 3.ª ed. São Paulo: Revista dos Tribunais, 1996. p. 169-170).

Todavia, fundamentar uma decisão não quer dizer, necessariamente, indicar os dispositivos legais em que o magistrado se baseou para formar a sua convicção jurídica acerca dos fatos narrados na causa, mas, sim, decidir segundo a lei ou o ordenamento normativo; equivale a afirmar: de maneira não arbitrária. Se o juiz, estribado na prova dos autos, reconhecer que o autor prestava serviços após a jornada ordinária e, em consequência, condenar o réu ao pagamento das horas extras daí provenientes, não estará obrigado a mencionar os dispositivos legais autorizadores dessa condenação; basta-lhe decidir conforme a lei para que esse seu pronunciamento seja motivado, juridicamente.

Apenas em casos excepcionais deverá o juiz indigitar as normas legais em que fundou a sua decisão, como ocorreria, *v. g.*, em algumas situações em que o prequestionamento da matéria constitui requisito indispensável para a admissibilidade de um recurso (STF, Súmulas ns. 282 e 356; TST, Súmula n. 297) ou de uma ação (TST, Súmula n. 298).

Em outras hipóteses, ainda que escassas, é óbvio que a decisão deverá apontar a regra legal que lhe serviu de supedâneo, tal como se daria nas ações diretas de inconstitucionalidade, em que ao Supremo Tribunal Federal incumbe declarar qual o dispositivo da Suprema Carta que está sendo violado pela norma infraconstitucional. O mesmo afirmamos quanto à ação rescisória fundada em violação manifesta a norma jurídica (CPC, art. 966, V).

A fundamentação das decisões exaradas pelo Poder Judiciário é, em derradeira análise, uma exigência que, de um lado, visa a preservar certos princípios imanentes aos regimes democráticos e aos Estados de Direito, e, de outro, a assegurar a dignidade do próprio Judiciário e a consequente respeitabilidade dos pronunciamentos por ele realizados; as decisões desprovidas de fundamentação são filhas da arbitrariedade e, como tais, só atendem às conveniências típicas dos regimes de vocação ditatorial.

Os indivíduos e as coletividades têm, portanto, o inalienável direito de exigir que o Poder Judiciário só interfira, com eficácia, em seus círculos particulares quando o fizer por meio de decisão fundamentada no ordenamento jurídico. Nem mesmo a Justiça do Trabalho — na qual se tem identificado um certo traço ideológico de proteção ao trabalhador — está autorizada a eximir-se da submissão a esse mandamento constitucional.

Fórmulas adotadas pelos juízes, como: "Defiro nos termos da lei", ou "Indefiro por falta de previsão legal", muito em voga no passado, já não se justificam em face da regra constitucional específica e impositiva (art. 93, IX). Decisões como essas, por serem vagas, genéricas, são destituídas de fundamento jurídico, e, como tais, nulas.

Não será nula, contudo, a decisão que se fundar em Súmula — muito embora as Súmulas, de modo geral, não contenham a motivação do seu enunciado. Também inexistirá nulidade da decisão que se fundar, de forma exclusiva, em parecer exarado pelo Ministério Público, conquanto seja sempre conveniente que o juiz encontre argumentos próprios para decidir desta ou daquela maneira.

É oportuno reiterar que não se deve confundir ausência de fundamentação com fundamentação sucinta, conquanto, em algumas situações, o divisor de águas entre elas seja de difícil percepção. Somente no primeiro caso haverá desacato à regra contida no art. 93, IX, da Constituição Federal, tornando, em consequência, nula a decisão. No plano *sui generis* do processo do trabalho — convém destacar — a existência costumeira de enorme quantidade de pedidos constantes das petições iniciais, e de outros tantos efetuados nas respostas dos réus, justifica a sucinta motivação das decisões, com a finalidade de evitar que se tornem extremamente longas e de exasperante leitura. Motivação sucinta, entretanto, não significa motivação lacunosa, ou seja, que apresenta falhas, tanto do ponto de vista vertical (profundidade) quanto horizontal (extensão). Fundamentação lacônica (ou sucinta) é a que, em síntese eficaz, consegue abranger os mais expressivos aspectos de fato e de direito suscitados na causa, apreciando-os de modo objetivo.

Nem mesmo nos casos de revelia — fato processual que decorre da ausência injustificada de resposta do réu — estará o órgão jurisdicional autorizado a proferir decisões destituídas de fundamentação; a circunstância de a norma legal permitir, em situações como essa, o julgamento antecipado do mérito (CPC, art. 355, II), não deve ser interpretada como um convite ao desrespeito à regra imperativa e generalizante estampada no art. 93, IX, da Constituição Federal, que requer, em todas as decisões lançadas pelo Poder Judiciário, a presença da fundamentação como requisito indispensável.

A fundamentação é exigida também naqueles casos em que a decisão implica extinção do processo sem pronunciamento sobre o mérito (CPC, art. 485) ou essa extinção emana do acolhimento de preliminar (*ibidem*, art. 336).

De igual forma, nas decisões ditas interlocutórias, ato pelo qual o juiz, no curso do processo, resolve questões incidentes (CPC, art. 203, § 2.º), exigir-se-á acatamento à regra da motivação lacônica — construída pela articulação do art. 93, IX, da Constituição Federal, com o art. 490, do CPC.

Não se aplica ao processo do trabalho, entrementes, o disposto no § 1.º, do art. 4.869, do CPC, que não considera fundamentada qualquer decisão que incidir em uma das previsões dos incisos I a VI, da referida norma processual. Esse rigor excessivo é inconciliável com o processo do trabalho. O malsinado parágrafo só é compatível com aqueles ramos do Poder Judiciário que soem proferir algo em torno de meia dúzia de sentenças, por mês — ao contrário das Varas do Trabalho que, não raro, geram dezenas e dezenas de sentenças, no mesmo período de tempo.

No tocante à chamada "sentença" de liquidação, cabe um comento especial. Conquanto a lei denomine, efetivamente, de sentença o ato judicial destinado a fixar o *quantum* da prestação a ser realizada pelo devedor (CLT, art. 884, § 3.º), de sentença na verdade não se trata, pois esse ato não provoca a extinção do processo — efeito absolutamente indissociável do conceito legal de sentença (CPC, art. 203, § 1.º). Melhor argumentando, não é da índole do aludido ato levar o processo à extinção, e, sim, como asseveramos, definir quantitativamente a obrigação imposta ao devedor pela sentença exequenda (título executivo). Se estivermos atentos a essa nota particular, não encontraremos dificuldade de inferir que a "sentença" de liquidação nada mais é do que uma decisão de caráter interlocutório, ainda que atípica ou *sui generis*. Tanto isso é certo que, no sistema do processo do trabalho, ela é irrecorrível autonomamente, só podendo ser impugnada pelas partes na fase dos embargos à execução (CLT, art. 884, § 3.º), procedimento não modificado pela Lei n. 8.432, de 11 de junho de 1992.

Nenhuma razão jurídica há, por outro lado, para colocar as decisões proferidas em sede de tutelas provisórias fora do campo de incidência da norma constitucional que faz da fundamentação um requisito imprescindível à validade formal dos pronunciamentos jurisdicionais. Mesmo as liminares aí concedidas devem submeter-se a esse mandamento, embora a fundamentação possa ser extremamente concisa. A alguns poderia parecer aberrante dos princípios o fato de estarmos a sustentar a necessidade de serem motivados tais "despachos" concessivos de liminares, pois a Constituição exige que sejam fundamentadas, apenas, as *decisões*. O assunto é oportuno e de notável importância. Via de regra, quando se faz alusão a decisões, quer-se com isso compreender, basicamente, as sentenças e os acórdãos; devemos chamar a atenção, no entanto, para a existência de uma classe de provimentos da jurisdição que não se quadra ao conceito de sentença, de acórdão, nem mesmo de despacho: referimo-nos aos *despachos decisórios*, tão presentes na prática judicial e ao qual a doutrina tem dedicado pouco interesse. Tais atos do juiz têm a forma (elemento extrínseco) de despacho, mas o conteúdo (elemento intrínseco) é, caracteristicamente, de *decisão*. Quando, p. ex., o magistrado não admite a interposição de determinado recurso, por entendê-lo, digamos, intempestivo, não está, nesse momento, exarando um simples despacho de expediente ou ordinatório, do mesmo modo como não está proferindo uma sentença, uma vez que nenhum desses atos se conforma aos respectivos conceitos enunciados pelo art. 203 do CPC, nos §§ 1.º e 3.º. Também não se trata de decisão interlocutória (§ 2.º), porquanto a interposição do recurso não pode ser considerada questão incidente; é, isto sim, o regular exercício de um direito que tem a parte de não concordar com o conteúdo da sentença, desfavorável aos seus interesses manifestados na causa. Nos domínios das tutelas provisórias, o ato pelo qual o juiz as concede (mesmo liminarmente) ou as denega constitui decisão.

Motivadas juridicamente devem ser também as *liminares* em geral (mandado de segurança, possessórias, cautelares, ação civil pública, ação direta de inconstitucionalidade etc.). A urgência na concessão dessas medidas não justifica a ausência de um mínimo de fundamentação, do mesmo modo como a cognição sumária e o juízo de probabilidade, característicos das tutelas provisórias de urgências, cautelares, não autorizam a emissão de sentença infundada.

Por força do inciso IX, do art. 93, da Constituição, também devem ser fundamentadas as decisões administrativas proferidas pelos tribunais.

Cremos, no entanto, que as sentenças meramente homologatórias não necessitam de fundamentação, mesmo que tenham como objeto transação. Na transação, em verdade, não há solução jurisdicional do conflito (portanto, impositiva), mas, consensual (logo, negociada); a transação constitui, assim, negócio jurídico realizado pelas partes, mediante concessões recíprocas e com a finalidade de dar fim ao litígio. Deverá ser fundamentada, porém, a sentença que se recusar a homologar a transação, porquanto se colocará em antagonismo com a vontade manifestada pelos transatores.

É evidente que haverá casos em que se ficará em dúvida sobre se a decisão não possui fundamento ou está fundamentada de modo extremamente lacônico: o fato se situará, então, naquelas zonas grises, tão comuns nos sítios jurídicos, em que predomina a incerteza, a hesitação da inteligência, a insegurança. A investigação prática a respeito deste assunto, embora seja algo tormentosa, é de grande relevância, pois se se concluir que a decisão não contém fundamento jurídico será nula.

De resto, se a fundamentação é de boa ou de má qualidade é algo que diz respeito exclusivo à valoração subjetiva das razões indicadas pelo juiz, é uma questão ligada, portanto, à axiologia das decisões, sem qualquer vinculação com o tema das nulidades.

10. Razoável duração do processo

Por força da Emenda n. 45/2004, foi acrescentado ao art. 5.º, da Constituição Federal, o inciso LXXVIII, conforme o qual "*a todos, no âmbito judicial e administrativo, são assegurados a razoável duração do processo e os meios que garantam a celeridade da sua tramitação*".

Essa norma constitucional enuncia, assim, o princípio a que a doutrina, com base no próprio texto, passou a denominar de "razoável duração do processo".

Na verdade, as expressões constitucionais "razoável duração do processo" e "celeridade da sua tramitação" não são muito harmoniosas entre si. Afinal, nem sempre a "duração razoável" conduzirá à celeridade, assim como esta nem sempre implicará aquela. Se o constituinte estivesse preocupado, apenas, com a celeridade na entrega da prestação jurisdicional, teria, por certo, feito uso, somente, da segunda expressão por nós colocada entre aspas.

Parece-nos, assim, que a melhor conclusão a extrair-se do preceito constitucional em foco é a de que conduza a uma equilíbrio entre as duas expressões, de tal arte que uma não sacrifique a outra. Assim dizemos porque, se é verdade que um dos grandes anseios institucionais reside na celeridade da tramitação dos processos judiciais, não menos correto é asseverar que essa celeridade autorizaria o espezinhar de determinadas garantias processuais que a Constituição da República assegura aos litigantes, como as do contraditório, da ampla defesa, e do devido processo legal. Logo, pode-se entender como "duração razoável" da tramitação processual aquela que, sem desprezar o anseio de celeridade na entrega da prestação jurisdicional, permita às partes exercer os direitos processuais que a Constituição da República lhes outorga.

Em um Estado Democrático de Direito a rapidez na solução dos conflitos de interesses não pode estar dissociada do respeito a essas garantias. Não fosse assim, uma das formas mais eficientes de obter-se tal celeridade seria proibindo o exercício de qualquer defesa, pelo réu. O preço político a ser pago por essa celeridade, entrementes, seria altíssimo.

A razoabilidade na duração do processo, conquanto seja um princípio de ordem geral, haverá de ser estabelecida pelo magistrado em cada caso concreto, conforme as peculiaridades deste. Na Justiça do Trabalho, há processos que permitem uma tramitação efetivamente rápida, que, muitas vezes, nem sequer requererem instrução oral; outros, porém, exigem uma instrução aprofundada, exaustiva, envolvendo, inclusive, exames periciais.

Constituem emanações do princípio constitucional da *razoável duração do processo* as disposições dos arts. 4.º e 139, II, do CPC. Estabelece o primeiro: *"As partes têm o direito de obter em prazo razoável a solução integral do mérito, incluída a atividade satisfativa"*; e o segundo: *"O juiz dirigirá o processo conforme aas disposições deste Código, incumbindo-lhe: I – (...); II – velar pela duração razoável do processo"*. A declaração do art. 4.º, supracitado, de que a razoabilidade se aplica não só à "solução integral do mérito", mas, também, à *atividade satisfativa*, é de extrema relevância — máxime para o processo do trabalho —, pois a doutrina brasileira aferrara-se ao hábito equivocado de vincular a celeridade processual ao processo *de conhecimento*, fato que relegou a fase *de execução* ao abandono, por forma a tornar o seu encerramento, não raro, mais demorado do que o do próprio processo cognitivo. Entendemos a expressão legal: "atividade satisfativa" como sendo compreensiva não somente das tutelas de urgência, mas, igualmente, da execução (*cumprimento da sentença*, no sistema do CPC).

Uma nota oportuna: em que pese ao fato de a celeridade processual ser um imperativo constitucional, ela tanto mais se justifica nos casos de direitos sob risco de lesão iminente, irreparável ou de difícil reparação, que necessitam de uma imediata proteção jurisdicional. Trata-se das denominadas *tutelas de urgência* — a que nos referimos há pouco — que se materializam, em geral, mediante procedimentos acelerados, de cognição sumária, e com emissão de liminares.

A registrar-se, ainda, a declaração contida no art. 1.048, do CPC, segundo a qual "*Terão prioridade de tramitação, em qualquer juízo ou tribunal, os procedimentos judiciais: I – em que figure como parte ou interessado pessoa com idade igual ou superior a 60 (sessenta) anos ou portadora de doença grave, assim compreendida qualquer das enumeradas no art. 6.º, inciso XIV, da Lei n. 7.713, de 22 de dezembro de 1988; II – regulados pela Lei n. 8.069, de 13 de julho de 1990 (Estatuto da Criança e do Adolescente)*".

Na verdade, já se vinha entendendo que o Estatuto do Idoso, instituído pela Lei n. 10.741/2003, derrogara, de maneira implícita, o art. 1.211-A, do CPC de 1973, porquanto o art. 71 daquele Estatuto fixou em 60 anos a idade a partir da qual o idoso passa a ter o benefício da tramitação preferencial dos processos nos quais figure com parte ou como interveniente. Posteriormente, a Lei n. 13.466, de 12-7-2017, acrescentou o § 2.º ao art. 3.º da Lei n. 10.741/2003, para assegurar *prioridade especial* aos maiores de 80 anos de idade. Mais tarde, é publicada a Lei n. 14.423, de 22-7-2022, que altera a denominação de Estatuto do Idoso para *Estatuto da Pessoa Idosa*, assim como a expressão *idoso* para *pessoa idosa*.

Essa tramitação prioritária, como está claro no texto da lei, deve ser observada em todos os graus de jurisdição, sendo certo que ela subsistirá mesmo no caso de morte do beneficiado, estendendo-se em favor do cônjuge supérstite, companheiro ou companheira, em união estável (CPC, art. 1.048, § 3.º).

Deferida a prioridade, os autos receberão identificação própria que evidencie o regime de tramitação prioritária (CPC, art. 1.048, § 2.º).

11. Proibição de prisão civil por dívida

Firmou-se em nossa tradição constitucional a regra proibitória da prisão civil por dívida; dela se ocuparam, p. ex., os Textos de 1946 (art. 141, § 32) e o de 1967, com a Emenda n. 1/69 (art. 153, § 17). No atual, a matéria está contida no art. 5.º, inc. LXVII, assim redigido: "*Não haverá prisão civil por dívida, salvo a do responsável pelo inadimplemento voluntário e inescusável de obrigação alimentícia e a do depositário infiel*".

Transportada essa regra para o terreno do processo do trabalho, temos que se o devedor deixar de satisfazer a obrigação de pagar quantia certa, prevista no título executivo, não poderá ser preso por isso, uma vez que a lei ordinária determina a penhora e a expropriação judicial de seus bens, como forma de levá-lo coercitivamente ao adimplemento daquela obrigação.

A norma constitucional supracitada, porém, menciona duas exceções ao princípio da proibição de prisão civil por dívida não paga, a saber: a) inadimplemento (espontâneo e inescusável) de obrigação alimentícia e b) depositário infiel. A primeira delas não provoca maiores interesses em quantos manejam o processo do trabalho. Dediquemo-nos, em função disso, apenas ao estudo da segunda.

Surpreendentemente, entretanto, a Súmula Vinculativa (o adjetivo *vinculante* não se encontra dicionarizado) n. 125, do STF, estabelece ser "*ilícita a prisão de depositário infiel, qualquer que seja a modalidade de depósito*".

Em que pese a fato de essa espécie de Súmula ter "*efeito vinculante em relação aos demais órgãos do Poder Judiciário e à administração pública a direta e indireta, nas esferas federal, estadual e municipal*", nos termos do art. 103-A, *caput*, da Constituição Federal, ela não impede que a doutrina, com as suas asas da liberdade intelectual, dela divirja. É o nosso caso. Para que o nosso pensamento a respeito da precitada Súmula seja adequadamente entendido, devemos reproduzir as considerações que lançamos sobre o assunto em outro livro (*Execução no Processo do Trabalho*, São Paulo: Editora LTr, 13.ª edição, 2020, p. 428):

> "O Supremo Tribunal Federal, entretanto, passou a entender que a prisão civil do depositário infiel estaria em confronto com o § 7.º, do art. 7.º, da Convenção Americana de Direitos Humanos (adotada e aberta à assinatura na Conferência Especializada Interamericana sobre Direitos Humanos, em San José de Costa Rica, em 22 de novembro de 1969 e ratificada pelo Brasil em 25 de setembro de 1992), motivo por que declarou ser ilegal essa prisão (RE n. 466.343-1-SP, Rel. Min . Cezar Peluso, DJE de 5-6-2009). Pouco tempo depois, coerente com sua linha de entendimento, o STF adotou a Súmula Vinculante n. 25, assim enunciada: "É ilícita a prisão civil de depositário infiel, qualquer que seja a modalidade do depósito". (*DJe* n. 238, p. 1, em 23-12-2009; *DOU* de 23-12-2009, p. 1.)
>
> Discordamos, *data venia*, desse entendimento. O § 7.º, do art. 7.º (que trata do direito à liberdade pessoal), da mencionada Convenção dispõe: "*Ninguém deve ser detido por dívidas. Este princípio não limita os mandatos de autoridade judiciária competente expedidos em virtude de inadimplente de obrigação alimentar*". Está claro, portanto, que esta norma consagrou o princípio de que ninguém poderá sofrer prisão civil *por dívida*, salvo o inadimplente de prestação alimentar. Esse mesmo princípio está enunciado no art. 5.º, inciso LXVII, da Constituição da República Federativa do Brasil, assim como a referida exceção. Ocorre que o nosso texto constitucional, para além disto, permite a prisão civil do *depositário infiel* — prisão que, em rigor, *não é motivada por dívida*, e sim, pela *violação a deveres legais*, como os enumerados no subitem 4.18.3, retro.

Efetivamente, o depositário, como auxiliar da justiça (CPC, art. 139), tem, dentre outros deveres, os de guardar e conservar a coisa que lhe foi confiada e o de entregá-la a quem o juiz determinar. O depositário não é devedor, senão que auxiliar do juízo; logo, ao tornar-se infiel, a sua prisão será ordenada não pelo fato de haver deixado de pagar alguma dívida, mas por haver perpetrado violação a deveres legais. Por outras palavras, a prisão do depositário infiel em nada contravém o § 7.º, do art. 7.º, do Pacto de San José da Costa Rica. Ademais, a prisão do depositário infiel sempre funcionou, na prática – e nos raros casos em que isso se impôs — como eficiente instrumento de pressão, fazendo com que este entregasse os bens que lhe haviam sido confiados, ou o equivalente em dinheiro. Sem este instrumento, o depositário fiel haverá de sentir-se em boa sombra, pois eventual ação civil destinada a fazê-lo reparar os prejuízos acarretados a terceiros consumirá longo tempo. A nosso ver, o STF interpretou mal a regra o § 7.º, do art. 7.º, do Pacto de San José da Costa Rica, ao cotejá-la com o art. 5.º, inciso LXVII, da Constituição Federal.

O STJ, na mesma linha da Súmula Vinculante n. 25, do STF, adotou, em 2010, a Súmula n. 419, assim redigida: "*Depositário Infiel – Prisão Civil – Descabimento. Descabe a prisão civil do depositário judicial infiel*".

Dirigimos à Súmula do STJ as mesmas críticas que fizemos à Súmula Vinculante do STF.

Mantidas essas Súmulas, os juízes terão perdido um eficaz instrumento coercitivo destinado a fazer com que os depositários infiéis restituam os bens que haviam ficado sob sua guarda e conservação, ou apresentem o equivalente em dinheiro."

O estatuto processual civil de nosso País inclui o depositário entre os auxiliares da justiça (art. 149). Esse procedimento do legislador foi correto, pois, assim como o oficial de justiça, o depositário pode ser visto como uma espécie de *longa manus* do juízo, sendo, em decorrência disso, dotado de um conjunto de poderes (e de deveres) necessários ao exercício das atribuições que lhe são legalmente reservadas.

O depositário não atua, contudo, em virtude de eventual contrato e sim por força de normas processuais, pertencentes que são ao ramo do Direito Público. Como não se trata de contrato, a sua introdução no processo requer, apenas, que o oficial de justiça ou o juiz o nomeie, servindo a aceitação daquele como mera condição para a eficácia jurídica do ato.

Estas nossas considerações permanecem inalteradas mesmo nos casos em que o próprio devedor figura como depositário dos bens que lhe foram apreendidos por ordem judicial. Conquanto, em regra, seja aconselhável que a pessoa do depositário não coincida com a do devedor, nada obsta a que, em situações extraordinárias, essas duas qualidades sejam acumuladas por uma só pessoa, o devedor. Convém advertir, todavia, que nessa hipótese tais qualidades não se confundem, não se interpenetram, conservando, cada uma, a sua individualidade, uma vez que são reguladas por normas legais distintas. Destarte, se o devedor-depositário deixar de entregar, sem qualquer justificativa plausível, os bens ao arrematante ou ao adjudicatário, poderá — segundo o nosso entendimento — ser preso em decorrência de sua infidelidade quanto aos deveres ínsitos a essa atribuição de auxiliar da justiça. Sugerimos, há pouco, que idealmente o devedor não deve ser nomeado depositário de seus bens porque estarão em jogo, na mesma pessoa, interesses díspares e inconciliáveis, cujo entrechoque pode acarretar consequências prejudiciais aos interesses do credor. Basta ver que, como devedor, o indivíduo procurará resistir (juridicamente, porquanto a resistência injustificada constitui ato atentatório à dignidade da justiça: CPC, art. 774, II e IV) à execução, opondo-se às pretensões do credor (impugnação dos cálculos, embargos, etc.) ou aos atos do juízo, ao passo que, como depositário, deverá agir sempre em colaboração com o juízo, de quem é, afinal, como dito, auxiliar.

O depositário — ainda que não seja o devedor — só em casos excepcionais, e desde que autorizado pelo juiz, poderá fazer uso dos bens que se acham sob sua guarda e conservação, como quando seja da natureza desses bens o seu permanente funcionamento, sob pena de graves avarias. Em caso algum, entrementes, será lícito ao depositário dispor desses bens. O que ele poderá fazer é solicitar ao juiz que os bens sejam antecipadamente expropriados, como providência necessária para evitar que se deteriorem ou se depreciem (CPC, art. 852, I).

De igual maneira, a locação do bem penhorado não poderá ser feita sem prévio consentimento judicial.

As atribuições legais do depositário se concentram, basicamente, na guarda e conservação dos bens penhorados, arrestados, sequestrados ou arrecadados (CPC, art. 159), aí compreendidas as medidas indispensáveis para evitar o extravio ou a deterioração da coisa apreendida.

A guarda e a conservação dos bens variarão segundo a natureza destes. Sendo imóveis, cumprirá ao depositário impedir que terceiros neles ingressem sem autorização judicial, ainda que para simples trânsito ou para colher frutos, derrubar árvores e o mais; sendo móveis, deverão permanecer em locais protegidos da chuva, da poeira, etc. É óbvio que o depositário haverá de manter os bens em boas condições de uso; se forem animais, deverá alimentá-los, cuidar-lhes da saúde, etc. Fará jus o depositário, sempre, à remuneração estabelecida pelo juiz.

Sob o ângulo teleológico, podemos distinguir a existência de duas classes ou categorias de depositários. Se, no geral, a eles se comete o encargo de guardar e conservar bens do devedor, em casos especiais a lei o investe na qualidade de autêntico administrador, quando a penhora recai em estabelecimento comercial, industrial, agrícola, ou em semoventes, plantações, edifícios em construção etc. Nesses casos, caberá ao depositário apresentar ao juiz, no prazo de dez dias, a forma de administração (CPC, art. 862, *caput*). Podemos falar, por isso, de um "depositário-guardador" e de um "depositário-administrador".

Como os indivíduos, o depositário possui direitos, *deveres* e *responsabilidades* definidos em lei. Nem haveria motivo para ser de modo diverso. Esses direitos estão diretamente relacionados com o exercício do *munus* público que os caracterizam.

Um dos direitos do depositário (a que aludimos, de passagem, em linhas anteriores) é o de receber a remuneração que for fixada pelo juiz (CPC, art. 160). Para esse fim, o magistrado levará em conta a situação dos bens ao tempo dos serviços e as dificuldades que o depositário terá no desempenho das suas funções, ou, como diz a lei, "às dificuldades de sua execução" (*ibidem*).

Dentre os seus *deveres*, podem ser referidos: a) a guarda e a *conservação* zelosas da coisa apreendida; b) o recebimento dos rendimentos e dos frutos que os bens propiciarem; c) a prestação de contas ao juiz; d) a apresentação dos bens móveis, quando lhe for exigida; e) o aluguel dos bens imóveis, mediante prévia permissão judicial.

A responsabilidade do depositário está em que responde pelo saldo devedor das contas que apresentar e pela não exibição dos bens, quando ordenada pelo juiz. Além disso, responde pelos prejuízos que, oriundos de dolo ou culpa, causar a qualquer das partes (CPC, art. 161) — hipótese em que perderá o direito à remuneração que lhe fora atribuída pelo juiz *(ibidem)*. Se o depositário apropriar-se dos bens que lhe foram confiados, perpetrará o crime de apropriação indébita, previsto no art. 168 do Código Penal, com a agravante mencionada no § 1.º.

Um outro direito que se deve reconhecer ao depositário é o de receber o que legitimamente despendeu no exercício do encargo, mesmo que venha a perder a remuneração por seu trabalho *(ibidem)*.

Dever, a que particularmente se encontra submetido o depositário, é o de entregar os bens ao arrematante ou ao adjudicatário, ou a quem o juiz indicar. Caso se recuse a isto, sem justificativa razoável, deveria ser preso, pois tornou-se infiel (CF, art. 5.º, LXVII). A resistência do depositário às ordens emanadas do juiz propiciará, até mesmo, o uso de força policial para que a diligência possa ser plenamente realizada, como permite o art. 782, § 2.º, do CPC; essa resistência, configurando, por outro ângulo, um crime penalmente tipificado, autorizaria a prisão do depositário no ato em que manifestasse a resistência infundada à determinação judicial.

Entrementes, como vimos, a Súmula Vinculativa n. 125, do STF, considera ilícita a prisão do depositário "*qualquer que seja a modalidade de depósito*". *Data venia*, esta Súmula, além de deixar o Poder Judiciário desapercebido de um meio coercitivo, tendente a compelir o depositário a adimplir os seus deveres e obrigações estabelecidos por lei, revela-se inconstitucional, por afronta direta à literalidade do inciso LXVII, parte final, do art. 5.º, da Constituição Federal: "Não haverá prisão civil por dívida, *salvo* a do responsável pelo inadimplemento voluntário e inescusável de obrigação alimentícia e *a do depositário infiel*" (destacamos).

Como estamos serenamente convencidos desse antagonismo da Súmula com a Suprema Carta Política de nosso País, devemos prosseguir com nossas considerações acerca do procedimento legal traçado para a *prisão* do depositário infiel.

É oportuno registrar que a jurisprudência trabalhista, com sua acentuada vocação transformadora da realidade, vem entendendo que a restituição dos bens apreendidos pode ser determinada sem obediência integral ao procedimento estabelecido pelo CPC. A Súmula n. 619 do STF dispõe, aliás, que a prisão do depositário infiel pode ser decretada nos próprios autos do processo em que constituiu o encargo, independentemente, portanto, do ajuizamento da ação de depósito. Esta Súmula, a nosso ver, sobrevive à Súmula Vinculativa n. 125, do mesmo Tribunal, pelos motivos já expostos. Desta maneira, comparecendo o arrematante ou o adjudicatário à presença do juiz da execução e alegando, *v. g.*, que o depositário se recusa a entregar os bens, ou afirma que já não os possui, isso será suficiente para que o juiz deflagre um procedimento simplificado, com o objetivo de fazer com que o depositário proceda à restituição da coisa que lhe havia sido confiada.

Cumpre, todavia, ao juiz constatar se, efetivamente, são verdadeiras as alegações do interessado, quanto a estar o depositário se recusando a restituir os bens; com vistas a essa verificação, deverá ordenar ao oficial de justiça que, acompanhado da parte ou do terceiro, diligencie no sentido de apurar a veracidade, ou não, de tais alegações, certificando tudo nos autos. Poderá o juiz, entretanto, intimar o depositário para que se pronuncie, no prazo de cinco dias, sobre as informações prestadas pelo arrematante ou pelo adjudicatário, decidindo em seguida ou designando audiência, caso haja necessidade de produção de provas.

Convencendo-se, o juiz, de que o depositário se recusa, sem motivos juridicamente sustentáveis, a restituir os bens, fará expedir mandado para a entrega destes, no prazo de vinte e quatro horas, ou do seu equivalente em dinheiro, sob pena de prisão. Descumprida a ordem judicial, o depositário será preso.

Sem prejuízo do depósito ou da prisão do depositário, poderá o interessado (autor, no sistema do processo civil) promover a busca e apreensão dos bens; se estes forem encontrados ou entregues espontaneamente pelo depositário, cessará a prisão e será devolvido o equivalente em pecúnia. A busca e apreensão, na espécie, constitui procedimento de natureza cautelar.

A propósito, o CPC de 2015 eliminou a ação de depósito, como procedimento especial. A causa disso, por suposto, foi a decisão STF, que declarou a inconstitucionalidade da prisão civil do depositário infiel (Súmula Vinculativa n. 25). Como a parte, a contar daí, não poderia obter a prisão do depositário infiel, desinteressou-se da ação de depósito, preferindo executar o próprio contrato, como título extrajudicial. Quando não, passou a fazer uso da tutela da evidência, baseada no inciso III, do art. 311, do CPC. Esse dispositivo legal prevê a concessão da tutela quando se tratar de pedido reipersecutório fundado em prova documental adequada do contrato de depósito, caso em que será decretada a ordem de entrega do objeto custodiado, mediante cominação de multa.

Para resolver o problema da competência da Justiça do Trabalho para apreciar pretensões deduzidas por terceiro em face do depositário, insta que se considere o fato (recusa à entrega dos bens) como incidente da execução, nos moldes semelhantes do que se passa em sede de embargos de terceiro — cuja competência para julgá-los está hoje pacificada pela jurisprudência.

Seria, então, de indagar-se: se de ação autônoma não se trata, deverá a petição do interessado ser juntada aos autos da execução? Embora — pelo que temos podido verificar — venha sendo esse o procedimento costumeiramente adotado por um expressivo número de juízes do trabalho, pensamos que essa praxe deva ser abandonada. A juntada da petição (ou da comunicação, melhor dizendo) do arrematante ou do adjudicatário nos mesmos autos em que se promove a execução da sentença pode, em muitos casos, acarretar graves transtornos a esta, máxime quando mesmo após a expropriação dos bens a execução deva prosseguir, em decorrência de o lanço vencedor não haver sido suficiente para saldar a dívida. Como afirmamos em obra anterior, temos ainda vivos na memória diversos casos em que, ao passarmos a autuar nos autos, como juiz, encontramos situações como as descritas (*Execução no Processo do Trabalho*. 12.ª ed. São Paulo: LTr, 2017. p. 371-372). Em um deles, a execução se encontrava paralisada há mais de um ano, pois todos os atos que vinham sendo praticados nos autos, nesse ínterim, diziam respeito, exclusivamente, às pretensões do arrematante em receber os bens e às escaramuças empreendidas pelo depositário, com vistas a frustrar-lhe esse justo desiderato. Determinamos, então, que a partir da primeira petição juntada pelo arrematante (incluída aquela) fossem desentranhadas todas as outras, assim como as inúmeras certificações feitas pelo oficial de justiça, e autuadas em separado; os autos, assim formados, foram, depois, apensados aos principais (da execução), recebendo a numeração destes, acrescida de uma letra distintiva. Com essa providência, libertamos o processo de execução do incidente de arrematação, que estava a empecer o seu curso e a desviar a atenção do próprio juiz.

Estando o depositário investido na qualidade de administrador dos bens apreendidos (estabelecimentos comerciais, industriais, agrícolas etc.) não será cabível a ação de depósito, mas, sim, a de prestação de contas.

Em alguns casos, o depositário não se recusa, propriamente, a entregar os bens, alegando, ao contrário, que estes desapareceram ou se deterioraram. Provado o fato, caberá ao depositário demonstrar que o extravio ou a deterioração não decorreram de culpa ou de dolo de sua parte, mas de caso fortuito ou de força maior. Não comprovando a ocorrência de caso fortuito ou de força maior, a ilação a tirar-se é de que houve culpa ou dolo do depositário que, em razão disso, será havido como infiel, de maneira a ensejar a sua prisão. Nesta hipótese, responderá o depositário, ainda, civilmente, pelos prejuízos a que deu causa (CPC, art. 161), além de perder o direito à remuneração que lhe havia sido atribuída pelo juiz, embora possa receber o que legitimamente despendeu no exercício do encargo (*ibidem).*

Sem prejuízo de tudo o que exaramos acima, o depositário deverá ser destituído, sendo indiscutível a competência do juiz do trabalho para isso; incompetência da Justiça do Trabalho haverá, entretanto, para condenar o depositário ou o administrador a pagar ao devedor, ao credor ou ao terceiro a indenização decorrente da perda, extravio ou deterioração dos bens que se achavam sob sua guarda. Referida indenização deverá ser buscada na Justiça Comum.

a) Princípios infraconstitucionais

Conforme havíamos asseverado em linhas anteriores, a classificação dos princípios processuais em constitucionais e infraconstitucionais decorre, como está evidente, do fato de o princípio estar, ou não, previsto na Constituição da República. Os primeiros já foram examinados; apreciemos, agora, os segundos, vale dizer, aqueles que se encontram dispersos no texto do Código de Processo Civil e da CLT.

1. Da demanda

Sabemos que a jurisdição consiste nesse poder-dever do Estado de dizer com quem está o direito disputado; sabemos, também, que a atividade jurisdicional constitui um monopólio estatal e que os indivíduos não podem realizar justiça por suas mãos, pois isso caracterizaria "*exercício arbitrário das próprias razões*" (Código Penal, art. 345).

A jurisdição, contudo, permanece em um ontológico estado inercial, sendo indispensável, para a sua ativação (ou atuação), a iniciativa do interessado. Daí, a regra peremptória contida no art. 2.º, do CPC: "*O processo começa por iniciativa da parte e se desenvolve por impulso oficial, salvo as exceções previstas em lei*". Aqui reside, portanto, o princípio doutrinal da *demanda*, a impedir que o juiz preste a tutela jurisdicional por sua iniciativa (*ne procedat iudex ex officio*); logo, não pode haver processo sem autor (*nemo iudex sine actore*).

Seria preferível, todavia, identificar-se o princípio em exame como sendo da *inércia jurisdicional*, pois essa denominação soaria mais didática do que a que acabou sendo consagrada pela doutrina (*demanda*). A propósito, o vocábulo *demanda* vem sendo utilizado na terminologia processual com sentido multiforme, ora significando ação, ora processo, ora lide, etc. A linguagem peninsular, no entanto, cuidou de reservar a palavra *demanda* para significar o ato pelo qual o provimento jurisdicional é pleiteado, a fim de diferençá-lo da ação, que consiste no poder de invocar a prestação da tutela jurisdicional, com o objetivo de satisfazer uma pretensão. Essa separação é fundamental, não apenas sob o ponto de vista doutrinário, mas para os efeitos práticos, especialmente, no que respeita à exata interpretação de normas legais. Argumentemos com o art. 103, do CPC, que fala em "conexão de ações", quando a conexão aí, em rigor, é de demandas.

Pondo de parte essas questões terminológicas ou semânticas, devemos dizer que o veto legal à atuação *ex officio* do juiz é plenamente justificável, pois não seria conveniente à paz social, nem respeitadora do princípio da imparcialidade, que se permitisse ao magistrado sair por aí a instaurar e a fomentar lides, fazendo, até mesmo, com que as pessoas fossem obrigadas a litigar contra a própria vontade. Deste modo, se alguém sofrer alguma lesão de direito, ou encontrar-se na iminência de sofrê-la, deve, no prazo e forma legais, e na exata medida do seu interesse, invocar a prestação da tutela jurisdicional do Estado, a fim de ver reparada a lesão ou afastada a ameaça. Pode-se afirmar que a necessidade de haver iniciativa do interessado decorre também do fato de estar em jogo, em tais situações, não um interesse público, mas um interesse essencialmente privado.

Há, todavia, exceções legais ao princípio da demanda ou da inércia jurisdicional. O art. 738, do CPC, por exemplo, estatui que nos casos em que a lei civil considerar jacente a herança, o juiz, em cuja comarca tiver domicílio o falecido, "*procederá imediatamente à arrecadação dos respectivos bens*". Na linha desse mesmo princípio, o art. 744 afirma que, declarada a ausência nos casos previstos em lei, o juiz mandará arrecadar os bens do ausente, nomeando curador na forma estabelecida na Seção VI, observando-se o disposto em lei.

Por outro lado, tendo sido regularmente invocada a tutela jurisdicional, presentes as condições da ação, bem como os pressupostos legais de constituição e de desenvolvimento regulares da relação jurídica processual, o juiz não pode se eximir de prestá-la, pois nos tempos modernos já não se admite o *non liquet*, o *iurare sibi non liquere* (jurar que não lhe estava claro), imperante no Direito Romano antigo (período das *legis actiones*). Adverte, a propósito, o art. 140 do CPC, que "*O juiz não se exime de decidir sob a alegação de lacuna ou obscuridade do ordenamento jurídico*". Inspirando-nos em Pontes de Miranda, poderíamos dizer que o juiz está condenando a sentenciar, sempre.

Defluem do princípio da demanda as proibições contidas nos arts. 141 e 492, do CPC. O primeiro afirma que o juiz deverá decidir a lide nos limites em que foi proposta, sendo-lhe defeso conhecer de questões, não suscitadas, a cujo respeito a lei exige a iniciativa da parte; o segundo, que ao juiz é vedado proferir sentença, a favor do autor, de natureza diversa da pedida, assim como condenar o réu em quantidade superior ou em objeto diverso do que lhe foi demandado. Segue-se, que o juiz não pode proferir sentença *infra, ultra* ou *extra petita,* devendo ficar adstrito aos limites objetivos da lide (princípio da adstrição à inicial). A sentença, enfim, deve ser conforme o libelo (*sententia debet esse conformis libello*).

Do princípio da demanda decorre, naturalmente, a vinculação do juiz: a) aos fatos narrados pelas partes; b) aos correspondentes pedidos formulados.

a) Quanto aos fatos, algumas observações são necessárias. Em primeiro lugar, o juiz só pode examinar os fatos que hajam sido relatados nos autos; daí, a parêmia: *quod non est in actis non est in mundo* (o que não está nos autos não está no mundo). O universo do juiz, portanto, são os autos do processo. Ressalte-se, contudo, a regra estabelecida no art. 493, do CPC, conforme a qual se, depois do ajuizamento da demanda, algum fato constitutivo, modificativo ou extintivo do direito influir no julgamento da lide, caberá ao juiz levá-lo em conta, por sua iniciativa ou a requerimento da parte, no momento de proferir a decisão. O art. 131, do CPC de 1973, declarava ser lícito ao juiz considerar os "fatos e circunstâncias" constantes dos autos, "ainda que não alegados pelas partes". Embora essa regra não tenha sido reproduzida pelo CPC de 2015, entendemos que ela seja compatível com este Código. Em segundo, há certos fatos ou questões que, por serem de ordem pública, podem ser conhecidos *ex officio*, como nos casos previstos nos art. 485, § 3.º, e 337, § 5.º, do CPC. Em terceiro, por princípio, cabe às partes narrar (fielmente, diga-se) os fatos e, ao juiz, realizar a categorização jurídica desses fatos, submetendo-os às normas legais incidentes: *da mihi factum, dabo tibi ius* (dá-me os fatos e dar-te-ei o direito). Trata-se, pois, da subsunção dos fatos às normas pertinentes.

b) Quanto aos pedidos, estes, no sistema do CPC de 1973, deveriam ser interpretados de maneira restritiva (art. 293). Não cremos que deva ser diferente no sistema do CPC de 2015, conquanto este Código não tenha reproduzido a regra do art. 293, do CPC anterior. No processo do trabalho, compreendem-se no pedido a correção monetária e os juros da mora. Cuida-se, neste caso, de pedidos implícitos. A propósito, no plano do processo civil a jurisprudência tem entendido que pode ser considerado implícito o pedido de alimentos na ação referente à posse e guarda de filhos menores. Essa manifestação jurisprudencial merece elogios, pois se coloca em harmonia com a moderna concepção doutrinal de que se compreende no pedido tudo aquilo que dele naturalmente decorre. Por outros termos, pode-se afirmar que, sendo lógica a conclusão de que o menos se compreende no mais, nada obsta a que o juiz, rejeitando este, acolha aquele.

No processo civil, são também implícitos os pedidos relativos a prestações sucessivas (CPC, art. 323), a reembolso de despesas processuais e a honorários de advogado (CPC, arts. 82, § 2.º e 85).

Quanto aos honorários de advogado, havia uma particularidade no processo do trabalho. Anteriormente à Lei n. 13.467/2017, se se tratasse de lide tipicamente trabalhista, vale dizer, que derivasse de relação *de emprego* (contrato de trabalho), os honorários somente seriam devidos nos termos do art. 14, da Lei n. 5.584/70; neste caso, deveriam ser expressamente postulados na inicial. Cuidando-se, contudo, de lide derivante de relação *de trabalho* (relação civil), os honorários estariam implícitos no pedido, em decorrência da conjugação das regras contidas no art. 85, do CPC, e no art. 5.º, da Instrução Normativa n. 27/2005, do TST. Estabelece esta última: "*Exceto nas lides decorrentes da relação de emprego, os honorários advocatícios são devidos pela mera sucumbência*". Com o advento da Lei n. 13.467/2017, entrementes, o panorama foi alterado. Deu-se, que a precitada norma legal inseriu, na CLT, o art. 791-A, com esta redação: "*Ao advogado, ainda que atue em causa própria, serão devidos honorários de sucumbência, fixados entre o mínimo de 5% (cinco por cento) e o máximo de 15% (quinze por cento) sobre o valor que resultar da liquidação da sentença, do proveito econômico obtido ou, não sendo possível mensurá-lo, sobre o valor atualizado da causa".* Sendo assim, os honorários advocatícios, no sistema do processo do trabalho, à semelhança do processo civil, também podem ser considerados como integrantes da categoria dos *pedidos implícitos.*

Há casos, entretanto, em que se verifica apenas uma aparente transgressão do princípio da demanda. Um deles está no art. 39, *caput*, da CLT, que determina a remessa do procedimento administrativo à Justiça do Trabalho toda vez que o "reclamado" (*sic*) alegar a inexistência de relação de emprego com o "reclamante". Nesta hipótese, ainda que a ação trabalhista nasça sem a iniciativa do autor, não há atuação *ex officio* da Justiça do Trabalho; a jurisdição, na verdade, foi provocada por ato da autoridade local do Ministério do Trabalho, perante a qual o autor havia formulado requerimento para que o empregador anotasse o contrato em sua Carteira de Trabalho. Outro caso é quando o Ministério Público se encontra legitimado, por lei, para ajuizar ação, visando à defesa de direitos ou interesses de particulares. O art. 856 da CLT, p. ex., permite à Procuradoria ajuizar ação coletiva ("instaurar a instância de dissídio coletivo", na linguagem cientificamente inadequada daquele texto) sempre que houver greve. Também aqui, conquanto a iniciativa da ação não decorra das pessoas envolvidas no conflito coletivo de interesses, a Justiça do Trabalho não estará agindo *ex officio.* Exceção ao princípio da demanda se encontrava, todavia, na mesma norma legal referida, na parte em que atribuía legitimidade ao presidente do próprio Tribunal para dar início à ação coletiva. Essa parte da norma legal, porém, foi revogada, pela via tácita, pela Lei n. 7.783/1989 (Lei de Greve), cujo art. 8.º atribuiu legitimidade para a instauração de "dissídio coletivo" apenas às partes e ao Ministério Público do Trabalho.

No geral, contudo, como dissemos, o princípio da demanda é salutar, pois atribui ao indivíduo, cujo direito tenha sido lesado ou esteja sob risco de sê-lo, a iniciativa de invocar a necessária prestação da tutela jurisdicional. Se ele não tomar essa iniciativa, haverá de presumir-se o seu desinteresse em promover, judicialmente, o restabelecimento do direito ou o afastamento da ameaça de lesão. O princípio em foco pode ser apontado como um dos traços distintivos das legislações ocidentais.

Mesmo nos domínios das tutelas provisórias vigora o princípio (CPC, art. 299), motivo por que é defeso ao juiz do trabalho conceder medidas dessa natureza sem que haja solicitação do interessado — exceto se a medida for dada incidentalmente, ou seja, no curso do processo principal, hipótese em que, em determinadas situações extraordinárias, estará autorizada a desobediência ao princípio da demanda.

No campo do processo de execução, porém, o assunto merece considerações especiais. Por força do disposto no art. 878, *caput*, da CLT, a execução poderia ser realizada também por iniciativa do próprio juiz. Certo setor da doutrina, no entanto, entendia que essa faculdade judicial já não existia, em virtude da declaração contida no art. 4.º da Lei n. 5.584, de 26 de junho de 1970, *verbis*: "*Nos dissídios de alçada exclusiva das Juntas e naqueles em que empregados e empregadores reclamarem pessoalmente, o processo poderá ser impulsionado ex officio pelo juiz*" (destacamos). Com o devido respeito, o que a norma legal reproduzida está a cogitar não é da iniciativa da ação — que se liga ao princípio da demanda —, e sim, do impulso processual, que é coisa rigorosamente diversa. Tanto é verdadeira essa diversidade, que estamos tratando de ambos os temas, nesta obra, em itens separados; o próximo (2) será dedicado, exatamente, ao impulso processual *ex officio.*

Em decorrência das razões acima referidas, afirmávamos, anteriormente ao advento da Lei n. 13.467/2017, que o estatuído pelo art. 4.º da Lei n. 5.584/1970 nada tinha a ver com o art. 878 da CLT, de tal modo que a inferência inevitável era de que o juiz do trabalho continuava tendo a faculdade de dar início à execução calcada em título judicial. Para que a nossa opinião fosse convenientemente entendida, observávamos que, embora a execução trabalhista não fosse autônoma, do ponto de vista ontológico, uma vez que pressupunha, invariavelmente, um processo de conhecimento, do qual se originaria o título executivo, para os efeitos do art. 878, *caput*, da CLT (e tão somente para isso), a ela deveria ser reconhecida uma autonomia teleológica (finalidade), de tal forma que a sua deflagração pudesse dar-se por iniciativa do juiz, nos termos do art. 878, *caput,* da CLT.

Com a vigência da Lei n. 13.467/2017, contudo, os nossos argumentos ficaram prejudicados, pois, em decorrência desse preceptivo legal, o art. 878, da CLT, passou a ter a seguinte redação: "*A execução será promovida pelas partes, permitida a execução de ofício pelo juiz ou Presidente do Tribunal apenas nos casos em que as partes não estiverem representadas por advogado*".

O princípio passou a ser de que somente às partes cabe a iniciativa da execução; em caráter excepcional, reconhece-se essa possibilidade ao magistrado quando as partes estiverem atuando sem a representação por advogado, vale dizer, no exercício do *ius postulandi* que lhes atribui o art. 791, *caput*, da CLT.A nova redação dada ao art. 878, da CLT, rompeu com uma das mais expressivas e antigas faculdades concedidas aos juízes do trabalho, qual seja, a de dar início, *ex officio,* à execução (de título judicial) de sua competência — observando-se que, do ponto de vista sistemático, a liquidação integra o processo de execução. Doravante, essa faculdade somente poderá ser exercida se o credor-exequente não possuir advogado constituído nos autos.

Sob certo aspecto, essa alteração conspirou contra o princípio da celeridade processual. Com efeito, embora o credor, muitas vezes, possuísse advogado constituído nos autos, o juiz via diante de si elementos concretos que o autorizavam a determinar, de ofício, o início da execução, como se dava, por exemplo, no caso de liquidação mediante cálculos, em que o magistrado determinava a remessa dos autos ao contador, para elaborá-los. No processo do trabalho nunca houve necessidade de, em casos como esse, o juiz lançar o clássico despacho — em outras situações justificável: "Requeira o credor o que entender de Direito".

Não havia *necessidade* de subtrair-se do magistrado o impulso oficial para a execução. Teria sido ela motivada pela preocupação do legislador com o "ativismo judicial" — e, com isso, restringido o campo de incidência do art. 765, da CLT? A propósito, ainda bem que o art. 765 passou despercebido à sanha destruidora do legislador de 2017.

Não podemos deixar de observar, ademais, que o mesmo legislador, que agora *restringe* a possibilidade de o juiz do trabalho dar início, por si, à execução, *manteve* o parágrafo único do art. 876, da CLT, que *determina* a execução, *de ofício*, das contribuições sociais! Teria, o fato, decorrido de inadvertência do legislador, ou sido produto de sua intenção?

A propósito, esse legislador revogou também o parágrafo único do art. 878, da CLT.

Para reforçar o argumento de que a iniciativa da ação não se confunde com o impulso processual, lembremos que, enquanto a primeira é proibida pelo art. 2.º do CPC, o segundo é consentido pela mesma norma legal.

A definitiva separação dessas duas situações será realizada no item subsequente.

2. Impulso oficial

Dispõe o art. 2.º, do CPC, que o processo começa por iniciativa da parte "*e se desenvolve por impulso oficial*" (destacamos).

Está claro, portanto, que o processo somente poderá ser deflagrado por iniciativa da parte ou do interessado (que, para isso, deverá possuir legitimidade e interesse de agir, e formular pedido juridicamente possível), embora se desenvolva por impulso do juiz. Isso significa afirmar que, regularmente provocado o exercício da função jurisdicional (retirada, pois, a jurisdição do seu ontológico estado inercial a que nos referimos há pouco), caberá ao juiz impulsionar o procedimento, mandando citar o réu, designando audiência, intimando as partes para esta ou aquela finalidade, ordenando a realização de diligências em geral — tudo isso, com o objetivo de preparar as condições tecnicamente necessárias para a emissão da sentença de mérito, que constitui o acontecimento mais importante no universo do processo, o seu ponto de culminância e de exaustão, por assim dizer.

Naturalmente, o juiz, no comando processual, deverá atender a determinados princípios constitucionais, dentre os quais sobressaem os da igualdade de tratamento e do contraditório e da ampla defesa, sob pena de ver comprometida a sua atuação, na qualidade de reitor e de consequente impulsionador do processo.

O princípio do impulso processual, entretanto, não expressa a possibilidade de o juiz se *substituir* às partes, no que atine a atos que deveriam ser por estas praticados, em decorrência dos interesses que defendem na causa e do correspondente ônus da prova, que lhes incumbe (CLT, art. 818; CPC, art. 373). Na prática, nem sempre se revela com a desejável nitidez a linha que separa os casos em que o juiz está dando regular impulso ao processo daqueles em que está, inadvertidamente ou não, em nome desse princípio, praticando ato que deveria ser realizado, com exclusividade, pela parte. A falta de uma exata percepção dessa linha fronteiriça, por parte do juiz, poderá fazer com que dê causa à nulidade do processo.

É imprescindível assinalar que o juiz figura como *sujeito desinteressado*, no processo. Quem possui efetivos interesses a defender em juízo são as partes, pois, como vimos, o interesse constitui uma das condições legais para o exercício do direito constitucional de ação (CPC, arts. 17 e 485, VI). Segue-se, que se o juiz, ao impulsionar o processo, invadir uma área de atuação que era restrita à parte, estará, com isso, afastando-se do seu indeclinável dever de neutralidade e ensejando a nulidade do processo. Na verdade, os únicos "interesses" que o juiz possa legitimamente manifestar no processo ficam circunscritos a uma atuação ética das partes e a rápida solução do conflito.

A propósito, o impulso *ex officio* está intimamente ligado ao pressuposto de que o Estado possui interesse em que o conflito seja solucionado o mais breve possível, de tal maneira que, em sentido oposto, eventual tardança na solução da lide contrariaria esse interesse estatal. Assim, sob essa perspectiva, se a legislação não permitisse ao juiz impulsionar de ofício o processo o que mais se veria, por certo, seria a demora na resolução do conflito. A moderna concepção publicista do processo repele, assim, o retorno aos sistemas vigorantes no passado, quando, vedada ao juiz a impulsão processual, o curso deste ficava na dependência da iniciativa das partes. O impulso *ex officio* já estava previsto no CPC de 1939, em cujo art. 112 se lia: "*O juiz dirigirá o processo por forma que assegure à causa andamento rápido, sem prejuízo da defesa dos interessados*".

Expendidos esses escólios, é hora de retomarmos o assunto que havíamos abordado ligeiramente no item pretérito, qual seja, o da eventual restrição — trazida pelo art. 4.º da Lei n. 5.584/70 — da faculdade de o juiz impulsionar o processo, por ato espontâneo.

Cabe rememorar que, a teor dessa norma legal, o impulso oficial, aparentemente, só seria possível em duas situações: a) nas ações de alçada exclusiva dos órgãos de primeiro grau; b) quando as partes estivessem fazendo uso do *ius postulandi* outorgado pelo art. 791, *caput*, da CLT. Antes de investigarmos o verdadeiro sentido da dicção do art. 4.º da Lei n. 5.584/70, devemos ressalvar o nosso entendimento de que o art. 791, *caput*, da CLT foi revogado pelo art. 133 da Constituição Federal de 1988. Sabemos que o Supremo Tribunal Federal, na ADIn n. 1.127-8, concedeu medida liminar para suspender a eficácia, em relação à Justiça do Trabalho (e, também, aos Juizados de Pequenas Causas), do inciso I, do art. 1.º, da Lei n. 8.906/94, na parte em que declarava constituir atividade privativa da advocacia "*a postulação a qualquer órgão do Poder Judiciário e aos juizados especiais*". Todavia, seguimos com nossa convicção de que o art. 791, *caput,* da CLT, se encontra revogado. Logo, somente nos casos excepcionais, indicados no art. 103, parágrafo único, do CPC, poderá a parte ingressar em juízo sem advogado. A presença de advogados, no processo, é, ainda que teoricamente, fator de equilíbrio, de nivelamento da situação das partes. Não se pode conceber, por isso, que uma delas fique em vantagem processual pelo fato de estar acompanhada por advogado, ao passo que o adversário se encontra atuando pessoalmente. Quantas vezes vimos o réu, por seu advogado, arguir a incompetência *ratione loci* (usando, inclusive, essa expressão) do juízo, fazendo com que nos dirigíssemos ao trabalhador, que estava sem advogado, para dizer-lhe que, como "excepto", dispunha de 24 horas para responder à exceção (CLT, art. 800, anterior à Lei n. 13.467/2017). Tudo isso soava a grego ao trabalhador que, insciente de conhecimentos processuais, não entendia ao certo o que estava se passando e, em consequência, deixava de responder à exceção, naquele prazo muito curto, tornando-se, em razão disso, confesso quanto aos fatos e dando motivo a que, acolhida a arguição, os autos fossem remetidos a outro juízo. Nada era diferente do que acontecia quando o réu reconvinha: também aqui, o trabalhador, via de regra, não respondia à reconvenção. Tais episódios estão a demonstrar a imprescindível necessidade de o advogado participar do processo. Ausente o advogado, aliás, o processo do trabalho nada mais representa do que um terreno movediço e ardiloso para as partes (máxime as mais pobres), pois, se, de um lado, concede-lhes o *ius postulandi*, de outro, contém normas, a elas dirigidas, que somente podem ser compreendidas por quem possua consideráveis conhecimentos de processo, como, por exemplo, as atinentes a prazos e a preclusão, ao atendimento aos pressupostos de admissibilidade dos recursos, ao impedimento e à suspeição de testemunhas, etc. Sem a presença do advogado, portanto, o processo é, para a parte, um labirinto, algo inextricável, misterioso, uma esparrela que lhe armou o legislador... e, o juiz, um insensível Minotauro...

Revelado o nosso parecer sobre o assunto, vejamos em que situação se acha o princípio do impulso processual *ex officio*, após o advento da Lei n. 5.584/1970.

Temos para conosco que essa faculdade conferida ao juiz em muito pouco se alterou. Não estamos convencidos de que a sobredita norma legal tenha tido o deliberado intuito de restringir a atuação desse princípio, no terreno do processo do trabalho. Em primeiro lugar, porque isso feriria de morte o caráter inquisitivo desse processo, que se manifesta pela intimação de ofício das testemunhas (CLT, art. 825, parágrafo único), pela ampla liberdade do juiz na direção do processo (CLT, art. 765), dentre outras coisas. Em segundo, porque, sendo função do juiz dirigir o processo, não se admite como possa fazê-lo sem estar provido do necessário poder de propulsioná-lo, de fazê-lo ir adiante. Em terceiro, porque se o processo civil comete aos juízes que o aplicam o encargo de desenvolvê-lo por impulso oficial (CPC, art. 2.º), não há razão jurídica — quanto menos ideológica —que justifique uma limitação desse poder-encargo no campo do processo do trabalho, em que o traço inquisitivo é, sabidamente, mais forte que o do processo civil.

A realidade prática tem demonstrado, com muita sabedoria, que se foi efetivamente intenção do legislador restringir o impulso oficial aos casos de que cuida o art. 4.º da Lei n. 5.584/1970 — o que se admite apenas por apego à argumentação — essa intenção foi frustrada pela força da tradição e pelos imperativos do cotidiano. Como adverte Oliver Wendell, *"a vida do Direito não foi a Lógica. Foi a Experiência"*. Leis de proveta, elaboradas na solidão de laboratórios nos quais jamais pousou a poeira da realidade, nascem para ser ignoradas, pois nada têm a ver com a vida que palpita externamente. São leis artificiais, como essas flores plásticas que, a despeito de poderem durar muitos anos, e da eventual beleza externa, não possuem o aroma e o encanto das flores naturais.

Assim, se foi verdadeiramente esse o objetivo da referida norma legal, então a consideremos não escrita, em nome do bom senso.

Não ignoremos, ainda, que o impulso *ex officio* está intimamente vinculado ao pressuposto de que o Estado possui interesse na rápida solução dos conflitos de interesses, de tal maneira que, em sentido oposto, a exigência de que a propulsão do processo fosse algo que somente pudesse decorrer da iniciativa dos litigantes contrariaria o interesse estatal. A moderna concepção publicista do processo repele o retorno dos sistemas vigorantes no passado, quando, vedado o impulso oficial, viam-se as partes obrigadas a solicitar ao juiz, a todo momento, a prossecução do procedimento. Repisemos: o impulso *ex officio* foi introduzido, entre nós, pelo diploma processual civil de 1939 (o primeiro Código unitário que o país conheceu), em cujo art. 112 se lia: "*O juiz dirigirá o processo por forma que assegure à causa andamento rápido, sem prejuízo da defesa dos interessados*".

Em que pese à circunstância de o processo civil atual haver mantido esse princípio (art. 2.º), não aboliu, por inteiro, a possibilidade de os demandantes contribuírem para a propulsão processual, requerendo, p. ex., a realização de determinados atos ou diligências, com vistas a demonstrar a veracidade dos fatos alegados em juízo e contribuir, por essa forma, com a formação do convencimento jurídico do órgão jurisdicional acerca de tais fatos. É com esse escopo que o art. 6.º, do CPC, estabelece: "Todos os sujeitos do processo devem cooperar entre si para que se obtenha, em tempo razoável, decisão de mérito justa e efetiva".

De resto, como assinala Ada Pellegrini Grinover, o instituto da preclusão (extintiva) tem estreitas ligações com o princípio do impulso oficial, pois ela se destinaria, sob certo aspecto, a assegurar o progressivo fluxo do processo e a impedir que retrotraia a fases já transpostas. Tomada sob o ângulo subjetivo, contudo, a preclusão significa a perda de uma faculdade ou de um direito processual, pelo decurso do prazo assinado pelo juiz ou pela lei (temporal); pela incompatibilidade do ato que se deseja praticar com o anteriormente realizado (lógica); pelo fato de a faculdade processual já haver sido exercida (consumativa). (Obra cit., p. 293).

Não é suficiente, contudo, que o juiz impulsione o processo; é necessário que o faça dentro dos prazos previstos em lei. Tão importante é o dever de atendimento aos prazos legais, que o art. 93, inciso II, letra *"e"*, da Constituição Federal (Emenda Constitucional n. 45/2004), veda a promoção de magistrado que, *"injustificadamente, retiver autos em seu poder além do prazo legal (...)"*. O mesmo texto constitucional, aliás, assegura a razoável duração do processo e os meios que garantam a celeridade da sua tramitação (art. 5.º, LXXVIII). O art. 226, do CPC, fixa os seguintes prazos para o juiz: a) cinco dias para os despachos; b) dez dias para as decisões interlocutórias; c) trinta dias para as sentenças (incisos I a III, respectivamente).

3. Preclusão

O vocábulo preclusão é originário da forma latina *praeclusione* (*prae* = diante de + *cludere* = fechar, cerrar). Na terminologia jurídica, passou a ser utilizado para expressar a perda do exercício de uma faculdade processual, em decorrência de certo fato atribuível à própria parte.

Giuseppe Chiovenda, inspirado em Von Büllow, formulou um conceito de preclusão, que se tornaria clássico. Para o insigne mestre italiano, a preclusão consiste na perda, extinção ou consumação de uma faculdade processual, que sofre a parte por se haverem tocado os extremos fixados pela norma legal para o exercício dessa faculdade processual. A doutrina classifica a preclusão em: a) temporal; b) lógica; c) consumativa.

a) *Preclusão temporal.* Sob o rigor vocabular, o adjetivo "temporal" foi mal empregado para identificar essa espécie de preclusão. Assim dizemos porque, lexicalmente, *temporal* significa aquilo que é temporário; que é relativo ao mundo, profano; leigo, secular; grande tempestade; certos músculos ou ossos — e não aquilo que se refere ao decurso do tempo, conforme se vem entendendo. Em todo o caso, esse adjetivo caiu no gosto da doutrina e da jurisprudência, com o sentido que lhe emprestaram. Não perturbemos, pois, a tradição, embora soframos com ela, como diria Graciliano Ramos, em "Vidas Secas".

A preclusão temporal significa a perda, para a parte, da faculdade de praticar determinado ato processual, em decorrência do esgotamento do prazo fixado em lei ou assinado pelo juiz. Afirma, a esse respeito, o art. 223, do CPC: "*Decorrido o prazo, extingue-se o direito de praticar ou de emendar o ato processual, independentemente de declaração judicial, ficando assegurado, porém, à parte provar que não o realizou por justa causa*" esclarecendo, o § 1.º dessa norma legal, que justa causa é o evento imprevisto, alheio à vontade da parte e que a impediu de praticar o ato por si ou por mandatário. Comprovada a justa causa, o juiz permitirá que a parte pratique o ato, no prazo que lhe fixar (§ 2.º). O conceito de força maior material, formulado pelo art. 501, *caput*, da CLT, muito se aproxima do conceito de justa causa processual contido no art. 223, § 1.º, do CPC.

Há uma justificativa política para essa modalidade de preclusão: como o vocábulo *processo* (do latim *processus*) sugere a ideia de marchar avante, de seguir em frente (rumo à sentença de mérito, que é o ponto de atração magnética de todos os atos do procedimento), a preclusão temporal se destina a evitar o *retrocesso*, ou seja, o retorno a fases já ultrapassadas, já oclusas do procedimento, a sua involução, o que só faria retardar a entrega da prestação jurisdicional, a par de estimular a prática de atos procrastinatórios ou de premiar eventuais negligências ou velhacadas das partes.

Percebe-se, em razão disso, que a preclusão *temporal* está ligada diretamente a esse "seguir adiante", que é inerente à dinâmica do processo, como método estatal de solução de conflitos de interesses protegidos pela ordem jurídica.

b) *Preclusão lógica.* Caracteriza-se pela incompatibilidade do ato que se pretende realizar com o anteriormente praticado. Deste modo, se o autor renunciar ao direito em que se funda a ação (CPC, art. 487, III, *"c"*), não poderá, depois, solicitar que o juiz solucione o conflito. De igual forma se diga quando houver renunciado ao direito de recorrer (CPC, art. 999) ou aceitar, ainda que tacitamente, a sentença ou a decisão (CPC, art. 1.000) e vier a interpor recurso. É conveniente esclarecer que a lei considera aceitação tácita da sentença a prática, sem nenhuma reserva, de ato inconciliável com a intenção de recorrer (art. 1.000, parágrafo único).

Em todas essas situações, fica patente que o fundamento da preclusão em estudo é de ordem lógica; daí decorre a denominação que se lhe deu. Com efeito, se a parte pratica nos autos do processo determinado ato, e, mais tarde, deseja realizar ato que seja incompatível com o anterior, a sua intenção será obstada pela preclusão lógica. Isso corresponde a afirmar que a parte, na verdade, será vítima de suas próprias incoerências.

c) *Preclusão consumativa.* Configura-se pelo fato de ato que se pretende realizar já haver sido praticado. Note-se: enquanto na preclusão da espécie *lógica* o que se impede é a realização de ato incompatível com o anterior, na *consumativa* o que se busca evitar é que a parte volte a praticar o ato, seja para modificá-lo, seja para complementá-lo, etc.

No processo civil, por exemplo, se o réu ofereceu contestação, não lhe será lícito, posteriormente, apresentar outra contestação em substituição à anterior, ou modificar a existente, mesmo que o prazo legal não se tenha esgotado, porquanto o seu direito de responder à ação se consumou e se exauriu no momento em que a contestação foi apresentada em juízo.

Tratando-se de processo do trabalho, no entanto, pensamos que o princípio da preclusão consumativa deva receber um certo abrandamento. Se, digamos, o réu apresentou resposta escrita, em audiência, e logo em seguida, na mesma audiência, sem que haja praticado qualquer outro ato processual, desejar complementar oralmente a contestação, a fim de nela inserir aquilo que havia omitido quando de sua redação, o juiz deverá permitir-lhe que o faça. Por mais forte razão, dever-se-á consentir que a parte realize esse aditamento ou complementação oral quanto pretender alegar matéria que o juiz poderia (e deveria) conhecer *ex officio* (inexistência ou nulidade de citação, incompetência absoluta, inépcia da petição inicial, perempção, litispendência, coisa julgada, conexão, continência, carência da ação, etc.).

É importante não se esquecer que, no processo do trabalho, a contestação escrita constituiu uma concessão da praxe judiciária, pois, nos termos inequívocos do art. 847 — ainda em vigor —, da CLT, a defesa deve ser formulada oralmente. Destarte, nada obsta a que, no exemplo há pouco referido, o réu apresente resposta por escrito e, se for o caso, a complemente de maneira oral, na mesma audiência em que aquela foi apresentada.

Depois da contestação só será permitido apresentar novas alegações se: 1) forem relativas a direito superveniente; 2) competir ao juiz conhecer delas de ofício; 3) por expressa autorização legal puderem ser formuladas em qualquer tempo e juízo (CPC, art. 342, incisos I a III).

4. Oralidade

O princípio em foco, na verdade, não se resume a) ao predomínio da palavra oral, senão que abarca, também, b) a imediatidade do juiz; c) a identidade física do juiz; d) a concentração dos atos do procedimento; e) a irrecorribilidade das decisões interlocutórias.

a) Predomínio da palavra oral

Quando se fala em oralidade não se está a afirmar que todos os atos do procedimento e todas as comunicações de vontade das partes, do juiz, do Ministério Público e de terceiros possam ou devam ser realizadas oralmente, ou seja, por forma não escrita. A oralidade significa, isto sim, o *predomínio da palavra oral*; esta, no entanto, deve ser documentada, mediante termo grafado, seja na escrivania ou na sala de audiência. Nunca é desútil recordar que as palavras voam e a escritas permanecem (*verba volant, scripta manent*).

Os processos civil e trabalhista de nosso País não possuem uma oralidade pura, e, sim, mista, onde, como dissemos, há somente a prevalência da expressão oral. O procedimento essencialmente oral encontrou no Código de Processo Civil de Hannover, de 1850, a sua consagração.

É, todavia, na audiência que o princípio da oralidade encontra o seu momento de culminância. Assim dizemos porque, nessa oportunidade, o interrogatório das partes, a inquirição das testemunhas, as perguntas (ou reperguntas, segundo a praxe) formuladas pelos advogados, assim como os requerimentos, as contraditas, os protestos, as razões finais, etc. são efetuadas de maneira oral, sendo certo que o magistrado as aprecia pela mesma forma. Mais uma vez, devemos observar que todas essas manifestações orais constarão da ata, que constitui o instrumento formal de documentação dos principais episódios verificados em audiência (CLT, art. 851). No âmbito dos tribunais, a oralidade aflora no momento da sustentação oral da tribuna e nas intervenções dos advogados, destinadas a esclarecer equívoco ou dúvida surgida em relação aos fatos, documentos ou afirmações capazes de influenciar no julgamento e a replicar acusação ou censura que lhes tenham sido dirigidas na ocasião (Lei n. 8.906/94, art. 7.º, inciso X).

Como o princípio *sub examen* é caracterizado não pela exclusividade da palavra falada, mas pelo predomínio desta, fica aí implícita a ideia de que a oralidade não exclui a escritura. Estamos afirmando, por isso, que podem conviver, em harmonia, num mesmo processo, as formas oral e escrita, sem que se possa, no entanto, considerar misto esse procedimento. A particularidade de o predomínio da palavra oral estar integrado ao conceito da oralidade afasta, como se vê, a possibilidade de pensar-se, na hipótese, em procedimento compósito. O que há, aí, é oralidade.

Costuma-se asseverar que o prevalecimento da palavra falada contribui para a celeridade do procedimento, além de estar em afinidade com o princípio da simplicidade, que informa a realização dos atos que a este se referem. A despeito de essa afirmação ser teoricamente correta, é desmentida em muitas situações ocorrentes na prática. Hoje, tirante umas poucas exceções, a resposta do réu (exceção, contestação, reconvenção) é apresentada por escrito, em desacordo, portanto, com a forma estabelecida pelo art. 847 da CLT. Assim o é, porque permite ao juiz incluir em pauta um elevado número de audiências "iniciais", o que não seria possível se devesse reservar, a cada réu, o prazo de vinte minutos para formular a sua defesa (CLT, art. 850, *caput*). Neste caso, o abandono da forma oral, longe de constituir um obstáculo à celeridade do processo, representa um significativo contributo não apenas para o abreviamento da solução do conflito como um expediente propiciador da inclusão de um maior número de feitos na pauta.

Constata-se, de outra parte, uma tendência de substituir-se as razões finais, que devem ser aduzidas oralmente (CLT, art. 850, *caput*), por memoriais escritos, por influência do processo civil (art. 364, § 2.º). As razões dessa modificação quanto à forma parecem atender não só à conveniência das partes como à do próprio juiz que, com isso, pode concluir a audiência em menos tempo do que conseguiria se tivesse de conceder a cada litigante o prazo de dez minutos para aduzir ditas razões. Em linhas anteriores, contudo, manifestamos a nossa discordância desse procedimento. O que se pode consentir é que os memoriais sejam apresentados sem prejuízo de, antes disso, as partes aduzirem razões finais orais. Nesta hipótese, há o risco de a parte, quando for o caso, reservar-se para arguir eventual nulidade do processo quando da apresentação do memorial, cujo oportunidade, no entanto, estaria preclusa, uma vez que essa arguição deveria ter sido externada no ensejo das razões finais. Conquanto não concordemos com a substituição das razões finais, orais, por memoriais escritos, devemos reconhecer que, mesmo ocorrendo essa substituição, não haverá, em princípio, nulidade processual, porquanto a decretação desta só se justifica quando do ato irregular derivar *manifesto* prejuízo às partes (CLT, art. 794). Na espécie, a mudança da forma oral para a escrita foi conveniente (logo, benéfica) para estas. Nem sempre, entretanto, o inverso será possível, vale dizer, substituir a forma escrita pela oral, como se dá com os recursos. Devemos chamar a atenção, ainda, para o fato de a oralidade representar uma garantia contra fraude e má-fé processuais, pois as partes têm que formular as suas manifestações na presença do juiz — controle que nem sempre o magistrado pode exercer quando os atos se revestem da forma escrita. Pode-se mesmo dizer que o juiz formará com maior segurança o seu convencimento jurídico quando os atos são praticados na sua presença, o que corresponde a afirmar, sob seu controle direto e imediato. Isso acontece, com maior frequência, na oportunidade do interrogatório dos litigantes, das testemunhas e dos peritos, ou seja, na produção das provas orais, onde o magistrado interfere nessa produção, mediante perguntas que dirige a tais pessoas; no deferimento ou indeferimento das que tenham sido feitas pelas partes; no acolhimento ou rejeição de contraditas, e o mais. Essa imediatidade do juiz será objeto do próximo item.

b) Imediatidade do juiz

O princípio da imediatidade se entrelaça com o da oralidade, pois traduz a necessidade de o juiz estar em contato direto com as partes, designadamente, na audiência.

A audiência não representa, apenas, o momento mais espetacular do processo, aquele em que o princípio da publicidade se revela com maior nitidez (aos olhos de quem não é parte ou sujeito do processo). É nela em que, acima de tudo, se produzem as provas orais (interrogatório dos litigantes, inquirição de testemunhas). É, também, na audiência que o réu oferecerá resposta, que, embora devesse ser oral (CLT, art. 847), vem sendo apresentada e aceita por escrito. A única resposta que deve ser escrita é a exceção de incompetência territorial (CLT, art. 800).

Na audiência, ademais, o juiz encontrará condições efetivas de acompanhar a produção de provas, de fiscalizar a atuação das partes quanto a isso, cabendo-lhe interrogar os litigantes, as testemunhas, o perito, apreciar as perguntas que, por seu intermédio, forem formuladas pelos advogados, indeferindo-as quando lhe parecerem inoportunas, impertinentes, irrelevantes, capciosas, vexatórias, e o mais, assegurando, contudo, à parte interessada o direito de vê-las reproduzidas na ata, desde que assim requeiram (CPC, art. 459, § 3.º). Mais do que isso, o juiz poderá — olhos nos olhos — acompanhar e avaliar as reações psicológicas ou emocionais das partes e testemunhas às perguntas efetuadas, verificando se as respondem com segurança ou com hesitação, se tergiversam, se o fazem com serenidade ou com grande nervosismo, etc. É nesse instante, enfim, que o juiz, mais do que um condutor de audiências, do que um interrogador, age como analista sutil e arguto do psiquismo humano – habilidade que as experiências da vida cuidam de acumular-lhe no espírito, aprimorando-lhe a técnica.

A imediatidade permite, ainda, ao juiz proceder à acareação da parte com a testemunha ou de uma testemunha com outra (CPC, art. 461, II), e, quando for o caso, indeferir, oralmente, diligências inúteis ou meramente proteladoras requeridas pelos litigantes (CPC, art. 370), além, evidentemente, de tentar conduzi-los a uma solução consensual do litígio (CLT, arts. 846, 850, *caput*, 852-E), escopo fundamental da Justiça do Trabalho (CLT, art. 764).

Nada obstante a imediatidade, como procuramos demonstrar até esta parte, não tenha os seus fins confinados à prova oral, é nesse momento que ela apresenta a sua importância, a sua excelsitude como providência conducente à obtenção da verdade real, colocando o coletor (juiz) em contato direto com as fontes (partes, testemunhas), numa relação pessoal imediata, dinâmica e altamente profícua, não somente para os interesses dos contendores, mas para o escopo institucional do processo. Em suma, ela permite que, pela primeira vez, os sujeitos do processo estabeleçam um inter-relacionamento ao vivo, essencialmente objetivo e pujante, onde o predomínio é da palavra oral. Não é desassisado, por outro ângulo, sustentar-se que a audiência representa, talvez, o único momento em que o povo pode exercer, efetivamente, um controle do funcionamento do Poder Judiciário, dada a larga publicidade desse ato do processo, ainda que esse controle seja informal. Fora daí, o processo é quase só escrituração — entendido o vocábulo como o nascimento, pela forma grafada, das manifestações da vontade — tornando embaraçante o aludido controle popular em face da dificuldade de acesso aos autos para aqueles que não são parte.

Da imediatidade brota o dever de o juiz presidir as audiências, não podendo delegar essa atribuição a quem não pertença à magistratura, conquanto as audiências relativas ao mesmo processo possam ser presididas por juízes diversos, conforme buscaremos demonstrar no tópico que virá.

c) Identidade física do juiz

Este princípio espelha a vinculação do juiz ao processo, notadamente, com a instrução que haja realizado.

No sistema do CPC de 1939 essa identidade era injustificadamente rígida, como demonstra o art. 120 daquele Código: "*O juiz transferido, promovido ou aposentado concluirá o julgamento dos processos cuja instrução houver iniciado em audiência, salvo se o fundamento da aposentação houver sido a absoluta incapacidade física ou moral para o exercício do cargo. O juiz substituto, que houver funcionado na instrução do processo em audiência, será o competente para julgá-lo, ainda quando o efetivo tenha reassumido o exercício. Parágrafo único. Se, iniciada a instrução, o juiz falecer ou ficar, por moléstia, impossibilitado de julgar a causa, o substituto mandará repetir as provas produzidas oralmente, quando necessário*".

A rigidez dessa identidade física do juiz com a causa, a cuja instrução oral houvesse dado início ou concluído, fundava-se na equivocada pressuposição de que, por haver coligido tais provas, somente o mesmo juiz estaria apto para apreciá-las e proferir a sentença. O fato é que essa regra acarretava enormes transtornos de ordem prática, pois os juízes que haviam realizado a instrução deveriam realizar o julgamento, ainda que transferidos, promovidos ou aposentados (!), sem se falar no juiz substituto, que, mesmo com o retorno do titular, deveria proferir a sentenças, no tocante às causas cuja instrução houvesse presidido. Tudo isso provocava, sem dúvida, um retardamento na solução dos conflitos, para desespero das partes, ou do autor, em especial.

Procurando mitigar o rigor desse sistema, o art. 132 do CPC de 1973 estatuiu: "*O juiz, titular ou substituto, que concluir a audiência julgará a lide, salvo se estiver convocado, licenciado, afastado por qualquer motivo, promovido ou aposentado, casos em que passará os autos ao seu sucessor*". Dizia, ainda, o parágrafo único dessa norma, que "*o juiz que proferir a sentença*" poderá mandar repetir as provas, se entender necessário. Um pequeno retoque nessa dicção legal: não se tratava aí de juiz *que proferir a sentença*, e sim de juiz *que a iria proferir*.

O CPC de 2015 não reproduziu essa regra, deixando aberta a possibilidade de concluir-se que teria sido sua intenção eliminar o princípio da identidade física do juiz.

O assunto tende, por isso, a ser polêmico no âmbito do processo do trabalho. Convém lembrar que a Súmula n. 222, do STF, declara ser inaplicável a este processo o princípio da identidade física do juiz. No mesmo sentido estava a Súmula n. 136, do TST. Esta, porém, foi cancelada pela Resolução n. 185/2012 (DJ de 15-10-2012). Pela nossa parte, entendemos haver sido banido esse princípio, de tal arte que o juiz que presidiu a instrução não está obrigado a proferir a correspondente sentença. O que se pode admitir é a *conveniência* de o juiz que emitiu a sentença julgar os embargos de declaração a ela oferecidos, pois ninguém mais do que ele se encontra em condições de proferir a sentença declaratória.

d) Concentração dos atos do procedimento

A concentração dos atos do procedimento é medida que se destina, fundamentalmente, a atender à necessidade de rápida solução do conflito de interesses — anseio que jamais seria atingido se muitos dos atos processuais não pudessem, por exemplo, ser aglutinados numa só audiência (resposta do réu, proposta de conciliação, instrução oral, alegações finais, etc.). Sob certo aspecto, essa concentração permite que se mantenha a carga de dramaticidade do processo, que seria fortemente diluída sem a possibilidade de os atos serem praticados muitos próximos uns dos outros, na mesma ocasião.

Aliás, o ideal é que a própria sentença seja proferida o mais perto possível dos fatos da causa, a fim de poder, de um lado, interpretá-los com a carga de dramaticidade que soem possuir (apanhando-os, portanto, em sua efervescência), e, de outro, realizar com brevidade a solução da lide.

A prática tem demonstrado que quando a sentença é emitida muito tempo depois de o autor haver ingressado em juízo, ou de haver sido efetuada a coleta da prova, o juiz tem diante de si uma realidade algo glacial, em que quase não há pulsação ou vida, motivo por que tende a realizar um julgamento insensível. Os próprios Tribunais, ao realizarem o julgamento de recursos, se ressentem dessa ausência de intimidade com a prova oral, pois são levados a apreciá-la e a valorá-la a partir de registros constantes das atas das audiências. Assim, ao contrário dos juízos de primeiro grau, que têm contato direto com os protagonistas do conflito de interesses, e, em razão disso, com os meios de prova, o tribunal se limita a apreciar meros relatos documentais dos fatos. Mesmo no caso de ação rescisória, a instrução oral, quando necessária, será realizada por juiz de primeiro grau, mediante de carta de ordem (CPC, art. 972). Estas considerações estimulam-nos a ponderar que os tribunais, sempre que possível, deveriam prestigiar os pronunciamentos dos órgãos de primeiro grau de jurisdição, no terreno dos fatos e das provas. O princípio da concentração dos atos do procedimento atende, por outro lado, à política de economia processual, que pode ser resumida no máximo de resultado prático com um mínimo de atividade jurisdicional.

O processo do trabalho escrito, preocupado com a celeridade da resolução dos conflitos, abrigou o princípio da *concentração*, como atestam, dentre outros, os arts. 846 a 850, da CLT. Por esses dispositivos se nota que a audiência deveria ser una e incindível, na qual o réu ofereceria a sua resposta (art. 846), as partes e as testemunhas seriam interrogadas (art. 848), os litigantes aduziriam razões finais, haveria a formulação da última proposta de conciliação (art. 850, *caput*), e, inclusivamente, seria realizado o próprio julgamento *(ibidem)*. Como observamos alhures, esse desejo do legislador só foi atendido até certo momento, a partir do qual determinados imperativos de ordem prática impuseram a fragmentação da audiência, por obra dos juízes, e o surgimento das denominadas audiências "inicial", "de instrução" e "de julgamento", tão conhecidas nos dias de hoje. Com isso, o princípio da concentração foi posto de lado e a sentença ficou mais distante da audiência inicial, conquanto sejam compreensíveis (e justificáveis) as razões que provocaram o referido fracionamento da audiência.

O que se constata, atualmente, pois, no plano da realidade prática, é uma tendência não à *concentração,* mas, ao contrário, à *dispersão* dos atos do procedimento, havendo casos, *v. g.*, em que numa audiência são interrogadas as partes e somente em outra são inquiridas as testemunhas, marcando-se, ainda, mais uma, para o encerramento da instrução, e, finalmente, outra, para o julgamento. Tais procedimentos não condizem, como é de palmar conclusão, com a necessidade de pronta solução da lide como imperativo constitucional (CF, art. 5.º, LXXVIII). No procedimento sumariíssimo, exige-se que a instrução e o julgamento ocorram em audiência única (CLT, art. 852-C). Essa imposição legal, entretanto, não constitui nenhuma novidade do sistema, pois o art. 849, da CLT, ordena que a audiência atinente ao procedimento ordinário também seja una. O problema é que os fatos da realidade conspiraram contra essa intenção do legislador, fazendo com que, como dissemos, os juízes se vissem forçados, em grande parte dos casos, a fragmentar a audiência, tripartindo-a em "inicial", "de instrução" e "de julgamento", por forma a criar uma praxe que, ainda hoje, se encontra fortemente arraigada.

A propósito, nos dias da atualidade será difícil a um juiz do trabalho realizar audiência una (na qual, portanto, concentrará todos os atos do procedimento) sem violar alguns dos direitos constitucionais assegurados às partes, em especial, os pertinentes ao contraditório e à ampla defesa (CF, art. 5.º, LV), significa dizer, ao devido processo legal (*ibidem,* LIV).

Sem pretendermos desfechar um pesado golpe no princípio da oralidade, do qual cuidamos anteriormente, preconizamos que, de *lege ferenda*, no processo do trabalho, a resposta do réu seja oferecida por escrito, em prazo preestabelecido (10 ou 15 dias), dispensando-se, assim, a realização de audiência para esse fim, como ocorre nos dias de hoje. Com isso, o tempo de solução dos conflitos haverá de ser consideravelmente reduzido, porquanto nem sempre haverá necessidade de realização de audiência, como quando o réu for revel; a matéria for unicamente de direito, etc. Sacrifica-se, com a modificação proposta, a oralidade, em benefício da celeridade da solução da lide e o resultado final é favorável às partes, que recebem a prestação da tutela jurisdicional em menor tempo do que receberiam se o mencionado princípio permanecesse íntegro. Para que não seja violentado o escopo da conciliação, que o processo do trabalho tanto exalta (CLT, art. 764), poder-se-ia prever a designação de audiência de curtíssima duração, a que deveriam as partes comparecer (com seus advogados), interpretando-se eventual ausência de uma delas como manifestação tácita de desinteresse em transigir.

A concentração dos atos integrantes do *due process of law* está imbricada com a necessidade de economia processual, que se traduz na realização de um máximo de atos com um mínimo de atividade jurisdicional. Se, inversamente, há muita atividade da jurisdição e um mínimo de atos produzidos, a situação é patológica e acarreta, como consectário grave, um desagrado quanto ao funcionamento do Poder Judiciário e um descrédito no processo como método estatal de resolução de conflitos. Ao juiz incumbe, sobremaneira, cuidar para que o procedimento tenha curso regular e destravado, rumo à sentença, fazendo, com vistas a isso, adequado uso dos poderes que lhe concede a lei (CPC, art. 139, II e III). *e) Irrecorribilidade das decisões interlocutórias.* Decisão interlocutória é o ato pelo qual o juiz, no curso do processo, resolve questão incidente. Esse conceito, formulado pelo art. 162, § 2.º, do CPC de 1973, não foi, em sua essência, modificado pelo art. 203, § 2.º, do CPC de 2015. Lexicamente, o adjetivo *interlocutório* (do latim *interlocutio*) designa aquilo que é proferido no meio do pleito.

O princípio da irrecorribilidade (imediata e autônoma) das decisões dessa natureza constitui uma das características do processo do trabalho, como patenteia o art. 893, § 1.º, da CLT.

O *procedimento*, como vimos, constitui o conjunto de atos processuais (que se inicia pela petição do autor) tendentes a preparar a emissão da sentença de mérito, principal acontecimento do processo. Muitas vezes, porém, nesse percurso entre a petição inaugural e a sentença surgem diversos incidentes, que devem ser removidos pelo juiz, a fim de que o curso do procedimento seja desobstruído. São, justamente, esses atos "removedores" de empecilhos a que o Código denomina de *decisões interlocutórias.*

A expressão "sentença interlocutória", que às vezes é utilizada por pessoas pouco afeitas ao rigor da terminologia processual, em lugar de decisão interlocutória, contém uma intransponível contradição nos próprios termos, pois a referida decisão é proferida no curso do processo, ao passo que sentença é o ato pelo qual o juiz, quase sempre, põe fim ao processo, examinando, ou não o mérito da causa (CPC, art. 203, § 1.º). Dissemos *quase sempre,* porque, no processo civil, há casos em que a sentença não o extingue (CPC, art. 509 e seguintes). No processo do trabalho, entrementes, podemos seguir conceituando a sentença como ato judicial que dá fim ao processo.

Percebe-se, assim, que o legislador brasileiro não levou em conta a natureza do ato judicial, para classificá-lo como decisão interlocutória ou como sentença, mas a repercussão objetiva desse ato no processo: se tiver eficácia para extingui-lo, será, em princípio, sentença; se não, decisão interlocutória. Aliás, podemos mesmo afirmar que, do ponto de vista legal, se o ato do juiz não for sentença, nem despacho ordinatório ou de mero expediente, inclinar-se-á a ser reconhecido como decisão interlocutória.

A assertiva de que a irrecorribilidade das decisões interlocutórias representa uma emanação do princípio da oralidade merece alguma reserva. Na verdade, as decisões dessa natureza podem ser objeto de recurso, em alguns casos, como, por exemplo, da decisão monocrática que não admite recurso. Conquanto a lei (CLT, art. 897, letra *"b"*) aluda a esse ato judicial como *despacho*, cuida-se, na verdade, de *decisão* de traço interlocutório, da qual o próprio sistema oficial admite a interposição de agravo de instrumento (*ibidem*).

Há situações em que, vedada a possibilidade de interposição de recurso, por tratar-se de decisão interlocutória, e de formulação de reclamação correcional, será possível a impetração de mandado de segurança.

Com o princípio da irrecorribilidade das decisões interlocutórias busca-se assegurar livre curso ao processo, até o seu final, seja ele de conhecimento, de execução ou cautelar. Inexistente esse princípio, todos os pronunciamentos do magistrado acerca dos incidentes surgidos no processo fariam com que a solução do conflito ficasse enormemente retardada, pois, com frequência, os autos seriam remetidos ao tribunal, por força do recurso interposto das interlocutórias.

Deve ser esclarecido, todavia, que o princípio em tela não significa que as interlocutórias jamais poderão ser impugnadas, mas, sim, que essa impugnação só será possível na oportunidade em que vier a ser interposto recurso da sentença solucionadora da lide, ou do oferecimento de embargos à execução. Desta forma, difere-se para fase posterior do processo qualquer contrariedade que as partes pretendam externar quanto ao ato pelo qual o juiz haja resolvido determinado incidente da causa (CLT, art. 893, § 1.º).

No processo do trabalho, *v. g.*, às decisões em exceções de incompetência, impedimento e suspeição atribui-se um tratamento típico de interlocutórias, porquanto somente podem ser impugnadas por ocasião do recurso que se interpuser da sentença (CLT, art. 799, § 2.º). Impugnação autônoma apenas será admissível quando a decisão seja "terminativa do feito", no âmbito da Justiça do Trabalho (*ibidem*). Caráter interlocutório também possui a impropriamente denominada "sentença de liquidação" (trata-se, na verdade, de *decisão interlocutória*) que somente poderá ser atacada na fase dos embargos à execução (CLT, art. 884, § 3.º), sejam oferecidos ou não. A Lei n. 8.432, de 11 de junho de 1992 — que deu nova redação ao art. 879, § 2.º, da CLT —, não modificou, na essência, esse procedimento, conquanto tenha facultado ao juiz conceder prazo sucessivo às partes, para que se pronunciem sobre os cálculos do contador, em inovação absolutamente censurável.

O art. 885-A, da CLT — introduzido pela Lei n. 13.467/2017 —, que trata do incidente de desconsideração da personalidade jurídica, estabeleceu, em seu § 1.º, uma solução *sui generis* para o binômio: decisão interlocutória/impugnação, ao declarar que se a decisão interlocutória for proferida: a) na fase de cognição, não caberá recurso de imediato, nos termos do art. 893, § 1.º, da própria CLT; b) na execução, será interponível o recurso de agravo de petição, independentemente de garantia do juízo; c) pelo relator, se o incidente for instaurado, originariamente, no tribunal, caberá agravo interno.

Aludimos, há pouco, à impropriedade da expressão "sentença de liquidação" porque o ato pelo qual o juiz define o *quantum debeatur* não se destina a dar fim ao processo, mas, apenas, a fixar o valor da execução por quantia certa. Cuida-se, conforme afirmamos há pouco, de decisão interlocutória. Não fosse o sabor algo pernóstico da expressão, poderíamos designar de "decisão liquidatária" a esse ato judicial, cujo mérito seria o de revelar, com fidelidade, a sua natureza.

Uma exceção ao princípio da irrecorribilidade autônoma das decisões interlocutórias está na Lei n. 5.584/70, cujo art. 2.º declara que o juiz, em audiência e antes de dar início à instrução, deverá fixar um valor à causa, na hipótese de a inicial ser omissa quanto a isso. Ocorre que, se a parte interessada impugnar esse valor e o juiz o mantiver, aquela poderá solicitar, no prazo de 24 horas, que o presidente do tribunal reveja esse valor. Se examinarmos a natureza jurídica desse pedido de revisão do valor dado à causa pelo juiz de primeiro grau, mediante a submissão dessa figura às características dos diversos institutos do processo (civil e trabalhista) brasileiro, logo veremos que não se trata de ação, exceção, contestação, reconvenção, embargos, etc.; todavia, a singularidade de permitir que o presidente do tribunal modifique o valor da causa, atribuído pelo juiz, demonstra que o pedido de revisão mantém um ponto de contato com o recurso, pois é próprio deste obter a modificação dos pronunciamentos jurisdicionais inferiores. Desse modo, ao prever a possibilidade de haver pedido de revisão do valor da causa, a Lei n. 5.584/1970 (art. 2.º, § 2.º) representa uma ressalva ao princípio que estamos a examinar, pois é indiscutível o caráter interlocutório da decisão pela qual o juiz de primeiro grau fixa o mencionado valor.

Outra exceção está no art. 897, letra *"a"*, da CLT, que prevê a interposição de agravo de instrumento do despacho (*sic*) que denegar a admissibilidade de recurso. Não se trata de despacho, e sim, de decisão monocrática, com traço interlocutório.

Exceções como a apontada não invalidam, nem infirmam, o princípio que proíbe a impugnação imediata e autônoma das decisões interlocutórias. Dito princípio, como dissemos no início, atende à necessidade de impedir que todas as decisões que tivessem como núcleo certos incidentes surgidos no processo (geralmente, por ato intencional de um dos litigantes) pudessem ser impugnadas de imediato, provocando, com isso, um considerável e pernicioso retardamento da solução do conflito de interesses, ou seja, da lide.

É sempre útil recordar que já o direito romano antigo separava, com nitidez, a *sententia* da *interlocutio,* reservando para a primeira a tarefa de solucionar o mérito da demanda, e, para esta, a de resolver determinados expedientes do processo (ainda que não necessariamente incidentais), como a produção de provas. As interlocutórias não possuíam caráter de sentença típica, caracterizando-se pela irrecorribilidade. Por isso, não se submetiam ao fenômeno da coisa julgada material. No moderno processo do trabalho, contudo, as decisões do juiz sobre a produção de provas não ensejam o acesso às vias dos recursos, conquanto possam desafiar mandado de segurança, contanto que configurada a lesão de direito líquido e certo e que o ato judicial tenha sido praticado contra a lei ou mediante abuso de poder.

5. Economia

Ao discorrermos sobre o princípio da oralidade (item 4), pudemos demonstrar que ele é integrado, dentre outros elementos, pela concentração dos atos do procedimento, esta motivada por uma justificável política de economia processual.

Percebe-se, por essa observação, ser extremamente sutil ou mesmo nebulosa a linha fronteiriça entre a concentração e a economia processuais; nada obstante, a distinção é possível.

O conceito de economia é mais amplo do que o de concentração, pois embora esta tenha por fim a celeridade na solução do conflito de interesses, mediante, como dissemos, a aglutinação dos atos integrantes do procedimento judicial, aquela, embora vise ao mesmo fim, não tem nessa aglutinação o seu único meio de alcançar aquele objetivo. Podemos, mesmo, afirmar que a economia constitui o gênero, do qual a concentração figura como espécie.

Quando, e. *g*., as partes, em virtude da manifestação convergente de suas vontades, decidem admitir como prova emprestada um laudo pericial juntado em outros autos, é evidente que essa atitude corresponde aos anseios gerais de economia dos atos do procedimento, sem que se possa ver, nessa juntada, uma concentração de atos do procedimento; o que há, em situações como a narrada, é uma supressão de ato (realização de exame pericial), em decorrência do aproveitamento consensual de ato praticado em outros autos.

Podem ser também referidas como práticas tendentes a atender ao princípio da economia processual, dentre outras: a) a correntia substituição da resposta oral (CLT, art. 847) pela forma escrita, pois isso permite a realização de maior número de audiências "iniciais", por dia; b) certas disposições, constantes de acordos ou de convenção coletivas de trabalho, em que as partes definem o "*enquadramento do grau de insalubridade*" (CLT, art. 611-A, XII). Desse modo, não só se abrevia a duração do processo, suprimindo-se a realização do exame pericial, como se evita o pagamento de honorários ao experto; c) a dispensa recíproca, pelos litigantes, dos seus interrogatórios; d) a inquirição de testemunhas no juízo por onde se processa a ação, por ato espontâneo destas, embora tivessem o direito de ser ouvidas mediante carta precatória; e) o litisconsórcio facultativo, que se configura pelo agrupamento, num mesmo processo, de diversas lides, sem que a sentença deva ser uniforme para todos os compartes; f) a reconvenção, caracterizada pela existência de ações contrapostas num mesmo processo, devendo ambas ser apreciadas por uma só sentença; g) o suprimento da falta de citação, com o comparecimento voluntário do réu à audiência (CPC, art. 239, § 1.º); h) a dispensa da leitura do relatório, nas sessões do tribunal; i) a conexão e a continência (CPC, art. 57) etc. O exemplário dos casos que se conformam ao princípio da economia processual é, enfim, muito vasto; forremo-nos, por isso, do atrevimento de tentar esgotá-lo — sob pena de, muito antes disso, exaurirmos, isto sim, a paciência dos nobres leitores, com semelhante maçada.

O importante a ser realçado é o fato de que toda e qualquer providência adotada no processo, sem transgressão manifesta de regra de ordem pública e sem violação de direito dos litigantes, destinada a criar condições para que a sentença seja proferida no menor espaço de tempo possível, está autorizada pelo princípio da economia. Incumbe essencialmente ao juiz, na qualidade de reitor exclusivo do processo, fazer com que esse princípio seja respeitado na prática e não se torne mero ornato dos argumentos e dos debates. Um dos deveres dos magistrados é, não por acaso, o de velar pela duração razoável do processo (CPC, art. 139, II), motivo por que a lei lhe concede poderes para indeferir diligências inúteis ou procrastinatórias (CPC, art. 370, parágrafo único) e para impulsionar, *ex officio,* o procedimento (CPC, art. 2.º), sem ignorarmos a amplitude de liberdade que possui o juiz do trabalho na direção do processo (CLT, art. 765), podendo (ou devendo?), em função disso, determinar diligências necessárias à justa, adequada e rápida entrega da prestação jurisdicional. O juiz, em suma — como muito bem disse Pontes de Miranda —, está condenado à atividade, porquanto a lei o pune nos casos de inação injustificada.

É de bom senso, contudo, reconhecer não ser possível a incidência absoluta dessas regras deontológicas da magistratura, em razão do volume colossal e pletórico das ações que são diariamente ajuizadas, fazendo com que a deficiente estrutura do Poder Judiciário em geral, e da Justiça do Trabalho, em particular, impeça os juízes de apreciá-las com a brevidade que, por certo, gostariam de fazê-lo. Como tantas vezes acentuamos, a demora que se tem verificado na entrega da prestação jurisdicional, em nosso País, deve ser atribuída menos à atuação insatisfatória da magistratura do que às apontadas deficiências estruturais do Poder Judiciário e à própria obsolescência do processo de atual como método oficial de composição dos litígios; notadamente, do processo de conhecimento. A despeito disso, deve o juiz empenhar-se na rápida solução dos conflitos, sem eximir-se dessa penosa tarefa de distribuir justiça de maneira célere e boa (CPC, art. 140). Trata-se, como vimos, de um compromisso histórico assumido pelo Estado com o indivíduo — que teve subtraída, a partir daí, a possibilidade de autodefesa — do qual o magistrado é o executor. A responsabilidade política do magistrado, no que tange à breve solução das lides, é, por isso, tanto quanto a jurídica, enorme e indeclinável.

6. Lealdade

Assim como o magistrado, as partes (e os demais sujeitos do processo) estão adjungidas a determinados deveres, legalmente previstos, que orientam a sua atuação em juízo. Não se pode negar, portanto, a existência de uma *deontologia* processual.

O art. 14, II, do CPC de 1973, estabelecia que os litigantes deveriam, dentre outras coisas, "proceder com lealdade e boa fé". Na lição de Hélio Tornagui, "*leal, do latim legalis, e, é aquele que no trato ou até no litígio com outrem observa as regras da lei moral, faz jogo limpo, sem ardis, sem enganos, sem fraude, sem astúcia. Para exprimir a lealdade o grego tem palavras que bem a definem: beleza e bondade (...). Leal é o que procede conforme a lei (...), conforme a justiça (...), com probidade (...). Proceder com lealdade é agir às claras, sem embustes, ciladas ou armadilhas. É o* fair dealing, *o* fair play, *a atuação franca, sem hipocrisia. É a honestidade na ação*" (*Comentários ao Código de Processo Civil.* 2.ª ed. São Paulo: Revista dos Tribunais, 1976. vol I, p. 145). A boa-fé, por sua vez, indica o agir com franqueza, com boas intenções: é o atuar sinceramente.

Os deveres de lealdade e boa boa-fé, impostos pela norma legal às partes, seus representantes e advogados, derivavam do conteúdo eminentemente ético do processo, como método estatal de solução de conflitos de interesses, pois seria inconcebível que esse instrumento heterônomo pudesse ser utilizado pelos litigantes com intenções desleais, desonestas, escusas, enfim, com o escopo de prejudicar o adversário, fraudar a lei, causar danos a terceiros ou de propiciar o sucesso de velhacadas do gênero.

O É compreensível que o conflito de interesses e o contraditório constituam clima propício para a luta ardorosa, o embate de ideias, e o mais. Essa particularidade, contudo, não autoriza as partes a se lançarem a uma porfia desenfreada, sem um mínimo de regras éticas, vinculativa de suas condutas. Por isso, a inegável necessidade de a conduta dos litigantes no processo ser norteada pela lealdade e pela boa-fé, independentemente da existência de norma legal impositiva dessa conduta. Conforme asseveramos há instantes, o processo, como método estatal de solução de conflitos de interesses protegidos pela ordem jurídica possui um conteúdo ético, a exigir, das partes e de terceiros, um comportamento processual que não malfira esse conteúdo.

Com muita propriedade, aliás, Calamandrei comparou o processo a um jogo, em que a habilidade é permitida, mas a trapaça, não.

Em termos práticos, qualquer infração ao dever de lealdade e boa-fé tipifica um ilícito processual; essa transgressão, quando cometida por uma das partes, configura litigância de má-fé, sujeitando o infrator às sanções da lei.

O CPC, no art. 77 (incisos I a VI), indica como deveres processuais das partes, além de outros:

> *I – expor os fatos em juízo conforme a verdade;*
>
> *II – não formular pretensão ou de apresentar defesa quando cientes de que são destituídas de fundamento;*
>
> *III – não produzir provas e não praticar atos inúteis ou desnecessários à declaração ou à defesa do direito;*
>
> *IV – cumprir com exatidão as decisões jurisdicionais, de natureza provisória ou final, e não criar embaraços à sua efetivação;*
>
> *V – declinar, no primeiro momento que lhes couber falar nos autos, o endereço residencial ou profissional onde receberão intimações, atualizando essa informação sempre que ocorrer qualquer modificação temporária ou definitiva;*
>
> *VI – não praticar inovação ilegal no estado de fato de bem ou direito litigioso.*

Cabe assinalar que em caso de lide temerária o advogado será solidariamente responsável com seu cliente, desde que coligado com este para lesar a parte contrária (*consilium fraudis*), conforme se apurar em ação própria, nos termos do art. 32, parágrafo único, da Lei n. 8.906, de 4-7-1994.

Por outro lado, o art. 793-B, da CLT, considera litigante de má-fé aquele que:

> I – deduzir pretensão ou defesa contra texto expresso de lei ou fato incontroverso;
>
> II – alterar a verdade dos fatos;
>
> III – usar do processo para conseguir objetivo ilegal;
>
> IV – opuser resistência injustificada ao andamento do processo;
>
> V – proceder de modo temerário em qualquer incidente ou ato do processo;

VI – provocar incidente manifestamente infundado;

VII – interpuser recurso com intuito manifestamente protelatório.

Examinemos essas disposições.

Inciso I. Há, aqui, uma tipificação bifurcada, a saber: deduzir pretensão ou defesa contra: a) texto expresso de lei ("texto expresso" é expressão redundante) ou b) fato incontroverso. No primeiro caso (a), argumenta-se contra texto ("expresso") de norma legal. Algumas ponderações, todavia, são necessárias: a.a.) nem sempre o texto é claro, inequívoco, comportando interpretações divergentes entre si; as experiências da vida têm demonstrado, em alguns casos, a existência de sensos literais confusos; a.b.) mesmo que o texto seja claro, poder-se-á arguir, inclusive de maneira difusa, a sua inconstitucionalidade — sem que, em ambas as situações, possa considerar-se a parte como litigante de má-fé. No segundo caso (b), formula-se pretensão ou defesa contra fato incontroverso. Um fato pode ter se tornado incontroverso por diversas formas: porque teve a participação de ambos os litigantes; porque o seu reconhecimento fora tácito ou expressamente reconhecido pela parte que agora o nega. Razões de ordem ética levaram o legislador a caracterizar esta atitude da parte como configuradora de má-fé processual.

Inciso II. De modo geral, a alteração da verdade dos fatos consiste em afirmar a existência de um fato que não existe (ou não ocorreu), de negar a existência de fato existente (ou que ocorreu); de modificar a natureza ou a característica do fato, de recusar o reconhecimento da existência de fato efetivamente notório, etc.

Um esclarecimento: para que se caracterize a litigância de má-fé, na situação em exame, é necessário que o fato (cuja verdade venha a ser alterada) tenha ligação direta com a causa. Destarte, se o fato, considerado em si mesmo, for inegavelmente relevante, mas não tiver nenhuma pertinência com o caso concreto, o seu falseamento não estará compreendido pelo inciso II do art. 793-B.

Inciso III. O processo constitui método ou técnica de que se utiliza o Estado para a solução jurisdicional dos conflitos de interesses. Como o processo é dotado de um conteúdo ético, fica evidente que somente poderá ser utilizado para alcançar objetivo previsto em lei. Por esse motivo, sempre que a parte fizer uso do processo para conseguir objetivo ilegal ou contrário ao substrato ético do processo, será considerada litigante de má-fé. Seria o caso de alguém formular pedido que a lei repute juridicamente impossível, como se daria, por exemplo, no caso de o autor pretender o reconhecimento judicial da existência de relação de emprego com a União, com o Estado-membro, com o Distrito Federal ou com o Município, na vigência da Constituição Federal de

1988, sem que tenha prestado concurso público e sem que se trate de cargo em comissão, de livre nomeação e exoneração, ou de "*contratação por tempo determinado para atender a necessidade temporária de excepcional interesse público*" (CF, art. 37, incisos II e IX).

Uma outra situação caracterizadora do uso do processo para conseguir objetivo ilegal está prevista no art. 142, do CPC, segundo o qual se o juiz ficar convencido de que autor e réu estão fazendo uso do processo para praticar ato simulado ou atingir fim proibido por lei "*proferirá decisão que impeça os objetivos das partes, aplicando, de ofício, as penalidades da litigância de má-fé*".

Inciso IV. O vocábulo *processo* (do latim *processus*) sugere a ideia de marcha à frente, de caminhar adiante — em direção à sentença de mérito, que constitui o mais importante acontecimento do universo processual, embora situações anômalas possam fazer com que o processo se extinga sem resolução do mérito. Foi, justamente, em razão desse sentido de caminhar para frente, inerente ao conceito de processo judicial, que o legislador instituiu a figura da *preclusão*, como providência tendente a evitar o *retrocesso*, vale dizer, o retorno a fases já encerradas do processo. Pois bem. Sempre que uma das partes oferecer resistência injustificada ao *andamento* do processo estará a praticar ato de má-fé. Essa resistência tanto pode ser expressa quanto tácita; a consequência será a mesma. Habitualmente, é o réu quem se dedica a empreender manobras proteladoras do curso processual, máxime quanto pressente o insucesso na causa. Apesar disso, o autor também pode oferecer resistência injustificada à tramitação do processo, ainda que isto seja algo infrequente e pareça contrariar o senso lógico.

O art. 774, II, do CPC, considera ato atentatório à dignidade da justiça a oposição maliciosa à execução, mediante o emprego de ardis e de meios artificiosos pelo executado. Por outras palavras, com essa atitude o executado está oferecendo resistência injustificada ao processo de execução (art. 80, IV), embora a penalidade a que estará sujeito seja muito mais grave do que a prevista no art. 793-C, da CLT.

Inciso V. Proceder de modo temerário é agir com precipitação, com imprudência, de maneira arriscada, perigosa, audaciosa. É malferir as regras do bom senso e da prudência. Pouco importa que essa atitude seja posta em prática pelo autor, pelo réu ou por terceiro, em qualquer ato ou incidente do processo. O processo não é terreno que se preste a aventuras.

Inciso VI. Como *incidentes* podem ser considerados todos os acontecimentos que não fazem parte da regular tramitação do processo. Alguns incidentes são necessários para preservação dos direitos ou interesses de que os provoca. Tal é o caso, por exemplo, dos incidentes de falsidade documental (CPC, arts. 430 a 433) e de desconsideração da personalidade jurídica (CLT, art. 855-A; CPC, arts. 133 a 137). Sempre, porém, que a parte provocar um incidente processual destituído de um mínimo de fundamentação ou de razoabilidade jurídica estará a litigar de má-fé. Note-se a dicção legal: incidentes *manifestamente* infundados, significa dizer, que saltam aos olhos, que prescindem de qualquer investigação ou reflexão aprofundadas. Usualmente, é o réu quem se lança a estas práticas, nada obstante o autor também a elas possa dedicar-se, em determinadas situações que lhe convenham. Esses incidentes, no processo do trabalho, são resolvidos por meio de decisão interlocutória (CPC, art. 203, § 2.º), rememorando-se que aqui vigora o princípio da irrecorribilidade (imediata e autônoma) das decisões dessa natureza, como patenteia o § 1.º do art. 893 da CLT.

Inciso VII. O direito de recorrer dos pronunciamentos jurisdicionais desfavoráveis está previsto nas leis processuais. Reputa-se litigante de má-fé a parte ou o terceiro que interpõem recurso com objetivo manifestamente protelatório. Na prática, nem sempre será fácil definir, com precisão, quando se está recorrendo com esse escopo e quando o exercício do recurso deriva de uma natural e justificável irresignação da parte ou do terceiro em face da sentença ou do acórdão desfavoráveis. No caso dos recursos de natureza extraordinária — como, no processo do trabalho, os recursos de revista, de embargos e do próprio recurso extraordinário — será menos difícil a configuração da situação mencionada no inciso VII do art. 793-B, da CLT, porquanto há diversas Súmulas, tanto do TST quanto do STF, vedando a interposição de recursos nas situações que mencionam. Contrariadas, sem fundamentação jurídica aceitável, essas Súmulas, a parte poderá ser considerada litigante de má-fé, uma vez que o recurso por ela interposto tenderá a ser reputado manifestamente protelatório. A propósito, um recurso extraordinário interposto contra o teor de Súmula Vinculativa do STF poderá caracterizar o intuito protelatório do recorrente, sabendo-se que tais Súmulas são de acatamento obrigatório por todos os órgãos do Poder Judiciário e pela administração pública (CF, art. 103-A, *caput*).

Estabelece o art. 793-C, da CLT: "*De ofício ou a requerimento, o juízo condenará o litigante de má-fé a pagar multa, que deverá ser superior a 1% (um por cento) e inferior a 10% (dez por cento) do valor corrigido da causa, a indenizar a parte contrária pelos prejuízos que esta sofreu e a arcar com os honorários advocatícios e com todas as despesas que efetuou*".

Valor da multa. A multa deverá ser superior a um por cento e inferior a dez por cento do valor da causa, corrigido. Além da multa, o litigante de má-fé será condenado a indenizar a parte contrária pelos prejuízos a esta acarretados; a pagar honorários advocatícios e todas as despesas por esta efetuadas. Despesas decorrentes do ato de má-fé por parte do adversário, elucide-se.

Condenação do improbus litigator. É imposta pelo juiz, por sua iniciativa ou a requerimento do interessado (e legitimado). Essa condenação não traduz faculdade do magistrado, senão que um seu *dever*, como evidencia o verbo utilizado pelo legislador ("condenará").

Dever de indenizar. O dever de o litigante de má-fé pagar multa, indenizar a parte contrária pelos prejuízos por esta sofridos e pagar honorários advocatícios, além das despesas processuais, está vinculado, exclusivamente, à prática de quaisquer dos atos descritos nos incisos I a VII do art. 793-B, da CLT, não se subordinando, portanto, ao resultado do julgamento da causa. Deste modo, se, por exemplo, o réu opuser resistência injustificada ao andamento do processo, mas, mesmo assim, vier a ser vitorioso na decisão de mérito, subsistirá a condenação por litigância de má-fé, que, acaso, lhe tenha sido imposta pelo juiz. Uma exceção ao princípio de que a condenação por litigância de má-fé não está jungida ao resultado da decisão de mérito talvez possa estar no inciso III do art. 793-B, pois se a parte fizer uso do processo para conseguir objetivo ilegal, além de ser condenada por litigância de má-fé, provavelmente, ficará vencida, *ipso facto*, na decisão de fundo, ou seja, o seu pedido será rejeitado por ser contrário à lei.

Honorários advocatícios e demais despesas. Além da condenação ao pagamento de multa e de indenização por perdas e danos, o litigante de má-fé será condenado a pagar honorários advocatícios à parte contrária e a ressarci-la das despesas que tenha efetuado em decorrência do ato praticado pelo *improbus litigator*.

Mesmo que a parte esteja recebendo o benefício constitucional da justiça gratuita (CF, art. 5.º, LXXIV) poderá ser condenada por litigância de má-fé, porquanto o sobredito benefício não pode servir de pretexto para a impunidade de quem incide em uma das previsões dos incisos I a VII do art. 793-B, da CLT. Sob esse aspecto, mais do que nunca, todos são iguais perante a lei (CF, art. 5.º, *caput*).

Condenação proporcional ou solidária.

Conforme expressa a norma legal reproduzida, se o ato caracterizador de má-fé for praticado por mais de uma pessoa, o juiz condenará cada uma delas na proporção do seu interesse na causa ou solidariamente. Talvez, fosse mais justo utilizar-se como critério não o interesse dos litigantes de má-fé *na causa*, mas a *intensidade da participação de cada um no ato*.

É certo que, na prática, nem sempre será fácil ao magistrado determinar essa proporção (interesse na causa), hipótese em que poderá impor condenação solidária.

No caso de os litigantes de má-fé terem estabelecido conluio (*consilium fraudis*) para prejudicar a parte contrária serão condenados de maneira solidária.

Lê-se, no § 2.º, do art. 793-C, da CLT: "*Quando o valor da causa for irrisório ou inestimável, a multa poderá ser fixada em até duas vezes o limite máximo dos benefícios do Regime Geral de Previdência Social*".

Multa. Valor da causa irrisório ou inestimável. Sendo irrisório ou inestimável o valor da causa, a multa será fixada em até duas vezes o limite máximo dos benefícios do Regime Geral da Previdência Social. Não prevalecerá, portanto, o critério estabelecido no *caput* da norma em exame. Controvérsias poderão ocorrer, nos casos concretos, sobre se o valor atribuído à causa é irrisório, ou não.

O art. 81, § 2.º, do CPC, determina que a multa seja calculada com base no salário mínimo. Todavia, a fixação de multa com base em salário mínimo é de duvidosa constitucionalidade. Ocorre que a Constituição Federal, no art. 7.º, IV, que integra o capítulo dos "Direitos Sociais", veda a vinculação do salário-mínimo "para qualquer fim". É certo que o adjetivo *qualquer*, utilizado pelo constituinte, não possui sentido e alcance absolutos, por forma a vedar a vinculação do salário mínimo, por exemplo, ao valor da alçada, para efeito de definição do procedimento judicial a ser observado (CLT, art. 852-A). Se nos lembrarmos, entretanto, de que a proibição estampada no inciso IV do art. 7.º da Constituição Federal teve como finalidade impedir que o salário mínimo fosse utilizado como fator de correção monetária de aluguéis e de multas pecuniárias — com repercussão no fenômeno inflacionário —, veremos que nossa suspeita quanto à constitucionalidade do § 5.º do art. 77, e do § 2.º do art. 81, do CPC, no que toca a autorizar a fixação da multa com fulcro no salário mínimo, não é de todo infundada.

Seja como for, o fato é que a CLT, mais cautelosa, ordena que a fixação da multa tenha como base o valor dos benefícios do Regime Geral da Previdência Social (art. 793-C, § 2.º). Está no § 3.º, do art. 793-C, da CLT: "*O valor da indenização será fixado pelo juízo ou, caso não seja possível mensurá-lo, liquidado por arbitramento ou pelo procedimento comum, nos próprios autos*".

Valor da indenização. Em princípio, o montante da indenização deverá ser fixado pelo juiz; caso isso não seja possível, o valor será liquidado, nos mesmos autos, por arbitramento ou pelo procedimento comum.

O art. 509, I, do CPC, afirma que a liquidação por *arbitramento* será adotada "*quando determinado pela sentença, convencionado pelas partes ou exigido pela natureza do objeto da liquidação*". Dessas três hipóteses, somente a terceira possui pertinência com o art. 793-C, § 3.º, da CLT, pois: a) se o juiz não fixou valor da indenização; b) não se deve admitir que as partes, mediante convergência de vontades, definam a forma de liquidação.

A liquidação pelo *procedimento comum*, por sua vez, nada mais é do que a que se processa mediante *artigos*. Basta ver que o art. 509, II, do CPC, afirma que a liquidação será realizada pelo *procedimento comum* "*quando houver necessidade de alegar e provar fato novo*".

A expressão: *fato novo*, conquanto inveterada, tradicional, é, em rigor, imprecisa, pois, na verdade, se trata de fato já considerado pela sentença, que necessita, apenas, ser *precisado ou delimitado*. Se a sentença condena o réu, digamos, ao pagamento de horas extras, em quantidade a ser definida na fase de liquidação por meio de artigos, o que aqui se fará nada mais é do que do que estabelecer a *quantidade* dessas horas. Se *fato novo* significasse algo, efetivamente, não previsto pela sentença (título executivo), estar-se-ia desrespeitando a regra estampada no art. 789, § 1.º, da CLT, segundo a qual, na liquidação, "*não se poderá modificar, ou inovar, a sentença liquidanda, nem discutir matéria pertinente à causa principal*".

Pode ser aplicado ao processo do trabalho o art. 511, do CPC, conforme o qual na liquidação pelo *procedimento comum* o requerido, na pessoa do seu advogado ou da sociedade de advogados a que estiver vinculado, será intimado para, desejando, oferecer contestação no prazo de quinze dias, "*observando-se a seguir, no que couber, o disposto no Livro I da Parte Especial*" do referido Código. Isso significa, em termos gerais, que dependerá de petição específica (que poderá ser indeferida, se não for atendido o despacho a que se refere o art. 321), que deverá ser concedida oportunidade para a contestação, que poderá haver depoimento pessoal, de produção de provas documentais, testemunhas e periciais e decisão.

7. Livre investigação das provas

É conveniente lembrar, para logo, que o ônus da prova consiste nesse encargo que a lei atribui às partes, quanto à demonstração da veracidade dos fatos narrados em juízo. Anteriormente à Lei n. 13.467/2017, o art. 818, da CLT, dispunha que o ônus de provar as alegações incumbia a quem as fizesse. A precitada norma legal, entretanto, alterou a redação do art. 818, para, reproduzindo o que consta do art. 373, do CPC, estabelecer: "*O ônus da prova incumbe: I – ao reclamante, quanto ao fato constitutivo de seu direito; II – ao reclamado, quanto à existência de fato impeditivo, modificativo ou extintivo do direito do reclamante*". Deitou-se por terra, desse modo, uma das mais talentosas disposições da CLT, qual seja, a do art. 818, em sua redação anterior à Lei n. 13.467/2017. A norma era talentosa em razão de sua plasticidade, que permitia uma interpretação que se afinava com a moderna tendência doutrinária (e, mesmo, legislativa) de atribuir o encargo da prova a quem se encontra em melhores condições técnicas de produzi-la.

Por que motivo as partes devem produzir provas em juízo? Porque será com base nesta que o juiz formará o seu convencimento jurídico acerca dos fatos da causa (CPC, art. 371). Verifica-se, por isso, a extrema importância que a prova ostenta no processo. Já se disse, aliás, em feliz alegoria, que a prova é uma espécie de pedestal da sentença.

Com efeito, como o juiz não pode decidir com base em conhecimento pessoal dos fatos, é indispensável que as partes desenvolvam no processo uma atividade específica, destinada a reproduzir, nos autos, os fatos de que se originam as suas pretensões. À verdade que se forma nos autos se tem denominado de *formal.* A verdade formal pode coincidir, ou não, com a *real*, entendida esta como os fatos, tais quais acontecidos no mundo sensível. O ideal é que a verdade formal coincida com a real; nem sempre, contudo, isso ocorre, pelos mais variados motivos, especialmente em virtude de a parte não se haver desincumbido do *onus probandi* que lhe correspondia. Para o juiz, todavia, só há uma verdade: a que se estabeleceu nos autos (formal). Para ele, enfim, como afirmamos, o que não está nos autos não está no mundo (*quod non est in actis non est in mundo)*, ressalvados os casos de fato notório (CPC, art. 374, I) e as máximas de experiência (CPC, art. 375). Estabelece esta última norma legal mencionada que na ausência de normas jurídicas particulares (ou seja, específicas), o juiz aplicará as regras da experiência comum (*máximas de experiência*) "*subministradas pela observação do que ordinariamente acontece e, ainda, as regras da experiência técnica, ressalvado, quanto a estas, o exame pericial*".

Em suma, de modo geral, o juiz deve julgar de acordo com aquilo que foi alegado e provado pelas partes (*iudex secundum allegata et probata partium iudicare debet).*

O princípio da livre investigação das provas traduz a liberdade que o juiz possui, com vistas à apuração da verdade dos fatos, podendo, em função disso, mesmo *ex officio*, determinar as provas necessárias à instrução do processo (CPC, art. 370), o comparecimento das partes, a fim de interrogá-las em audiência (CPC, art. 139, VIII), etc.

Torna-se necessário observar que o juiz integrante dos modernos sistemas processuais, civil e trabalhista, ao contrário dos juízes do passado, não está condenado a assumir uma atitude eminentemente estática no processo, resignando-se a aguardar que as partes produzam as provas desejadas, para, depois disso, demovendo-se do seu imobilismo, efetuar a entrega da prestação jurisdicional. Ao magistrado dos tempos atuais, como vimos, a lei comete um expressivo conjunto de poderes diretivos do processo, dentre os quais se inclui o da determinação da realização de provas destinadas à instrução (CPC, art. 370). Ao juiz do trabalho, em especial, a norma legal atribui ampla liberdade na direção do processo (CLT, art. 765), malgrado se saiba que essa liberdade não possa cercear nem restringir as garantias que a lei ordinária e a Constituição da República concedem aos litigantes.

Em síntese, a concepção publicista do processo e a exaltação do escopo social deste autorizam o juiz dos tempos modernos a demover-se daquela espécie de *"laissez faire, laissez aller, laissez passer"* ("deixar fazer, deixar ir, deixar passar", frase atribuída a Jean-Baptiste Colbert, Ministro das Finanças de Luís XIV), que caracterizava a atitude do juiz antigo, inspirado no liberalismo econômico. Hoje, o princípio da livre investigação das provas expressa a possibilidade de o magistrado não só promover o impulso processual, como ordenar a produção de provas, bem como, de conhecer de certas questões que, outrora, só podia conhecer se houvesse provocação da parte interessada. É inevitável ponderar, entrementes, que o juiz, no exercício dessa sua potestade, não deverá ir além do razoável, a ponto de suprir eventual negligência da parte e, com isso, tornar-se tendencioso, suspeito, aos olhos do outro litigante. Dentro desse critério de recomendável prudência, o juiz poderá tomar a iniciativa da prova — sem receio de ser acusado de parcialidade — quando, por exemplo, puder invocar relevantes motivos de ordem pública, ou encontrar-se diante de provas divididas.

O princípio da livre investigação das provas autoriza o juiz, por outro lado, em alguns casos, a converter o julgamento em diligência, a fim de dirimir eventual dúvida decorrente da apreciação das provas produzidas pelas partes, do mesmo modo como poderá ordenar a realização de nova perícia, quando a primeira não lhe parecer satisfatória (CPC, art. 480). Nem se omita a possibilidade de ele voltar a interrogar as partes e as testemunhas, quando isso lhe parecer indispensável para a formação do seu convencimento jurídico acerca dos fatos da causa, e, ainda, de tomar a iniciativa de inspecionar pessoas ou coisas, em qualquer fase do procedimento, com a finalidade de se esclarecer acerca de fato, que interesse à solução da causa (CPC, art. 481).

Merece ser reproduzida, nesta altura, a percuciente observação feita por Cintra, Grinover e Dinamarco: "*No processo penal, sempre predominou o sistema de livre investigação das provas. Mesmo quando, no processo civil, se confiava exclusivamente no interesse das partes para o descobrimento da verdade, tal critério não poderia ser seguido nos casos em que o interesse público limitasse, ou excluísse a autonomia privada. (...) Conclui-se, pois, que o processo civil, hoje, não é mais eminentemente dispositivo, como o era outrora; e o processo penal, por sua vez, transformando-se de inquisitivo em acusatório, não deixou completamente à margem uma parcela de dispositividade das provas. Impera, portanto, tanto no campo processual penal como no campo processual civil, o princípio da livre investigação das provas, embora com doses maiores de dispositividade no processo civil*" (*Teoria Geral do Processo*. 14.ª ed. São Paulo: Malheiros, 1998. p. 65-66).

Não teria, entretanto, sido banido pelo CPC de 2015 o princípio da *livre apreciação das provas*, consubstanciado no art. 131, do CPC de 1973? Recordemos que a precitada norma do passado estabelecia: "O juiz apreciará *livremente* a prova" (destacamos), ao passo que o art. 371, do CPC de 2015, se limita a declarar que "*O juiz apreciará a prova*", sem fazer menção à *liberdade* na prática desse ato. Independentemente da conclusão a que possam chegar os estudiosos do processo civil, podemos asseverar que o princípio da livre apreciação das provas continua a imperar no processo do trabalho, por força da conjugação do art. 371, do CPC, com o art. 765, da CLT, que atribui ao magistrado ampla liberdade na direção do processo. É evidente que o magistrado do trabalho deverá indicar, na decisão, as razões que influenciaram na formação do seu convencimento jurídico acerca dos fatos da causa. Afinal, a fundamentação de qualquer decisão judicial constitui mandamento constitucional, sob pena de o seu descumprimento acarretar a nulidade do processo (CF, art. 93, IX).

8. Valoração das provas

Tão importante quanto a livre investigação de que cuidamos no item pretérito é a *valoração* da prova produzida.

A esse respeito, cumpre-nos recordar que os ordenamentos processuais registram, ao longo do tempo, a existência de três sistemas, a saber: a) da prova legal; b) do livre convencimento; c) da persuasão racional.

a) Prova legal

Teve raízes nas ordálias ou juízos de Deus. Essas práticas execrandas consistiam em submeter o indivíduo a uma certa prova, imaginando-se que Deus não o deixaria sair com vida, ou sem algum sinal evidente, na hipótese de falsear a verdade. Esses meios de prova eram as bebidas acres; o fogo; a água fervente; as serpentes, a cruz, etc.

Nesse período, a liberdade do juiz no campo da valoração da prova era nenhuma, pois o valor da prova era previamente tarifado. Assim, o depoimento de uma testemunha de nada valia (*testis unus, testis nullus*), ao passo que o depoimento de duas testemunhas fidedignas (*testis classi*) constituía prova plena (*plena probatio*). Uma só testemunha fidedigna tinha o valor de meia prova (*semiplena probatio*); um testemunho duvidoso (*testis suspectus*) valia menos do que meia prova, e assim por diante.

Está claro, portanto, que nesse sistema obsoleto a função do juiz, no campo da valoração da prova, ficava reduzida à de um simples contador: competia-lhe, apenas, verificar a quantidade de testemunhas fidedignas, duvidosas e o mais, e decidir de acordo com o resultado numérico obtido. Conforme destacam Cintra, Grinover e Dinamarco, no referido sistema (amplamente utilizado no direito romano-canônico), era constituído por um conjunto de regras aritméticas e por uma complicada doutrina baseada num sistema de presunções, "*na tentativa da lógica escolástica de resolver tudo a priori*" (*Teoria Geral do Processo*. 14.ª ed. São Paulo: Malheiros, 1998. p. 66).

b) Livre convencimento

Surgiu como uma espécie de reação ao da prova legal. Oriundo do Direito Romano, foi amplamente utilizado pelos povos germânicos. Intensificou-se sob a luz da Revolução Francesa de 1789. Um decreto da Assembleia Constituinte francesa, de setembro de 1791, dispunha, por exemplo, que os jurados poderiam decidir segundo a sua consciência e sua íntima convicção ("*suivant votre conscience et votre intime conviccion*"). Por esse motivo, o princípio em estudo ficou também conhecido como da íntima convicção.

Todavia, enquanto o sistema da *prova legal* pecava da falta de liberdade do magistrado no terreno da valoração, o do *livre convencimento* pecava pelo oposto: o excesso de liberdade. Tornou-se antológica do período, a propósito, a figura do "bom" juiz Magnaud, que na qualidade de presidente do tribunal de primeiro grau de Château-Thierry, de 1889 a 1904, valendo-se da faculdade que o sistema vigente lhe concedia, manifestava-se extremamente piedoso para com os fracos, os pobres, os oprimidos, e, com a mesma intensidade, enérgico, intransigente, quanto aos fortes e às classes dominantes.

Na precisa anotação de Carlos Maximiliano, nas mãos do Juiz Magnaud "*a lei variava segundo a classe, mentalidade religiosa ou inclinações políticas das pessoas submetidas à sua jurisdição*" (*Comentários ao Código de Processo Civil*. 2.ª ed. São Paulo: Revista dos Tribunais, 1976. vol. I, p. 95).

Esse juiz, na verdade, era parcial, tendencioso, sendo certo que o adjetivo "bom", que se pespegou ao seu nome, lhe foi concedido por todos aqueles a quem beneficiou mediante decisões puramente subjetivas e arbitrárias. Por certo, se aos vencidos fosse permitido escrever a História, hoje estaríamos a aludir ao "mau" juiz Magnaud. O juiz, todavia, não deve ser bom nem mal: deve ser neutro e justo.

c) Persuasão racional

Este princípio representa uma síntese dos anteriores, se considerarmos o método dialético da tese (prova legal), antítese (livre convencimento) e da síntese (persuasão racional).

Surgiu com os códigos napoleônicos e foi incorporado por diversos textos modernos, como o CPC brasileiro, de 1973. Efetivamente, dispunha o art. 131 daquele diploma de processo civil que o juiz poderia apreciar *livremente* a prova, atendendo aos fatos e circunstâncias dos autos, desde que indicasse os *motivos* que lhe formaram o convencimento. Os vocábulos que destacamos representam a essência desse princípio. Assim afirmamos, porque os juízes passaram a ter ampla liberdade para formar a sua convicção jurídica acerca dos fatos da causa, desde que o fizessem com fulcro na prova dos autos.

Reiteremos o que dissemos no item anterior ("Livre investigação das provas") o fato de o art. 371, do CPC de 2015, haver eliminado o adjetivo *livremente*, constante do art. 131 do CPC de 1973, não pode ser interpretado como um veto à possibilidade de o juiz apreciar, com liberdade, a prova dos autos — ao menos, no sistema do processo do trabalho. Neste processo, a livre apreciação das provas deriva da imbricação do art. 371, do CPC, com o art. 765, da CLT.

Podemos dizer, inspirados no magistral Eduardo Couture, que o juiz, em sede de valoração da prova, tem uma liberdade semelhante à do prisioneiro: pode ir aonde quiser, desde que dentro dos limites da cela. A cela, na metáfora, é a prova dos autos.

Justamente porque assim o é, fica evidente que o juiz dos tempos modernos não precisa *contar* as testemunhas, cumprindo-lhe, isto sim, *pesá-las*. Por outra forma de expressão: não deve levar em consideração o *número* de testemunhas, e sim a *qualidade* dos testemunhos. Sob essa atual perspectiva axiológica, não deve causar sobressalto a ninguém o fato de vir a ser vencedora na causa a parte que levou, digamos, duas testemunhas, em confronto com a que levou três ou mais (CLT, art. 821): tudo dependerá da *qualidade* do testemunho, como alertamos.

É de ser ressaltado, ainda, que já não há lugar, nos tempos de hodiernos, para o preceito de origem bíblica, que se tornou axiomático no obscuro período da prova legal, segundo o qual uma só testemunha nada prova *(testis unus, testis nullus)*.

Em nome de certas regras didáticas, aliás, o princípio da persuasão racional deveria ser denominado *de livre convencimento motivado*, pois esse título seria muito mais apropriado para revelar os seus elementos orgânicos essenciais: *liberdade* e *fundamentação*. Ao juiz do trabalho moderno, portanto, o sistema processual vigente em nosso País atribui ampla liberdade na apreciação das provas, com o objetivo de formar o seu convencimento jurídico a respeito dos fatos da causa. Note-se: a liberdade que a lei confere ao magistrado é concernente à valoração da prova, e não para formar a sua convicção com menosprezo à prova produzida nos autos, o que corresponde a afirmar: de maneira arbitrária. É evidente que se, em determinado caso, se tratar de fato notório (CPC, art. 374, I), o juiz não necessitará fundar o seu convencimento na prova, senão que invocar a notoriedade do fato e decidir com base nela. O mesmo se diga, *mutatis mutandis*, quanto às "máximas de experiências", que dão conteúdo ao art. 375, do CPC: nesta hipótese, o juiz, inexistindo prova nos autos, estará autorizado a decidir com fundamento na sua observação acerca daquilo que ordinariamente acontece, ou seja, valendo-se da experiência comum. O que não lhe é dado é decidir segundo o seu conhecimento *particular* do fato; se o fizer, estará transgredindo o seu dever legal de imparcialidade; estará deixando de ser juiz para converter-se em testemunha de uma das partes. Tolera-se o uso da cognição particular do fato, pelo magistrado, quando muito, para efeito de orientá-lo na coleta da prova oral.

Uma pergunta que jamais poderia deixar de ser formulada, em tema de valoração da prova é se, havendo ambas as partes provado os fatos que alegaram ("prova dividida"), poderia o juiz decidir a favor do empregado com fundamento no princípio *in dubio pro misero.*

Certamente que não. O que ao juiz caberá verificar, em situações como a cogitada, é quem produziu a *melhor* prova. Nisso reside, efetivamente, a valoração. Sendo assim, se a melhor prova foi a do empregado, decidirá a favor deste com fulcro nessa superioridade axiológica. Fora disso, decidir favoravelmente ao trabalhador com exclusivo apoio no princípio *in dubio pro misero* será proferir sentença frágil, inconsistente, incapaz de resistir a um ataque pela via recursal. Na dúvida, portanto, decida o órgão jurisdicional em proveito daquele que tenha produzido a melhor prova, levando em conta, à guisa de critério, o correspondente ônus que a lei atribui aos litigantes (CLT, art. 818). Advirta-se que a qualidade da prova não está ligada à pessoa que a produziu, pois, se assim fosse, o critério de valoração seria, essencialmente, ideológico; a qualidade da prova é *intrínseca,* vale dizer, está relacionada, apenas, com a sua eficiência, com a sua aptidão para demonstrar que o fato é verdadeiro e, em consequência, que é inverossímil o que foi objeto da prova realizada pelo adversário. É do resultado desse cotejo rigorosamente jurídico-axiológico que o magistrado deverá extrair os elementos de convicção, para bem dirimir o conflito.

Com tais considerações, não estamos negando, como se possa imaginar, a possibilidade de o juiz invocar, em certas situações, o princípio do *in dubio pro misero* e decidir com fundamento nele. Isso poderá acontecer, exclusivamente, no campo da interpretação de *norma legal*, pois sendo incontroversa a natureza protetiva do trabalhador, que anima tanto o direito material quanto o processual do trabalho, é lógico, é compreensível, que, diante da dubiedade de sentido de um texto de lei, o juiz opte pela interpretação mais favorável ao trabalhador. Essa sua atitude estará em irretorquível harmonia com a própria vocação tutelar da norma interpretada, equivale a dizer, com o substrato ideológico de que esta se nutre. Aqui, sim: na dúvida, em favor do empregado. Nos domínios da valoração da prova, contudo, a dúvida se resolve em benefício daquele que produziu a de melhor qualidade.

Não encerremos este assunto sem antes reiterar a importância da liberdade do juiz na investigação dos fatos da causa, pois não sendo o processo moderno mais aquela "coisa das partes", como se dizia outrora, nem o juiz um mero "convidado de pedra", a assistir, impassível, a atuação dos litigantes, para, só ao final, proclamar o vencedor, essa liberdade representa, de um lado, um eficiente fator de controle da atividade dos litigantes, e, de outro, extraordinário elemento de acesso à verdade real, ou seja, de reprodução, nos autos, dos fatos tais quais ocorreram no mundo sensível, externo. Sem essa liberdade do juiz — da qual deriva a sua iniciativa na propulsão do processo, em geral, e a determinação para que as partes produzam certas provas necessárias à formação do seu convencimento jurídico, em particular —, o que provavelmente haveria de prevalecer seria uma verdade aparente, um simulacro da verdade. Prevaleceria, enfim, a astúcia, a velhacada, a prepotência do mais forte, em detrimento dos direitos e interesses do mais fraco. Daí, a função tipicamente niveladora, que, sob esse ângulo, o juiz desenvolve no processo, propiciando, dentre outras coisas, igualdade de oportunidades aos litigantes e selecionando os elementos de prova, como quando proíbe que pessoas impedidas ou suspeitas prestem declarações na qualidade de testemunhas. Tudo, por certo, conforme a lei.

9. Duplo grau de jurisdição

O reexame dos pronunciamentos jurisdicionais é algo quase tão antigo quanto o próprio direito dos povos; previram-no, dentre outras legislações priscas, a babilônica, a hebraica, a egípcia, a islâmica, a grega, a romana, a canônica — segundo suas peculiaridades.

Dos recursos se ocuparam, igualmente, as Ordenações reinóis portuguesas, os diversos Códigos estaduais brasileiros e o CPC de 1939. No vigente estatuto processual civil, a matéria está disciplinada nos arts. 994 a 1.044. A CLT dedica ao assunto os arts. 893 a 901.

Foi por força de um Decreto francês, de 1.º de maio de 1790, entretanto, que se firmou, no plano do direito processual moderno, o princípio do duplo grau de jurisdição. Constava do referido Decreto: "*Haverá dois graus de jurisdição em matéria civil, salvo as exceções particulares*". A contar daí, assegurou-se ao litigante vencido (total ou parcialmente) o direito de submeter a matéria decidida a uma nova apreciação jurisdicional, no mesmo processo, desde que atendidos determinados pressupostos específicos, previstos em lei. Essa duplicidade de graus jurisdicionais, contudo, foi desfeia pela Constituição de 1793, vindo a ser restabelecida pela de 1795.

Duplo grau de jurisdição e *duplo exame*, porém, são expressões que não podem ser confundidas entre si: enquanto aquela permite uma nova apreciação da matéria, por órgão via de regra hierarquicamente superior ao que emitiu a decisão impugnada, esta enseja a que o reexame da matéria seja efetuado pelo próprio juízo prolator da decisão — tal como ocorria em sede de embargos de nulidade e infringentes do julgado, que eram opostos às decisões antigas das Juntas de Conciliação e Julgamento e por elas julgados, como previa o art. 652, *"c"*, da CLT, já revogado. Sob certo aspecto, esse *duplo exame* se verifica nos denominados *juízos de reconsideração* ou de *retratação*, nos quais o magistrado emissor de uma decisão impugnada (geralmente, mediante recurso) e instada a reexaminar a decisão, antes de remeter o recurso ao órgão *ad quem*.

No processo civil, o instrumento de concretização do princípio do duplo grau de jurisdição é a apelação (CPC, arts. 1.009 a 1.014); no do trabalho, o recurso ordinário (CLT, art. 895).

A introdução, no sistema processual de nosso País, do princípio em exame, todavia, foi precedida de críticas algo contundentes, chegando-se mesmo a colocar a questão nestes termos: a) ou os órgãos da jurisdição superior são, presumivelmente, dotados de maior capacidade do que os inferiores, no tocante à administração da justiça, e, nesta hipótese, seria recomendável dirigir as ações diretamente àqueles, ou, ao contrário, b) não devem ser favorecidos com essa presunção, diante do que haveria um considerável risco de submeter-se a eles o reexame da matéria, porquanto poderiam substituir uma decisão correta por uma errada. Essa preocupação fora manifestada, muito antes, por Ulpiano, para quem os recursos, embora necessários, poderiam permitir, em alguns casos, a substituição de uma boa sentença por um mau acórdão.

Outras objeções foram ainda formuladas ao duplo grau de jurisdição, a saber: a) a confirmação da sentença, pelo tribunal, implicaria supérflua atividade para o Judiciário, na medida que a manutenção do julgado traria em si uma declaração de ter sido perfeita a decisão proferida pelo juízo inferior, *a quo*; b) opostamente, eventual modificação da sentença envolveria um certo desprestígio do Estado, pois isso importaria o reconhecimento de estar errada a decisão prolatada, em última análise, pelo próprio Estado-Juiz (em primeiro grau); c) os recursos trazem o inconveniente de retardar a formação da coisa julgada material e de provocar um prolongamento da duração do conflito de interesses em que se encontram envolvidas as partes, além de infundir-lhes maior insegurança quanto ao sucesso ou insucesso na demanda; d) o manejo dos recursos, pelo litigante de má-fé, ao invés de servir ao direito, escoria-o, gravemente.

Não faltaram, contudo, apologistas entusiásticos do duplo grau de jurisdição, cujos argumentos podem ser assim resumidos: a) a garantia dos recursos está subordinada a uma necessidade humana, pois ninguém se conforma com julgamento único, desfavorável; b) o recurso atua como meio de purificação da sentença, escoimando-a de falhas; c) os recursos são apreciados por órgãos colegiados, integrados por juízes mais experientes no ofício de julgar, o que significa uma garantia de justiça; d) a possibilidade de a sentença ser objeto de impugnação faz com que o juiz seja mais cuidadoso no momento de proferi-la.

Devemos, entretanto, proferir algumas palavras de ponderação a respeito dessa disputa que se estabeleceu acerca do tema.

Conforme asseveramos, em outro livro, os argumentos expendidos na defesa intransigente do duplo grau de jurisdição talvez causem impressão ao processo civil — com vistas ao qual, bem se sabe, foram concebidos; nos domínios do processo do trabalho, entrementes, perdem muito da relevância que pudessem ter, em virtude das marcantes peculiaridades deste e da organização judiciária trabalhista (*Sistema dos Recursos Trabalhistas*. 6.ª ed. São Paulo: LTr, 1992. p. 54-58).

Com vistas a isso, escrevemos nas edições anteriores deste livro:

> "*Efetivamente, a Junta de Conciliação e Julgamento, como órgão de primeiro grau da Justiça do Trabalho, já é colegiado, pois dele participam o juiz togado, vitalício, que o preside, e dois juízes classistas, temporários, que configuram a denominada representação paritária das classes sociais da produção (trabalhadores e empregadores). Demais, o processo do trabalho atribuiu preeminência ideológica aos referidos juízes classistas, permitindo ao magistrado intervir, apenas, para desempatar ou "proferir decisão que melhor atenda ao cumprimento da lei e ao justo equilíbrio entre os votos divergentes e ao interesse social*" (CLT, art. 850, parágrafo único).É importante ressaltar, ainda, o fato de que os classistas constituem parte viva da realidade *social onde os conflitos intersubjetivos de interesses se originam, residindo nessa nota particular, sem dúvida, a razão onto-teleológica de haverem sido integrados, constitucionalmente, aos órgãos da Justiça do Trabalho (CF, art. 113). Estamos convencidos, por isso, que essa particularidade não pode ser ignorada quando se for examinar a conveniência ou a utilidade da manutenção (ou mesmo da redução) da possibilidade de a sentença proferida pelos órgãos de primeiro grau ser impugnada mediante recurso.*"

Extinta, como foi, a representação classista, no âmbito da Justiça do Trabalho, é elementar que se precipitam no vazio os argumentos que acabamos de expor. Isto não significa, porém, que já não existem argumentos capazes de justificar a manutenção do duplo grau de jurisdição. Conforme demonstremos, mais adiante, essa duplicidade encontra no truísmo da falibilidade humana a sua mais expressiva razão de ser.

No que respeita à alegação de os juízes dos tribunais possuírem maiores conhecimentos jurídicos das questões suscitadas na ação está comprometida como o paralogismo de supor que o saber e a cultura jurídica são mero produto do tempo, da prática reiterada. Sabe-se, por outro lado, que há, nos tribunais, juízes investidos no cargo há muito menos tempo do que muitos dos que se encontram no primeiro grau — circunstância que, por si só, revela a fragilidade do argumento de que o conhecimento jurídico é filho da experiência. De qualquer modo, o argumento que estamos a combater deve ser, quando menos, rechaçado por insinuar que os juízes de primeiro grau constituem uma espécie de aprendizes encarregados de decidir mal as questões que lhes são submetidas, de tal maneira que se torna indispensável a revisão dos seus pronunciamentos por juízes mais experientes. No tocante ao fato de a parte não se conformar com um primeiro julgamento desfavorável aos seus interesses, a sua aceitação como verdadeiro implicaria atribuir a uma simples reação psicológica do indivíduo uma importância jurídica que ela, na verdade, não possui. Deve ser dito que, em rigor, toda e qualquer pessoa pode ser tomada de assalto por essa "insatisfação psicológica", mesmo sabendo, no indevassável foro de sua consciência, que a sentença foi justa e correta. O que não se falar, então, do litigante de má-fé (*improbus litigator*), que vê os seus pedidos rejeitados pela sentença? A sua "insatisfação psicológica" diante desse pronunciamento jurisdicional seria bastante para justificar, como regra, o argumento de que o duplo grau de jurisdição seria indispensável para atender a essa insatisfação? Mais: fosse de prevalecer um tal argumento, por que motivo não se permite à parte, vencedora em primeiro grau e vencida em segundo, interpor recurso ordinário para o TST, sabendo-se que é por intermédio desse recurso que a duplicidade de graus jurisdicionais se manifesta ao mundo sensível e que estaria o acórdão do tribunal a representar a primeira decisão desfavorável aos seus interesses?

De outro ponto, não se pode deixar de reconhecer que, em determinados casos, uma boa sentença acaba sendo substituída por um mau acórdão, cujo fato deita por terra, ainda que topicamente, a afirmação de que os recursos se destinam ao aprimoramento das decisões judiciais.

Propalar-se que o juiz, sabendo que a sentença poderá ser impugnada pelo recurso, tratará de elaborá-la com maior cuidado e zelo, é insinuar que os magistrados de primeiro grau são pessoas irresponsáveis e que reclamam, por esse motivo, uma constante vigilância pelos tribunais, no que concerne à qualidade dos seus pronunciamentos. Sob esse aspecto, lembre-se a advertência de Chiovenda, de que "*no Estado moderno não é possível a pluralidade das instâncias fundar-se na subordinação do juiz inferior ao superior, por não dependerem os juízes, quanto à aplicação da lei, senão da lei mesma*" (*Princípios de Derecho Procesal* Civil. Madrid: Inst. Edit. Reues, sem data. tomo II, p. 510).

Não se imagine, entretanto, que as redarguições que formulamos aos argumentos dos que defendem, acaloradamente, o duplo grau de jurisdição queiram significar que estamos contra a existência desse princípio. Nada disso. Nossas objeções se destinam, exclusivamente, a demonstrar que tais argumentos, nimiamente civilistas, quando trasladados para o terreno singular do processo do trabalho perdem, em muito, a importância que pudessem ostentar. Entendemos que o duplo grau de jurisdição constitui um instituto altamente salutar, pois, a despeito de eventuais acidentes a que possa conduzir, figura como inestimável contributo para a tarefa de aprimoramento dos provimentos jurisdicionais; a sua existência, de outra parte, está intimamente ligada aos regimes democráticos, porquanto a história tem demonstrado que a supressão dos recursos, ou a restrição do seu uso, sói servir a vocações ditatoriais dos detentores provisórios do poder político.

O que justifica, fundamentalmente, o duplo grau de jurisdição não é a maior experiência ou o presuntivo maior saber jurídico dos juízes dos tribunais, nem a insatisfação da parte diante de uma primeira decisão desfavorável às suas pretensões deduzidas em juízo; justifica-o, sim, esse truísmo, essa verdade-fatalidade que assinala os atos do ser humano: *o ser naturalmente falível*. Não que falhe sempre; basta a possibilidade de falhar, para que se imponha a revisão de suas decisões. Os juízes, como diria o saudoso Ministro Orozimbo Nonato, não são seres que detêm a pedra lígia da verdade, nem foram bafejados pelo dom divino da inerrância; por isso, mortais e humanos, erram. E, nisso, me incluo, olhando para o passado: ainda que involuntariamente, ao julgar já errei. Daí, a necessidade de que essas falhas fossem eliminadas por meio dos recursos, ainda que — repisemos sempre —, em situações verdadeiramente excepcionais e anômalas, uma boa sentença venha a ser substituída por um mau acórdão. Não estamos, contudo, preocupados com as ocasionais exceções e sim com a regra; e esta é extremamente saudável, dado o seu caráter reparador. Vemos, por isso, com muita preocupação — e com grande antipatia — essa tendência, que vez e outra se manifesta no espírito do doutrinador e do legislador, de suprimir o duplo grau de jurisdição. A despeito de o recurso retardar a constituição da coisa julgada material — e esse é um argumento que não nos atrevemos a refutar —, não podemos ignorar que a sua supressão acarretará um mal ainda maior, porquanto deixará irreparáveis decisões comprometidas por graves falhas do julgador, derivantes, por exemplo, da má apreciação dos fatos e das provas; da imperfeita formação do seu convencimento jurídico; da ausência de fundamentação; da arbitrariedade judicial etc. A experiência é, fora de qualquer dúvida, mais rica do que a teoria ou do que a lógica; somente estas podem deixar-se iludir pela ideia de que os juízes são infalíveis. Destarte, entre o risco de retardamento da formação da *res iudicata,* de um lado, e o da irreparabilidade das decisões mal proferidas, por outro, o direito e o bom senso optaram, há muito, por este; e nada há, nos tempos atuais, que justifique a mudança de escolha.

Ao dispor, entretanto, que "*aos litigantes, em processo judicial ou administrativo, e aos acusados em geral são assegurados o contraditório e ampla defesa, com os meios e recursos a ela inerentes*" (realçamos), não teria o art. 5.º, LV, da Constituição Federal vigente, assegurado, em todos os casos, o duplo grau de jurisdição, e, com isso, revogado o § 4.º do art. 2.º da Lei n. 5.584/1970, que declara serem irrecorríveis as sentenças emitidas nas causas cujo valor não exceda ao de duas vezes o do salário mínimo?

Apesar de — pelos motivos anteriormente expostos — entendermos que o duplo grau de jurisdição representa um instrumento a serviço do aprimoramento das decisões judiciais e de efetiva realização da justiça, somos levados a responder de maneira negativa à indagação formulada. Com efeito, cabe-nos advertir, desde logo, que a Constituição não é um Código de Processo; sendo assim, fica evidente que o constituinte não utilizou o vocábulo *recursos* no sentido técnico, ou seja, como significante de instrumento de impugnação dos pronunciamentos jurisdicionais. *Recursos,* aí, significa, genericamente, o conjunto de medidas ou providências necessárias à efetiva garantia da ampla defesa, da qual o contraditório constitui espécie. Veja-se, *e. g.*, que a mesma Constituição alude, no art. 5.º, LXXIV, à assistência jurídica integral a ser prestada pelo Estado "*aos que comprovarem insuficiência de recursos*" (destacamos). O dispositivo mencionado, ao aludir a *recursos*, não está, à evidência, a falar de impugnação aos provimentos jurisdicionais e, sim, de falta de condições financeiras do indivíduo para demandar em juízo. O vocábulo recursos, enfim, é polissêmico.

Além disso, o uso do vocábulo *recurso* ou da expressão *meios e recursos* traduz uma tradição constitucional que, de tão antiga, chega mesmo a confundir-se, em nosso meio, com a própria aurora da vida republicana! Assim dizemos porque já estatuía a Constituição Federal de 1891, *verbis:* "*Aos acusados se assegurará na lei a mais ampla defesa, com todos os recursos e meios essenciais a ela*" (art. 72, § 16). Nas Constituições ulteriores, a matéria veio assim disciplinada: a) de 1934: "*A lei assegurará aos acusados ampla defesa, com os meios e recursos essenciais a esta*" (art. 113, § 24);

b) de 1937: omissa a respeito do assunto — por motivos politicamente compreensíveis, na medida em que foi imposta (outorgada) ao país; c) de 1946: "É assegurado aos acusados ampla defesa, com todos os meios e recursos essenciais a ela" (art. 141, § 25); d) de 1967: "*A lei assegurará aos acusados ampla defesa, com os recursos a ela inerentes*" (art. 150, § 15); e) Emenda Constitucional n. 1/69: "*A lei assegurará aos acusados ampla defesa, com os recursos a ela inerentes*" (art. 153, § 15).

Como se nota, pois, a alusão aos meios e recursos inerentes à ampla defesa não corresponde a uma inovação trazida pelo texto constitucional em vigor, mas, em verdade, à manutenção, por parte desta, de uma tradição iniciada, como demonstramos, nos primeiros tempos da vida republicana brasileira. Eis o motivo por que nunca se arguiu, com sucesso, o contraste da Lei n. 5.584/70 com a Constituição de 1967, que estava a viger à época em que foi editada aquela norma legal ordinária. Esse é, também, o motivo pelo qual não se pode considerar revogada referida lei pela Constituição de 1988 (art. 5.º, LV).

Em suma, como o duplo grau de jurisdição, ao contrário da ação (art. 5.º, XXXV), não tem sede constitucional, vale dizer, não se encontra incluído no elenco dos direitos e garantias individuais estabelecido pela Suprema Carta Política vigente, a conclusão inarredável é de que continua em vigor a Lei n. 5.584/70 (art. 2.º, § 4.º), conquanto não se deva estimular o hábito de elaborar-se leis que restrinjam o uso dos recursos. Com isso, reformulamos nosso ponto de vista manifestado em obra anterior, pois estamos seguramente convencidos, hoje, de que muito pior do que a tardança na formação da coisa julgada material (provocada pelos recursos) será, indubitavelmente, o império, o despotismo das decisões imperfeitas (*Sistema...*, p. 60-62)

Aproveitamos a oportunidade para discordar, *data venia*, do eminente José Cretella Júnior que, interpretando o inc. LV do art. 5.º da atual Constituição da República, inferiu que a garantia, ali expressa, seria: a) para os litigantes em juízo, o contraditório; b) para os acusados, a ampla defesa (*Comentários à Constituição de 1988*, Rio: Forense Universitária, 1990, vol. 1, p. 534). Ora, uma tal disjunção do texto constitucional, efetuada pelo ilustre jurista, implica afirmar que os litigantes em juízo não teriam, em seu benefício, a garantia da ampla defesa, mas, apenas, do contraditório, porquanto este representa mera espécie, simples elemento fragmentário daquela. Por outros termos, a ampla defesa estaria restrita aos acusados (logo, só seria aplicável em matéria penal). Essa discriminação, porém, não só é perturbadora dos princípios clássicos como está em antagonismo com a regra da igualdade de todos perante a lei, que se esplende do art. 5.º, *caput,* da Constituição Federal.

Deixemos bem clara, portanto, a nossa opinião de que as garantias constitucionais da ampla defesa e do contraditório (embora bastasse, apenas, a referência àquela) têm como destinatários indistintos os acusados em geral (processo penal) e os litigantes em juízo (processos civil e trabalhista), assim como os interessados, nos procedimentos administrativos.

10. Eventualidade

Está consubstanciado no art. 336, do CPC, conforme o qual cumpre ao réu alegar, na contestação, toda a matéria de defesa (além de expor as razões de fato e de direito com que impugna o pedido do autor e as provas que pretende produzir).

O princípio em foco expressa, pois, o dever de o réu, na contestação, apresentar todos os argumentos necessários à sua defesa, ainda que lhe parecesse ser suficiente para isso um só argumento. Desta forma, ao réu incumbirá expender as suas razões de defesa em ordem sucessiva, a fim de que o juiz, rejeitando a primeira, passe a apreciar a seguinte, e assim por diante. É como se o réu dissesse: "Apresento a Vossa Excelência o meu argumento principal; todavia, na eventualidade de não ser acolhido, apresento-lhe este outro". Bem calharia a esse princípio o denominativo de *exaustão*, porquanto o que a norma legal exige é que o réu esgote todos os argumentos necessários ou convenientes à sua defesa em juízo.

A consequência prática de o réu não atender a essa determinação legal se manifestará sob a forma de preclusão, não lhe sendo lícito, portanto, apresentar mais tarde (na fase de recurso, digamos), um argumento que deixou de expender na oportunidade da contestação. Naturalmente, existem algumas exceções a essa regra. Basta referir o inciso III do art. 342, do CPC, segundo o qual após a contestação podem ser deduzidas novas alegações (em caráter excepcional) quando, por expressa autorização legal, puderem ser formuladas em qualquer grau de jurisdição (CC, art. 193). Em razão disso, tem-se permitido ao réu arguir a prescrição, pela primeira vez, nas razões finais (CLT, art. 850, *caput*) ou nos memoriais (CPC, art. 366), ou até mesmo em grau de recurso ordinário (CLT, art. 895). Discute-se, todavia, na doutrina e na jurisprudência se o réu pode alegar prescrição em contrarrazões. Pensamos que não. Ora, se as contrarrazões se destinam a refutar as razões do recorrente (e, em virtude disto, a defender a sentença impugnada), torna-se ilógico, sob esta inafastável perspectiva teleológica, afirmar-se que as contrarrazões pudessem ser utilizadas pelo recorrido, não para rechaçar os argumentos do recorrente, nem para defender a sentença, e sim, para modificá-la, substancialmente: este escopo do recorrido, em rigor, só pode ser atendido em sede de recurso adesivo (CPC, art. 997, § 1.º; TST, Súmula n. 283).

A propósito da regra contida no art. 193, do Código Civil, um outro comentário se impõe. Quando essa norma legal declara que a prescrição pode ser alegada em qualquer grau de jurisdição, isso não significa que tal alegação possa ser feita, inclusive, depois de constituída a coisa julgada material. Destarte, no caso de execução de título judicial não poderá o devedor arguir, na oportunidade dos embargos que oferecer, a prescrição que poderia (e deveria) ter alegado, "em qualquer tempo", no processo de conhecimento. Ao devedor somente será lícito arguir, nos embargos à execução, a prescrição *intercorrente:* é dela que tratam os arts. 11-A e 884, § 1.º, da CLT.

É importante esclarecer que o *princípio da eventualidade* não diz respeito à *resposta* do réu, em sentido geral (exceção, contestação, reconvenção), mas, especificamente, a uma das espécies de resposta, qual seja, a *contestação*. Desta maneira, o princípio só atua no âmbito da contestação (e, sob esse aspecto, compreende as preliminares, as prejudiciais e o próprio mérito); jamais, portanto, para além dos limites desta. Segue-se, que se o réu deixar, por exemplo, de arguir, mediante exceção, a incompetência territorial do juízo, a competência passará a ser do juízo a princípio incompetente, não em decorrência de suposto desatendimento ao princípio da eventualidade, e sim por força da regra inscrita no art. 65, parágrafo único, do CPC, de acordo com a qual a competência se prorroga (melhor: transfere-se, desloca-se) para o juízo no qual a ação foi exercida.

Pensamos que teria sido melhor chamá-lo de *princípio da exaustão da defesa*, pois, desse modo, ficaria mais claro o seu conteúdo. Assim dizemos porque, na verdade, o réu deve esgotar, em um só momento, todas as alegações ou argumentos de que se possa valer para promover a sua defesa, evitando, desse modo, que as razões de fato ou de direito com que se opõe às pretensões do adversário venham a ser apresentadas fragmentadamente, conforme a fase do procedimento ou o grau de jurisdição em que se encontre a causa.

Insistamos, todavia, neste ponto: esse princípio tem a sua incidência circunscrita à *contestação,* que é uma das espécies de resposta do réu (CPC, art. 335). Basta ver que ele vem regulado pelo art. 335 do CPC, que se ocupa, especificamente, da contestação. O esclarecimento é importante, porque se poderia pensar que essa eventualidade devesse ser observada, também, quanto às exceções (de incompetência relativa, de impedimento e de suspeição), de tal maneira que, quando fosse o caso, caberia ao réu arguir, digamos, a incompetência relativa (a absoluta deve ser objeto de preliminar, na contestação) e, ato contínuo (na mesma peça, talvez), contestar o mérito, na "eventualidade" de a exceção vir a ser rejeitada. Nada mais inexato. Exceção é exceção, e contestação é contestação; por isso, o réu que venha a oferecer eventual exceção não está obrigado a contestar o mérito sem que aquela tenha sido apreciada. Seria, mesmo, um seu contrassenso apresentar contestação perante um juízo que alega ser incompetente. Logo, não faz sentido cogitar-se da aplicação do princípio da eventualidade na espécie, porquanto exceção e contestação constituem modalidades distintas de resposta, sendo certo que o princípio mencionado está restrito à segunda.

O art. 342 do CPC, entretanto, enumera algumas situações que justificam a desobediência ao princípio em estudo; permite essa norma legal, p. ex., que o réu, mesmo depois de haver contestado a ação, deduza novas alegações quando: a) relativas a direito ou a fato superveniente; b) competir ao juiz conhecê-las de ofício; c) por expressa disposição de lei, puderem ser formuladas em qualquer tempo e grau de jurisdição (I a III). Encaixa-se nas duas primeiras hipóteses a incompetência absoluta, porquanto, segundo o art. 64, § 1.º, do mesmo álbum processual, ela deve ser declarada de ofício (letra *"b"*, *retro*) e pode ser alegada em qualquer tempo e grau de jurisdição (letra *"c"*, *retro*) — desde que, evidentemente, a sentença ou o acórdão não tenham passado em julgado; se já consumado o fenômeno da *res iudicata*, a solução se transfere para os domínios da ação rescisória (CPC, art. 966, II).

11. Impugnação especificada dos fatos

Exige, o art. 341 do CPC, que o réu, na contestação, se manifeste precisamente sobre os fatos narrados na petição inicial. A consequência desse descumprimento da norma legal será a presunção de veracidade dos fatos alegados naquela peça de provocação da atividade jurisdicional.

Essa regra não será aplicada se: a) não for admissível, a respeito desses fatos, a confissão, como quando disserem respeito a direitos indisponíveis (CPC, arts. 344, II, e 392); b) a petição inicial estiver desacompanhada do instrumento público que a lei considerar da substância do ato (CPC, art. 406); c) estiverem em contradição com a defesa, tomada em seu conjunto — nos termos do art. 341, incisos I a III, respectivamente, do CPC.

De igual maneira, a regra da impugnação especificada dos fatos não será aplicável ao defensor público, ao advogado dativo e ao curador especial (CPC, art. 341, parágrafo único).

Em rigor, essa impugnação especificada traduz um ônus, não um *princípio* processual. Em todo o caso, não nos parece despropositado afirmar que ela possa ser considerada tanto como princípio como ônus, segundo seja o ponto de vista que se adote. Com efeito, se pusermos à frente a pessoa do réu, essa impugnação se revelará sob a forma de ônus (encargo); se, contudo, utilizarmos como pano-de-fundo o processo, nada obstará a que a vejamos como *princípio*.

A exigência legal de que o réu se pronuncie precisamente acerca dos fatos narrados na petição inicial se destinou a anatematizar a praxe, largamente difundida na vigência do Código anterior, consistente nas denominadas "contestações genéricas", ou "contestações por negativa geral"(*sic*), cuja imprecisão acarretava graves transtornos não apenas para a instrução, mas para a própria entrega da prestação jurisdicional. Ocorre que essa fórmula genérica não permitia ao juiz saber quais as razões pelas quais cada fato estaria sendo contestado: tudo cabia naquela fórmula, mercê de sua plasticidade. De qualquer modo, o art. 180, do CPC de 1939, com sua redação algo vaga, era a causa dessa praxe — que, como afirmamos, acabou sendo banida pelo Código de 1973. A propósito, o parágrafo único ao art. 341, do CPC de 2015, ao declarar que o ônus da impugnação especificada dos fatos não se aplica ao defensor público, ao advogado dativo, e ao curador especial, está, na verdade, a dizer que estes, por exceção, podem apresentar contestação genérica, o que não deixa de traduzir um regresso tópico e ocasional ao sistema do Código anterior.

Fora disso, atualmente, por força da regra inscrita no *caput* do art. 341, do CPC, cabe ao réu impugnar, um a um, os fatos alegados pelo autor, na inicial. É óbvio que essa impugnação deve ter como objeto, apenas, os fatos relevantes e pertinentes; com isso, queremos dizer que a ausência de contestação aos fatos despiciendos (assim considerados aqueles dos quais o autor não extraiu nenhum pedido) ou impertinentes (os que, embora possam ser relevantes, não dizem respeito à causa) não trará nenhuma consequência prejudicial ao réu.

Seria mesmo de sugerir-se que as contestações fossem mais objetivas, pois as prolixas, muitas vezes, têm o inconveniente de fazer com que o réu se concentre, em demasia, em alguns dos fatos narrados pelo autor, esquecendo-se, em decorrência disso, de impugnar outros fatos, cuja consequência será a presunção de veracidade destes últimos. Contestação objetiva ou incisiva, contudo, não significa contestação precária, omissa, e sim contestação que se dirija, com habilidade, eficiência e concisão, a todos os fatos alegados pelo autor, de maneira a evitar que o réu se torne vulnerável à incidência da regra contida no art. 341, do CPC. Mais do que no processo civil, a contestação, no processo do trabalho, deverá ser objetiva, seja em face da quantidade de fatos e pedidos a que ela deverá dirigir-se, seja por tratar-se de causa submetida à competência de uma Justiça Especializada.

De qualquer forma, é necessário observar ser meramente relativa a presunção emanante da ausência de atendimento à referida norma legal, motivo por que essa presunção pode ser elidida por outros meios de prova, como, por exemplo, pela confissão real, do autor.

Não menos relevante é advertir-se que a norma do art. 341, do CPC, deverá ser aplicada com cautela no processo do trabalho, em virtude da capacidade postulatória que o art. 791, *caput*, atribui às partes. Convém lembrar que no processo civil a presença do advogado, por princípio, é obrigatória (CPC, art. 103), motivo pelo qual se justifica a regra do art. 341 do CPC. No processo do trabalho, ao contrário, essa presença não é obrigatória (embora não seja proibida), razão por que a aplicação sistemática da aludida norma do CPC poderia ser injusta à parte que estivesse postulando em juízo pessoalmente, vale dizer, sem a representação por advogado. Nem devemos ignorar o fato de as iniciais trabalhistas, via de regra, contenderem uma quantidade expressiva de fatos e de pedidos, cuja particularidade dificulta, ainda mais, a elaboração da defesa pelo réu que não possua advogado constituído nos autos.

12. Informalidade dos atos

Dispõe o art. 188, do CPC, que os atos e termos processuais não dependem de forma determinada, exceto quando a lei expressamente a exigir, reputando-se válidos os que, praticados de outro modo, lhe preencham a finalidade essencial. Por outro lado, estabelece o art. 277, do mesmo Código: "*Quando a lei prescrever determinada forma, o juiz considerará válido o ato se, realizado de outro modo, lhe alcançar a finalidade*". Cuida-se do princípio doutrinal da instrumentalidade.

Pois seja: o princípio legal é de que os atos processuais não estão sujeitos a forma preestabelecida. Para que o elemento formal seja condicionante da validade do ato, é indispensável que a lei, por exceção, a exija de maneira expressa. Mesmo assim, se a norma legal impuser determinada forma para o ato, sem cominar de nula eventual inobservância, o ato terá validade. Nesta hipótese, incide o princípio doutrinal da *instrumentalidade* do processo, que não vê o processo como um fim em si mesmo, senão que como mero instrumento de atuação jurisdicional. Com efeito, a moderna concepção do processo como instrumento de realização da justiça rechaça o formalismo excessivo, cuja consequência, quase sempre, é a frustração dos objetivos do processo, de sua função social. Conforme havíamos observado em linhas anteriores, já se disse, com propriedade, que embora a forma seja algo necessária para a validade dos atos processuais — e para a própria segurança jurídica das partes —, o formalismo extremado constitui uma deturpação, uma anomalia a ser combatida.

A Lei n. 9.099, de 26-9-95, instituidora dos Juizados Especiais Cíveis e Criminais, em seu art. 2.º, declara que o processo se orientará, dentre outros critérios (princípios), pelo da *informalidade*. Complementando essa declaração, o art. 13 dispõe que os atos processuais serão válidos "*sempre que preencherem as finalidades para as quais forem realizados, atendidos os critérios indicados no art. 2.º desta lei*".

Exemplo característico de situação em que a lei comina de nulo o ato realizado de forma diversa da prevista é o do art. 280, do Código: "*As citações e as intimações serão nulas quando feitas sem observância das prescrições legais*" (destacamos). Todavia, a nulidade não deverá ser decretada quando requerida pela parte que lhe deu causa (CPC, art. 276). Cuida-se, nesta hipótese, de um princípio ético. No processo do trabalho, embora a resposta *escrita* do réu contrarie a letra do art. 847, da CLT, não pode ser causa de nulidade processual, seja porque a mencionado dispositivo legal não contém essa cominação, seja porque essa alteração quanto à forma, em regra, não acarreta prejuízo à parte contrária (CLT, art. 794).

A propósito das nulidades processuais, é oportuno recordar que estas podem dizer respeito: a) à forma, ou b) ao fundo. As nulidades da forma, por sua vez, subdividem-se em: a.a.) *relativas,* que somente podem ser arguidas pelas partes, estando, por isso, sujeitas à preclusão; a.b.) *absolutas*, que podem ser decretadas *ex officio* ou a requerimento da parte, em qualquer tempo ou grau de jurisdição (como a incompetência absoluta: CPC, art. 76, *caput*), motivo por que não geram preclusão. As nulidades de fundo se referem aos pressupostos processuais e às condições da ação. São absolutas e, por isso, podem ser decretadas em qualquer tempo e grau de jurisdição ordinária.

13. Sucumbência

Em princípio, não se cogitava, nos sítios do processo do trabalho, da sucumbência como um dos seus princípios. Aqui, os honorários de advogado somente eram devidos no caso do art. 14, da Lei n. 5.584/70, a teor das Súmulas ns. 219 e 329, do TST.

Posteriormente, contudo, por força da Emenda Constitucional n. 45/2004, a Justiça do Trabalho teve ampliada a sua competência, para abranger litígios derivantes da "relação de trabalho" (art. 114, inciso I), ou seja, de certas relações materiais regidas pelo direito comum. Em decorrência disso, a Instrução Normativa n. 27/2005, do TST, passou a admitir a sucumbência nessas causas, por forma a autorizar os juízes a imporem o pagamento de honorários de advogado ao vencido (art. 5.º).

Cuidou-se, portanto, de uma sucumbência *restrita*.

A Lei n. 13.467/2017, contudo, introduziu na CLT o art. 791-A, para consagrar o princípio civilista da sucumbência *ampla.* Consta do *caput* dessa norma legal: *"Ao advogado, ainda que atue em causa própria, serão devidos honorários de sucumbência, fixados entre o mínimo de 5% (cinco por cento) e o máximo de 15% (quinze por cento) sobre o valor que resultar da liquidação da sentença, do proveito econômico obtido ou, não sendo possível mensurá-lo, sobre o valor atualizado da causa".*

Esses honorários são também devidos nas ações em face da Fazenda Pública e naquelas em que a parte estiver sendo assistida ou substituída pelo sindicato representativo da sua categoria (CLT, art. 791-A, § 1.º).

Na lição, sempre atual, de Giuseppe Chiovenda, o princípio da sucumbência decorre do fato objetivo da derrota na causa e se justifica porque "*a atuação da lei não deve representar uma diminuição patrimonial para a parte a cujo favor se efetivou; por ser do interesse do Estado que o emprego do processo não se resolva em prejuízo de quem tem razão, e por ser, de outro turno, interesse do comércio jurídico que os direitos tenham um valor tanto quanto possível e constante*" (*Instituições...*, vol. I, p. 285-286).

É bem verdade que se pode colocar em dúvida a pertinência dessas palavras do eminente jurista italiano com os casos em que a parte postula em causa própria, uma vez que, nesta hipótese, ela não estaria contraindo despesas com a contratação dos serviços profissionais de advogado. Em todo o caso, a verba honorária será devida mesmo nos casos em que o advogado atue em causa própria.

O § 2.º, do art. 791-A, da CLT, determina que o juiz, ao fixar o valor dos honorários, observe: a) o grau de zelo profissional; b) o lugar de prestação do serviço; c) a natureza e importância da causa; d) o trabalho realizado pelo advogado e o tempo exigido para a realização do serviço.

Vencido na causa, o beneficiário de assistência judiciária gratuita somente não pagará honorários advocatícios na situação prevista no § 4.º, do art. 791-A, da CLT.

Os honorários de sucumbência são também devidos na reconvenção (*ibidem*, § 4.º).

Podem ser adotadas, ainda, em caráter supletivo, as seguintes disposições do art. 85, do CPC (CLT, art. 769):

Nas causas em que for inestimável ou irrisório o proveito econômico ou, ainda, quando o valor da causa for muito baixo, o juiz fixará o valor dos honorários por apreciação equitativa, observando o disposto nos incisos do § 2.º (§ 8.º).

Na ação de indenização por ato ilícito contra pessoa, o percentual de honorários incidirá sobre a soma das prestações vencidas acrescida de 12 (doze) prestações vincendas (§ 9.º).

Nos casos de perda do objeto, os honorários serão devidos por quem deu causa ao processo (§10).

A respeito do tema de honorários de advogado e de outras despesas processuais, devem ser destacadas, dentre várias, as seguintes Súmulas do STF:

> 234: "São devidos honorários de advogado em ação de acidente do trabalho julgada procedente";
>
> 236: "Em ação de acidente do trabalho, a autarquia seguradora não tem isenção de custas";
>
> 389: "Salvo limite legal, a fixação de honorários de advogado, em complemento da condenação, depende das circunstâncias da causa, não dando lugar a recurso extraordinário";
>
> 512: "Não cabe condenação em honorários de advogado na ação de mandado de segurança";
>
> 616: "É permitida a cumulação da multa contratual com os honorários de advogado, após o advento do Código de Processo Civil vigente".

É prudente observar, todavia, que o princípio da sucumbência não está restrito a esses honorários, compreendendo, isto sim, todas as despesas processuais, em cujo conceito se incluem, ainda, custas, indenização de viagem, diária de testemunha, remuneração do assistente técnico, etc., nos termos do art. 84, do CPC. As despesas enfeixam, portanto, todos os gastos que se fizeram indispensáveis para que o processo pudesse cumprir a sua função social.

Tanto no plano do processo civil, quanto no do processo do trabalho, o pedido de honorários de advogado integra a classe especial dos *implícitos*, como evidenciam os arts. 85, do CPC, e 791-A, da CLT. No mesmo sentido, a orientação jurisprudencial do SFT, conforme demonstra a sua Súmula n. 256: "É dispensável pedido expresso para condenação do réu em honorários, com fundamento nos arts. 63 ou 64 do Código de Processo Civil". Conquanto os dispositivos legais aí indicados se refiram ao CPC de 1939, a Súmula citada continua a ser aplicável na vigência do Código atual, em virtude da redação imperativa do art. 85 "A sentença *condenará*..." (destacamos).

Se a decisão transitada em julgado for omissa quanto aos honorários advocatícios ou ao seu valor, será possível o exercício de ação autônoma para sua definição e cobrança (CPC, art. 85, § 18).

Se cada litigante for em parte vencedor e vencido, serão recíproca e proporcionalmente distribuídos e compensados entre eles as despesas (CPC, art. 86): verifica-se, aqui, a denominada "*sucumbência recíproca*". Neste caso, o processo do trabalho não permite a compensação entre os honorários (CLT, art. 791-A, § 3.º). Assim, também, o processo civil (art. 85, § 14).

Se um dos litigantes decair de parte mínima do pedido, o outro responderá, inteiramente, pelas despesas e honorários (CPC, art. 86, parágrafo único): é a "sucumbência mínima".

Nos regimes litisconsorciais, ativos ou passivos, os vencidos respondem, proporcionalmente, pelas despesas processuais e pelos honorários de advogado (CPC, art. 87).

Havendo desistência, renúncia ou reconhecimento do pedido, as despesas e os honorários advocatícios ficarão a cargo da parte que desistiu, renunciou ou reconheceu (CPC, art. 90). Na hipótese de o réu reconhecer a "procedência" do pedido (ou seja, reconhecer o direito alegado pelo autor), os honorários serão reduzidos pela metade (*ibidem,* § 4.º).

Particularmente, desconcordamos da introdução, no sistema do processo do trabalho, do princípio da sucumbência em tema de honorários advocatícios. Melhor esclarecendo: não somos contra esse princípio, e sim, quanto à maneira com que foi disciplinado pelo art. 791-A, da CLT, tornando-se causa notória de afugentamento do trabalhador à Justiça do Trabalho, receoso de vir a ser condenado ao pagamento de honorários em benefício do advogado da parte contrária. Somos de opinião que esses honorários somente deveriam ser admitidos nos casos de litigância de má-fé, seja pelo autor, seja pelo réu. Em síntese, para nós bastaria a permanência do art. 793-C, da CLT, que prevê o pagamento de honorários de advogado (além de multa e de indenização) nos casos de litigância de má-fé. Aqui, os honorários de advogado seriam justificáveis, em razão de o *improbus litigator* haver atentado contra o conteúdo ético do processo.

14. Estabilidade da lide

O princípio em questão diz da imutabilidade dos elementos da lide, seja sob o aspecto: a) subjetivo, seja sob o b) objetivo.

a) Aspecto subjetivo

Liga-se à pessoa dos litigantes e à permanência de sua legitimidade, ainda que ocorram fatos supervenientes. É a *perpetuatio legitimationis*, de que fala o art. 108, do CPC. Estabelece, esta norma legal, que só será permitida, no curso do processo, a substituição *voluntária* das partes nos casos expressos em lei. Trata-se, na verdade, de *sucessão* e não de *substituição*, porquanto a pessoa que ingressa na relação processual passa a defender, em nome próprio, direito também próprio, em decorrência da alteração da titularidade do direito material objeto da pretensão formulada em juízo – e, em consequência, fica sujeita aos riscos derivantes de eventual insucesso na causa. Na substituição processual

(CPC, art. 18), ao contrário, o substituto defende, em nome próprio, direito alheio, traduzindo, pois, esta substituição uma legitimação extraordinária ou anômala; o substituto, por não deter a titularidade do direito material que dá conteúdo aos pedidos, não sofre os consectários da derrota.

A *perpetuatio legitimationis* se define a partir do momento em que ocorrer a citação válida (CPC, art. 240, *caput*), segundo demonstra o art. 329, do CPC: "*O autor poderá: I – até a citação, alterar o pedido ou a causa de pedir, independentemente de consentimento do réu; II – até o saneamento do processo, aditar ou alterar o pedido e a causa de pedir, com consentimento do réu, assegurado o contraditório mediante a possibilidade de manifestação deste no prazo mínimo de 15 (quinze) dias, facultado o requerimento de prova suplementar*".

Cabe também lembrar a disposição do art. 109, *caput*, do CPC, conforme a qual a alienação da coisa ou do direito litigioso, a título particular, por ato entre vivos, não altera a legitimidade das partes. Na verdade, o adquirente ou o cessionário só poderá ingressar em juízo para substituir o alienante ou o cedente se com isso concordar a parte contrária (§ 1.º); de qualquer modo, faculta-se ao adquirente ou ao cessionário intervir nos autos, como assistente litisconsorcial do alienante ou ao cedente (§ 2.º).

Um dos casos em que a lei prevê a sucessão das partes, no curso do processo, é revelada pelo art. 110, do CPC: morte de qualquer dos litigantes. A sucessão dar-se-á pelo seu espólio ou por seus sucessores, observado o disposto no art. 313, §§ 1.º e 2.º.

O procedimento da habilitação da parte legitimada é regulado pelos arts. 687 a 692 do mesmo Código.

O princípio da estabilização subjetiva da lide está relacionado com os limites subjetivos da coisa julgada material, porquanto, segundo o art. 506, do CPC, a sentença faz coisa julgada entre as partes, não prejudicando terceiros.

b) Aspecto objetivo

Os elementos objetivos da lide são a *causa de pedir* e os *pedidos*. Esses elementos, em princípio, não podem ser modificados. Repitamos o que estatui o art. 329, do CPC: "*O autor poderá: I – até a citação, alterar o pedido ou a causa de pedir, independentemente de consentimento do réu; II – até o saneamento do processo, aditar ou alterar o pedido e a causa de pedir, com consentimento do réu, assegurado o contraditório mediante a possibilidade de manifestação deste no prazo mínimo de 15 (quinze) dias, facultado o requerimento de prova suplementar*".

O princípio da estabilidade da lide se justifica não somente pela necessidade de preservar as garantias constitucionais do contraditório e da ampla defesa, e de evitar eventuais atitudes de má-fé, como a impedir a instauração de tumulto no procedimento — que por certo ocorreria se ao autor fosse lícito modificar a causa de pedir ou o pedido, ou realizar aditamento, ao seu alvedrio, em qualquer fase do procedimento, mesmo que antes da sentença.

No processo do trabalho, o art. 329, do CPC, deve incidir de maneira extremamente abrandada.

15. Inalterabilidade dos prazos peremptórios

Para já, é conveniente registrar que, em sede processual, sempre haverá a fixação, por norma legal ou pelo magistrado, de prazo destinado à prática de atos, seja pelas partes, seja por terceiros. A existência de prazos visa, a um só tempo, estabelecer uma regra de equanimidade entre os litigantes (pois, em princípio, a duração do prazo deverá ser igual para ambos) e a controlar o tempo do procedimento. Tão importante são os prazos, nos sítios do processo, que o art. 218, § 3.º, do CPC, estatui que se não houver preceito legal nem assinação pelo juiz, o prazo para a prática do ato, a cargo das partes, será de cinco dias. Trata-se, portanto, de uma regra de caráter supletivo, a incidir nos eventuais casos em que houver omissão da lei ou do magistrado.

O princípio da inalterabilidade dos prazos peremptórios tem a sua sede no art. 222, § 1.º, do CPC: *"Ao juiz é vedado reduzir prazos peremptórios sem anuência das partes"*. Um esclarecimento: pela leitura inversa do dispositivo legal transcrito, percebe-se que o juiz está autorizado a *dilatar* prazos peremptórios. Essa dilatação, entretanto, não fica ao talante exclusivo do magistrado, porquanto somente poderá ocorrer em situações excepcionais, como de calamidade pública (CPC, art. 222, § 2.º).

De modo geral (logo, podem ocorrer exceções), a diferença entre prazos *dilatórios* e *peremptórios* decorre na norma legal que os prevê: sendo a norma de natureza meramente *dispositiva,* o prazo aí referido será *dilatório;* caso, entretanto, a norma seja do tipo *cogente*, estaremos diante de prazo *peremptório.*

São exemplos de prazos *peremptórios* os fixados para excepcionar, contestar, reconvir, recorrer, embargar, etc. Esses prazos não podem ser modificados, ou seja, reduzidos ou ampliados, mesmo que haja, quanto a isso, concordância das partes. Assim, ainda que autor e réu viessem a ajustar, entre si, que o prazo para interpor o recurso ordinário seria de quinze dias, essa manifestação de vontade seria absolutamente ineficaz, pois o prazo legal, fixado em oito dias (CLT, art. 895), por ser peremptório, não pode ser modificado.

Em caráter excepcional, todavia, a lei permite que o juiz do trabalho prorrogue o prazo, pelo tempo estritamente necessário, nas seguintes situações: a) quando o juiz entender necessário; b) em virtude de força maior, devidamente comprovada (CLT, art. 775, § 1.º, I e II). De maneira algo contraditória, porém, o § 2.º desse mesmo preceptivo legal afirma que "*Ao juízo incumbe dilatar os prazos processuais e alterar a ordem de produção dos meios de prova, adequando-os às necessidades do conflito de modo a conferir maior efetividade à tutela do direito*".

Nada obsta a aplicação supletiva do art. 222, *caput*, do CPC, conforme o qual, nas comarcas onde for difícil o transporte, o juiz poderá prorrogar quaisquer prazos (inclusive os peremptórios), mas nunca por mais de dois meses. Nos casos de calamidade pública, esse limite de prorrogação poderá ser ultrapassado (parágrafo único), segundo o prudente arbítrio do magistrado, que, para isso, levará em conta o momento a partir do qual os problemas acarretados pela calamidade teriam cessado.

Os prazos *dilatórios*, entretanto, podem ser reduzidos ou prorrogados; para isso, deverão ser atendidos alguns requisitos legais básicos: a) a modificação, para mais ou para menos, do prazo não pode ser objeto de manifestação unilateral, sendo indispensável a existência de acordo, de ajuste entre os litigantes; b) essa convenção deverá fundar-se em motivo legítimo e c) ser submetida à apreciação do juiz antes do vencimento do prazo. Desta forma, se o motivo da pretendida alteração for irrelevante, despiciendo, o requerimento, digamos, de prorrogação do prazo deverá ser indeferido, do mesmo modo deverá sê-lo se, a despeito de serem ponderosas as razões em que se funda, esse requerimento vier a ser protocolado em juízo depois de exaurido o prazo que se desejava prorrogar: sucede que, nesta hipótese, a parte não estará visando a prorrogar o prazo, e sim, a restabelecê-lo.

No caso de deferir o requerimento, o juiz fixará o dia do vencimento do prazo da prorrogação. A jurisprudência tem entendido que se o juiz deixar de fixar o dia do termo do prazo de prorrogação, o dia de início do novo prazo será o subsequente àquele em que a parte for intimada do deferimento de seu pedido de prorrogação.

Na verdade, como se nota, há *dois princípios*, quanto à alteração dos prazos: a) o princípio que não admite a modificação dos prazos peremptórios, mesmo havendo acordo das partes; b) o princípio que admite a modificação dos prazos dilatórios, mediante a comunhão da vontade dos litigantes.

No mais, decorrido o prazo (previsto em lei ou assinado pelo juiz), extingue-se, de forma automática, o direito de praticá-lo, exceto se a parte provar que não o realizou em decorrência de justa causa (CPC, art. 223, *caput).* Sobre essa declaração da lei, alguns escólios elucidativos são necessários. Em primeiro lugar, a extinção automática do direito de realizar o ato significa que esse efeito preclusivo independerá de pronunciamento do juiz; em segundo, a justa causa, capaz de autorizar a devolução do prazo à parte, consiste no evento imprevisto, alheio à sua vontade, que a impediu de praticar o ato, pessoalmente ou mediante mandatário (art. 223, § 1.º). Podem ser mencionados como exemplos de justa causa: a grave enfermidade do advogado; o sequestro do advogado; o falecimento inesperado de um seu parente próximo; a paralisação dos serviços judiciais em virtude de greve; o encerramento do expediente forense antes do horário normal; a retirada dos autos em carga, pelo adversário, sendo o prazo comum e sem ter havido acordo entre os advogados, etc.

16. Renúncia aos prazos

A lei (CPC, art. 225) permite que a parte renuncie ao prazo estabelecido, exclusivamente, em seu benefício, contanto que o faça de maneira expressa.

Não se tem exigido, para a validade dessa renúncia, que o direito material discutido em juízo seja disponível, porquanto a renúncia terá como objeto não o mencionado direito, e sim uma faculdade processual.

Apesar de o art. 225, do CPC, exigir que a renúncia ao prazo seja expressa, há situações em que não se pode deixar de admitir a renúncia tácita. Seria o caso, por exemplo, de a parte, iniciado o prazo para a interposição de recurso, praticar determinado ato que configurasse o que a norma legal tipifica como "ato incompatível com a vontade de recorrer" (CPC, art. 1.000, parágrafo único). Digamos que, no prazo do recurso, o réu, vencido na causa, comparece à secretaria do órgão judiciário para retirar guia destinada ao pagamento do valor da condenação e, ainda dentro do prazo do recurso, desiste do pagamento e recorre, efetuando o depósito exigido pelo art. 899, § 1.º, da CLT. O fato de ele haver comparecido à secretaria do juízo e retirado a guia destinada ao pagamento da condenação é traduzida pelo sistema legal como "*ato incompatível com a vontade de recorrer*".

Tratando-se de litisconsórcio *unitário*, a renúncia só será eficaz se manifestada por todos os litisconsortes; nas demais espécies de regimes litisconsorciais, contudo, a renúncia feita por um só, em princípio, terá eficácia, porquanto o direito material discutido é divisível. Nesta hipótese, incidirá a regra estabelecida pelo art. 117, do CPC. Sob esse mesmo critério doutrinal é que deve ser interpretada a norma do art. 1.005, do CPC, de que o recurso interposto por um dos litisconsortes a todos aproveita, salvo se opostos ou distintos os seus interesses. Esse aproveitamento só se dá no âmbito do litisconsórcio *unitário*, em que a lide deve ser decidida de modo uniforme para todos os compartes.

17. Ônus da prova

As diversas legislações, brasileiras e estrangeiras, tanto do passado quanto atuais, sempre manifestaram preocupação em repartir o encargo da prova entre os litigantes.

Não vem ao caso examinar, com minúcia, as várias correntes de pensamento e as diversas legislações concebidas com essa finalidade. Apenas à guisa de ilustração sumária, devemos referir o fato de, em certa fase do Direito Romano, haver-se concebido a regra segundo a qual o ônus da prova incumbia a quem afirmasse ou agisse (*semper onus probandi ei incumbit qui dicit*"; "*semper necessitas probandi incumbit illi qui agit*). Assim se proclamava porque quem por primeiro ingressava em juízo era, por óbvio, o autor. Como era ele quem fazia afirmações ou alegações, incumbia-lhe o encargo da prova ("*actori incumbit onus probandi*"). Um dos efeitos práticos dessa regra era de que o encargo da prova não se transferia ao réu, mesmo que este não contestasse os fatos alegados pelo autor ("*ei incumbit probatio qui dicit, non negat*"), conforme se lê em Paulus, *Digesto*, Livro XXII, Título III: *De probationibus et praesumptionibus*, fragmento n. 2.

Considerando-se, entretanto, que essa regra era incorreta, porquanto, muitas vezes, a alegação feita pelo réu implicava um fato capaz de modificar, impedir ou extinguir o direito invocado pelo autor, passou-se a atribuir ao réu o encargo da prova em tais situações, alterando-se a regra para: "*réus in excipiendo fit actor*" (ao contestar o réu se torna autor), que Ulpiano adaptou para "*reus in exciptione actor est* (*Digesto*, Livro XLIV, Título I, *De exceptionibus*, fragmento n. 1).

No plano do processo civil brasileiro, a distribuição do encargo da prova é regulada pelo art. 373, do CPC, conforme o qual o ônus incumbe: a) autor, quando se tratar de fato constitutivo do seu direito (inciso I); b) ao réu, quanto à existência de fato impeditivo, modificativo ou extintivo do direito do autor (inciso II).

No sistema do processo do trabalho, a matéria era disciplinada pelo art. 818, da CLT, cuja redação, anterior à Lei n. 13.467/2017, era esta: "*A prova das alegações incumbe à parte que as fizer*".

A esse tempo, no livro *A Prova no Processo do Trabalho* (São Paulo: LTr Editora), cuja primeira edição foi lançada em 1985, encontramos oportunidade para sugerir uma interpretação sutil dessa norma da CLT, por modo a concluir que o ônus da prova incumbiria sempre ao réu. Assim dizíamos, baseados em uma pressuposição fundamental: ao alegar fatos capazes de substituir os do autor, o réu atrairia para si o ônus da prova. É evidente que se o réu não os contestasse teria contra si a presunção de veracidade daqueles fatos.

Nossa sugestão, conquanto tenha amealhado adeptos, não predominou. O argumento central da interpretação que demos ao art. 818, da CLT, estava umbilicalmente jungido ao escopo de proteção do trabalhador, como parte hipossuficiente, que constitui, de forma inegável, um dos traços característicos do processo do trabalho.

Tempos depois — mais precisamente em 1990 —, a Lei n. 8.078, de 11 de setembro daquele ano (Código de Defesa do Consumidor), veio a demonstrar que nosso pensamento não era tão absurdo quanto possa ter parecido. Ocorre que essa norma legal inseriu, no rol dos direitos básicos do consumidor, dentre outros, a facilitação da defesa dos seus interesses e direitos, "*inclusive com a inversão do ônus da prova, a seu favor, no processo civil, quando, a critério do juiz, for verossímil a alegação ou quando for ele hipossuficiente, segundo as regras ordinárias de experiências*" (art. 6.º, inciso VIII). Destacamos.

Sob este aspecto, não se pode negar que a CLT foi superada pelo Código de Defesa do Consumidor – logo ela, CLT, que sempre assinalou a sua presença na ordem jurídica mercê de um acentuado traço de vanguardismo.

Por fim, advém a Lei n. 13.467/2017, que dá nova redação ao art. 818, da CLT, para dispor que o ônus da prova incumbe: "*I – ao reclamante, quanto ao fato constitutivo do seu direito; II – ao reclamado, quanto à existência de fato impeditivo, modificativo ou extintivo do direito do reclamante*".

Como se percebe, o legislador trabalhista perfilhou, integralmente, o critério de distribuição do ônus da prova estampado no art. 373, do CPC, lançando por terra, conforme dissemos em linhas anteriores, uma das mais talentosas redações de quantas se havia dado a dispositivos da CLT. Referimo-nos, por certo, ao texto do art. 818, da CLT, anterior à Lei n. 13.467/2017.

Só resta ao intérprete ou ao aplicador da norma trabalhista, como providência tendente a abrandar as consequências da nova redação dada a esse preceptivo da CLT, invocar, sempre que possível, a regra contida no § 1.º, do art. 373, do CPC, assim redigida: "*Nos casos previstos em lei ou diante de peculiaridades da causa relacionadas à impossibilidade ou à excessiva dificuldade de cumprir o encargo nos termos do* caput *ou à maior facilidade de obtenção da prova do fato contrário, poderá o juiz atribuir o ônus da prova de modo diverso, desde que o faça por decisão fundamentada, caso em que deverá dar à parte a oportunidade de se desincumbir do ônus que lhe foi atribuído*".

18. Cooperação

Esse princípio está inscrito no art. 6.º, do CPC: "*Todos os sujeitos do processo devem cooperar entre si para que se obtenha, em tempo razoável, decisão de mérito justa e efetiva*". Ao princípio em foco bem se poderia, em tese, também denominar de *da cooperação* entre os sujeitos do processo;

no entanto, como essa cooperação está voltada à emissão de uma decisão de mérito justa e *efetiva*, a doutrina bem andou ao rotulá-lo de *da efetividade do processo*.

Se bem refletirmos, veremos que o vocábulo *cooperação* possui vínculo direto com os princípios da lealdade, da boa-fé e da probidade processuais, consubstanciados no art. 77, do CPC. Conforme asseveramos em linhas pretéritas, o processo, como método, técnica ou instrumento estatal de solução de conflitos de interesses tutelados pelo ordenamento jurídico, é provido de conteúdo ético, de tal arte que a transgressão a esse conteúdo configura ato de improbidade, de litigância de má-fé.

Do ponto de vista prático, o dever de cooperação não só compreende o juiz, as partes, os advogados, os serventuários, o perito, o intérprete, o depositário — enfim, todos os sujeitos do processo, como implica uma exigência de atuação colaborativa.

Essa colaboração tem um objetivo nítido: chegar-se, em tempo razoável, à decisão do mérito, justa e efetiva. Sob essa perspectiva, conspira contra a referida finalidade, também, o uso de medidas protelatórias, seja pelo autor, seja pelo réu, seja por terceiro.

19. Da proporcionalidade

O princípio da proporcionalidade tem a sua gênese no Direito Administrativo, espelhando a noção de que os atos do Poder Público devem ser subordinados à adequação e à proporcionalidade, no tocante aos administrados. Posteriormente, espraiou-se para outros ramos do Direito. Em alguns países, esse princípio tem sede constitucional. Não é o caso do Brasil, onde reside em normas infraconstitucionais.

Consta, *e. g.*, do art. 8.º, do CPC: "Ao aplicar o ordenamento jurídico, o juiz atenderá aos fins sociais e às exigências do *bem comum, resguardando e promovendo a dignidade da pessoa humana e observando a proporcionalidade, a razoabilidade, a legalidade, a publicidade e a eficiência*".

O princípio da proporcionalidade expressa o dever legal imposto ao magistrado de avaliar os interesses manifestados na causa, pelas partes, sopesando-os, com o objetivo de proferir decisão equilibrada, assim entendida a que derivar do resultado dessa avaliação. Sob esse aspecto, também se pode afirmar que o princípio em exame significa que ao juiz incumbe atribuir preeminência ao interesse de maior valor social, econômico, moral, etc. — nunca nos esquecendo de que o acolhimento, pela sentença, do pedido que emana desse interesse deve estar fundado na prova dos autos, exceto se tratar-se de fato notório ou causa que contenha somente a denominada "matéria de direito".

Levando em consideração essa nota peculiar do princípio da proporcionalidade, não estaremos equivocados se afirmarmos que ele traz, implícita, a *razoabilidade*, ou decorre desta. Entenda-se como se desejar, mas a relação entre a proporcionalidade e a razoabilidade é simbiótica. Sem razoabilidade, não pode haver *proporcionalidade justa.*

Para sermos objetivos: o princípio da razoabilidade/proporcionalidade significa que a decisão judicial deve ser proferida *na medida certa*, tendo em vista os interesses em conflito.

No âmbito dos direitos material e processual do trabalho colhemos alguns exemplos de normas que espelham o princípio da proporcionalidade/razoabilidade: art. 458, § 1.º: "*Os valores atribuídos à prestação in natura deverão ser justos e razoáveis (...)*"; art. 766: "*Nos dissídios sobre estipulação de salários, serão estabelecidas condições que, assegurando justos salários aos trabalhadores, permitam também justa retribuição às empresas interessadas*".

Ao tempo em que a Justiça do Trabalho era integrada também por juízes classistas, de investidura temporária, as decisões eram tomadas por maioria dos votos. Em razão disso, o parágrafo único do art. 850, da CLT (tacitamente revogado) estabelecia: "*O presidente da Vara, após propor a solução do dissídio, tomará os votos dos juízes classistas e, havendo divergências entre estes, poderá desempatar ou proferir decisão que melhor atenda ao cumprimento da lei e ao justo equilíbrio entre os votos divergentes e ao interesse social*". É curioso observar, que após a extinção da representação classista, o legislador procurou adequar o texto da CLT à nova realidade. Por esse motivo, empenhou-se, entre outras coisas, em alterar a denominação dos órgãos de primeiro grau da jurisdição trabalhistas, substituindo as antigas *Juntas* por *Varas*, uma vez que esses órgãos, outrora de composição colegiada, passaram a ser monocráticos. Foi o que fez em relação também ao parágrafo único do art. 850, da CLT, que há pouco reproduzimos. O legislador, todavia, não se deu conta de que essa norma dispunha sobre a forma como a decisão da *Junta* deveria ser adotada: *por meio de votos*. A consequência dessa desatenção produziu um texto algo surrealista, no qual passaram a coexistir realidades antagônicas, como as traduzidas pelos vocábulos *Vara* e *votos*. Em nossa opinião, o parágrafo único do art. 850, da CLT, tendo em vista o seu conteúdo (elemento substancial), se encontra tacitamente revogado.

É imperativo esclarecer que o princípio da proporcionalidade não pode ser havido como produto da vontade, pura e simples, do magistrado, senão que como decorrência de uma interpretação — justificável e justificada — das normas legais aplicáveis ao caso concreto. A não ser assim, o referido princípio se converteria em causa de arbitrariedade e parcialidade, destruindo a fortaleza da segurança jurídica, essa garantia essencial à vida e à sobrevivência dos Estrados de Direito.

O *excesso* é incompatível com a *razoabilidade*; logo, com a *proporcionalidade*.

20. Da eficiência

Para os efeitos processuais, a *eficiência* ou *efetividade* deve ser entendida como a harmonização entre a *segurança jurídica* (garantias processuais) e a *celeridade* na prestação jurisdicional. Esta última constitui mandamento constitucional (CF., art. 5.º, LXXVIII). A propósito, um dos grandes desafios que desde sempre se apresentam ao legislador de nosso País tem consistido em encontrar um ponto de equilíbrio entre dois princípios constitucionais contrastantes entre si: de um lado, o da *ampla defesa* e, de outro, o da *celeridade* na tramitação processual. Qualquer inclinação do legislador para um dos lados implica perigoso afastamento do outro.

José Carlos Barbosa Moreira elaborou interessante *programa* relativo ao princípio da efetividade: *"(a) o processo deve dispor de elementos de tutela adequados, na medida do possível, a todos os direitos (e outras posições jurídicas de vantagem) contemplados no ordenamento, quer resultem de expressa previsão normativa, quer se possam inferir do sistema; (b) esses instrumentos devem ser praticamente utilizáveis, ao menos em princípio, sejam quais forem os supostos titulares dos direitos de cuja preservação ou reintegração se cogita, inclusive quando indeterminados ou indetermináveis os círculos dos eventuais sujeitos; (c) impende assegurar as condições propícias à exata e completa reconstituição dos fatos relevantes, a fim de que o convencimento do julgador corresponda, tanto quanto puder, à realidade; (d) em toda a extensão da realidade prática, o resultado do processo há de ser tal que assegure à parte vitoriosa o gozo pleno da específica utilidade a que faz jus segundo o ordenamento; (e) cumpre que se possa atingir semelhante resultado com o mínimo dispêndio de tempo e energias"* (Efetividade do processo e técnica processual. In: *Revista Forense*, Rio de Janeiro, Forense, vol. 329, p. 97, jan./mar. 1995.

21. Da vedação à decisão-surpresa

O princípio em foco está materializado nos arts. 9.º e 10, do CPC:

Ambos os preceptivos legais se destinam a evitar aquilo que a doutrina tratou de rotular de *decisão-surpresa*. Essas normas legais estão, intimamente, imbricadas com os princípios constitucionais da bilateralidade, do contraditório e da ampla defesa.

Examinemo-las.

> "Art. 9.º Não se proferirá decisão contra uma das partes sem que ela seja previamente ouvida.
>
> Parágrafo único. O disposto no caput não se aplica:
>
> I – à tutela provisória de urgência;
>
> II – às hipóteses de tutela da evidência previstas no art. 311, incisos II e III;
>
> III – à decisão prevista no art. 701".

Caput. Sem correspondência com o Código revogado.

Cremos que a norma legal em tela disse mais do que pretendia. Na verdade, não é necessário que para efeito de emissão de sentença ou de decisão o juiz *ouça,* previamente, a parte contra a qual decidirá. Será suficiente que o juiz conceda *oportunidade* para o litigante manifestar-se a respeito. Isso feito, o silêncio desta não impedirá o proferimento da sentença ou da decisão. A aplicar-se o sentido meramente literal no preceito legal em foco não se poderia condenar o réu à revelia, uma vez que ele não teria sido *ouvido.*

A propósito, o artigo que estamos a comentar contém certo surrealismo. Assim dizemos, porque ele deixa claro que o juiz deverá ouvir (entenda-se: conceder-lhe oportunidade para manifestar-se), *de maneira prévia*, a parte *contra a qual decidirá.* Em termos práticos, isto é algo, no mínimo, curioso, pois ao assim agir o juiz estará revelando à parte que *irá* proferir decisão contrária aos interesses desta, vale dizer, estará, ainda de modo implícito, *antecipando o resultado do julgamento.* E se o magistrado, após ouvir a parte contra a qual, a princípio, decidiria, resolver modificar o seu entendimento e decidir contra a outra parte? Certamente, antes disso deverá dar oportunidade a esta última para manifestar-se acerca de uma decisão futura...

Pensamos que o art. 9.º, do CPC, não possa ser aplicado nas situações em que as partes tinham obrigação de prever a consequência dos atos por elas praticados, ou que deveriam ter praticado.

Como a norma em estudo faz referência à *decisão*, em sentido genérico, devemos entender que as suas disposições compreendem também a sentença e o acórdão. Pois bem. Como deveria agir o juiz, por exemplo, em relação às matérias que devesse conhecer *ex officio,* como a ausência de pressuposto indispensável à constituição e ao desenvolvimento regular do processo (art. 485, VI, e § 3.º): mesmo assim, deveria abrir oportunidade para o autor manifestar-se de maneira prévia? Cremos que a jurisprudência trabalhista deverá munir-se de extrema cautela na aplicação do art. 9.º, do CPC, a fim de evitar a submissão do processo do trabalho a determinados formalismos com este incompatíveis. Em nenhum momento, durante a vigência do CPC de 1973, inquinou-se, na Justiça do Trabalho, de nulo o processo em virtude de suposta violação ao art. 5.º, LV, da Constituição Federal, em decorrência de não se dar oportunidade prévia para a manifestação da parte contra a qual se viria a decidir. Sucede que o *contraditório* não necessita ser prévio, nem imediato, podendo ser *diferido* para momento posterior do processo, como o da contestação ou do recurso.

Parágrafo único. Após proibir o magistrado de proferir decisão contra uma das partes, sem conceder oportunidade para esta manifestar-se, previamente (princípio), o legislador estabeleceu exceções a essa regra, especificando-as. Passemos a examiná-las.

Inciso I. *Tutela provisória de urgência.* Por princípio legal (CPC, art. 294), tanto as tutelas de urgência quanto as da evidência são provisórias, podendo, por isso, a qualquer tempo, ser revogadas ou modificadas, embora conservem a sua eficácia na pendência do processo (art. 296).

As tutelas de urgência, no sistema do atual CPC, correspondem às medidas cautelares em geral, previstas no Código revogado. Note-se que o art. 300 faz menção ao "perigo de dano ou o risco ao resultado útil do processo".

Ao declarar que, nos casos mencionados nos incisos I a III — nos quais se incluem as tutelas de evidência e da urgência — o juiz poderá proferir decisão sem ouvir, previamente, a parte, o legislador não está a transgredir o preceito contido no art. 5.º, LIV, da Constituição Federal, pois o contraditório pode ser *diferido*, vale dizer, ficar reservado para fase ulterior do processo. Nos casos da tutela de urgência, essa fase é a da contestação (CPC, art. 306).

Desde logo, todavia, devemos dizer que se inserem nessa exceção legal (portanto, podem ser concedidas *inaudita altera parte*) as liminares concedidas com fundamento nos incisos IX e X do art. 659, da CLT. A primeira se destina a "tornar sem efeito transferência disciplinada pelos parágrafos do art. 469 desta Consolidação"; a segunda, a "reintegrar no emprego dirigente sindical afastado, suspenso ou dispensado pelo empregador". Ambas as liminares produzem os seus efeitos "até decisão final do processo". A propósito, em relação ao inciso X deve ser trazida à lembrança a OJ n. 142, da SBDI-2, do TST, assim enunciada: "MANDADO DE SEGURANÇA. REINTEGRAÇÃO LIMINARMENTE CONCEDIDA (DJ 4.5.2004) Inexiste direito líquido e certo a ser oposto contra ato de Juiz que, antecipando a tutela jurisdicional, determina a reintegração do empregado até a decisão final do processo, quando demonstrada a razoabilidade do direito subjetivo material, como nos casos de anistiado pela Lei n. 8.878/94, aposentado, integrante de comissão de fábrica, dirigente sindical, portador de doença profissional, portador de vírus HIV ou detentor de estabilidade provisória prevista em norma coletiva".

Inciso II. *Tutela da evidência.* Corresponde, *mutatis mutandis*, à antecipação dos efeitos da tutela, de que tratava o art. 273 do CPC anterior. No Código atual, a sua sede é o art. 311, que prevê a concessão da medida "independentemente da demonstração de perigo de dano ou de risco ao resultado útil do processo". Essa tutela será prestada nas situações indicadas pela norma legal referida.

É interessante observar que o legislador alude à tutela *de* urgência e à tutela *da* evidência. No primeiro caso, fez uso, apenas, da preposição *de*, a indicar que a medida se refere a qualquer situação de *urgência* — caracterizada não só pela probabilidade do direito, mas pelo perigo de dano ou de risco ao resultado útil do processo —; no segundo, porém, ele contraiu a preposição *de* com o artigo definido *a*, por forma a revelar que se cuida da tutela diante de uma situação evidente, que salta aos olhos, para cuja concessão, por esse motivo, não se cogita da probabilidade do direito, nem se exige a presença de perigo de dano ou de risco ao resultado útil do processo.

O art. 9.º do CPC autoriza, por exceção, o juiz a decidir *sem* audiência prévia da parte nos casos dos incisos II e III do art. 311 do mesmo estatuto processual, ou seja, quando: "II — as alegações de fato puderem ser comprovadas apenas documentalmente e houver tese firmada em julgamento de casos repetitivos ou em súmula vinculante; III — se tratar de pedido reipersecutório fundado em prova documental adequada do contrato de depósito, caso em que será decretada a ordem de entrega do objeto custodiado, sob cominação de multa".

Ficam fora a incidência do art. 311, portanto, os incisos I e IV, vale dizer, nesses casos o juiz deve ouvir, antes, a parte.

Estabelecem esses preceptivos legais: "I — ficar caracterizado o abuso do direito de defesa ou o manifesto propósito protelatório da parte". "IV — a petição inicial for instruída com prova documental suficiente dos fatos constitutivos do direito do autor, a que o réu não oponha prova capaz de gerar dúvida razoável".

Se, no caso dos incisos I e IV, o juiz decidir sem ouvir, antes, as partes, estará a cometer erro de procedimento, o que significa dizer, praticando ato contrário à lei, que poderá ser impugnado por meio de ação mandamental (mandado de segurança), considerando-se a liquidez e a certeza do direito do impetrante em ter sido ouvido previamente à decisão — sem prejuízo de reclamação correcional.

Inciso III. *Decisão do art. 701.* Consta dessa norma do CPC: "Sendo evidente o direito do autor, o juiz deferirá a expedição de mandado de pagamento, de entrega de coisa ou para execução de obrigação de fazer ou de não fazer, concedendo ao réu prazo de 15 (quinze) dias para o cumprimento e o pagamento de honorários advocatícios de cinco por cento do valor atribuído à causa". Essa norma é pertinente à ação monitória.

Há, no entanto, mais uma exceção, prevista no próprio CPC, à norma do art. 9.º. Referimo-nos aos arts. 562 e 568. O primeiro, que diz respeito à manutenção e à reintegração de posse, estabelece: "Estando a petição inicial devidamente instruída, o juiz deferirá, **sem ouvir o réu**, a expedição do mandado liminar de manutenção ou de reintegração" (destacamos); e o segundo, que versa sobre o interdito proibitório: "Aplica-se ao interdito proibitório o disposto na Seção II deste Capítulo", na qual se encontra o art. 562.

Conquanto não desconheçamos a regra de que as exceções, por sua natureza, não devam ser interpretadas de maneira ampliativa, atrevemo-nos a dizer que, além das mencionadas nos incisos I a III do art. 9.º, e nos arts. 562 e 568, há, quando menos, mais uma, que autoriza o juiz a decidir contra a parte sem ouvi-la previamente. Temos em vista o parágrafo único art. 774 do CPC, que manda o juiz aplicar multa ao executado que praticar ato atentatório à dignidade da justiça. Neste caso, praticado o ato, não faria sentido ouvir-se o executado antes de aplicar-lhe a penalidade pecuniária, levando-se em conta, inclusive, o fato de que os atos configuradores desse atentado são objetivamente constatáveis, como se pode verificar pela leitura dos incisos I a V do art. 774.

É evidente que muitas controvérsias surgirão, nos planos da doutrina e da jurisprudência, acerca da interpretação e da aplicação do art. 9.º do CPC, em decorrência do espectro abrangente que o princípio, nele contido, apresenta. Um exemplo: por força do art. 1.023, § 2.º, o juiz deverá intimar o embargado para, querendo, manifestar-se no prazo de cinco dias sobre os embargos declaratórios, na *hipótese* de o acolhimento destes implicar modificação da decisão embargada. Aparentemente, portanto, se os embargos declaratórios não forem dotados de aptidão para modificar a decisão a que se dirigem o juiz não estará obrigado a intimar a parte contrária à embargante, pois a decisão não será *contra* esta (art. 9.º). Todavia, como existirão situações em que a decisão dos embargos declaratórios, embora não tenha escopo modificativo da decisão embargada, poderá ser proferida *contra* os interesses do adversário do embargante, só restará ao juiz ouvir, previamente, o *ex adverso* deste.

Deixando, o juiz, de conceder às partes oportunidade para que se manifestem de maneira prévia sobre a decisão que irá proferir (art. 9.º), a consequência processual será a nulidade dessa decisão. Não acreditamos que se trate de ineficácia.

Fora do sistema do CPC, há outras situações que autorizam a concessão de medida liminar, de natureza cautelar, sem audiência da parte oposta. A primeira é a do art. 7.º, III, da Lei n. 12.016, de 7.8.2009, disciplinadora da ação de mandado de segurança; a segunda consiste no art. 10, § 3.º, da Lei n. 9.869, de 10.11.1999, na parte relativa à ação direta de inconstitucionalidade; a terceira é materializada pelos incisos IX e X do art. 659, da CLT.

> TST – IN n. 39/2016: o art. 9.º é aplicável ao processo do trabalho.
>
> "Art. 10. O juiz não pode decidir, em grau algum de jurisdição, com base em fundamento a respeito do qual não se tenha dado às partes oportunidade de se manifestar, ainda que se trate de matéria sobre a qual deva decidir de ofício."

O CPC revogado era omisso acerca do tema.

O art. 10 está imbricado com os arts. 7.º e 9.º do mesmo Código.

Essa norma, a despeito de sua preocupação em atender a determinados princípios constitucionais, como o do contraditório e da ampla defesa (CF, art. 5.º, LV), contém algo de surrealista.

Quando uma das partes apresenta algum fundamento jurídico, para efeito de formulação de pedido ou de simples requerimento, é compreensível que o juiz deva, antes de decidir, ouvir a parte contrária. Neste caso, há uma situação *concreta* nos autos, materializada no fundamento do pedido ou do requerimento, sobre o qual o litigante adverso deve manifestar-se no prazo que lhe for assinado. Sob este aspecto, o art. 10 do CPC não merece reparo, pois se destina a evitar a *decisão-surpresa*, de que fala a doutrina. Em rigor, dever-se-ia dizer *decisão-surpresa desfavorável*. Seja como for, o fato é que sem saber se a decisão será favorável ou desfavorável a uma das partes, o juiz deverá, antes, conceder oportunidade para que a outra se manifeste. Todavia, tratando-se de matéria a que o magistrado, por força de lei, deva conhecer *ex officio*, vale dizer, sem que tenha havido provocação de qualquer das partes, surge, a nosso ver, o caráter surrealista da norma, pois, neste caso, nada há ainda de concreto nos autos. O que se tem, apenas, é a *virtualidade* de uma decisão, sem que dela se conheçam os fundamentos. Deste modo, em termos práticos, teremos uma situação muito semelhante àquela a que o art. 9.º do mesmo Código nos conduz: a revelação do fundamento de uma decisão que será proferida (ato futuro, portanto). Digamos que o juiz vá pronunciar, por sua iniciativa, a ilegitimidade ativa. Nesta hipótese, como o art. 10 do CPC proíbe que ele decida "com base em fundamento a respeito do qual não se tenha dado às partes oportunidade de se manifestar, ainda que se trate de matéria sobre a qual tenha que decidir de ofício", só lhe restará comunicar ao autor que *irá* extinguir o processo sem resolução do mérito, em virtude de carência da ação (ilegitimidade ativa *ad causam*). Qual a finalidade prática dessa intimação, sabendo-se que se trata não de decisão (ato concreto), mas de mera indicação dos fundamentos de uma decisão que virá (ato futuro)? Não seria mais lógico que o autor, no exemplo que formulamos, aguardasse a decisão ou a sentença, e a indicação de seus fundamentos, para, somente depois disso, tomar as medidas previstas no sistema processual, como, *v. g.*, interpor recurso ordinário, oferecer embargos declaratórios ou impetrar mandado de segurança?

Ademais, houve uma certa dispersão do legislador, pois os conteúdos dos arts. 9.º e 10 poderiam ter sido fundidos em uma só norma. Esses dois dispositivos legais se entrelaçam, pois ambos versam sobre o princípio de que o juiz não pode decidir sem audiência prévia das partes.

Entre as matérias que o juiz pode conhecer *ex officio* encontram-se os pressupostos de constituição e de desenvolvimento válido e regular do processo; a existência de perempção, litispendência ou coisa julgada; a ausência de legitimidade ou de interesse processual e a morte da parte, sendo a ação intransmissível por força de lei. Em todos esses casos, o juiz, por sentença, extinguirá o processo (art. 316), sem resolução do mérito (art. 485, incisos IV, V, VI e IX e § 3.º).

Nos casos em que, efetivamente, a parte deveria ser ouvida previamente, mas esse direito não lhe foi assegurado pelo juiz, será cabível mandado de segurança, sem prejuízo de, em alguns casos, ela manifestar o costumeiro *protesto antipreclusivo* e, em grau de recurso — sendo-lhe desfavorável a sentença —, alegar nulidade processual por violação ao direito de audiência prévia, porquanto estará configurado o prejuízo de que cogita o art. 794, da CLT.

Acreditamos, todavia, que a jurisprudência trabalhista, com sua vocação vanguardeira (rebeldia criativa), poderá abrandar o rigor da norma, sob pena de o referido rigor implicar dano irreparável ou de difícil reparação ao direito da parte.

Poderíamos prosseguir na enumeração de outros princípios infraconstitucionais do processo; a partir desse momento, porém, estaríamos ingressando no terreno das minúcias inúteis. No essencial, os princípios aqui indicados e examinados são suficientes para dar ao leitor uma visão panorâmica, poliédrica, do assunto.

Capítulo IV

Tutela Jurisdicional. Tutela Definitiva e Tutela Provisória

1. Tutela jurisdicional

Conforme escrevemos na Primeira Parte deste Livro (Cap. III – Princípios processuais; c) Princípios constitucionais. 2. Inafastabilidade da jurisdição), na história do direito dos povos houve uma fase remota, envolta pelas brumas da insensatez, em que se permitia ao indivíduo satisfazer, com os meios pessoais de que dispusesse, as suas pretensões vinculadas a bens ou utilidades da vida, sempre que houvesse o interesse de outrem sobre os mesmos bens e utilidades. Vivia-se, naqueles tempos, o período da *autotutela* ou *autodefesa*, da realização da "justiça" por mãos próprias, em que o predomínio, nem sempre, era do direito – ao contrário do que seria desejável pelas consciências de hoje — e, sim, da astúcia, da velhacada, do ardil, da prepotência, da riqueza e, de certo modo, das classes dominantes e detentoras dos poderes político ou econômico.

Convencendo-se, não sem grande tardança, de que esse sistema iníquo estava colocando em grave risco a estabilidade não só das relações jurídicas, mas das próprias relações sociais, o Estado, que até então se mantinha em uma atitude irresponsavelmente passiva, interveio nesse campo e trouxe para si o encargo de solucionar, em caráter monopolístico e de maneira imparcial e heterônoma, os conflitos de interesses ocorrentes entre os integrantes do grupamento humano.

A contar desse episódio de extraordinária importância para o direito dos homens, instaura-se a Justiça Pública — e, com ela, surge essa tríade fundamental, que viria a constituir-se na viga mestra de todo sistema moderno de solução estatal dos conflitos intersubjetivos de interesses protegidos pela ordem jurídica, a saber, a *jurisdição*, a *ação* e o *processo*. A *jurisdição,* mais do que um *poder*, torna-se um indeclinável *dever* do Estado de declarar com quem se encontra o direito em disputa; a *ação* traduz-se no direito público, de que passaram a ser detentores os indivíduos e as coletividades, de invocar a tutela jurisdicional (nos casos e forma previstos em lei), sempre que sofrerem lesão de direito ou estiverem na iminência de sofrê-la; o *processo* firma-se como o método ou técnica de que se utiliza o Estado para compor as lides, revelando-se ao mundo sensível pelo *procedimento* —, suas vestes formais, consistente em um conjunto de atos sequentes e preordenados, e em regra preclusivos, que se encaminham para o seu polo de atração magnética e de exaustão: a sentença de mérito.

É pela jurisdição, pela ação e pelo processo que se concede a *tutela* aos indivíduos e às coletividades, nos casos de lesão de direito ou de ameaça de lesão. Fala-se, por isso, em *tutela jurisdicional*. Do ponto de vista *processual*, essa expressão é sinônima de *tutela estatal*.

Nunca é inútil enfatizar que a *ação* se insere no elenco dos Direitos e Garantias *Fundamentais* da Constituição da República (art. 5.º, XXXV). Nem mesmo uma norma constitucional congressual poderá colocar-se em antagonismo com esse direito-garantia concebido pela Assembleia Nacional Constituinte; quanto menos, o antagonismo poderá ser instaurado por norma infraconstitucional. Somente em um caso a Constituição Federal não admite o imediato exercício do direito de ação: refere-se à disciplina e às competições desportivas, em que, primeiramente, devem ser exauridas as instâncias da Justiça Esportiva, para somente depois disso, poder-se invocar a prestação da tutela jurisdicional do Estado (art. 217, § 1.º). A Justiça Desportiva disporá de sessenta dias para proferir decisão final (*ibidem*, § 2.º).

É oportuno mencionar que, no passado, o Ato Institucional n. 5, de 13 de dezembro de 1968, publicado na vigência da Constituição de 1967, estabeleceu uma exceção ao exercício do direito constitucional de ação, ao dispor: "*Art. 11 – Excluem-se de qualquer apreciação judicial todos os atos praticados de acordo com este Ato institucional e seus Atos Complementares, bem como os respectivos efeitos*".

No sistema do CPC de 1973, as *condições* para o regular exercício do direito de ação, por influência da doutrina de Liebman, eram: a legitimidade, o interesse e a possibilidade jurídica do pedido (art. 267, VI). Posteriormente, Liebman reviu a sua doutrina e reduziu as condições da ação a duas: legitimidade e interesse processual. São estas, exatamente, as previstas no art. 17, do CPC de 2015. Efetivamente, se a falta de qualquer das condições da ação acarreta a extinção do processo sem resolução do mérito (CPC, art. 485, VI), permitindo ao autor, em decorrência disso, renovar a ação (CPC, art. 486), e se pedido juridicamente impossível é aquele em relação ao qual há um *veto* na ordem legal, a consequência era de que a manutenção dessa espécie de pedido, no elenco das condições da ação, poderia fazer com que, na prática, alguém, que houvesse formulado um pedido juridicamente impossível, viesse a ajuizar, novamente, a ação, a despeito de continuar a existir o veto legal a essa postulação — o que seria insensato.

Falamos, há pouco, em *tutela jurisdicional*. Devemos, em razão disso, esclarecer que o vocábulo *tutela* — oriundo da forma latina *tutela, ae* —, significa, lexicamente, proteção, amparo, abrigo. Sob este aspecto, é sinônimo de égide (na mitologia grega, escudo de *Palas Atena*, filha partenogênica de Zeus, deusa da civilização, da sabedoria, da guerra, das artes e da justiça).

Não é diverso o sentido do vocábulo da terminologia jurídica, com especial inflexão no significativo: *proteção*. Podemos, pois, conceituar a *tutela jurisdicional* como a proteção que o Estado deve subministrar, por intermédio do Poder Judiciário, aos jurisdicionados, sempre que por estes for provocado. Aludimos à *provocação*, porque a jurisdição, como pode-dever estatal, se mantém em um ontológico *estado inercial*, razão por que se exige que o interessado tome a iniciativa de retirá-la dessa inércia, por meio de petição. Tal é o *princípio da demanda*, materializado no art. 2.º, do CPC: "*O processo começa por iniciativa da parte e se desenvolve por impulso oficial, salvo as exceções previstas em lei*". Dentre essas exceções legais, podemos referir a legítima defesa da posse, que que fala o art. 1.021, § 1.º, do Código Civil: "*O possuidor turbado, ou esbulhado, poderá manter-se ou restituir-se por sua própria força, contanto que o faça logo; os atos de defesa, ou de desforço, não podem ir além do indispensável à manutenção, ou restituição da posse*".

Esse princípio possui raízes nos aforismas latinos *nemo iudex sine actore* (não há processo sem autor); *ne procedat iudex ex officio* (não aja o juiz por sua iniciativa). A disposição do art. 2.º do CPC é justificável, pois seria algo atentatório à estabilidade das relações sociais e jurídicas se se atribuísse ao próprio magistrado a iniciativa do processo. Teríamos, então, os juízes "fomentadores de lides", que além de provocarem uma perturbação nas relações sociais e jurídicas entre os indivíduos e as coletividades, e entre uns e outros, poderiam, até mesmo, agir de maneira contrária à vontade da parte, pois esta, a despeito da lesão do seu direito ou da iminência de lesão, por ato de terceiro, talvez não desejasse litigar em juízo. Devemos lembrar que a parte pode, por exemplo, valer-se da mediação ou da arbitragem, conquanto sejam práticas escassas no âmbito das relações trabalhistas. A propósito, nem mesmo as Comissões de Conciliação Prévia, previstas nos arts. 625-A a 625-H, da CLT, atingiram, com plenitude, os objetivos desejados pelo legislador, quais sejam: a) solucionar, da maneira mais rápida possível, os conflitos de interesses trabalhistas; b) desafogar os órgãos da Justiça do Trabalho.

No sistema do processo civil, portanto, vigora o *princípio* de que a instauração do processo depende de iniciativa do interessado (desde que legalmente legitimado), embora se desenvolva por impulso oficial, ou melhor, por incoação do magistrado. Esse princípio também impera nos domínios do processo do trabalho. No plano dos denominados "dissídios coletivos" havia uma exceção à regra. Ocorre que quando houvesse greve o processo poderia ser instaurado por iniciativa do presidente do Tribunal do Trabalho competente (CLT, art. 856). Este dispositivo, contudo, foi tacitamente revogado, em parte, pela Lei n. 7.783, de 28-6-1989 ("Lei de Greve"), cujo art. 8.º atribuiu legitimidade somente às partes e ao Ministério Público do Trabalho para a instauração do processo.

No tocante à *iniciativa da execução*, havia expressiva diferença entre os sistemas do processo civil e do processo do trabalho. Realmente, enquanto o art. 513, § 1.º, do CPC, dispõe que o cumprimento da sentença que reconhecer o dever de pagar *quantia certa* (provisória ou definitiva) será realizado *mediante requerimento do interessado*, o art. 878, *caput*, da CLT, estabelecia que a execução poderia ser promovida pelos interessados *e também pelo juiz, ex officio*. Essa dessemelhança de sistemas, contudo, foi consideravelmente reduzida, porquanto o art. 818, *caput*, da CLT, com a nova redação imposta pela Lei n. 13.467/2017, passou a declarar que o juiz do trabalho somente poderá promover a execução, por sua iniciativa, quando as partes não estiverem representadas por advogado.

Diferença há, todavia, entre os processos civil e do trabalho no que se refere ao comparecimento das testemunhas à audiência: enquanto, naquele, se a parte se comprometer a levar a testemunha, independentemente de intimação, e esta deixar de comparecer, a presunção legal é de que a parte desistiu da inquirição da testemunha (CPC, art. 455, § 2.º), ao passo que, neste, as testemunhas que deixarem de comparecer — mesmo que não tenham sido intimadas —, deverão ser agora intimadas, a requerimento da parte *ou por iniciativa do próprio juiz da causa* (CLT, art. 825, parágrafo único). Essa possibilidade de intimação *ex officio* está em harmonia com o art. 765, da CLT, que atribui ao magistrado ampla liberdade na direção do processo.

2. Tutela definitiva

De modo geral, a tutela definitiva se dá com a sentença (ou acórdão) de mérito, que é proferida no processo de conhecimento e pressupõe uma instrução exaustiva e um juízo de certeza, de convicção. Com efeito, é nos domínios do processo de conhecimento que determinadas garantias constitucionais do processo, como as do contraditório e da ampla defesa, se revelam com maior visibilidade e intensidade. Diz-se que a tutela é definitiva porque a sentença traduz a dicção jurisdicional acerca da existência ou da inexistência do direito material alegado pela parte, sendo, por isso, dotada de eficácia para dar fim ao conflito de interesses que motivou a intervenção estatal.

Sob certo aspecto, podemos considerar *definitiva* a tutela "provisória" de que cuida o art. 304, do CPC, quando exaurido, *in albis*, o prazo de dois anos para o exercício da ação a que aludem os §§ 2.º a 5.º, desse artigo. Assim dizemos, porque, no caso, a tutela não pode mais ser revista, reformulada ou invalidada, tornando-se, por isso, *estável*.

Qual seria, entretanto, a ação adequada para reformar ou invalidar a tutela antecipada?

Nos primeiros momentos, chegamos a concluir que seria a rescisória. Considerando que o § 6.º, do art. 303, do CPC), declara que a decisão concessiva da tutela não fará coisa julgada (material), abandonamos o pensamento inicial.

A ação, no caso, é algo *sui generis*, podendo ser denominada de *revisional.* As causas para a revisão da tutela estabilizada não são, necessariamente, aquelas próprias da ação rescisória, embora não se possa afastar a possibilidade de, em alguns casos, uma ou outras dessas causas ser invocada na revisional.

Em tema de tutela provisória de urgência, a cognição é *sumária*, e, às vezes, *superficial*, como se dá, neste último caso, com as liminares.

É oportuno recordar que na ordem processual a *cognição consiste na* relação que se estabelece entre o juiz, como ser cognoscente, e os fatos da causa, como objeto cognoscível. Sob este ângulo conceitual, ficaria difícil justificar a razão por que também não recebe essa denominação o processo de natureza *cautelar*. Passa-se, que o processo de conhecimento recebeu essa denominação em virtude de o elemento cognitivo, que o caracteriza, possuir uma carga muito mais intensa do que a que é típica do processo cautelar. Com efeito, a cognição própria do processo de *conhecimento*, seja sob o aspecto vertical (profundidade), seja sob o horizontal (extensão), é *exauriente,* exigindo, por isso, uma ampla e profunda investigação dos fatos da causa, mediante a atividade das partes, segundo o ônus da prova que lhes cabe, conquanto, em determinadas situações, o juiz possa tomar a iniciativa da prova, designadamente, o juiz do trabalho (CLT, art. 765). Essa profunda investigação dos fatos da causa conduz à amarga conclusão de que "o preço da certeza é a lentidão do procedimento".

Ora, bem. Todo esse aprofundamento na investigação do universo factual, ínsito ao processo de conhecimento, é necessário porque o juízo que se formulará no final do processo, consubstanciado na sentença de mérito, é de *certeza*, de *convicção.* Os juízos de *verossimilhança* e de *probabilidade* são próprios do processo cautelar. *Verossímil* é aquilo que aparenta ser verdadeiro; a *probabilidade* significa ser provável que o autor consiga comprovar, no processo principal, a veracidade dos fatos ligados ao mérito e alegados na cautelar. Esses elementos são suficientes para que o magistrado conceda a tutela cautelar, quando for o caso.

Como o atendimento aos princípios constitucionais que mencionamos há pouco consome, em termos práticos, muito tempo (processo de conhecimento) — durante o qual pode ocorrer lesão grave ou irreparável do direito do autor —, o legislador instituiu as medidas cautelares (CPC de 1973), que se transportaram, em parte, para o CPC de 2015, sob a forma de tutelas *provisórias de urgência* – em contraposição à *definitivas*.

As tutelas provisórias enfeixam as *de urgência* e as *da evidência* (CPC, art. 294, *caput)*; as de *urgência* compreendem as *cautelares* ou *antecipadas* (*ibidem*, parágrafo único), podendo ser concedidas em caráter *antecedente* ou *incidental* (idem, *ibidem*).

3. Tutela provisória

No sistema do CPC anterior, havia o Livro III, que dispunha sobre o *Processo Cautelar*. As *medidas cautelares* compreendiam a) as *inominadas*, derivantes do poder geral de cautela do magistrado (art. 798); e b) as *nominadas*, que compreendiam o arresto, o sequestro, a caução, a busca e apreensão, a exibição, a produção antecipada de provas, a justificação, os protestos, as notificações, as interpelações e o atentado — apenas para referirmos as que eram aplicáveis ao processo do trabalho.

Doutrinariamente, entendia-se que as medidas cautelares haviam sido instituídas pelos modernos sistemas processuais para promover a defesa do direito ao processo — e não, do direito material. Para este, havia o processo de conhecimento, com sua clássica morosidade, sua cognição profunda e exaustiva, por exigir um juízo de *certeza*, ao contrário da sentença cautelar, que se fundava na mera probabilidade. Com o passar do tempo, todavia, os jurisdicionados, verificando a eficiência e a celeridade das medidas cautelares, passaram a utilizá-las com o escopo de promover a defesa do próprio direito material. No processo do trabalho, por exemplo, tornou-se frequente o uso dessas medidas para obter a reintegração de empregado portador de algum tipo de estabilidade. Essa deflexão do uso de medidas cautelares, para utilizá-las como instrumento de tutela do direito material, acabou sendo tolerada pela doutrina e pela jurisprudência, diante da inexistência, na ordem processual, de medidas que possibilitassem a imediata proteção do direito material ameaçado de iminente lesão.

Visando a suprir essa lacuna, o legislador alterou a redação do art. 273, do CPC de 1973 — transubstanciando-o, por assim dizer —, para permitir ao magistrado *antecipar os efeitos da tutela de mérito*, nas situações ali indicadas: a) quando houvesse fundado receio de dano irreparável ou de difícil reparação; b) ficasse caracterizado o abuso do direito de defesa ou o manifesto propósito protelatório do réu. No primeiro caso, a antecipação possuía fortes traços de providência de natureza cautelar, razão pela qual se passou, na doutrina e na jurisprudência, a exigir-se que o autor atendesse aos clássicos pressupostos do *fumus boni iuris* e do *periculum in mora,* conquanto adaptados ao fato de o art. 273 estar inserido no Livro I, que se ocupava do processo de conhecimento. A lembrar-se que a precitada norma processual aludia à necessidade de *prova inequívoca*, colocando-a ao lado da *verossimilhança* das alegações do autor. Diante de requisitos algo conflitantes, construímos o entendimento de que a *prova inequívoca* se relacionava ao *direito* invocado pelo autor; quanto à *verossimilhança*, dizia respeito à alegação de lesão ou de ameaça de lesão do direito.

Uma nótula esclarecedora: na altura, discordávamos dos juristas que sustentavam o caráter *provisório* das medidas cautelares, demonstrado que medidas como os protestos, as notificações, as interpelações e a justificação nem sempre eram marcadas pela provisoriedade. Como fundamento de nossa objeção argumentávamos, por exemplo, com o art. 861, daquele CPC, segundo o qual a justificação poderia ser realizada para simples documentação, sem qualquer interesse do requerente em utilizá-la com vistas ao exercício de ação judicial. Nesse caso, ela possuía caráter *definitivo*. O art. 861 estava assim redigido: "*Quem pretender justificar a existência de um fato ou relação jurídica, **seja para simples documento**, seja para servir de prova em processo regular, exporá, em petição circunstanciada, a sua intenção*". (destacamos)

Nossa objeção, entretanto, não cabe em relação ao atual CPC, cujo Livro V versa sobre *Tutela Provisória*, pois o Código não classifica o protesto, a notificação, a interpelação e a justificação como medidas cautelares (tutela de urgência).

Pois seja. Devemos reconhecer que o CPC de 2015 empreendeu uma profunda e complexa modificação do sistema das tutelas cautelares e da antecipação dos efeitos da sentença de mérito, adotado pelo Código anterior, a começar pelo fato de o seu Livro V disciplinar o que denominou de "Tutela Provisória". Esta compreende:

a) a *tutela de urgência* (art. 294, *caput)*, que se subdivide em:

a.a.) tutela cautelar *(ibidem*, parágrafo único); e

a.b.) tutela antecipada (*idem*); e

b) a *tutela da evidência* (art. 294, *caput*).

A tutela *de urgência* pode ser concedida em caráter:

a) antecedente; e

b) incidental (art. 294, parágrafo único).

Podemos verificar, portanto, que o novo CPC classifica a *tutela provisória* segundo três critérios: a) em decorrência da necessidade, ou não, de demonstração de *perigo* na demora da prestação da tutela jurisdicional final, a tutela pode ser: a.a.) de urgência ou a.b.) da evidência (art. 294, *caput*); b) em razão do *momento* em que é pedida, a tutela pode ser: b.a.) antecedente ou b.b.) incidental (art. 294, parágrafo único); c) em virtude da *aptidão* da tutela para ensejar ao autor obter, desde logo, o resultado útil do processo, ela pode ser: c.a.) antecipada (com caráter satisfativo) ou c.b.) cautelar (art. 294, parágrafo único).

Sob certo aspecto, podemos afirmar que no sistema do CPC de 2015 as *tutelas provisórias* de urgência (cautelar) e da evidência ocupam, *mutatis mutandis,* o espaço que o Código anterior destinava às medidas cautelares e à antecipação dos efeitos da tutela, respectivamente.

Vimos, há pouco, que as tutelas de urgência se desdobram em cautelar e antecipada, fato que levou o legislador a falar de *tutela de urgência cautelar* e *tutela de urgência antecipada*; mais do que isso, devemos dizer que a primeira envolve *preservação*, ao passo que a segunda implica *satisfação.* Se este pode ser apontado como traço distintivo entre ambas, não podemos deixar de reconhecer que o traço comum é a *cognição sumária* e o caráter de *provisoriedade, modificabilidade e revogabilidade.* A propósito, esses traços são comuns a todas as tutelas provisórias (CPC, art. 296, *caput).*

Em que pese ao fato de a doutrina, de modo geral, haver manifestado gosto pela expressão *tutela antecipatória*, não podemos ignorar a opinião, discrepante e abalizada, de José Carlos Barbosa Moreira. Para este jurista, a sobredita expressão não tem o abono da linguagem legal, nem da própria Lógica gramatical. Argumenta: "*Em lugar algum se depara a locução 'tutela antecipatória'. Andou bem o legislador em expressar-se como se expressou. Se por 'tutela' se entende a proteção dispensada ao litigante, é intuitivo que ela não pode constituir o sujeito, mas apenas o objeto da antecipação. A tutela não antecipa seja o que for: pode, isso sim, ser antecipada pelo juiz, ou por decisão que este profira. Falar-se-á com propriedade, portanto, em 'decisão antecipatória', ou em 'providência antecipatória', no sentido de decisão ou de providência que antecipa a tutela. Quanto a esta última, ou será antecipada ou não o será: antecipatória é que jamais se concebe que seja*" (*Antecipação da tutela:* algumas questões controvertidas. Temas de direito processual — Oitava série. São Paulo: Saraiva, 2004. p. 77/88).

A sistematização das tutelas cautelares e das antecipadas, empreendida pelo CPC de 1973, aliás, era muita menos complexa do que a das *tutelas provisórias* do CPC de 2015, com suas diversas ramificações estruturais e de procedimentos.

Do ponto de vista estrito do processo do trabalho, por isso, não seria despropositado afirmar que a disciplina e o procedimento da *tutela provisória* (gênero) se tornaram mais complexos e intricados do que havia ao tempo das ações cautelares e da antecipação dos efeitos da tutela, regidas pelo CPC de 1973. *De lege ferenda*, o processo do trabalho deveria prover-se de *tutelas de urgência*, regulando-as de modo mais simples, a fim de atender à própria *natureza* dessas tutelas. Nem se descuraria, também, esse processo, de atribuir, de maneira expressa e inequívoca, aos magistrados, um *poder geral de cautela*, destinado a debelar as mais diversas situações de direitos colocados em estado de periclitância. O art. 301, do CPC de 2015, declara que a *tutela de urgência cautelar* pode ser efetivada mediante arresto, sequestro, arrolamento de bens, registro de protesto contra alienação de bem "*e qualquer outra medida idônea para asseguração do direito*". Entretanto, medidas como o sequestro, a caução, a busca e apreensão nem mesmo são disciplinadas por esse Código, ao passo que o arresto é somente previsto na execução (art. 830), e a exibição de documento ou coisa é localizada apenas no capítulo das provas (art. 396).

Seja como for, a disciplina legal imposta a essas tutelas permite concluir que a de *urgência* — antecipada e requerida em caráter antecedente — também possui traços de satisfatividade, ao tornar-se *estável* (art. 304). De outro ponto, a possibilidade de o juiz conceder "*qualquer outra medida idônea para asseguração do direito*" (CPC, art. 301) revela que o Código preservou o notável *poder geral de cautela* do magistrado, poder que continuará, portanto, a servir como uma espécie de pedra angular do sistema ou como cheque em branco emitido pelo legislador em favor do juiz, que o preencherá quando tiver diante de si situações que espelhem um estado de ameaça de lesão iminente — irreparável ou de difícil reparação — a direito do requerente da medida.

Conquanto o CPC de 2015 não haja reproduzido o tratamento que o Código anterior dispensava aos protestos, às notificações e às interpelações (passando a tratá-los no Capítulo: *Dos Procedimentos de Jurisdição Voluntária*, arts. 726 a 729), essas medidas continuam a existir, sendo, em muitos casos, úteis aos interesses das partes, especialmente, no terreno do processo do trabalho. Argumentemos, por exemplo, com o protesto interruptivo da prescrição, ao qual a SBDI-1, do TST, dedica uma OJ: *"392. PRESCRIÇÃO. INTERRUPÇÃO. AJUIZAMENTO DE PROTESTO JUDICIAL. MARCO INICIAL. (republicada em razão de erro material) – Res. n. 209/2016, DEJT divulgado em 1.º, 2 e 3-6-2016. O protesto judicial é medida aplicável no processo do trabalho, por força do art. 769 da CLT e do art. 15 do CPC de 2015. O ajuizamento da ação, por si só, interrompe o prazo prescricional, em razão da inaplicabilidade do § 2.º do art. 240 do CPC de 2015 (§ 2.º do art. 219 do CPC de 1973), incompatível com o disposto no art. 841 da CLT".*

A cognição no quadro geral das tutelas jurisdicionais

Com o objetivo de propiciar maior facilidade na compreensão do assunto, apresentamos, abaixo, um esquema contendo a classificação da *cognição* no quadro geral das tutelas jurisdicionais:

Cognição

- **horizontal**
  - **plena:** compreende todos os fatos da lide
  - **parcial:** abrange parte dos fatos da lide (embargos do devedor, de terceiros, agravo de instrumento, etc.)
- **vertical**
  - **exaustante:** própria do processo de conhecimento: juízo de certeza; solução definitiva; incide sobre o fato
  - **sumária:** característica do juízo de probabilidade: solução provisória; incide sobre a afirmação do fato (sentença cautelar; antecipação da tutela; liminar em mandado de segurança)
  - **superficial:** juízo de verossimilhança; incide sobre a afirmação do fato (liminar cautelar).

Segunda Parte

Comentários às Disposições do CPC Sobre Tutela Provisória

(sob a perspectiva do Processo do Trabalho)

Capítulo I

Tutela Provisória. Disposições Gerais

Art. 294. A tutela provisória pode fundamentar-se em urgência ou evidência.

Parágrafo único. A tutela provisória de urgência, cautelar ou antecipada, pode ser concedida em caráter antecedente ou incidental.

Comentário

Caput. A *tutela provisória* é o gênero, do qual as tutelas *de urgência* e *da evidência* constituem espécies. Conforme salientamos no Capítulo IV, da Primeira Parte, as tutelas de *urgência*, por sua vez, compreendem a *cautelar* e a *antecipada,* podendo ser concedidas em caráter *antecedente* ou *incidental* (CPC, art. 294, parágrafo único).

No final deste Capítulo, elaboramos um organograma referente às tutelas provisórias.

Em termos gerais, o sistema concebido pelo atual CPC, a respeito das *tutelas provisórias*, é o seguinte:

a) Se a *urgência*:

a.b.) for *contemporânea* à propositura da ação principal, o caso é de tutela *antecipada* requerida em caráter *antecedente* (art. 303);

a.b.) *preceder* à propositura da ação principal, utiliza-se a tutela *cautelar antecedente* (art. 305);

a.c.) for *posterior* à propositura da ação principal, far-se-á o manejo da tutela *cautelar incidental* (art. 294, parágrafo único).

b) Se não houver urgência: tutela da *evidência* (art. 311).

Os arts. 294 a 299 contêm disposições gerais sobre a *tutela provisória*, ou seja, de *urgência* e da *evidência*.

As tutelas de *urgência* são regidas pelos arts. 300 a 310, sendo que à *antecipada* requerida em caráter *antecedente* foram dedicados os arts. 303

e 304; à *cautelar* requerida em caráter *antecedente*, os arts. 305 a 310. A tutela da *evidência* é disciplinada pelo art. 311. O CPC não dispôs sobre o procedimento concernente às tutelas de urgência incidentais.

A concessão da tutela de urgência pressupõe: a) a probabilidade do direito (*fumus boni iuris*); b) o perigo de dano (*periculum damnum*); c) risco ao resultado útil do processo (CPC, art. 300). Os pressupostos mencionados nas letras *"a"* e *"b"*, *retro*, são *cumulativos* (há, entre eles, o conetivo *e*); o mesmo se afirme quanto aos mencionados nas alíneas *"a"* e *"c"*; os previstos nas letras *"b"* e *"c"*, todavia, são *alternativos* (há, entre eles, o disjuntivo *ou)*. Essa observação nos conduz ao seguinte quadro, diante dos casos concretos, com vistas à concessão da tutela de urgência: 1) probabilidade do direito e perigo de dano; 2) probabilidade do direito e risco ao resultado útil do processo. Não se admite, portanto, a ausência do pressuposto representado pela probabilidade do direito.

A propósito, os vocábulos *probabilidade* e *possibilidade* não se confundem, tanto na ordem léxica, quanto na processual. O substantivo *probabilidade* (do Latim *probabilitas*) é sinônimo de *verossimilhança*, de *plausibilidade,* significando aquilo que faz presumir a verdade, que indica o que tende a ocorrer; *possibilidade* (do Latim *possibilitas*) traduz aquilo que pode existir, que pode acontecer. Há, portanto, um elemento sutil, distintivo de ambos os vocábulos: na *probabilidade*, diz-se de algo que *tende* a ocorrer; na *possibilidade*, de algo que *pode* ocorrer. O verbo *tender* possui maior carga de dramaticidade do que o *poder*. Por esse motivo, neste último não cabe o traço da *verossimilhança*.

Efetuada essa distinção conceitual entre a *probabilidade* e a *possibilidade*, devemos lembrar que o art. 300, do CPC, exige a presença do primeiro. Não é suficiente, portanto, para a concessão da tutela de urgência, a mera *possibilidade* de existência do direito.

No comentário ao art. 300, iremos lançar algumas considerações complementares a respeito do requisito da *probabilidade do direito*.

Parágrafo único. O art. 796 do CPC anterior declarava que o procedimento cautelar poderia ser instaurado antes ou no curso do processo principal, acrescentando a equivocada expressão "*e deste (processo principal) é sempre dependente*". O CPC em vigor manteve a regra de que a tutela de urgência, seja cautelar, seja antecipada, pode ser concedida em caráter antecedente (liminarmente ou mediante justificação prévia) ou incidental (art. 300, § 2.º), embora haja abandonado a antiga menção à *dependência* dessas medidas a processo principal. A propósito, a tutela provisória de urgência, antecipada, requerida em caráter antecedente, pode bastar a si, pois se estabiliza (CPC, art. 304, *caput*), significa dizer, prescinde de processo "principal", superveniente.

Uma ponderação: talvez, ocorram, na prática, situações em que se necessite de uma tutela provisória que não seja, em rigor, de urgência (preservação), nem da evidência (satisfação), possuindo, isto sim, caráter tipicamente *conservativo*. Seria o caso, por exemplo, de bens penhorados, que precisam ser conservados, a fim de que não se deteriorem ou não percam a sua funcionalidade. É bem verdade que, em tais casos, o juiz poderia determinar ao depositário ou ao administrador (CPC, art. 159) que promovesse a conservação do bem, sob pena de responder pelos prejuízos que acarretar à parte (CPC, art. 161). Estamos a cogitar, entretanto, do uso de medida cautelar *conservativa* para o caso de o depositário não cumprir a ordem judicial ou de essa ordem não ser dada pelo magistrado.

Dissemos, em linhas anteriores, que a tutela provisória pode assumir caráter definitivo, como aquela a que se refere o art. 304, do CPC. Acrescentemos um outro exemplo. Há situações em que o magistrado condena o réu, digamos, a prestar tratamento de saúde ao autor, enquanto este viver. Não se pode asseverar, de maneira dogmática, que estaremos diante de uma tutela meramente *provisória*, pois esta, compreendendo todo o período de existência do autor, mais se assemelha à *definitiva*. Definitiva, embora condicionada ao fato de o beneficiário continuar vivo. Enfim, a realidade prática, com sua incomensurável riqueza de situações e de peculiaridades, haverá de demonstrar a existência de outros casos em que a denominada tutela *provisória* possui traços de *definitividade*. É preciso não perder de vista o fato de a vida ser muito mais rica na produção de fatos do que possa ter imaginado o legislador. Conforme lembrou, com propriedade, Oliver Wendell Homes (*The Common Law*), a vida do Direito não foi a Lógica, e sim, a Experiência.

Art. 295. A tutela provisória requerida em caráter incidental independe do pagamento de custas.

Comentário

Diz-se que a tutela provisória possui caráter *incidental* quando requerida no curso de um processo. Neste caso, o requerente da medida estará dispensado do pagamento de custas. Aplica-se a regra tanto à tutela de urgência cautelar quanto à antecipada, desde que incidentais.

De qualquer modo, no processo do trabalho, as custas, quando devidas, deverão ser pagas pelo vencido somente após o trânsito em julgado da decisão (CLT, art. 789, § 1.º). Havendo recurso, o pagamento deverá ser feito dentro do prazo para recorrer (idem, *ibidem*).

Estabelece o *caput* do art. 789, da CLT: “Nos dissídios individuais e nos dissídios coletivos do trabalho, nas ações e procedimentos de competência da Justiça do Trabalho, bem como nas demandas propostas perante a Justiça Estadual, no exercício da jurisdição trabalhista, as custas relativas ao processo de conhecimento incidirão à base de 2% (dois por cento), observado o mínimo de R$ 10,64 (dez reais e sessenta e quatro centavos) e o máximo de quatro vezes o limite máximo dos benefícios do Regime Geral de Previdência Social, e serão calculadas: I – quando houver acordo ou condenação, sobre o respectivo valor; (Redação dada pela Lei n. 10.537, de 27-8-2002); II – quando houver extinção do processo, sem julgamento do mérito, ou julgado totalmente improcedente o pedido, sobre o valor da causa; (Redação dada pela Lei n. 10.537, de 27-8-2002); III – no caso de procedência do pedido formulado em ação declaratória e em ação constitutiva, sobre o valor da causa; (Redação dada pela Lei n. 10.537, de 27-8-2002); IV – quando o valor for indeterminado, sobre o que o juiz fixar (Redação dada pela Lei n. 10.537, de 27-8-2002)".

A alteração introduzida pela Lei n. 13.467/2017 no art. 789, *caput*, da CLT, consistiu, unicamente, em estabelecer um teto para o valor das custas. Esse teto corresponde a quatro vezes o limite máximo dos benefícios do Regime Geral da Previdência Social. As bases de cálculo são as constantes dos incisos I a IV, do art. 789. Seguem inalterados os §§ 1.º a 4.º, desse dispositivo legal, assim como os arts. 789-A e 789-B.

Sempre defendemos a fixação de um teto para as custas, a fim de estabelecer uma necessária simetria com o depósito para recurso, exigido pela art. 899, § 1.º, da CLT.

Com efeito, visando a desestimular a interposição de recursos — nomeadamente, os dotados de caráter protelatório, — o legislador impôs ao empregador a realização de um depósito prévio, em pecúnia; todavia, para não cercear a possibilidade de o empregador ter o direito de submeter a matéria, na qual ficou vencido, a reexame, pelo tribunal, o mesmo legislador estabeleceu um limite para o valor do depósito a ser realizado. Ele construiu, portanto, um sistema equilibrado: de um lado, a imposição do depósito; de outro, a limitação do correspondente valor.

Foi o mesmo equilíbrio que, desde sempre, propusemos às custas processuais. Não fazia sentido, diante de uma condenação, digamos, de R$ 1.000.000,00, o réu depositar algo em torno de R$ 11.000,00, a título de depósito para recorrer, mas ter de pagar R$ 20.000,00 de custas, para a mesma finalidade (recorrer).

Temos, agora, portanto, um equilíbrio entre os sistemas do depósito para recurso e o das custas processuais.

Não sendo líquida a condenação, o juízo arbitrar-lhe-á o valor e fixará o montante das custas processuais (CLT, art. 789, § 2.º).

Sempre que houver acordo, se de outra forma não for convencionado, o pagamento das custas caberá em partes iguais aos litigantes *(ibidem*, § 3.º).

Nos dissídios coletivos, as partes vencidas responderão solidariamente pelo pagamento das custas, calculadas sobre o valor arbitrado na decisão, ou pelo Presidente do Tribunal *(ibidem*, § 4.º).

São isentos do pagamento de custas: a) o beneficiário de justiça gratuita; b) a União, os Estados, o Distrito Federal, os Municípios e respectivas autarquias e as fundações públicas federais, estaduais ou municipais, desde que não explorem atividade econômica; c) o Ministério Público do Trabalho (CLT, art. 790-A, *caput*, e incisos I e II).

A Lei n. 13.467/2017 inseriu os seguintes parágrafos no art. 790, da CLT: "§ 3.º É facultado aos juízes, órgãos julgadores e presidentes dos tribunais do trabalho de qualquer instância conceder, a requerimento ou de ofício, o benefício da justiça gratuita, inclusive quanto a traslados e instrumentos, àqueles que perceberem salário igual ou inferior a 40% (quarenta por cento) do limite máximo dos benefícios do Regime Geral de Previdência Social; § 4.º O benefício da justiça gratuita será concedido à parte que comprovar insuficiência de recursos para o pagamento das custas do processo".

Aos comentários.

§ 3.º *Justiça gratuita* e *assistência judiciária* são expressões que não se confundem. A primeira significa a isenção de despesas processuais, como: custas, emolumentos, etc., às pessoas que não possuem condições financeiras de as suportar; a segunda traduz o ato pelo qual determinada entidade, pública ou particular, fornece advogado, gratuitamente, para a pessoa que não possui condições de pagar honorários advocatícios, ingressar em juízo.

Na Justiça do Trabalho, tem sido admitida a concessão de gratuidade da justiça também aos empregadores, desde que sejam pessoas físicas. Na Justiça Comum, esse benefício compreende tanto as pessoas físicas quanto as jurídicas (CPC, art. 98, *caput*), cuja atitude está, a nosso ver, em harmonia com o art. 5.º, LXXIV, da Constituição Federal, conquanto esta faça confusa alusão à *assistência jurídica*", integral e gratuita, "*aos que comprovarem insuficiência de recursos*". Recursos financeiros, obviamente. A locução constitucional *aos que* significa que o benefício pode ter como destinatário *qualquer pessoa*, seja física, seja jurídica – desde que comprove não possuir condições financeiras para demandar em juízo. Aliás, a expressão constitucional *assistência jurídica* encambulha, a um só tempo, as figuras díspares da *justiça gratuita* e da *assistência judiciária*.

No sistema do processo civil, a gratuidade da justiça compreende (art. 98, § 1.º):

> *I – as taxas ou as custas judiciais;*
>
> *II – os selos postais;*
>
> *III – as despesas com publicação na imprensa oficial, dispensando-se a publicação em outros meios;*
>
> *IV – a indenização devida à testemunha que, quando empregada, receberá do empregador salário integral, como se em serviço estivesse;*
>
> *V – as despesas com a realização de exame de código genético — DNA e de outros exames considerados essenciais;*
>
> *VI – os honorários do advogado e do perito e a remuneração do intérprete ou do tradutor nomeado para apresentação de versão em português de documento redigido em língua estrangeira;*
>
> *VII – o custo com a elaboração de memória de cálculo, quando exigida para instauração da execução;*
>
> *VIII – os depósitos previstos em lei para interposição de recurso, para propositura de ação e para a prática de outros atos processuais inerentes ao exercício da ampla defesa e do contraditório;*
>
> *IX – os emolumentos devidos a notários ou registradores em decorrência da prática de registro, averbação ou qualquer outro ato notarial necessário à efetivação de decisão judicial ou à continuidade de processo judicial no qual o benefício tenha sido concedido.*

Algumas das disposições do art. 98, do CPC, a seguir mencionadas, podem ser aplicadas, *mutatis mutandis*, ao processo do trabalho, a saber:

a) a concessão de gratuidade não exime a responsabilidade do beneficiário pelas despesas processuais e pelos honorários advocatícios decorrentes de sua sucumbência (§ 2.º);

b) se vencido o beneficiário, as obrigações oriundas de sua sucumbência ficarão sob condição suspensiva de exigibilidade e somente poderão ser executadas se, nos cinco anos subsequentes ao trânsito em julgado da decisão que as certificou, o credor comprovar que deixou de existir a situação de insuficiência de recursos, justificadora da concessão de gratuidade, extinguindo-se, passado esse prazo, tais obrigações do beneficiário (§ 3.º).

Na verdade, dispensa-se a incidência desta norma do CPC, pois a CLT possui disposição semelhante: "*Vencido o beneficiário da justiça gratuita, desde que não tenha obtido em juízo, ainda que em outro processo, créditos capazes de suportar a despesa, as obrigações decorrentes de sua sucumbência ficarão sob condição suspensiva de exigibilidade e somente poderão ser executadas se, nos dois anos subsequentes ao trânsito em julgado da decisão que as certificou, o credor demonstrar que deixou de existir a situação de insuficiência de recursos que justificou a concessão de gratuidade, extinguindo-se, passado esse prazo, tais obrigações do beneficiário*" (CLT, art. 791-A, § 4.º);

c) a concessão de gratuidade não afasta o dever de o beneficiário pagar, ao final, as multas processuais que lhe sejam impostas (4.º);

d) a gratuidade poderá ser concedida em relação a algum ou a todos os atos processuais, ou consistir na redução percentual de despesas processuais que o beneficiário tiver de adiantar no curso do procedimento (5.º);

e) conforme o caso, o juiz poderá conceder direito ao parcelamento de despesas processuais que o beneficiário tiver de adiantar no curso do procedimento (6.º);

f) no caso do § 1.º, inciso IX, havendo dúvida fundada quanto ao preenchimento atual dos pressupostos para a concessão de gratuidade, o notário ou registrador, após praticar o ato, pode requerer, ao juízo competente para decidir questões notariais ou registrais, a revogação total ou parcial do benefício ou a sua substituição pelo parcelamento de que trata o § 6.º deste artigo, caso em que o beneficiário será citado para, em 15 (quinze) dias, manifestar-se sobre esse requerimento (8.º);

Não se aplica ao processo do trabalho, porém, o disposto no § 7.º, do art. 98, do CPC.

Pondo de lado o altiplano constitucional, desçamos ao sopé infraconstitucional.

Esta era a antiga redação do § 3.º, do art. 790, da CLT:

> *É facultado aos juízes, órgãos julgadores e presidentes dos tribunais do trabalho de qualquer instância conceder, a requerimento ou de ofício, o benefício da justiça gratuita, inclusive quanto a traslados e instrumentos, àqueles que perceberem salário igual ou inferior ao dobro do mínimo legal, ou declararem, sob as penas da lei, que não estão em condições de pagar as custas do processo sem prejuízo do sustento próprio ou de sua família.*

Do cotejo entre ambas as redações do mesmo preceptivo legal, nota-se que a atual, para efeito de concessão de gratuidade da justiça:

> a) substituiu o limite de dois salários mínimos por um limite máximo de 40% dos benefícios do Regime Geral da Previdência Social;
>
> b) eliminou a possibilidade de o benefício da justiça gratuita ser concedido mediante declaração do próprio interessado de que não se encontra em condições de arcar com as despesas processuais sem detrimento pessoal ou familiar.

Constou, a propósito, da Justificativa do Projeto de Lei n. 6.787/2016, posteriormente substituído pelo Projeto de Lei do Senado, n. 38-2017, que viria a converter-se na Lei n. 13.467/2017:

> Um dos problemas relacionados ao excesso de demandas na Justiça do Trabalho é a falta de onerosidade para se ingressar com uma ação, com a ausência da sucumbência e o grande número de pedidos de justiça gratuita. Essa litigância sem risco acaba por estimular o ajuizamento de ação trabalhista.
>
> A assistência jurídica integral e gratuita é um direito assegurado constitucionalmente, porém o texto da Constituição Federal garante essa assistência '*aos que comprovarem insuficiência de recursos*' (art. 5.º, LXXIV).
>
> A redação sugerida aos §§ 3.º e 4.º do art. 790 da CLT visa justamente a dar efetividade ao princípio da gratuidade, transcrevendo os termos da Constituição no § 4.º, enquanto o § 3.º exclui a presunção de insuficiência de recursos, admitida na parte final da redação atual.
>
> Ressalte-se que o objetivo não é dificultar o acesso à Justiça, mas, pelo contrário, torná-la efetiva, evitando-se as ações em que se solicita, e muitas vezes é concedida, a justiça gratuita para pessoas que dela não poderiam usufruir, mediante mero atestado de pobreza. Com essa medida, afastam-se as pessoas que não se enquadram nos requisitos de 'pobreza' e se garante que o instituto seja utilizado por aqueles que realmente necessitam.

Na verdade, na redação do § 3.º, do art. 790, da CLT, anterior à Lei n. 13.467/2017, não se falava em atestado de pobreza, e sim, em declaração de próprio punho da parte que desejava obter o benefício da justiça gratuita.

§ 4.º Acabamos de asseverar que a nova redação dada ao art. 790, § 3.º, da CLT, eliminou a possibilidade de a gratuidade da justiça ser concedida com base em declaração subscrita pelo próprio interessado de que não dispunha de recursos financeiros para suportar as despesas processuais sem sacrifício pessoal ou familiar. Se dúvida havia quanto a isso, ela é dissipada pelo § 4.º, da mesma norma legal, que se refere à *comprovação,* pela parte interessada, de insuficiência de recursos financeiros.

A norma cria, portanto, um ônus formal — e, conseguintemente, uma dificuldade — para a pessoa que desejar ser beneficiária da justiça gratuita, ao substituir a sua informal declaração de próprio punho pela comprovação de insuficiência de recursos financeiros para o pagamento de custas processuais. Cumpre-nos destacar que CPC não exige essa comprovação, admitindo, por força de presunção, ser verdadeira a mera *alegação* feita por pessoa física.

Indagamos, porém: como será feita a *comprovação* da insuficiência de recursos financeiros para o pagamento das custas processuais? Mediante o antigo atestado de pobreza que o legislador procurou banir, conforme vimos na Justificativa do PL n. 6.787/2016?

Seja como for, está prejudicada, em parte, a Súmula n. 463, do TST, assim enunciada: "ASSISTÊNCIA JUDICIÁRIA GRATUITA. COMPROVAÇÃO (conversão da Orientação Jurisprudencial n. 304 da SBDI-I, com alterações decorrentes do CPC de 2015). I – A partir de 26-6-2017, para a concessão da assistência judiciária gratuita à pessoa natural, basta a declaração de hipossuficiência econômica firmada pela parte ou por seu advogado, desde que munido de procuração com poderes específicos para esse fim (art. 105 do CPC de 2015); II – No caso de pessoa jurídica, não basta a mera declaração: é necessária a demonstração cabal de impossibilidade de a parte arcar com as despesas do processo".

No caso de o benefício de gratuidade da justiça ser requerido em fase de recurso, dispõe a OJ n. 269, da SBDI-1, do TST: "JUSTIÇA GRATUITA. REQUERIMENTO DE ISENÇÃO DE DESPESAS PROCESSUAIS. MOMENTO OPORTUNO (inserida em 27-9-2002). I – O benefício da justiça gratuita pode ser requerido em qualquer tempo ou grau de jurisdição, desde que, na fase recursal, seja o requerimento formulado no prazo alusivo ao recurso. II – Indeferido o requerimento de justiça gratuita formulado na fase recursal, cumpre ao relator fixar prazo para que o recorrente efetue o preparo (art. 99, § 7.º, do CPC de 2015)". Consta, ainda, do art. 100, o mesmo Código: "Deferido o pedido, a parte contrária poderá oferecer impugnação na contestação, na réplica, nas contrarrazões de recurso ou, nos casos de pedido superveniente ou formulado por terceiro, por meio de petição simples, a ser apresentada no prazo de 15 (quinze) dias, nos autos do próprio processo, sem suspensão de seu curso. Parágrafo único. Revogado o benefício, a parte arcará com as despesas processuais que tiver deixado de adiantar e pagará, em caso de má-fé, até o décuplo de seu valor a título de multa, que será revertida em benefício da Fazenda Pública estadual ou federal e poderá ser inscrita em dívida ativa".

Lembremos que a gratuidade da justiça, no processo do trabalho, somente será concedida *"àqueles que perceberem salário igual ou inferior a 40% (quarenta por cento) do limite máximo dos benefícios do Regime Geral de Previdência Social"*. A esse respeito, devemos dizer da aplicação supletiva, ao processo do trabalho, do § 2.º do art. 99, do CPC: "O juiz somente poderá indeferir o pedido se houver nos autos elementos que evidenciem a falta dos pressupostos legais para a concessão de gratuidade, devendo, antes de indeferir o pedido, determinar à parte a comprovação do preenchimento dos referidos pressupostos".

O ato pelo qual o juiz concede ou denega a gratuidade da justiça possui natureza de decisão interlocutória, razão pela qual não pode ser impugnado, de imediato, por meio de recurso (CLT, art. 893, § 1.º). A impugnação ficará diferida para o recurso que vier a ser interposto da sentença, venha esta a resolver, ou não, o mérito. Não se aplica ao processo do trabalho, portanto, o disposto no § 3.º, do art. 101, *caput*, do CPC, na parte em que prevê a interposição de agravo de instrumento da decisão concessiva ou denegatória desse benefício. Aplica-se, contudo, essa norma do CPC na parte em que admite a interposição de recurso de apelação (ordinário, processo do trabalho) "*quando a questão for resolvida na sentença*".

Podem ser aplicadas, ainda, supletivamente, ao processo do trabalho as disposições do CPC, pertinentes à matéria, a seguir transcritas:

> Art. 99. O pedido de gratuidade da justiça pode ser formulado na petição inicial, na contestação, na petição para ingresso de terceiro no processo ou em recurso.
>
> § 1.º Se superveniente à primeira manifestação da parte na instância, o pedido poderá ser formulado por petição simples, nos autos do próprio processo, e não suspenderá seu curso.
>
> § 2.º O juiz somente poderá indeferir o pedido se houver nos autos elementos que evidenciem a falta dos pressupostos legais para a concessão de gratuidade, devendo, antes de indeferir o pedido, determinar à parte a comprovação do preenchimento dos referidos pressupostos...
>
> § 3.º (...)
>
> § 4.º A assistência do requerente por advogado particular não impede a concessão de gratuidade da justiça.

§ 5.º Na hipótese do § 4.º, o recurso que verse exclusivamente sobre valor de honorários de sucumbência fixados em favor do advogado de beneficiário estará sujeito a preparo, salvo se o próprio advogado demonstrar que tem direito à gratuidade.

§ 6.º O direito à gratuidade da justiça é pessoal, não se estendendo a litisconsorte ou a sucessor do beneficiário, salvo requerimento e deferimento expressos.

§ 7.º Requerida a concessão de gratuidade da justiça em recurso, o recorrente estará dispensado de comprovar o recolhimento do preparo, incumbindo ao relator, neste caso, apreciar o requerimento e, se indeferi-lo, fixar prazo para realização do recolhimento.

Art. 100. Deferido o pedido, a parte contrária poderá oferecer impugnação na contestação, na réplica, nas contrarrazões de recurso ou, nos casos de pedido superveniente ou formulado por terceiro, por meio de petição simples, a ser apresentada no prazo de 15 (quinze) dias, nos autos do próprio processo, sem suspensão de seu curso.

Parágrafo único. Revogado o benefício, a parte arcará com as despesas processuais que tiver deixado de adiantar e pagará, em caso de má-fé, até o décuplo de seu valor a título de multa, que será revertida em benefício da Fazenda Pública estadual ou federal e poderá ser inscrita em dívida ativa.

Art. 101 (...)

§ 1.º O recorrente estará dispensado do recolhimento de custas até decisão do relator sobre a questão, preliminarmente ao julgamento do recurso.

§ 2.º Confirmada a denegação ou a revogação da gratuidade, o relator ou o órgão colegiado determinará ao recorrente o recolhimento das custas processuais, no prazo de 5 (cinco) dias, sob pena de não conhecimento do recurso.

Art. 102. Sobrevindo o trânsito em julgado de decisão que revoga a gratuidade, a parte deverá efetuar o recolhimento de todas as despesas de cujo adiantamento foi dispensada, inclusive as relativas ao recurso interposto, se houver, no prazo fixado pelo juiz, sem prejuízo de aplicação das sanções previstas em lei.

Parágrafo único. Não efetuado o recolhimento, o processo será extinto sem resolução de mérito, tratando-se do autor, e, nos demais casos, não poderá ser deferida a realização de nenhum ato ou diligência requerida pela parte enquanto não efetuado o depósito.

Não incidem no processo do trabalho, a nosso ver, estas disposições do CPC:

> Art. 99, § 3.º Presume-se verdadeira a alegação de insuficiência deduzida exclusivamente por pessoa natural.

O art. 790, § 4.º, da CLT, conforme vimos, exige que a parte *comprove* a insuficiência de recursos financeiros. *Comprovar* (CLT) não é sinônimo de *alegar* (CPC).

> Art. 101. Contra a decisão que indeferir a gratuidade ou a que acolher pedido de sua revogação caberá agravo de instrumento, exceto quando a questão for resolvida na sentença, contra a qual caberá apelação.

O caráter interlocutório da decisão que concede ou denega a gratuidade da justiça impede, no sistema do processo do trabalho, que dela se interponha recurso de imediato (CLT, art. 893, § 1.º). O recurso (ordinário) será cabível se a concessão ou denegação do benefício advier da sentença.

O TST contém Súmulas a respeito das custas processuais; transcrevamos algumas delas:

- ***Súmula n. 25***

CUSTAS PROCESSUAIS. INVERSÃO DO ÔNUS DA SUCUMBÊNCIA. (alterada a Súmula e incorporadas as Orientações Jurisprudenciais ns. 104 e 186 da SBDI-1) – Res. n. 197/2015 – DEJT *divulgado em 14, 15 e 18-5-2015*

I – A parte vencedora na primeira instância, se vencida na segunda, está obrigada, independentemente de intimação, a pagar as custas fixadas na sentença originária, das quais ficara isenta a parte então vencida; II – No caso de inversão do ônus da sucumbência em segundo grau, sem acréscimo ou atualização do valor das custas e se estas já foram devidamente recolhidas, descabe um novo pagamento pela parte vencida, ao recorrer. Deverá ao final, se sucumbente, reembolsar a quantia; (ex-OJ n. 186 da SBDI-I) III – Não caracteriza deserção a hipótese em que, acrescido o valor da condenação, não houve fixação ou cálculo do valor devido a título de custas e tampouco intimação da parte para o preparo do recurso, devendo ser as custas pagas ao final; (ex-OJ n. 104 da SBDI-I) IV – O reembolso das custas à parte vencedora faz-se necessário mesmo na hipótese em que a parte vencida for pessoa isenta do seu pagamento, nos termos do art. 790-A, parágrafo único, da CLT.

• ***Súmula n. 36***

CUSTAS (mantida) – Res. n. 121/2003, DJ *19, 20 e 21-11-2003*

Nas ações plúrimas, as custas incidem sobre o respectivo valor global.

• ***Súmula n. 53***

CUSTAS (mantida) – Res. n. 121/2003, DJ *19, 20 e 21-11-2003*

O prazo para pagamento das custas, no caso de recurso, é contado da intimação do cálculo.

• ***Súmula n. 86***

DESERÇÃO. MASSA FALIDA. EMPRESA EM LIQUIDAÇÃO EXTRAJUDICIAL (incorporada a Orientação Jurisprudencial n. 31 da SBDI-1) – Res. n. 129/2005, DJ 20, 22 e 25-4-2005 Não ocorre deserção de recurso da massa falida por falta de pagamento de custas ou de depósito do valor da condenação. Esse privilégio, todavia, não se aplica à empresa em liquidação extrajudicial. (primeira parte – ex-Súmula n. 86 – RA n. 69/78, DJ *26-9-1978; segunda parte – ex-OJ n. 31 da SBDI-1 – inserida em 14-3-1994)*

• ***Súmula n. 170***

SOCIEDADE DE ECONOMIA MISTA. CUSTAS (mantida) – Res. n. 121/2003, DJ *19, 20 e 21-11-2003*

Os privilégios e isenções no foro da Justiça do Trabalho não abrangem as sociedades de economia mista, ainda que gozassem desses benefícios anteriormente ao Decreto-lei n. 779, de 21-8-1969 (ex-Prejulgado n. 50).

SBDI-1

• 33. DESERÇÃO. CUSTAS. CARIMBO DO BANCO. VALIDADE (inserida em 25-11-1996) O carimbo do banco recebedor na guia de comprovação do recolhimento das custas supre a ausência de autenticação mecânica.

• 158. CUSTAS. COMPROVAÇÃO DE RECOLHIMENTO. DARF ELETRÔNICO. VALIDADE (inserida em 26-3-1999) O denominado "DARF ELETRÔNICO" é válido para comprovar o recolhimento de custas por entidades da administração pública federal, emitido conforme a IN-SRF m. 162, de 4-11-1988.

SBDI-2

• *OJ n. 148. CUSTAS. MANDADO DE SEGURANÇA. RECURSO ORDINÁRIO. EXIGÊNCIA DO PAGAMENTO (conversão da Orientação Jurisprudencial n. 29 da SBDI-1) – Res. n. 129/2005, DJ 20-4-2005. É responsabilidade da parte, para interpor recurso ordinário em mandado de segurança, a comprovação do recolhimento das custas processuais no prazo recursal, sob pena de deserção. (ex-OJ n. 29 – inserida em 20-9-1900)*

Art. 296. A tutela provisória conserva sua eficácia na pendência do processo, mas pode, a qualquer tempo, ser revogada ou modificada.

Parágrafo único. Salvo decisão judicial em contrário, a tutela provisória conservará a eficácia durante o período de suspensão do processo.

Comentário

Caput. O CPC anterior continha disposição semelhante, embora circunscrita ao processo cautelar (art. 807, *caput*).

A norma compreende tanto a tutela provisória de *urgência* quanto a da *evidência.* Embora, por princípio legal, ambas as modalidades de tutela conservem a sua eficácia na pendência do processo, elas podem:

a) a qualquer tempo, ser revogadas ou modificadas por ato do próprio juiz que concedeu a tutela;

b) ser cassadas, no processo do trabalho, por meio de mandado de segurança, se concedidas antes da sentença (TST, Súmula n. 414, II); caso sejam concedidas na própria sentença resolutiva do mérito, poderão ser impugnadas mediante recurso ordinário (*ibidem*, I).

Pode ocorrer que, depois da impetração do mandado de segurança contra o ato do juiz de Vara (que deferiu ou indeferiu a medida tutelar), venha a ser proferida a sentença nos autos originários: nesta hipótese, segundo a mesma Súmula do TST (item III), haverá a perda do objeto do *mandamus*. Sob o rigor da terminologia processual, o que haverá é o desaparecimento do *interesse processual* do impetrante, como uma das condições para o exercício da ação mandamental (CPC, art. 17). Um esclarecimento deve ser feito: no caso de a tutela *antecipada* ser concedida em caráter *antecedente*, ela se torna *estável* se da decisão concessiva o réu não interpuser recurso (art. 304, *caput*).

Somente poderá ser revista, reformada ou anulada por meio de ação autônoma (art. 304, § 2.º), a ser distribuída por dependência (art. 286, I).

Parágrafo único. O art. 313 do CPC indica os casos em que o processo será suspenso. São estes:

> I – pela morte ou pela perda da capacidade processual de qualquer das partes, de seu representante legal ou de seu procurador;
>
> II – pela convenção das partes;
>
> III – pela arguição de impedimento ou de suspeição;
>
> IV – pela admissão de incidente de resolução de demandas repetitivas;
>
> V – quando a sentença de mérito:
>
> a) depender do julgamento de outra causa ou da declaração de existência ou de inexistência de relação jurídica que constitua o objeto principal de outro processo pendente;
>
> b) tiver de ser proferida somente após a verificação de determinado fato ou a produção de certa prova, requisitada a outro juízo;
>
> VI – por motivo de força maior;
>
> VII – quando se discutir em juízo questão decorrente de acidentes e fatos da navegação de competência do Tribunal Marítimo;
>
> VIII – nos demais casos que este Código regula.

O art. 314 declara que durante a suspensão é vedada a prática de qualquer ato processual, ressalvando, contudo, a possibilidade de o juiz determinar a realização de *atos urgentes*, com a finalidade de evitar danos irreparáveis. Como é de lei, o juiz não poderá assim agir no caso de estar sendo arguido de impedido ou de suspeito (*ibidem*).

Pois bem. Mesmo durante a suspensão do processo, a tutela provisória (urgência ou evidência) conserva a eficácia que lhe é inerente (princípio: art. 296, *caput*), salvo se houver decisão judicial em sentido oposto (exceção: art. 296, parágrafo único). Note-se que a norma legal faz referência à *decisão*, não a mero despacho. A decisão deve ser fundamentada (CF, art. 93, IX), requisito que não se exige do simples despacho. Conjugando-se o *caput* do art. 296 com o seu parágrafo, chega-se à conclusão de que, conquanto a tutela provisória conserve a sua eficácia na pendência do processo, inclusive quanto este estiver suspenso, o juiz pode, por decisão, revogá-la ou modificá-la (*"a qualquer tempo"*, diz a lei). Entendemos que essa revogação ou modificação, para revestir-se de regularidade, somente poderá ocorrer se houver *requerimento* da parte interessada; não se permite ao juiz, portanto, agir *ex officio* nessa matéria, mesmo o juiz do trabalho, que possui ampla liberdade na direção do processo (CLT, art. 765). Assim entendemos, porque a lei veda ao juiz a possibilidade de conceder a tutela por sua iniciativa; esta deve ser *requerida* pelo interessado (art. 299). Há, pois, necessidade de solução jurídica simétrica entre o ato de *concessão* e o de *revogação* ou *modificação* da tutela.

Por exceção, pode-se admitir que o juiz do trabalho conceda, modifique ou revogue a tutela quando as partes estiverem atuando sem a representação por advogado, por analogia ao art. 878, *caput*, da CLT, que só permite ao juiz tomar a iniciativa da execução quando as partes estiverem no exercício do *ius postulandi* que lhes atribui o art. 791, da CLT.

Estabelece o art. 1.059, do CPC, que *"À tutela provisória requerida contra a Fazenda Pública aplica-se o disposto nos arts. 1.º a 4.º da Lei n. 8.437, de 30 de junho de 1992, e no art. 7.º, § 2.º, da Lei n. 12.016, de 7 de agosto de 2009"*.

A Lei n. 8.437/1992 dispõe sobre a concessão de medidas cautelares contra atos do Poder Público e dá outras providências.

Constam nos seus arts. 1.º a 4.º:

> Art. 1.º Não será cabível medida liminar contra atos do Poder Público, no procedimento cautelar ou em quaisquer outras ações de natureza cautelar ou preventiva, toda vez que providência semelhante não puder ser concedida em ações de mandado de segurança, em virtude de vedação legal.
>
> § 1.º Não será cabível, no juízo de primeiro grau, medida cautelar inominada ou a sua liminar, quando impugnado ato de autoridade sujeita, na via de mandado segurança, à competência originária de tribunal.
>
> § 2.º O disposto no parágrafo anterior não se aplica aos processos de ação popular e de ação civil pública.
>
> § 3.º Não será cabível medida liminar que esgote, no todo ou em qualquer parte, o objeto da ação.
>
> § 4.º Nos casos em que cabível medida liminar, sem prejuízo da comunicação ao dirigente do órgão ou entidade, o respectivo representante judicial dela será imediatamente intimado. (Incluído pela Medida Provisória n. 2.180-35, de 2001).

Art. 2.º No mandado de segurança coletivo e na ação civil pública, a liminar será concedida, quando cabível, após a audiência do representante judicial da pessoa jurídica de direito público, que deverá se pronunciar no prazo de setenta e duas horas .

Art. 3.º O recurso voluntário ou *ex officio*, interposto contra sentença em processo cautelar, proferida contra pessoa jurídica de direito público ou seus agentes, que importe em outorga ou adição de vencimentos ou de reclassificação funcional, terá efeito suspensivo.

Art. 4.º Compete ao presidente do tribunal, ao qual couber o conhecimento do respectivo recurso, suspender, em despacho fundamentado, a execução da liminar nas ações movidas contra o Poder Público ou seus agentes, a requerimento do Ministério Público ou da pessoa jurídica de direito público interessada, em caso de manifesto interesse público ou de flagrante ilegitimidade, e para evitar grave lesão à ordem, à saúde, à segurança e à economia públicas.

§ 1.º Aplica-se o disposto neste artigo à sentença proferida em processo de ação cautelar inominada, no processo de ação popular e na ação civil pública, enquanto não transitada em julgado.

§ 2.º O Presidente do Tribunal poderá ouvir o autor e o Ministério Público, em setenta e duas horas. (Redação dada pela Medida Provisória n. 2.180-35, de 2001)

§ 3.º Do despacho que conceder ou negar a suspensão, caberá agravo, no prazo de cinco dias, que será levado a julgamento na sessão seguinte a sua interposição. (Redação dada pela Medida Provisória n. 2.180-35, de 2001)

§ 4.º Se do julgamento do agravo de que trata o § 3.º resultar a manutenção ou o restabelecimento da decisão que se pretende suspender, caberá novo pedido de suspensão ao Presidente do Tribunal competente para conhecer de eventual recurso especial ou extraordinário. (Incluído pela Medida Provisória n. 2.180 35, de 2001)

§ 5.º É cabível também o pedido de suspensão a que se refere o § 4.º, quando negado provimento a agravo de instrumento interposto contra a liminar a que se refere este artigo. (Incluído pela Medida Provisória n. 2.180-35, de 2001)

§ 6.º A interposição do agravo de instrumento contra liminar concedida nas ações movidas contra o Poder Público e seus agentes não prejudica nem condiciona o julgamento do pedido de suspensão a que

> se refere este artigo. (Incluído pela Medida Provisória n. 2.180-35, de 2001)
>
> § 7.º O Presidente do Tribunal poderá conferir ao pedido efeito suspensivo liminar, se constatar, em juízo prévio, a plausibilidade do direito invocado e a urgência na concessão da medida. (Incluído pela Medida Provisória n. 2.180-35, de 2001)
>
> § 8.º As liminares cujo objeto seja idêntico poderão ser suspensas em uma única decisão, podendo o Presidente do Tribunal estender os efeitos da suspensão a liminares supervenientes, mediante simples aditamento do pedido original. (Incluído pela Medida Provisória n. 2.180-35, de 2001)
>
> § 9.º A suspensão deferida pelo Presidente do Tribunal vigorará até o trânsito em julgado da decisão de mérito na ação principal. (Incluído pela Medida Provisória n. 2.180-35, de 2001)

Entendemos que o § 4.º, do art. 1.º, assim como os do art. 4.º, da Lei n. 8.437/1992, que foram incluídos por meio de Medida Provisória são *formalmente inconstitucionais*, porquanto não havia *relevância* e *urgência* (CF, art. 62) capazes de justificar o fato de o Presidente da República usurpar a competência privativa da União (CF, art. 22, I)

A Lei n. 12.016/2009 disciplina o mandado de segurança individual e coletivo, além de dar outras providências.

Estatui o seu art. 7.º, § 2.º:

> Não será concedida medida liminar que tenha por objeto a compensação de créditos tributários, a entrega de mercadorias e bens provenientes do exterior, a reclassificação ou equiparação de servidores públicos e a concessão de aumento ou a extensão de vantagens ou pagamento de qualquer natureza.

Art. 297. O juiz poderá determinar as medidas que considerar adequadas para efetivação da tutela provisória.

Parágrafo único. A efetivação da tutela provisória observará as normas referentes ao cumprimento provisório da sentença, no que couber.

Comentário

Caput. O art. 808, II, do CPC de 1973, dispunha que a eficácia da medida cautelar cessaria no caso de "*não ser **executada** dentro de 30 (trinta) dias*" *(destacamos).* Sempre discordamos do uso do verbo *executar*, na construção da frase legal, pois esse verbo é próprio do processo de execução. Sugerimos, então, o emprego do verbo *efetivar*, que melhor se ajustaria à natureza e ao escopo do processo cautelar. O art. 297, do CPC de 2015, alude à *efetivação* da tutela.

Efetivar a tutela significa obter os resultados práticos desejados pelo ato concessivo. Com vistas a isso, a norma permite ao juiz adotar as medidas necessárias. A adequação da medida vincula-se não ao resultado prático a que nos referimos, e sim, à própria natureza da obrigação a ser satisfeita: de pagar, de fazer ou não fazer, de entregar coisa.

Parágrafo único. Ao vincular a efetivação da tutela provisória ao cumprimento provisório da sentença, o legislador procurou deixar claro que essa *efetivação*, no que couber:

I – corre por iniciativa e responsabilidade do requente, que se obriga, se a sentença for reformada, a reparar os danos que o executado haja sofrido;

II – fica sem efeito, sobrevindo decisão que modifique ou anule a sentença, restituindo-se as partes ao estado anterior e liquidando-se eventuais prejuízos nos mesmos autos;

III – se a decisão objeto de efetivação provisória for modificada ou anulada apenas em parte, somente nesta ficará sem efeito a efetivação;

IV – o levantamento de depósito em dinheiro e a prática de atos que importem transferência de posse ou alienação de propriedade ou de outro direito real, ou dos quais possa resultar grave dano ao réu, dependem de caução suficiente e idônea, arbitrada de plano pelo juiz e prestada nos próprios autos (CPC, art. 520).

O processo do trabalho não possui figura do *cumprimento da sentença*, e sim da clássica *execução.* É com vistas a essa particularidade que se deve entender a regra do art. 297, parágrafo único, do CPC, ao aludir à maneira como se dará a efetivação da tutela provisória. Convém lembrar que, em tema de execução, o processo do trabalho se rege: a) pelas disposições da CLT; b) pela Lei n. 6.830/1980 (CLT, art. 889); c) pelo CPC (CLT, art. 769) — nessa sequência. A ordem preferencial dos bens penhoráveis, no entanto, é ditada pelo art. 835, do CPC, por força do disposto no art. 882, da CLT.

O art. 139, IV, do CPC, dispõe que o juiz poderá determinar todas as medidas indutivas, *coercitivas*, mandamentais ou sub-rogatórias que forem necessárias para assegurar o cumprimento de ordem judicial, mesmo nas ações que tenham por objeto prestação pecuniária. Articulando-se essa norma com a dos arts. 297, 536 e 537, do mesmo Código, conclui-se que, como providência *coercitiva,* tendente a fazer com que o réu cumpra a decisão concessiva de tutela provisória, o juiz poderá impor-lhe multa (*astreinte*), cujo valor poderá ser majorado ou reduzido, *ex officio* ou a requerimento do interessado (CPC, art. 537, § 1.º).

A multa, que deve ser depositada em juízo, é passível de execução provisória, sendo permitido o seu levantamento somente depois de transitar em julgado a sentença favorável ao autor. Sob a perspectiva das tutelas provisórias, o levantamento da multa ocorrerá quando a decisão concessiva da medida não comportar mais nenhuma impugnação, inclusive, pela via mandamental.

Art. 298. Na decisão que conceder, negar, modificar ou revogar a tutela provisória, o juiz motivará seu convencimento de modo claro e preciso.

Comentário

Caput. O § 1.º do art. 273, do CPC revogado, que dispunha sobre a antecipação dos efeitos da tutela, continha regra semelhante.

Em rigor, a *fundamentação* — a que o texto legal em exame alude como *razões do convencimento* do juiz — da decisão concessiva, denegatória ou revogatória da tutela de urgência ou da tutela da evidência, para além de constituir uma exigência da norma infraconstitucional, traduz uma imposição constitucional, como evidencia o inciso IX do art. 93 da Suprema Carta Política de nosso País. A ausência de fundamentação torna a decisão nula de pleno direito.

Conforme afirmamos na Primeira Parte deste Livro (Cap. III, item 9), o princípio legal da necessidade de fundamentação dos pronunciamentos jurisdicionais possui estreita ligação com os postulados essenciais dos regimes democráticos dos Estados de Direito, aos quais repugna a possibilidade de as pessoas serem submetidas a decisões judiciais arbitrárias, assim entendidas aquelas que refletem não o comando da lei, mas a vontade pessoal do magistrado, influenciada, quase sempre, por motivos de ordem política, religiosa, social, ética, econômica, corporativa, afetiva etc.

Fundamentar uma decisão não significa, necessariamente, indicar os dispositivos legais em que o magistrado se baseou para formar a sua convicção jurídica acerca dos fatos narrados na causa, mas, sim, decidir segundo a lei ou o ordenamento normativo; equivale a afirmar: de maneira não arbitrária.

Somente em casos excepcionais cumprirá ao juiz indigitar as normas legais em que baseou a sua decisão, como ocorreria, *v. g.*, em algumas situações em que o *prequestionamento* da matéria constituísse requisito indispensável à admissibilidade de um recurso (STF, Súmulas ns. 282 e 356; TST, Súmula n. 297) ou de ação rescisória (TST, Súmula n. 298).

Em outras situações, ainda que escassas, é evidente que a decisão deverá apontar a regra legal que lhe serviu de supedâneo, tal como se daria nas ações diretas de inconstitucionalidade, em que ao Supremo Tribunal Federal incumbe declarar qual o dispositivo da Suprema Carta que está sendo violado pela norma infraconstitucional (CF, art. art. 102, I, *"a"*).O único contributo que o art. 298 do CPC terá trazido estará na referência à indicação *clara* e *precisa* das razões do convencimento do juiz, ou seja, da fundamentação da decisão. Para isso, entrementes, não havia necessidade de norma legal, pois os requisitos de clareza e precisão são exigíveis de qualquer pronunciamento do magistrado: despacho, sentença, voto, acórdão e o mais. Os requisitos de clareza e de precisão se vinculam à inteligibilidade da manifestação judicial. Talvez, o legislador estivesse preocupado em evitar o oferecimento de embargos declaratórios fundados em obscuridade... Aliás, em uma interpretação sistemática dos arts. 298 e 489, do CPC, algum leguleio poderia concluir que este último, a despeito do excessivo rigor formal materializado em seu § 1.º, não exigiria que a sentença — como o principal ato do processo — fosse redigida de maneira *clara e precisa*...

No processo do trabalho, a decisão concessiva ou denegatória da tutela de urgência: a) se for proferida no curso do processo principal terá natureza interlocutória, razão pela qual não será recorrível (CLT, art. 893, § 1.º), embora possa ser atacada por meio de ação de mandado de segurança; b) se for emitida em caráter antecedente: b.a.) de maneira liminar (CPC, art. 300, § 2.º), comportará a impetração de mandado de segurança; b.b.) por sentença (CPC, art. 303, *caput*), ensejará a interposição de recurso ordinário, pois estará, nesse caso, pondo fim ao procedimento (CPC, arts. 203, 485 e 487).

Art. 299. A tutela provisória será requerida ao juízo da causa e, quando antecedente, ao juízo competente para conhecer do pedido principal.

Parágrafo único. Ressalvada disposição especial, na ação de competência originária de tribunal e nos recursos a tutela provisória será requerida ao órgão jurisdicional competente para apreciar o mérito.

Comentário

Caput. A matéria constava do *caput* do art. 800 do CPC revogado.

Estabelecia o art. 800, *caput* daquele Código: "*As medidas cautelares serão requeridas ao juiz da causa; e, quando preparatórias, ao juiz competente para conhecer da ação principal*". Com pequenas nuanças de literalidade, essa disposição era encontrada no art. 682 do Código de 1939.

O legislador do passado incorrera em inescusável erro ao afirmar que as providências cautelares poderiam ser "preparatórias" (*sic*). *Data venia*, as medidas preparatórias, em sua exata conceituação na ordem processual, figuram como requisito necessário ao exercício de certas ações ou procedimentos, como o destinado a constituir o devedor em mora. Não há nelas, conseguintemente, qualquer traço de provisoriedade.

Lançados esses escólios, cumpre-nos enfrentar, a seguir, o multifacetado problema da competência em sede de tutela provisória; para tanto, é imperativo que separemos as tutelas: a) antecedentes; b) contemporâneas; c) incidentais.

a) Tutela provisória de urgência antecedente

No caso da medida em questão, é possível cogitarmos de *antecedência* por pressupor, em regra, um processo principal e *futuro*. Podem ser antecedentes as *tutelas de urgência*, sejam de natureza cautelar, sejam de natureza antecipada.

O princípio inscrito no art. 299 do CPC é de que a tutela provisória deverá ser requerida ao juiz da causa; entretanto, quando *antecedente*, será solicitada ao juízo competente para conhecer do pedido principal.

E se a tutela for requerida a juízo *que não seja o competente* para apreciar a causa principal: haverá nulidade do processo caso a tutela seja concedida? A respostas variará conforme se trate de incompetência absoluta ou relativa. No primeiro caso, a nulidade será inevitável.

Mesmo em tema de tutela provisória *cautelar* estaria o juízo absolutamente incompetente impedido de emitir providências destinadas a conjurar situações de manifesto risco de dano a direito do autor? A pergunta, em sua essência, põe em cotejo duas grandes verdades jurídicas representadas, de um lado, pelo veto legal à atuação do juízo absolutamente incompetente e, de outro, pela necessidade de urgência na expedição de medidas cautelares, sob pena de lesão irreparável ou de difícil reparação ao direito ou ao interesse do autor.

A solução aponta para o acatamento às regras de competência. Sem embargo, em que pese ao fato de a providência acautelatória reclamar urgente concessão, para debelar estados de periclitância de direito, não é jurídico que essa premência autorize a desconsiderar-se, por inteiro, as normas legais respeitantes à distribuição binária das competências, em absoluta e relativa. Seja no confronto com a relativa, seja com as medidas cautelares, a preeminência indeclinável é da incompetência *absoluta*, pois o seu substrato jurídico e político é o interesse público na sua soberania.

Houvesse de prevalecer a urgência ontológica das providências cautelares, seríamos levados a presenciar situações tão insólitas quão agressoras das regras de competência, em que um empregado deduziria sua pretensão cautelar perante a Justiça Militar ou a Justiça Eleitoral — tudo em nome da urgência na obtenção da medida. Insistimos em argumentar que os atos decisórios praticados por juiz absolutamente incompetente não se convalidam; e ninguém, por certo, sentir-se-á em boa sombra para afirmar que inexiste conteúdo decisório no ato judicial de outorga da providência acautelatória solicitada pela parte.

Afaste-se, pois, *de lege lata*, a possibilidade de o juízo plenamente destituído de competência conceder medidas dessa natureza; o juiz, aliás, deve conhecer *ex officio* da incompetência absoluta, em atendimento ao comando do art. 64, § 1.º, do CPC, que em nenhum instante coloca o conhecimento judicial acerca da incompetência absoluta como *faculdade,* e sim, como inegável *dever.*

Tratando-se, todavia, de incompetência meramente *relativa*, como é a *ratione loci*, incide o preceito do art. 65 do CPC, que prevê a "prorrogação" da competência na hipótese de o réu não a alegar como preliminar da contestação. Colocamos entre as aspas o substantivo *prorrogação* porque, em rigor, a jurisdição não se *prorroga*, e sim, *desloca-se, transfere-se.*

Aqui, como se percebe, não há aquele antagonismo entre duas verdades jurídicas, que sói ocorrer quando se cuida de incompetência absoluta; sendo relativa a competência territorial, e havendo urgência na obtenção da medida cautelar, a conciliação entre ambas se concretiza na escolha, pelo autor, do juízo perante o qual requererá a providência. Algumas situações, contudo, podem, na prática, derivar-se dessa "harmonização". Vejamos.

Se o juiz deferir medida liminar *sem audiência da parte contrária* — ressaltando que não lhe será *lícito* conhecer de *ofício* da incompetência relativa —, o réu poderá, por meio de exceção (CLT, art. 799), alegar a incompetência. Deixando o réu de arguir a incompetência, desloca-se a competência ao juízo que, a princípio, não a possuía (CPC, art. 65). Esse deslocamento se dá não apenas para efeito de apreciação do pedido de tutela cautelar, se não que também com vistas à apreciação e resolução da própria causa principal. Estamos sustentando, pois, que o juízo concessor da tutela cautelar, cuja incompetência não foi objeto de arguição, se torna *prevento* para a ação principal, em consonância com a declaração estampada no art. 59, do CPC. Daí decorre que se após fixar-se, por essa forma, a prevenção, o empregador vier, p. ex., a ingressar, no juízo que a princípio seria o competente, com uma ação de consignação em pagamento, poderá o trabalhador (réu nessa ação) oferecer exceção de incompetência *ratione loci*, em decorrência da prevenção estabelecida em favor do juízo que expediu a medida acautelatória. Pensar-se de modo diverso será permitir que o pedido de tutela provisória se processe perante um juízo, e a de mérito, em outro, com incontornáveis problemas de ordem prática, lembrando, *v. g.*, que a extinção do processo principal acarreta a caducidade da medida acautelatória (CPC, art. 309, III).

A solução, que ora alvitramos ao problema de providências acautelatórias jurisdicionais antecedentes requeridas perante juízo relativamente incompetente é a que melhor atende à necessidade de urgência na emissão de tais medidas, sem que isso implique irresponsável abandono das regras determinativas da distribuição das competências. Para aquilatarmos o absurdo a que conduziria uma interpretação servil à literalidade do art. 299 do CPC, merece ser trazida à baila o já antológico exemplo formulado por Lopes da Costa, a respeito da venda de um rebanho, envolvendo pessoas com diferentes domicílios, cujos animais se encontram apascentando em uma região distante. Ciente, o comprador, de que o rebanho está na iminência de ser desviado para outro lugar, seria insensato exigir-lhe que solicitasse a providência no juízo do domicílio do vendedor, para, só depois disso, fazer valer a providência por intermédio de carta precatória: essa imposição faria com que ele corresse o risco de encontrar o seu gado transformado em bife (obra cit., p. 32).

b) Tutela provisória de urgência, incidental

Não apresenta maiores dificuldades — práticas e doutrinárias — o exame da competência referente às tutelas: a) de urgência requeridas incidentalmente, ou seja, no curso do processo principal, e b) da evidência, em qualquer caso, pois será competente o juízo da causa principal, como dispõe o art. 299, *caput,* do CPC.

O processo do trabalho repele o princípio da identidade física do juiz (exceto, talvez, para efeito de embargos de declaração), razão por que o magistrado que houver presidido a audiência concernente à tutela provisória (ou mesmo proferido decisão nesses autos) não fica vinculado ao processo principal.

Até esta quadra, discorremos sobre a competência no plano dos órgãos de primeiro grau da Justiça do Trabalho; é de grande relevância para a plena investigação do assunto que cuidemos de verificar, agora, essa competência no âmbito dos tribunais.

Parágrafo único. Estabelecia o art. 800, do CPC revogado: "*Interposto o recurso, a medida cautelar será requerida diretamente ao tribunal*". Interposto o recurso, portanto, a competência para isso seria do tribunal *ad quem*. Note-se que a norma legal em foco se referia à *interposição* do recurso e não à sua *admissibilidade*. Esta é cronologicamente posterior àquela. Afinal, só se pode admitir um recurso que tenha sido interposto. A propósito, é importante esclarecer que se considera interposto o recurso no momento em que a correspondente petição é protocolada no juízo competente. A partir daí, cessa a competência do juízo *a quo* para conceder tutelas provisórias. Interposto o recurso, os únicos atos processuais que lhe são permitidos praticar, depois disso, dizem respeito à admissibilidade, ou não, do próprio recurso, ou à execução provisória da sentença, caso requerida.

No tribunal, a competência para apreciar o pedido de emissão de tutela provisória é, em princípio, do relator do recurso ou da ação originária.

O CPC atual não alterou a regra do passado; apenas a tornou mais clara e abrangente: nas ações de competência originária dos tribunais e nos casos em que os feitos se encontrem nessas cortes em grau de recurso será delas a competência para apreciar requerimentos de concessão de tutelas de urgência ou de tutelas de evidência.

Particularidades

Até aqui, tivemos em conta o fato de a causa já encontrar-se no tribunal, com distribuição a relator. É sobremaneira importante, para os efeitos práticos e doutrinários, dedicarmos algumas linhas ao estudo do problema da competência cautelar naquelas situações *intersticiais*, ou seja, quando o feito não foi ainda distribuído, ou os autos nem sequer chegaram ao tribunal.

Apreciemos tais situações peculiares, pressupondo que, em todas elas, o juiz já tenha proferido sentença.

Autos ainda em primeiro grau

Poderá acontecer de a tutela de urgência (ou da evidência) necessitar ser requerida quando, apesar de interposto o recurso, os autos ainda se encontrarem em primeiro grau (aguardando, *v. g.*, o decurso do prazo para as contrarrazões ou ultimando alguma providência de praxe).

Entendemos que, neste caso, como a tutela é do tipo *incidental,* deverá ser requerida ao próprio juiz de primeiro grau, pois, nos termos do art. 299, *caput*, as tutelas de urgência ou da evidência serão solicitadas "ao juiz da causa". Enquanto os autos não forem remetidos ao tribunal, o "juiz da causa" é o emissor da decisão recorrida. Imaginar-se que, mesmo nesta hipótese, a competência seria do (futuro) relator, no tribunal, seria conspirar contra as relevantes razões que levaram o legislador a instituir essas modalidades de tutela. Na vigência do CPC de 1973, o que o réu poderia fazer, diante de uma sentença condenatória, seria ingressar com ação cautelar inominada, no tribunal, visando a obter efeito suspensivo ao recurso por ele interposto (TST, Súmula n. 414, I; STF. Súmula n. 635). Com a vigência do CPC de 2015, no entanto, o TST passou a entender, com fundamento no art. 1.029, § 5.º, desse Código, que o efeito suspensivo deve ser buscado por meio de *"requerimento dirigido ao tribunal, ao relator ou ao presidente ou ao vice-presidente do tribunal recorrido"* — reformulando, em razão disso, o item I, de sua Súmula n. 414.

Autos no Tribunal, sem distribuição a relator

Inspirados no art. 673 do Código italiano, alguns juristas brasileiros entendiam que se não houvesse norma regimental para a espécie, a competência seria do Presidente da Corte até que se viesse a sortear o relator.

Tínhamos opinião divergente. Argumentávamos que o parágrafo único do art. 849, do Anteprojeto do Código de Processo Civil brasileiro de 1973, atribuía realmente ao Presidente da Corte a competência para emitir medidas acautelatórias quando não houvesse sido ainda sorteado relator. Registre-se, entretanto, o fato de que, ao ser remetido ao Congresso Nacional, o Projeto indicava ter sido eliminada a competência do Presidente do Tribunal. Em termos de CPC brasileiro, portanto, não nos parecia apropriado argumentar sobre esses assuntos, com espeque no Código italiano.

Na precisa lição de Galeno Lacerda, "*não cabe outorgar, em nosso sistema, ao Presidente dos Tribunais atividade jurisdicional sobre medidas cautelares atinentes a causas que lhe escapam por completo à jurisdição (...). Prendê-lo, nestas circunstâncias, ao processo e julgamento de uma lide cautelar incidente constitui ruptura com a lógica dos princípios do sistema. Nem caberia atribuir-lhe competência só para a liminar, devolvendo-se o processo da cautela ao relator, após a distribuição. Repugnaria aos princípios de organização judiciária e de disciplina hierárquica, conceder-se a membro de Câmara ou Turma isoladas competência para rever ou reconsiderar ato do Presidente do Tribunal*" (*Comentários ao Código de Processo Civil*. v. III, tomo I. 2.ª ed. Rio de Janeiro: Forense 1981. p. 290-291).

Posteriormente, entra a viger o CPC de 1973, cujo art. 800, parágrafo único, continha a seguinte redação: *"Nos casos urgentes, se a causa estiver no tribunal, será competente o relator do recurso*" (destacamos).

Entrementes, por força da Lei n. 8.952, de 13-12-1994, a nova redação do art. 800, parágrafo único, do CPC, passou a ser esta: *"Interposto o recurso, a medida cautelar será requerida diretamente ao tribunal"*. Não mais se falou, pois, que a competência seria *do relator*. Destarte, se os autos do recurso se encontrassem no tribunal, ainda sem sorteio de relator, entendíamos que a competência para apreciar a ação cautelar seria do presidente do tribunal, ou de quem o Regimento Interno indicasse.

Mais uma pergunta se impunha, em tema de tão variados matizes: a competência do presidente do tribunal era plena, significava dizer, alcançava o *julgamento* de ação cautelar, ou restrita, limitando-se à concessão de liminar?

O parágrafo único do art. 800 do CPC não era elucidativo quanto a esse ponto.

Nada obstante as normas *interna corporis* dos tribunais possam dispor a respeito da matéria, os princípios tradicionais, que informam o sistema de distribuição de competências, sugeriam que se outorgasse ao presidente do tribunal competência apenas para conceder, ou não, providências *liminares*, atribuindo à Turma ou Câmara, conforme fosse a denominação que se adotasse, a competência para *julgar a ação cautelar.* A regra, ademais, era de boa lógica, pois não seria recomendável que o presidente do tribunal usurpasse a competência que era, essencialmente, do órgão colegiado, fracionário ou não.

Esse nosso ponto de vista subsiste em face do atual CPC?

Sob certo aspecto, sim.

Para logo, é conveniente observarmos que o parágrafo único do art. 299, do CPC, manteve o princípio fundamental, consagrado pelo parágrafo único do art. 800 do CPC anterior, de que estando o processo do tribunal a tutela provisória (de urgência ou da evidência) "*será requerida ao órgão jurisdicional competente para apreciar o mérito*". No âmbito do tribunal, a competência funcional para apreciar o requerimento de concessão dessas tutelas será o relator do processo principal. Se ainda não tiver sido sorteado o relator (digamos que os autos se encontrem no Ministério Público, para exarar parecer) nada obsta a que o próprio presidente do tribunal aprecie o pedido de liminar (quando for o caso), deixando ao relator, mais tarde, a incumbência de conduzir o processo até a inclusão dos autos em pauta para julgamento. Não é aceitável que, nesse interstício, a parte fique sem receber a tutela, designadamente a de urgência, que pressupõe, entre outras coisas, o perigo de dano (irreparável ou de difícil reparação) ou o risco ao resultado útil do processo (CPC, art. 300, *caput*).

Assim, é recomendável que os regimentos internos dos Tribunais do Trabalho contenham disposições acerca da competência do seu presidente (ou do vice) para apreciar pedido de concessão de tutelas de urgência (cautelares ou antecipadas) nesse período a que chamamos de *intersticial,* em que os autos já foram encaminhados pelo juízo *a quo* ao tribunal, mas ainda não foram distribuídos a relator.

Tutela provisória e Fazenda Pública

É possível a concessão de tutela provisória contra a Fazenda Pública?

Não vemos impedimento legal absoluto, quanto a isso.

Organograma das Tutelas Provisórias

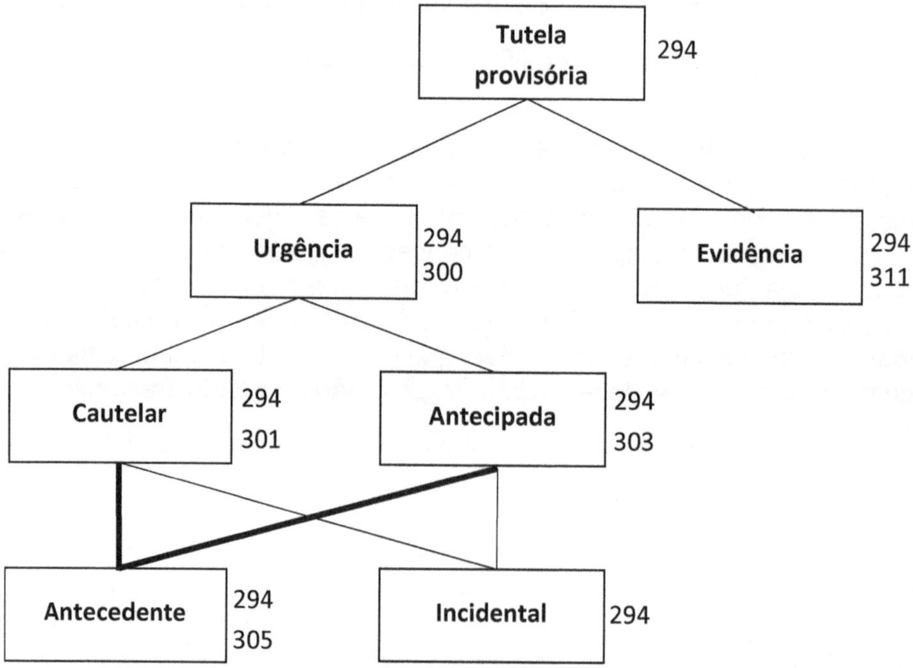

Observações:

(1) o número ao lado de cada retângulo corresponde ao artigo do CPC;

(2) o traço mais acentuado, que liga as tutelas cautelar e antecipada à antecedente, indica que somente o *procedimento* referente a elas foi traçado pelo CPC.

Pressupostos:

Tutela de urgência (art. 300):

• probabilidade do direito;

• perigo de dano ou risco ao resultado útil do processo.

Tutela da evidência (art. 311):

Independe de demonstração de perigo de dano e de risco ao resultado útil do processo.

• for caracterizado o abuso do direito de defesa ou o manifesto propósito protelatório;

- as alegações de fato puderem ser comprovadas apenas com documentos e houver tese firmada em julgamento de casos repetitivos ou súmula vinculante;(*)

- tratar-se pedido reipersecutório;(*)

- a petição inicial for instruída com prova documental suficiente dos fatos constitutivos do direito do autor, a que o réu não oponha prova capaz de gerar dúvida razoável.

(*) Nesses casos, o juiz pode decidir, liminarmente (CPC, art. 311, parágrafo único)

Capítulo II

Da Tutela de Urgência

Art. 300. A tutela de urgência será concedida quando houver elementos que evidenciem a probabilidade do direito e o perigo de dano ou o risco ao resultado útil do processo.

§ 1.º Para a concessão da tutela de urgência, o juiz pode, conforme o caso, exigir caução real ou fidejussória idônea para ressarcir os danos que a outra parte possa vir a sofrer, podendo a caução ser dispensada se a parte economicamente hipossuficiente não puder oferecê-la.

§ 2.º A tutela de urgência pode ser concedida liminarmente ou após justificação prévia.

§ 3.º A tutela de urgência de natureza antecipada não será concedida quando houver perigo de irreversibilidade dos efeitos da decisão.

Comentário

Segundo Humberto Theodoro Júnior, a tutela provisória constitui uma "técnica de sumarização, para que o custo da duração do processo seja melhor distribuído, e não mais continue a recair sobre quem aparenta, no momento, ser o merecedor da tutela" (*Curso de Direito Processual Civil*. Vol. I, 57.ª ed. Rio de Janeiro: Forense, 2016. p. 89).

Em termos gerais, as tutelas de urgência se destinam a assegurar: a) bens; b) pessoas; e c) provas.

Bens. O escopo da tutela, neste caso, está vinculado a duas situações: 1) manter o estado do bem ou 2) assegurar futura execução da sentença. Neste último caso, o manejo da tutela de urgência *cautelar* seria de grande utilidade quando o trabalhador, pretendendo ingressar em juízo, ficasse sabendo que o ex-empregador estaria vendendo todos os seus bens, com a finalidade de frustrar eventual execução de sentença condenatória ao pagamento de quantia certa. A medida cautelar, na hipótese, teria caráter inibitório-preservativo.

Pessoas. Aqui, a tutela visa, por exemplo, à guarda de menores de idade. Esta situação é de remota incidência no processo do trabalho.

Provas. Utiliza-se de medida cautelar para preservar determinado meio de prova, tendo em conta processo futuro. Seria o caso, por exemplo, de alguém que se encontra gravemente enferma, e que se pretenda indicá-la como testemunha; considerando o seu estado de saúde, é provável que quando da realização da audiência referente ao processo principal ela tenha falecido. Diante disso, faz-se uso de medida cautelar, para ouvi-la antecipadamente. Essa era, aliás, uma das situações que, no sistema do CPC de 1973, autorizava o uso da medida cautelar de produção antecipada de prova (arts. 846 a 851). No CPC de 2015, a produção antecipada da prova está incluída no processo de conhecimento (Parte Especial, Livro I) e não compreende os casos que justificam, na vigência do CPC de 1973, a medida cautelar específica (nominada).

Caput. Os pressupostos legais para a concessão de tutela de urgência (cautelar ou antecipada) são:

a) a probabilidade do direito;

b) o perigo de dano (irreparável ou de difícil reparação); ou

c) o risco ao resultado útil do processo.

Antes de passarmos ao exame desses pressupostos, devemos retornar a um ponto importante, que foi objeto de nossa atenção em linhas anteriores. No sistema do CPC de 1973, tínhamos, de um lado, o *processo cautelar* (arts. 796 a 889), e, de outro, a *antecipação dos efeitos da tutela de mérito* (art. 273), cada qual, com seus requisitos específicos. Desse modo, em termos gerais, a concessão de providências de natureza cautelar exigia a presença dos pressupostos do *fumus boni iuris* (aparência do bom direito) e do *periculum in mora* (perigo na demora), ao passo que a concessão da antecipação dos efeitos da tutela pressupunha o "fundado receio de dano irreparável ou de difícil reparação" ou ficar caracterizado "o abuso do direito de defesa ou o manifesto propósito protelatório do réu".

Pois bem. O CPC de 2015 encambulhou, sob a denominação de *tutela provisória*, as medidas cautelares e a antecipação dos efeitos da tutela de mérito, previstas no CPC de 1973, por forma a gerar inevitável confusão conceitual, no plano doutrinário. Alguns juristas procuraram justificar esse sincretismo, por assim dizer, argumentando que o legislador de 2015 quis unificar os conceitos de *proteção* do direito periclitante. *Data venia*, esse argumento não nos convence, pois no caso de tutela *da evidência não há nenhum intuito protetivo*, bastando ver que a própria norma legal (CPC, art. 311) não exige a presença da probabilidade do direito, do perigo de dano ou de risco ao resultado útil do processo — pressupostos indispensáveis no caso das tutelas *de urgência* (*ibidem*, arts. 300 e 305).

Podemos concluir, portanto, que o legislador de 2015 foi *confusionista de conceitos*.

Dediquemo-nos, no passo seguinte, ao exame dos pressupostos para a concessão da *tutela de urgência* (CPC, art. 300).

Probabilidade do direito. Na vigência do CPC de 1973, sustentamos, em harmonia com a manifestação doutrinária predominante, que a *probabilidade do direito* (*fumus boni iuris*) — expressão característica do processo cautelar — se referia, não ao direito material, e sim, ao direito ao processo. Escrevemos:

> Estabelecido que o juiz, diante de um pedido de providência cautelar, não adentra no exame da matéria a ser objeto de eventual processo principal (*se* este for o caso), vale dizer, não prejulga o mérito, não acerta a lide, ainda que provisoriamente, o que se deve entender pela expressão *fumus boni iuris*, em sede cautelar?
>
> A solução do problema está diretamente relacionada com *a finalidade* do processo cautelar (...). É necessário antecipar, todavia, que sob o aspecto finalístico esse processo, via de regra, se destina à tutela do processo principal, nunca do direito material.
>
> Com efeito, sendo o processo (*lato sensu*) o método, a técnica, o instrumento de que se utiliza o Estado para solucionar os conflitos de interesses ocorrentes entre os indivíduos, é compreensível que o mesmo Estado se preocupe em assegurar à parte *o direito ao processo,* ao *due process of law*, como exigência dos tempos atuais. Desvenda-se, então, a finalidade do processo acautelatório: tutelar o processo principal, particularidade que motivou a que certos autores qualificassem o primeiro de 'instrumento do instrumento'.
>
> Os que veem no processo cautelar o objetivo de proteger o direito material, de compor provisoriamente a lide, não conseguem perceber que o interesse do indivíduo quanto ao processo é diverso do seu interesse concernente à *res in iudicio deducta.* O que se deve colocar adiante, no processo cautelar, é o interesse *no processo principal*, exceto se insistirmos no equívoco de supor que o direito de ação é sinônimo de sentença *favorável* ao autor, como se aquele não pudesse ser reconhecido sem que existisse um direito material.
>
> O que o indivíduo pretende, portanto, ao deduzir uma pretensão cautelar, é ver assegurado o regular desenvolvimento do processo

principal de que se valerá o Estado-Juiz para compor a lide, é ver garantido, na amplitude das suas manifestações, o próprio direito de ação. No mesmo sentido, o parecer de *Ronaldo Cunha Campos*, para quem 'Se o processo cautelar tem por fim tutelar o processo, o que se acerta no seu decorrer é a existência de ameaça ao direito da parte ao processo, isto é, ao direito de ação, que não se confunde de forma alguma com o direito subjetivo material' (*Estudos de Direito Processual*. Uberaba: 1974. p. 128-132)

É à luz das conclusões aqui extraídas que devemos compreender o requisito para a validade de petição inicial cautelar, contido no inciso IV do art. 801 do CPC, segundo o qual o requerente pleiteará a medida em petição escrita, que indicará 'a exposição sumária do *direito ameaçado e o receio de lesão* (*As Ações Cautelares no Processo do Trabalho*. 5.ª ed. São Paulo: LTr, 2005, p. 136-137).

Conquanto, agora, os tempos sejam outros, não vemos razão jurídica para deixar de afirmar que o escopo das tutelas de urgência, em princípio, é a defesa do *direito ao processo*, e não, do *direito material*. Essa nossa convicção tanto mais se acentua diante da expressão: *risco ao resultado útil do processo*, utilizada na redação dos arts. 300 e 305, do CPC.

Embora a finalidade da tutela cautelar não seja a defesa do direito material, há situações excepcionais em que o magistrado deve lançar os olhos em direção ao direito material. Dentre essas situações, podemos mencionar:

a) o da tutela de urgência antecipada, requerida em caráter antecedente, tornar-se (CPC, art. 304), tornar-se *estável*, em virtude de a decisão concessiva não haver sido impugnada (por ação mandamental, no processo do trabalho). Neste caso, a tutela antecipada substitui a tutela final (CPC, art. 303, *caput*);

b) o pedido de mérito que esteja em confronto com súmula vinculativa do STF (CF, art. 103-A);

c) a rejeição liminar do pedido que contrariar:

I – enunciado de súmula do Supremo Tribunal Federal ou do Superior Tribunal de Justiça;

II – acórdão proferido pelo Supremo Tribunal Federal ou pelo Superior Tribunal de Justiça em julgamento de recursos repetitivos;

III – entendimento firmado em incidente de resolução de demandas repetitivas ou de assunção de competência;

IV – enunciado de súmula de tribunal de justiça sobre direito local (CPC, art. 332);

d) o fato de o juiz verificar, desde logo, a ocorrência de decadência ou de prescrição (CPC, art. 332, § 1.º).

Além disso, não nos esqueçamos que há pedidos considerados *juridicamente impossíveis*, que, por esse motivo, não podem ser acolhidos pelo pronunciamento jurisdicional. Tratando-se de pedido dessa espécie, cumprirá ao juiz, nos autos da tutela de urgência, indeferi-la, porquanto não estará caracterizada, aqui, a *probabilidade do direito* (material), a que se refere o art. 300, *caput*.

Por tudo isso, é que afirmamos, há pouco, que, *em princípio*, a finalidade das tutelas de urgência reside na defesa do *direito ao processo*, embora, em determinadas situações seja justificável — ou, até mesmo, indispensável — a utilização dessas tutelas com o objetivo de empreender a defesa do próprio direito material periclitante.

No terreno das tutelas *da evidência* há, quando menos, uma situação em que a defesa do direito material é inequívoca: está no inciso IV, do art. 311, do CPC: quando a petição inicial estiver instruída com prova documental suficiente dos fatos constitutivos do direito do autor (a que o réu não haja oposto prova capaz de gerar dúvida razoável).

Perigo de dano. Já nas obras de Chiovenda se capta a preocupação do grande jurista europeu em demonstrar os riscos de danos a que ficam submetidos os litigantes, desde o ingresso em juízo até a efetiva composição da lide, considerando-se que o processo, assim como as ações humanas em geral, é marcado pela *temporalidade.* Na visão objetiva de Chiovenda, o juiz, ao proferir a sentença, deve procurar fazê-lo como se estivesse decidindo no momento da própria "propositura" da ação, pois as consequências na demora da solução do litígio não podem ser suportadas por aquele que invocou a tutela jurisdicional do Estado.

Efetivamente, se o Estado moderno tornou defesa a autotutela de direitos subjetivos, ou seja, impediu o indivíduo de realizar justiça pelas próprias mãos (*exercício arbitrário das próprias razões*: Código Penal, art. 345) e avocou, em caráter monopolístico, o encargo de dirimir os conflitos de interesses, é elementar que constitui um seu dever criar condições para que a tardança na resolução desses conflitos não ocorra em prejuízo dos direitos ou interesses de quem provocou o exercício da função jurisdicional. A Hugo Alsina não passou despercebida essa particularidade: *"Si el Estado al asumir la función de administrar justicia prohibe e los individuos la autodefensa de sus derechos, no puede, en situaciones como las enunciadas, desentenderse de las consecuencias de la demora que necesariamente ocasiona la instrucción del proceso, y debe por tanto proveer las medidas necesarias para prevenilas, colocándolas en manos del juez u los litigantes. Tales son las llamadas medidas precautorias"* (*Tratado teorico e practico de derecho procesal civil y comercial.* 2. ed. Buenos Aires: Bibliográfica Argentina, 1963. v. 5, p. 447 e seguintes).

Como sabemos, dentre os princípios informativos do processo está o da *celeridade* na entrega da prestação jurisdicional invocada (CF, art. 5.º, LXXVIII). É bem verdade que, em tema de processo do trabalho (para falarmos apenas dele), esse princípio se encontra reduzido a mero *anseio*, pois a solvência dos conflitos entre trabalhadores e empregadores tem sido feita em espaço de tempo muito superior ao desejável — sem que os juízes possam ser responsabilizados por essa lentidão. Considerando que não há possibilidade prática de reduzir o tempo de emissão da sentença de mérito — pois o congestionamento judiciário é crescente —, instituíram-se as tutelas de urgência, que correspondem, assim, não apenas ao instrumento eficaz de que se pode socorrer a parte para evitar as consequências deletérias da demora na composição da lide, mas a um vivo exemplo de que, em concreto, a celeridade do procedimento (principal) está reduzida a simples anelo de todos.

As providências de urgência representam, em última análise, uma expressiva contraposição ao mito da celeridade procedimental, de que tanto ouvimos falar pela linguagem quase retórica da doutrina nacional, com os olhos postos no processo do trabalho. Dentro dessa mesma relação, é possível vaticinarmos que se, em futuro, tal celeridade tornar-se real, efetiva, terão cessado, em grande parte, as razões de fato e de direito que hoje justificam a existência das tutelas de urgência. Conforme deixamos registrado em outras linhas, o grande desafio que se apresenta ao legislador do futuro consiste em encontrar um ponto de equilíbrio entre duas disposições constitucionais contrastantes entre si: a alusiva ao princípio da celeridade processual (CF, art. 5.º, LXXVIII) e a referente à *garantia da ampla defesa* (CF, art. 5.º, LV).

Lembra Castro Villar que o perigo na demora não deve ser entendido como o perigo genérico de dano jurídico, mas especificamente, *"o perigo de dano posterior, derivante do retardamento da medida definitiva"* (*Ação cautelar inominada.* Rio de Janeiro. Forense, 1986. p. 17).

É de grande importância para o assunto verificarmos, em seguida, qual deve ser a atitude do juiz na apreciação do requisito do perigo de dano, derivante da demora da solução definitiva da lide (mérito).

Realçando o nosso entendimento de que na avaliação de um pedido cautelar o juiz não pode ingressar no mérito da causa (exceto nas situações que apontamos), devemos dizer que na apreciação do alegado *periculum in mora* ele deve ater-se aos fatos relacionados a esse pressuposto. Segundo o magistério de *Liebman*, o perigo na demora não é uma relação jurídica, traduzindo-se, isto sim, numa situação de fato, complexa e mutável, da qual o juiz extrairá dos elementos de probabilidade acerca da iminência de um dano ao direito da parte (*Unidade do procedimento cautelar*. In: *Problemi*, *apud* VILLAR, Castro, obra cit., p. 18) — direito ao processo e não direito material, insistimos em esclarecer.

Adverte Lopes da Costa que o dano deve ser *provável,* não sendo suficiente para a concessão da medida a *possibilidade* ou a *eventualidade* de dano, justificando que "*possível é tudo, na contingência das cousas criadas, sujeitas à interferência das forças naturais e da vontade dos homens. O possível abrange assim até mesmo o que rarissimamente acontece. Dentro dele cabem as mais abstratas e longínquas hipóteses. A probabilidade é o que, de regra, se consegue alcançar na previsão. Já não é um estado de consciência, vago, indeciso, entre afirmar e negar, indiferente. Já caminha na direção da certeza. Já para ela propende, apoiado nas regras da experiência comum ou da experiência técnica*" (*Medidas preventivas*. 2.ª ed. Belo Horizonte: 1958. p. 43).

O art. 798 do CPC revogado, que versava sobre o poder geral de cautela do magistrado, dispunha que este poderia determinar providências dessa natureza (embora, conforme já assinalamos, as considerasse, erroneamente, "provisórias") quando houvesse *fundado receio* de que uma parte (errava mais uma vez a lei ao utilizar a expressão "antes do julgamento da lide") causasse ao direito da outra lesão grave e de difícil reparação. Além das impropriedades técnicas denunciadas, o texto legal citado incidia no equívoco de supor que a providência somente poderia ser concedida se a lesão ao "direito" (ou interesse) do requerente decorresse de *ato da parte contrária*, como se não fosse possível emitir a providência toda vez que ficasse demonstrado que o dano adviria de *fatos naturais* (inundações, abalos sísmicos e outros fenômenos dessa espécie). Não está em nossos desígnios, todavia, nos fixarmos nas críticas ao enunciado do art. 798 do CPC anterior, e sim, localizarmos nessa norma legal o critério a ser observado, mesmo nos dias atuais, pelo juiz, para efeito de apurar a existência, ou não, do *perigo de dano.*

Sem embargo, o risco de dano, externado pelo solicitante da tutela de urgência, deve ser *fundado*, ou seja, palpável, perceptível, real e não simplesmente imaginário, de modo a permitir uma constatação — o quanto possível — objetiva pelo juiz. A não ser assim, teríamos de admitir que um simples *receio* infundado da parte fosse suficiente para tornar exigível a outorga da tutela. Com *perigo de dano* o legislador atual procurou afastar do campo de apreciação judicial qualquer manifestação meramente subjetiva da parte, de avaliação difícil, imprecisa; quando não, submetida ao subjetivismo do próprio juiz.

O perigo de dano não deve, por isso, ser produto de um capricho ou sentimento meramente pessoal da parte, se não que de concreto e justificado temor de dano, de tal modo que o juiz não fique em dúvida quanto a isso.

É claro que mesmo regido pela cláusula legal do perigo de dano o magistrado haverá de realizar uma prospecção, ainda que superficial, epidérmica, do perigo alegado pelo requerente. Pondera Alberto dos Reis que nem faria sentido que o juiz, para certificar-se da existência do direito (adapte-se para perigo de *dano*) houvesse de empreender um exame tão longo, tão refletido, como o que há de efetuar no processo principal, de cognição exauriente (*A figura do processo cautelar*, p. 26, *apud* VILLAR, Castro, obras cit., p. 18). É que, nesse caso — arremata o ilustre jurista — o processo cautelar perderia a sua razão de ser: mais valeria esperar pela decisão definitiva (*ibidem*).

A finalidade da tutela de urgência impetra, pois, um conhecimento judicial rápido, sumário, a respeito do perigo, não devendo o juiz impor à parte a prova concreta do dano e sim levar em conta, com vistas à avaliação desse pressuposto, a *probabilidade* de um dano proveniente da demora na composição da lide. Nesse aspecto, portanto, a tutela de urgência é caracterizada por uma *summa cognitio*, que tem por objeto os fatos concernentes ao risco de dano temido pelo requerente. A iminência do dano e a consequente urgência de que a parte necessita na obtenção da providência judicial justificam, plenamente, a sumariedade na apreciação dos fatos — mesmo que, ao final, a sentença venha a denegar a medida solicitada.

Convém acrescentar que a probabilidade de dano, a que nos referimos, não deve ser avaliada — em nome da *summa cognita* que se impõe — de maneira arbitrária pelo juiz, até porque, em nenhum momento, a lei lhe atribui alguma arbitrariedade na prática de seus atos, decisórios ou não. O que a ele se reconhece, em matéria de tutela de urgência, é a *discricionariedade*, que não se confunde com a arbitrariedade. Apreciará o julgador, em face disso, a probabilidade de dano sob o império das regras que informam a sua persuasão racional, donde provém o seu dever de indicar, mesmo que de modo lacônico, os motivos (fundamentos) que influíram na formação do seu convencimento sobre a periclitância do direito do requerente da tutela.

No que respeita ao autor, embora lhe cumpra mencionar, na inicial, as provas que pretende produzir, não se deve pensar que no atendimento a esse ônus ele fique rigidamente atrelado aos preceitos que regem a produção das provas nos processos em geral, em particular, no de conhecimento. Daí vem, que o juiz poderá admitir certos meios de *justificação* dos fatos, mais ou menos livres, reservando-se ao julgador o exame, segundo seu prudente arbítrio, da veracidade das alegações da parte.

Pensamos, contudo, ser absolutamente dispensável a verificação quanto ao surgimento temporal do perigo na demora, para efeito de concessão da tutela de urgência. Não nos parece muito jurídico o argumento de que a medida somente poderia ser emitida se o *periculum* preexistisse ao surgimento da pretensão posta em juízo. A nosso ver, o único requisito que se deve ter em conta é o da existência, ou não, desse perigo ao tempo em que o juiz está para decidir sobre a tutela de urgência pedida. Segue-se, que se o perigo existia antes mesmo de ser invocada a jurisdição, mas na época da prolação da sentença já havia desaparecido, terá deixado de existir o interesse processual (CPC, art. 17) do autor na obtenção da tutela. Em sentido inverso, se à época do ingresso em juízo o perigo inexistia, mas veio a surgir no curso do processo, assegurada estará a viabilidade jurídica para a expedição da tutela (*ibidem*).

Castro Villar também diverge do pensamento doutrinário predominante acerca do assunto: *"... não é verdade que deve sempre o interesse surgir de uma situação posterior ao surgimento do próprio direito. Com o surgimento do direito das partes, a situação então encontrada pode mudar. O tempo é um suceder de fatos e esses fatos mudando — situação anterior de perigo existente anteriormente —, pode autorizar a medida cautelar. A medida cautelar é concedida em face dos fatos que demonstram um perigo da mora. Não importa que a situação de perigo fosse anterior. Se os fatos mudam esse perigo, aumentam-no, não há dúvida que para manter o equilíbrio das partes, o juiz pode conceder a medida cautelar. Também se o requerente da medida não conhecia a situação de perigo anterior, a medida pode ser concedida, sem afrontar a situação de equilíbrio entre as partes. Entra no poder de discricionariedade do juiz, que, para proteger o processo, pode autorizar a medida cautelar que melhor se adapta ao estado de fato. Em suma, o que autoriza a medida cautelar é o perigo da mora, e esse perigo deve ser avaliado em face dos fatos, no momento do pedido da medida cautelar, pouco importando se a situação de perigo já existia. Desde que essa situação tenha se alterado, evidente que a medida cautelar pode ser concedida"* (obra cit., p. 19-20, nota de roda pé n. 42).

Nossa única discrepância da opinião de Castro Villar é quanto ao *momento* em que a presença do perigo deve ser exigida, com vistas à apreciação do pedido de tutela de urgência. Enquanto, para o jurista mencionado, esse momento é o da *formulação* do pedido, pensamos que deve ser o da *apreciação* desse pedido, exatamente porque, como dissemos, pode ocorrer de o receio de dano existir na oportunidade do ingresso em juízo (logo, no momento em que a pretensão cautelar foi deduzida), mas vir a desaparecer no ensejo em que o juiz irá dedicar-se à apreciação (entenda-se: proferir decisão) desse pedido — hipótese em que a tutela deverá ser denegada, porquanto não mais existe o interesse do autor no seu conseguimento.

Risco ao resultado útil do processo. Esta expressão legal deve ser examinada sob dois pontos de vista: a) estatal; e b) privado. *Estatal*, porque, constituindo, o processo, método ou técnica de que se utiliza o Estado para solucionar os conflitos de interesses ocorrentes entre os indivíduos ou as coletividades, esse escopo ficaria, frustrado se o processo não atingisse a sua finalidade, vale dizer, não alcançasse resultado útil, em relação ao qual foi instituído. *Privado*, porque às partes interessa que o processo conduza ao resultado por elas desejado, qual seja, o de tutelar o direito (geralmente, material) alegado. A nenhuma das partes interessa o resultado *inútil* do processo. Pensar-se que isso diga respeito exclusivo ao autor implica uma interpretação estrábica da norma legal, pois também ao réu interessa que o processo alcance o resultado por ele colimado, por forma a evitar-lhe qualquer condenação.

Sempre, pois, que houver risco ao resultado útil do processo, a parte interessada poderá requerer ao juiz a concessão de tutela de urgência, a fim de ser afastado esse risco.

Presentes os requisitos da *probabilidade do direito*, *do perigo de dano* ou do *risco ao resultado útil do processo*, o juiz, em princípio, não poderá recusar-se a conceder a tutela de urgência. Dissemos: em princípio, porque haverá situações em que, a despeito da presença desses requisitos, o magistrado poderá denegar a tutela, como quando, na tutela *antecipada*, houver perigo de irreversibilidade dos efeitos da decisão concessiva (CPC, art. 300, § 3.º).

§ 1.º Houve reprodução parcial do art. 804 do CPC revogado. Se o juiz convencer-se de que a concessão da liminar na tutela de urgência poderá acarretar danos ao requerido, poderá exigir que o requerente preste caução, real ou fidejussória, suficiente para ressarci-lo desses danos.

Desse encargo ficará dispensado o requerente que for economicamente hipossuficiente, ou seja, que não possuir condições econômico-financeiras para prestar caução. Com vistas a isso, será bastante que o interessado alegue a sua hipossuficiência, pois essa alegação é, legalmente, presumida verdadeira (CPC, art. 99, § 3.º, por analogia).Ocorrendo de o requerente não prestar caução, nem provar que não possui condições econômico-financeiras para prestá-la, isso não corresponde a afirmar que, fatalmente, o juiz deverá indeferir a tutela de urgência por este requerida. É preciso salientar o fato de que a exigência de caução não é obrigatória, inscrevendo-se, ao contrário, no rol das *faculdades* processuais que a lei atribui ao juiz. O verbo *poder*, utilizado na redação do § 1.º do art. 300, deixa transparecer essa faculdade.

Esse é o sistema do processo civil. Pergunta-se: o disposto no § 1.º do art. 300, do CPC é aplicável ao processo do trabalho?

A caução, de que trata a norma legal em exame, constitui *contracautela*. Em princípio, entendemos que a caução é *incompatível* com o processo do trabalho, mesmo que o requerente não seja hipossuficiente. Segundo o nosso ponto de vista, ao juiz do trabalho cabe, diante de um pedido de concessão de tutela de urgência, adotar uma destas atitudes a) indeferi-la, se ausentes os pressupostos legais; b) concedê-la, sem exigência de caução, se presentes os mencionados pressupostos.

Nada obsta, contudo, a que a parte, *por sua iniciativa*, preste caução como providência destinada a assegurar-lhe a concessão da tutela de urgência. Caso isso ocorra, a caução poderá ser real (hipoteca, penhor, anticrese, etc.) ou fidejussória, representada pela garantia pessoal de quem a oferece (autor, fiador). Como a caução se destina a ressarcir a parte contrária dos prejuízos que esta vier a sofrer pela concessão da tutela, é medida de prudência judicial determinar que o valor a ser caucionado guarde equivalência com o valor estimável do eventual prejuízo. Cumpre ao juiz basear-se, sempre que possível, em elementos *objetivos* para definir essa equivalência.

A caução será prestada nos mesmos autos em que foi solicitada a tutela de urgência, dispensando-se maiores formalidades. Ao juiz incumbirá fixar o prazo para que o requerente preste a caução; desrespeitado esse prazo, o despacho concessivo da caução será revogado.

Uma ressalva: no caso de tutela de urgência, de natureza antecipada, mesmo que a parte se disponha a prestar caução, esta não deverá ser concedida se o juiz ficar convencido da irreversibilidade dos efeitos da correspondente decisão (CPC, art. 300, § 3.º).

O art. 297, parágrafo único, conforme vimos, declara que a *efetivação* da tutela provisória (gênero) observará, no que couber, as normas atinentes ao cumprimento provisório da sentença. Isso significa, entre outras coisas, que o juiz poderá exigir a prestação de caução, para a *efetivação* ("execução") da tutela (art. 520, IV). Esse caucionamento, contudo, não será necessário se já houver caução prestada com base no art. 300, § 1.º, que cuida da tutela de urgência (espécie).

§ 2.º Se o juiz convencer-se quanto à probabilidade do direito e ao perigo de dano ou ao risco ao resultado útil do processo, poderá conceder, liminarmente, a tutela de urgência sem audiência da parte contrária *(inaudita altera parte*). Caso contrário, fará com que o requerente justifique as suas alegações; com vistas a isso, poderá designar audiência, permitindo, ou não, a participação do requerido, conforme sejam as circunstâncias. A concessão *inaudita altera parte* da tutela não transgride a garantia constitucional do contraditório e da ampla defesa, pois, no caso, o exercício dessa garantia fica *diferido* (adiado) para a fase da contestação (CPC, art. 306), caso haja.

§ 3.º A declaração de que a tutela de urgência, de natureza antecipada, não será concedida quando houver perigo de irreversibilidade dos efeitos da decisão foi tomada por empréstimo ao § 3.º do art. 273, do CPC anterior, que tratava da antecipação dos efeitos da tutela.

A norma em questão não conflita com o § 1.º do mesmo artigo, que permite ao juiz exigir a prestação de caução. Em primeiro lugar, porque no caso de prestação de caução — ressalvado o nosso entendimento de que no processo do trabalho ela não pode ser exigida — não há, em tese, perigo de irreversibilidade da decisão, embora haja risco de dano ao requerido; em segundo, o veto legal à emissão de tutela quando houver perigo de irreversibilidade só incide na tutela urgente de natureza *antecipada*, não na de natureza *cautelar*.

A *irreversibilidade dos efeitos da decisão* concessiva da tutela significa a impossibilidade de a situação de fato e de direito, da causa, retornar ao estado anterior à concessão da medida *(status quo ante)*; de ser, enfim, revertida. Nem sempre será fácil, na prática, ao juiz convencer-se se haverá, ou não, de irreversibilidade. Um dos exemplos clássicos de irreversibilidade é o da demolição de prédio de valor histórico, artístico ou arquitetônico. Ou de qualquer edificação, enfim.

Temos uma questão a enfrentar: há antagonismo entre os § 1.º e 3.º, do art. 300, do CPC? Assim indagamos, porque o § 1.º, como vimos, atribui ao juiz a faculdade de exigir ao solicitante da tutela a prestação de caução (real ou fidejussória) idônea, destinada a ressarcir os danos que a parte contrária vier a sofrer em decorrência da *concessão* da tutela, ao passo que o § 3.º proíbe o magistrado de deferir a tutela quando houver perigo de irreversibilidade dos efeitos da decisão concessiva. Por outro modo de expressão: tendo, o autor, prestado caução idônea o juiz poderia negar a concessão da tutela, fazendo uso do argumento da irreversibilidade dos efeitos da decisão concessiva? O tema está aberto à controvérsia. Pelo que nos cabe opinar, devemos dizer que o mencionado § 3.º constitui um *veto inflexível* à concessão da tutela ("não será concedida", diz, em tom imperativo, a norma legal). Deste modo, se houver perigo de irreversibilidade dos efeitos da decisão ao juiz caberá denegar a tutela. Se, por acaso, o autor houver prestado caução idônea, mas o juiz, posteriormente, convencer-se da referida irreversibilidade, deverá: a) recusar a concessão da tutela, e b) restituir ao autor a caução — fundamentando, por certo, a sua decisão (CF, art. 93, IX).

Sob este nosso ponto de vista, podemos, até mesmo, construir a regra segundo a qual ao juiz somente será lícito exercer a faculdade de exigir caução quando não houver perigo de irreversibilidade dos efeitos da decisão a ser proferida, mas a concessão da tutela possa acarretar danos ao réu. Devemos reiterar, todavia, o nosso entendimento de que a caução, como *contracautela* (CPC, art. 300, § 1.º), é incompatível com o processo do trabalho.

Uma nótula adicional: dissemos que se o juiz se *convencer* quanto à irreversibilidade dos efeitos da decisão deverá negar a concessão da tutela pleiteada. Em princípio, incumbe ao réu produzir a prova da irreversibilidade (pois esse fato é constitutivo do seu direito de não ver deferida a tutela: CLT, art. 818, II), a fim de influir na formação do convencimento jurídico do magistrado. Ao autor será sempre assegurada a garantia constitucional do contraditório. O réu estará dispensado desse ônus quando se tratar de algumas das situações mencionadas no art. 374, do CPC, notadamente, quanto à *notoriedade* do fato.

Art. 301. A tutela de urgência de natureza cautelar pode ser efetivada mediante arresto, sequestro, arrolamento de bens, registro de protesto contra alienação de bem e qualquer outra medida idônea para asseguração do direito.

Comentário

A norma deve ser examinada sob dois aspectos: a) ao afirmar que a tutela urgente de natureza *cautelar* pode ser efetivada por meio de arresto, sequestro, arrolamento de bens, registro de protesto contra alienação de bem. Dá-se que o arresto somente é previsto, no atual CPC, na execução (art. 830). Não há disciplina do sequestro no corpo do Código. O arrolamento de bens e registro de protesto contra alienação de bem escapam à competência da Justiça do Trabalho; b) ao afirmar que o juiz pode conceder qualquer outra medida idônea, no âmbito da tutela urgente de natureza cautelar "para asseguração do direito". A expressão aspada, a revela a presença do *poder geral de cautela do magistrado*, prevista no art. 798 do CPC anterior, e preservado no sistema do CPC de 2015, embora sem a mesma nitidez do Código de 1973.

Tratando-se de *obrigação*:

a) *de fazer ou de não fazer*, compreendem-se na expressão legal: "qualquer outra medida idônea para asseguração do direito" os casos previstos no art. 536, § 1.º, do CPC: imposição de multa, busca e apreensão, remoção de pessoas e coisas, impedimento de atividade nociva. O juiz não pode, contudo, conceder a tutela de urgência cautelar para o "desfazimento de obras" (também previsto no art. 536, § 1.º, do CPC), em razão do disposto no § 3.º, do art. 300, do mesmo Código, que veda a concessão da tutela quando houver risco de irreversibilidade dos efeitos da decisão.

b) *de entregar coisa*, as "medidas idôneas" são as mesmas do art. 536, § 1.º.

c) *de pagar quantia certa*, o juiz pode impor multa cominatória (*astreinte*). Não vemos incompatibilidade dessa sanção pecuniária com a obrigação da mesma natureza. A lei, aliás, contempla essa possiblidade (CPC, art. 523, § 1.º). A astreinte possui caráter *coercitivo*, não se confundindo, pois, com a multa prevista no art. 77, § 2.º, do CLT, de índole marcadamente *punitiva* (*contempt of court*). Ao contrário da multa *coercitiva*, a *punitiva* não tem como beneficiária a parte, e sim, a Fazenda Pública. Sobre o notável *poder geral de cautela* que o sistema processual coloca à disposição do magistrado encontramos ensejo de dedicar algumas páginas em nosso livro *"As Ações Cautelares no Processo do Trabalho"* (5.ª ed. São Paulo: LTr, 2005, p. 157-165), que agora reproduziremos em síntese, depois de adaptá-las ao atual CPC.

O notável Piero Calamandrei, ao discorrer sobre o poder geral de cautela do magistrado, cita um episódio que bem demonstra a importância desse poder: *"O proprietário de um clube noturno de Paris tinha dado o encargo um pintor de decorar a sala de baile com afrescos, que representassem danças de sátiros e ninfas; e o pintor, para aumentar o interesse pela decoração do mural, tinha pensado em dar aos personagens, que nessas coreografias apareciam em vestes superlativamente primitivas, os semblantes, facilmente reconhecíveis, de letrados e artistas muito conhecidos nos clubes mundanos. Na noite da inauguração uma atriz, que fazia parte da multidão dos convidados, teve a surpresa de reconhecer-se em uma das ninfas que dançavam em vestes extremamente sucintas; e, visto que ela considerasse que essa representação fosse ofensiva ao seu decoro, iniciou contra o proprietário do local uma ação civil para condená-lo a apagar a figura ultrajante e ressarcir os danos; e nesse meio tempo pediu que, nas moras do julgamento, lhe fosse estabelecido cobrir provisoriamente aquela parte do afresco que reproduzia a sua imagem em pose impudica"* (*Introdução ao estudo sistemático dos procedimentos cautelares.* Trad. de Carla R. Bassi, Campinas: Editora Servanda, 2000. p. 78-79, *apud* DINAMARCO, Cândido Rangel. *Nova era do processo civil.* São Paulo: Malheiros, 2003. p. 51).

Conquanto se tratasse, no episódio mencionado por Calamandrei, de uma ação civil, a presença de uma postulação de índole cautelar estava identificada na frase (ou requerimento): "*e nesse meio tempo pediu que, nas moras do julgamento, lhe fosse estabelecido cobrir provisoriamente aquela parte do afresco que reproduzia a sua imagem em pose impudica*". Se não fosse concedida à autora da ação essa medida, por certo a sua vitória, no final da causa, lhe seria de pouca relevância, pois, a despeito de receber a indenização pleiteada, seriam irreversíveis as consequências sociais do fato de diversas pessoas da sociedade local terem visto uma das ninfas estar representada pelo rosto dela.

No CPC de 1939 não havia previsão expressa do poder geral de cautela do juiz, embora certos autores houvessem sustentado a presença deste poder no art. 765 daquele Código, com fundamento em que: a) o precitado artigo (incisos I, II e III) era tradução do art. 324 do Código de Processo Civil italiano, elaborado por Carnelutti, onde a doutrina daquele país reconhecia uma tal espécie de poder; b) a tradição brasileira sempre atribuiu ao magistrado o poder de conceder medidas de segurança antes mesmo de conhecer a ação principal; c) pela lei então vigente, que investia o juiz de especial poder de conceder medidas de cautela, fora dos casos expressamente autorizados em lei.

Qual seria, contudo, a natureza jurídica do poder geral de cautela, que o CPC concede aos magistrados?

Não nos parece correta a atitude adotada por certo segmento da doutrina, consistente em buscar a resposta à indagação ora formulada entre as alternativas de *jurisdicionariedade* e de *discricionariedade*, de tal modo que a adoção de uma delas excluiria, necessariamente, a outra. Se, no campo do direito administrativo, essa separação é necessária, nem sempre o é no processual; a entender-se diversamente, ter-se-ia de concluir que o juiz, nos casos de administração pública de interesses privados ("jurisdição voluntária" [*sic*]), não exerce funções jurisdicionais, o que corresponderia a um intransponível contrassenso. Pensamos, por isso, que o juiz no desempenho de seu poder-dever jurisdicional, possa exercitar atividades em que mais se destaque o conteúdo administrativo dos seus atos, sem que isso implique negativa da existência de um componente jurisdicional.

Definida a nossa posição em face do problema, cremos estar aberta a via à afirmação do caráter essencialmente *discricionário* do poder geral de cautela. *Discricionário*, contudo, não é o mesmo que *arbitrário*; enquanto o primeiro traduz a margem que a lei abre à atuação da vontade do juiz, o segundo, ao contrário, expressa a atuação judicial *fora* da previsão da norma legal, sendo produto, portanto, do arbítrio exclusivo do magistrado.

Ensina Zitelmann, a respeito do assunto que, "*na lei não se contêm, como com tanta frequência crê o não jurista, decisões concretas dos casos, de tal forma que o papel do juiz se reduzisse ao de um autômato — põe-se o caso e salta a decisão — se não que exige do magistrado valoração independente. Ela só diz aquilo que as regras gerais podem dizer, preservando área indeterminada, a fim de que o juiz tenha espaço bastante para considerar em suas decisões a peculiaridade do caso isolado, cada um deles em nada semelhante ao outro*" (*Las lacunas del derecho*. Trad. Espanhola de Lücken im Recht. In: *La ciência del Derecho*. Buenos Aires: Losada, 1949. p. 314-315).

É sabido, porém, que as normas integrantes do devido processo legal (*due process of law*) se destinam a disciplinar, a regrar não apenas a atividade das partes, se não que a própria atuação dos demais sujeitos do processo, dentre eles, em especial, o juiz. Neste último caso, a sujeição do magistrado à imperatividade das normas procedimentais tem o escopo de garantir aos litigantes a necessária *imparcialidade judicial*. Vale ser lembrado o comando do art. 139, do CPC, de acordo com o qual "*O juiz dirigirá o processo conforme as disposições deste Código, incumbindo-lhe: I – assegurar às partes igualdade de tratamento*".

O princípio assente, portanto, é o de que o juiz, no exercício de sua indeclinável função de diretor do processo, deve dispensar às partes um tratamento isonômico e um dos caminhos para isso é a sua fiel obediência às normas relativas ao procedimento legal. Disto decorre que eventual fuga do magistrado a esses preceitos configurará, quase sempre, uma falta contra o dever de imparcialidade, além de render ensejo à arguição de nulidade do procedimento, ou a impetração de mandado de segurança, por parte daquele a quem a imparcialidade do julgador prejudicou.

Dentro do quadro que ora esboçamos, pareceria difícil, pois, aceitar a existência de um poder *discricionário* do juiz. Alguns autores chegam mesmo a sustentar que essa discricionariedade somente ocorreria quando o juiz se lançasse à interpretação de normas jurídicas, com o que pretenderam negá-la como ato de *vontade* deste. Com o devido respeito que nos merece essa corrente de opinião, constitui impropriedade palmar confundir o ato de interpretação de norma legal — que é reconhecido à generalidade das pessoas — com o *poder* de discricionariedade do magistrado, que lhe é exclusivo (não entra em consideração, aqui, a administração pública). A presença desse poder, no processo civil, não é cerebrina; está materializada na literalidade do art. 301, do Código.

Temos, assim, que o mesmo Código que — como é de sua natureza — traça e delimita a atuação do juiz no processo, e deixa-lhe, em alguns momentos, uma certa faixa, um espaço no qual deverá movimentar-se com liberdade, embora dentro dos limites estabelecidos pela própria lei. Essa atuação balizada do juiz põe em relevo o seu poder discricionário, que o exercerá segundo os clássicos critérios de *oportunidade* e *conveniência.*

Observa-se que diante das medidas cautelares específicas, a faculdade do juiz cinge-se à concessão ou ao indeferimento da providência impetrada, cuja tipicidade está prevista em lei (arresto, sequestro, arrolamento de bens, etc.) já no caso das inominadas (atípicas), esse ato do julgador vai além da simples concessão ou negativa da medida, pois o Código, além de abrir um vastíssimo leque de providências dessa natureza, consente que o juiz as outorgue sempre que as reputar adequadas — e nesse *julgar* se concentra a sua discricionariedade, em que pese subordinada à iminência de um dano aos interesses do solicitante.

Abriga-se no art. 301 do CPC, conseguintemente, não um dos tantos poderes que o Código atribui, ao longo de suas disposições, ao juiz, na qualidade de reitor do processo; o que aí repousa, em verdade, é um poder extraordinário, amplo, comparável, talvez, ao do pretor romano "*quando, no exercício do imperium, decretava os interdicta*" (LACERDA, Galeno. *Comentários ao Código de Processo Civil*. 2.ª ed. Rio de Janeiro: Forense, 1981. v. III, tomo I, p. 136).

Valem ser reproduzidas, neste instante, as memoráveis palavras proferidas por Galeno Lacerda sobre a discricionariedade do juiz em sede cautelar: "*A notável liberdade discricionária que a lei concede ao juiz para adotar as medidas atípicas mais adequadas para conjurar a situação de aprêmio representa, a nosso ver, o momento mais alto e amplo da criação do direito concreto pela jurisprudência, em sistema codificado, de direito continental, como o nosso. Claro que o juiz não cria, aí, o direito material abstrato. Mas as providências variadas e imprevisíveis, imposta pela força dos fatos, fazem com que os decretos do magistrado assumam o caráter de normas e imperativos concretos de conduta, que significam na verdade, autêntica obra de descoberta e criação singular do direito, emanada do fato, colada ao fato, nascida para o fato. Nesta perspectiva, rasga-se a imagem tradicional do juiz preso e manietado do sistema continental, e dá-se ao juiz moderno dos países codificados o mesmo horizonte criador e novo do pretor romano e dos magistrados anglo-americanos. O diretor cautelar, se nos permitem o neologismo, a todos nivela, aos juízes de todos os tempos e lugares, acima da História e dos sistemas diversificados de elaboração jurídica, numa identidade imposta pelas necessidades permanentes e universais de proteção direta e imediata do homem contra a ameaça, o perigo, o risco, o conflito*" (obra cit., p. 157).

Não é despropositado afirmarmos, em virtude das razões até este ponto expendidas, que o art. 301 do CPC representa autêntica *norma em branco*, que descortina amplos caminhos ao exercício do poder discricionário do juiz; poderá este, para evitar dano à parte contrária, ordenar que o autor preste caução, embora entendamos que essa contracautela seja incompatível com os princípios informativos do processo do trabalho, conforme procuramos demonstrar em linhas anteriores.

A alusão ao processo do trabalho anima-nos a um outro comentário.

Estamos convencidos de que se o processo civil encontrou fortes motivos para conceder ao juiz um poder geral de cautela, o processo do trabalho, *a fortiori*, reclama para os juízes especializados idêntica potestade, *de lege ferenda*. A razão é lógica e se encontra estampada no art. 765 da CLT, que atribui ao magistrado do trabalho *"ampla liberdade na direção do processo"*. Essa amplitude de liberdade, concedida pela lei, justifica não só o impulso oficial do juiz, em relação a determinados atos do procedimento (p. ex., a intimação de testemunhas: art. 825, parágrafo único; o início da execução quando as partes não estiverem representadas por advogado: art. 878, *caput*, etc.), mas a própria necessidade de outorgar-lhe, de maneira expressa, um genérico poder de acautelamento, destinado, acima de tudo, a evitar que atos do réu possam causar aos interesses do autor lesões graves e de difícil reparação.

Esse poder geral de cautela, previsto no art. 301 do CPC, penetra o processo do trabalho pelo permissivo do art. 769 da CLT e se ajusta, com absoluta harmonia, à declaração contida no art. 765, do texto trabalhista — circunstância que não deita por terra o nosso desejo de que, no futuro, se outorgue aos juízes do trabalho, mediante lei própria, um poder geral de cautela. Viemos, até aqui, cogitando de medidas cautelares *requeridas* pelo interessado; é de suma importância verificarmos agora se o juiz pode emitir, *ex officio*, providências inominadas.

A jurisdição — inclusive trabalhista — é presidida pelo princípio da inércia; isto equivale a dizer que o juiz somente estará autorizado a prestar a tutela jurisdicional quando esta for *solicitada* pela parte ou pelo interessado, nos casos e forma legais (CPC, art. 2.º). Os arts. 39, *caput*, e 856 da CLT, surgem como destacadas exceções a essa regra, sem que seja lícito supor que a invalidem.

Sendo esse o princípio regente do processo, como método ou técnica de heterocomposição estatal dos conflitos subjetivos de interesses, não encontramos razões para obstar-lhe a incidência nas tutelas provisórias de urgência, de natureza cautelar. A urgência, que sói caracterizar a concessão de providências acautelatórias, em caráter antecedente ou incidental, não justifica a atuação de ofício do magistrado, ao menos como preceito genérico. Afinal, cabe ao indivíduo, *na medida de seu interesse*, ou de sua *necessidade*, deduzir uma pretensão cautelar, com o objetivo de impedir que ato de outrem lhe acarrete danos profundos e de difícil reparação.

Segundo pensamos, a iniciativa do juiz, na expedição de decretos cautelares, representa séria ruptura com o dever de neutralidade, a que está legalmente submetido, possibilitando, com isso, que a "parte" contrária elimine essa anomalia mediante o manejo do mandado de segurança.

Tipificaria o art. 312 do CPC um caso em que a lei autoriza o juiz a agir independentemente de provocação pelo interessado? A norma está assim redigida: "*Durante a suspensão (do processo) é vedado praticar qualquer ato processual, podendo o juiz, todavia,* ***determinar a realização de atos urgentes a fim de evitar dano irreparável****, salvo no caso de arguição de impedimento e suspeição*" (destacamos).

As expressões "atos urgentes" e "dano irreparável" permitem inferir que as providências a serem tomadas pelo juiz, com fundamento no art. 312 do CPC, têm natureza algo *cautelar*. A admissão desse fato não corresponde, porém, ao reconhecimento da possibilidade de o juiz agir *sponte sua* na concessão de tutela de urgência, cautelar. Em nenhum momento, a sobredita norma legal lhe confere *iniciativa para agir*. A hipótese, via de consequência, se curva à regra geral que impõe a provocação jurisdicional, pelo interessado (*ne procedat iudex sine officio*).

A resposta definitiva está no art. 299, *caput*, do CPC: a tutela provisória (seja de urgência, seja da evidência) *será requerida* ao juiz da causa; sendo assim, a concessão da tutela depende de iniciativa da parte interessada.

No processo do trabalho, pode-se abrir uma exceção no caso em que as partes estiverem atuando sem a representação por advogado, vale dizer, se encontrarem no exercício do *ius postulandi* que lhes defere o art. 791, *caput*, da CLT. Basta ver que, em situações que tais, o juiz pode, até mesmo, tomar a iniciativa da execução (CLT. art. 878).

No âmbito do TST, entretanto, a Súmula n. 425, desse Tribunal, exige a presença de advogado. Essa Súmula — a despeito das razões de ordem *técnica* que motivaram a sua adoção —, *data venia*, é de duvidosa legalidade, em face do art. 791, *caput*, da CLT, que contém a expressão: "até o final" (da causa). Seja como for, o fato é que, no âmbito do TST, em tema de recurso, é aplicável a regra do parágrafo único do art. 932, do CPC, assim enunciada: "Antes de considerar inadmissível o recurso, o relator concederá o prazo de 5 (cinco) dias ao recorrente para que seja sanado o vício ou complementada a documentação exigível". Sem assim é, no sistema do processo civil, por mais forte razão deverá no do processo do trabalho. Nos casos de competência originária do TST, incidirá a norma do art. 76, do CPC: "Verificada a incapacidade processual ou a irregularidade de representação da parte, o juiz suspenderá o processo e designará prazo razoável para que seja sanado o vício". A propósito, para quem possa ficar em dúvida se o *vício* de que fala o parágrafo único do art. 932, do CPC, se refere à incapacidade processual ou a irregularidade de representação da parte, devemos esclarecer que o mesmo *vício* é mencionado no art. 76, desse Estatuto Processual, ao tratar, exatamente, da incapacidade processual e da irregularidade de representação da parte.

Art. 302. Independentemente da reparação por dano processual, a parte responde pelo prejuízo que a efetivação da tutela de urgência causar à parte adversa, se:

I – a sentença lhe for desfavorável;

II – obtida liminarmente a tutela em caráter antecedente, não fornecer os meios necessários para a citação do requerido no prazo de 5 (cinco) dias;

III – ocorrer a cessação da eficácia da medida em qualquer hipótese legal;

IV – o juiz acolher a alegação de decadência ou prescrição da pretensão do autor.

Parágrafo único. A indenização será liquidada nos autos em que a medida tiver sido concedida, sempre que possível.

Comentário

Caput. A matéria, com pequenas diferenças, estava disciplinada no art. 811, do CPC de 1973.

O requerente responderá ao requerido pelos danos processuais que a efetivação da tutela de urgência causar a este. Além disso, também responderá pelos prejuízos acarretados ao requerido nos casos enumerados nos incisos I a IV. Embora o preceptivo legal em exame aluda à *efetivação* (o que é correto), e não, à *execução* (o que seria errado) da tutela de urgência, a sua interpretação não pode ser dissociada do parágrafo único do art. 297, do CPC, conforme o qual essa *efetivação* deverá observar as normas concernentes ao cumprimento provisório da sentença, de que trata o art. 520, do mesmo Código.

Tanto o *dano*, quanto o *prejuízo*, a que se refere o *caput* do art. 302, possuem natureza *objetiva*, não dependendo, portanto, de verificação sobre a presença, ou não, do elemento subjetivo (*culpa*). Não fica afastada, contudo, a possibilidade de *o pedido* cautelar haver derivado de comprovada má-fé (CPC, arts. 79 e 80), por parte do autor, caso em que este será condenado, inclusive, *ex officio*, a pagar a multa, a indenização, os honorários de advogado e as demais despesas previstas do art. 81, do CPC.

Inciso I. Sentença desfavorável. Em livro anterior (*Comentários*, pág. 316), dissemos que a *sentença desfavorável* seria a proferida no processo principal, que rejeitou os pedidos formulados pelo autor — requerente —, a quem se havia concedido a tutela de urgência. Mantemos essa opinião. Aliás, o art. 811, do CPC de 1973, em seu inciso I, fazia expressa alusão à sentença proferida no *processo principal*. Queremos, agora, deixar expresso um ponto de vista adicional. Na verdade, como *sentença desfavorável* deve ser entendida, para os efeitos do inciso I, do art. 302, do CPC, *também* a que implica a extinção do processo principal, *sem* resolução do mérito (CPC, art. 485).

Assim sendo, o autor sempre correrá o risco de responder pelos prejuízos que a *efetivação* da tutela de urgência causar ao réu, quando a sentença lhe for desfavorável, ou seja, a ele, autor. Em que pese ao fato de a responsabilidade do autor ser objetiva, caberá ao réu o ônus da prova quanto à ocorrência do alegado prejuízo, e sua dimensão.

É relevante observar que a sentença, a que alude o inciso I do art. 302, do CPC, deve estar *transitada em julgado*, para que o autor da ação cautelar possa vir a ser responsabilizado, nos termos do *caput* dessa norma legal. Não faria sentido exigir-lhe que reparasse o dano acarretado o réu — em decorrência da efetivação da tutela de urgência —, quando a sentença concernente ao processo principal pendesse, por exemplo, do julgamento de recurso, dela interposto, hipótese em que, provido o recurso, a sentença poderia tornar-se *favorável* à parte que obtivera a tutela de urgência.

Inciso II. Se a tutela foi obtida liminarmente em caráter *antecedente*, a parte beneficiada deverá fornecer, no prazo de cinco dias, os meios necessários para a citação do requerido; não o fazendo, responderá pelos danos e prejuízos causados a este.

Neste caso, o requerente será pecuniariamente punido em virtude de sua negligência processual.

Em um primeiro lançar de olhos, poder-se-ia imaginar que entre "*os meios necessários para a citação do requerido*", a que alude a norma legal em foco, estaria o endereço do réu. Essa conclusão seria equivocada, uma vez que a tutela deve ser *requerida* pela parte (CPC, arts. 295 e 299). O instrumento formal desse requerimento é a petição inicial (CPC, art. 303, *caput*), que deverá conter, entre outros dados, "*o endereço eletrônico, o domicílio e a residência*" do réu (CPC, art. 319, II), para cogitarmos apenas deste. De tal arte, mesmo que a tutela venha a ser concedida *inaudita altera parte*, isso não significa que a petição inicial estará dispensada de atender ao requisito exigido pelo inciso II, do art. 319, do CPC, conjugado com o art. 76, do mesmo Código. *Os "meios necessários para a citação do requerido*" (CPC, art. 302, II) podem ser de natureza técnica, material, etc., podendo variar em cada caso. O substantivo *meio* possui, enfim, no texto legal, um sentido amplo, o que não significa admitir que estejamos a admitir a possibilidade de a parte fornecer meios *pecuniários* ou *financeiros* para a citação do réu.

Inciso III. Cessação da eficácia da medida. O art. 309 prevê as situações em que cessará a eficácia da medida concedida em caráter *antecedente*. São elas: a) se o autor não formular o pedido principal no prazo de trinta dias (CPC, art. 308). Cabe, aqui, uma ponderação: no caso de tutela *antecipada* requerida em caráter *antecedente*, a petição inicial pode limitar-se a essa tutela, hipótese em que não haverá necessidade de formular, posteriormente (trinta dias), o pedido principal, porquanto este já consta da mencionada petição (CPC, art. 303, *caput*); b) se a medida não for efetivada dentro de trinta dias. *Efetivar* a medida significa realizar todos os atos materiais necessários para que ela atinja a sua finalidade; c) se o juiz rejeitar o pedido principal formulado pelo autor ou extinguir o processo sem resolução do mérito (I a III, respectivamente).

Ocorrendo quaisquer dessas situações, o requerente responderá ao requerido pelos danos e prejuízos acarretados (CPC, art. 302).

Por outro lado, cessada a eficácia da tutela cautelar, a lei proíbe a parte de renovar o pedido, exceto se o fizer por fundamento diverso (CPC, art. 309, parágrafo único).

Inciso IV. O juiz acolher a alegação de decadência ou da prescrição da pretensão do direito do autor. A norma alude ao *acolhimento* pelo juiz da decadência ou da prescrição. O correto seria fazer menção ao fato de o juiz *pronunciar* a decadência ou prescrição, pois o conhecimento desses temas, no processo civil, independe de alegação da parte interessada: o juiz deve sobre eles manifestar-se *ex officio* (CPC, art. 332, § 1.º). No processo do trabalho havia controvérsia sobre se o juiz poderia conhecer, por sua iniciativa, da prescrição. Entendíamos que sim – ainda que com um travo de amargor —, porquanto a prescrição fora alteada, pelo processo civil, à categoria de matéria de ordem pública, sendo posicionada ao lado da decadência. Argumentemos, ainda, com o fato de o § 2.º, do art. 11-A, da CLT, declarar que a prescrição *intercorrente* pode ser pronunciada também *ex officio* (em qualquer grau de jurisdição). Quebraria qualquer princípio lógico imaginar-se que o legislador trabalhista, ao mencionar, apenas, a prescrição que se forma no curso do processo (intercorrente), estaria a impedir o juiz de tomar a iniciativa de pronunciar a prescrição formada antes da instauração do processo (primitiva).

Parágrafo único. As indenizações devidas ao requerido pelo requerente, sempre que possível, serão liquidadas nos mesmos autos em que se concedeu a tutela de urgência. A liquidação poderá ser mediante cálculos, artigos ou arbitramento, obedecido, prioritariamente, o procedimento traçado pelo art. 879, da CLT. Tendo sido prestada caução fidejussória (art. 300, § 1.º), o correspondente valor poderá ser utilizado, no todo ou em parte, para o pagamento da indenização.

Seção I – Do procedimento da tutela antecipada requerida em caráter antecedente

> **Art. 303. Nos casos em que a urgência for contemporânea à propositura da ação, a petição inicial pode limitar-se ao requerimento da tutela antecipada e à indicação do pedido de tutela final, com a exposição da lide, do direito que se busca realizar e do perigo de dano ou do risco ao resultado útil do processo.**
>
> **§ 1.º Concedida a tutela antecipada a que se refere o *caput* deste artigo:**
>
> **I – o autor deverá aditar a petição inicial, com a complementação de sua argumentação, a juntada de novos documentos e a confirmação do pedido de tutela final, em 15 (quinze) dias ou em outro prazo maior que o juiz fixar;**
>
> **II – o réu será citado e intimado para a audiência de conciliação ou de mediação na forma do art. 334 ;**
>
> **III – não havendo autocomposição, o prazo para contestação será contado na forma do art. 335 .**
>
> **§ 2.º Não realizado o aditamento a que se refere o inciso I do § 1.º deste artigo, o processo será extinto sem resolução do mérito.**
>
> **§ 3.º O aditamento a que se refere o inciso I do § 1.º deste artigo dar-se-á nos mesmos autos, sem incidência de novas custas processuais.**
>
> **§ 4.º Na petição inicial a que se refere o *caput* deste artigo, o autor terá de indicar o valor da causa, que deve levar em consideração o pedido de tutela final.**
>
> **§ 5.º O autor indicará na petição inicial, ainda, que pretende valer-se do benefício previsto no caput deste artigo.**
>
> **§ 6.º Caso entenda que não há elementos para a concessão de tutela antecipada, o órgão jurisdicional determinará a emenda da petição inicial em até 5 (cinco) dias, sob pena de ser indeferida e de o processo ser extinto sem resolução de mérito.**

Comentário

Caput. Para melhor compreensão do artigo a ser examinado, devemos rememorar que o atual CPC empreendeu uma profunda modificação da sistematização dos temas pertinentes às medidas cautelares e à antecipação dos efeitos da tutela, constantes do Código revogado.

Essa modificação consistiu no fato de o seu Livro V disciplinar o que ali se denominou de "Tutela Provisória". Esta compreende: a) a *tutela de urgência*, que se subdivide em: a.a.) tutela antecipada; e a.b.) tutela cautelar; e b) a *tutela da evidência*. As tutelas de urgência (cautelar e antecipada) subdividem-se em *antecedente* e *incidental*, e podem ser concedidas tanto *liminarmente* quanto após *justificação prévia* (art. 294).

A tutela *de urgência*, como se nota, possui, peculiarmente, caráter heterogêneo, pois tanto pode ser *cautelar* (art. 305) quanto antecipada (art. 303). Sendo antecipada *antecedente*, poderá tornar-se provisoriamente satisfativa (durante a sua *estabilidade*: art. 304). A *tutela da evidência*, por sua vez, tem natureza, essencialmente, satisfativa (art. 311).

O art. 303 versa, de modo específico, *sobre a tutela de urgência antecipada requerida em caráter antecedente*.

Lamentavelmente, contudo, a disciplina dessas *tutelas provisórias* está a revelar-se algo confusa, quase um cipoal, sendo razoável imaginar, em razão disso, que provocará intensa controvérsia na doutrina e na jurisprudência, nomeadamente, nos domínios do processo do trabalho. Essa sistematização, que a reputamos confusa do ponto de vista de sua estrutura, chega a ser paradoxal, porquanto, tratando-se de tutela *de urgência*, deveria ter primado pela simplificação de suas disposições. Feito o registro, devemos ocupar-nos com a interpretação dos arts. 303 e 304, do CPC. Eis uma razão a mais para que o processo do trabalho, *de lege ferenda*, seja disciplinado por um Código próprio, sem as complexidades que entram no gosto do processo civil.

Se ocorrer de a parte necessitar de uma tutela urgente, ao tempo em que já poderia ingressar com a ação principal (processo de conhecimento), a petição inicial *poderá* limitar-se ao requerimento de tutela antecipada e à indicação do pedido de tutela final, expondo: a) o conflito de interesses (lide); b) o direito que busca realizar; c) o perigo de dano ou de risco ao resultado útil do processo.

Como o art. 300 afirma que a tutela de urgência será concedida quando houver elementos que revelem, além do perigo de dano ou o risco ao resultado útil do processo, também a *probabilidade do direito*, articulando-se esse dispositivo legal com o art. 303 temos que, no caso da letra *"b"*, por nós mencionada, cumprirá ao autor indicar não só o *direito que busca realizar*, como a *probabilidade desse direito*, porquanto se trata de tutela *de urgência*.

Em resumo: nos termos do art. 303, o autor terá diante de si duas possibilidades (ou faculdades), quais sejam: a) requerer *apenas* a tutela provisória urgente antecipada e antecedente, indicando o pedido de tutela final; b) requerer, a tutela provisória urgente antecipada e antecedente e, *ao mesmo tempo*, e a tutela satisfativa, final. Neste último caso, a tutela não será requerida em caráter *antecedente*, e sim, *simultâneo*. Parece-nos que, por meio do art. 303, do CPC, o legislador procurou evitar o procedimento estabelecido pelo art. 806, do Código de 1973, conforme o qual, efetivada a tutela cautelar (em procedimento preparatório), o autor deveria ingressar com a ação principal no prazo de trinta dias, sob pena de a medida perder a sua eficácia (*ibidem*, art. 808, I). Agora, no sistema do CPC de 2015, como vimos, existe a possibilidade de a parte ingressar, a um só tempo, com o pedido de tutela de urgência antecipada, antecedente, e com a ação principal.

O que está no art. 303, do CPC, não é, portanto, uma imposição do sistema, e sim uma *faculdade* que este defere ao autor, como evidencia o verbo *poder*, utilizado na redação dessa norma legal. Deste modo, conforme salientamos, o autor poderá ingressar: a) apenas com a ação tradicional (processo de conhecimento); b) apenas com o pedido de tutela de urgência antecipada requerida em caráter antecedente; c) ingressa com o pedido de tutela e com a ação principal, de maneira simultânea. Na hipótese da letra *"b"*, retro, a petição inicial será simplificada, contendo somente os elementos básicos para que o juiz se convença do direito à tutela pretendida; posteriormente, deverá ser complementada (*ibidem*, § 1.º, I).

§ 1.º Da *concessão* da tutela antecipada decorrerão as consequências mencionadas nos incisos I a III, a serem examinados. Antes disso, devemos dizer que, segundo entendemos, a norma legal em exame está a referir-se, de maneira implícita, *também* à concessão *liminar* da tutela, possibilidade prevista no § 2.º do art. 300. Sendo assim, a sua concessão ou denegação ensejará a impetração — pelo réu ou pelo autor, respectivamente —, de mandado de segurança, com fundamento analógico no item II, da Súmula n. 414, do TST. Embora a precitada Súmula aluda à *concessão* da tutela (antes da sentença), é evidente que o *mandamus* será cabível também no caso de *denegação* da tutela. Seria iníquo argumentar-se que o mandado de segurança caberia, unicamente, no caso de *concessão*, vedando-se, com isso, a possibilidade de impugnação da decisão *denegatória* da tutela. Para tanto, é necessário que o impetrante prove, documentalmente, o seu "direito líquido e certo" de obter a tutela. Não menos desarrazoado seria sustentar-se que a concessão não autorizaria o uso do *mandamus*, devendo a decisão denegatória ser objeto de agravo de instrumento, sabendo-se que essa modalidade de recurso, no sistema do processo do trabalho, possui finalidade única: impugnar decisão monocrática recusante da admissibilidade de recurso.

Inciso I. Intimado da concessão da tutela antecipada, o autor terá o prazo de quinze dias (ou em prazo maior, que o juiz estabelecer) para: a) aditar a petição inicial, complementando os argumentos inicialmente nela lançados; b) juntar novos documentos, se for o caso; c) confirmar o pedido de tutela final. Pela redação da norma, verifica-se que o juiz poderá fixar prazo maior, ao determinar a intimação do autor. Nada impede, pois, que o autor requeira a ampliação do prazo, quando houver comprovada necessidade.

É oportuno insistir neste ponto: por força do disposto no art. 303, *caput,* do CPC, quando a urgência for *contemporânea* à propositura da ação de mérito, a petição inicial será simplificada, podendo limitar-se, nesta ordem:

a) à declaração do autor de que pretende se valer da faculdade prevista no *caput* do art. 303, ou seja, de que se satisfará somente com a tutela de urgência (antecipada e antecedente);

b) à exposição dos fatos e do direito;

c) à indicação do pedido de tutela final;

d) à menção ao direito que visa a realizar;

e) à indicação do perigo de dano ou do risco ao resultado útil do processo.

Essa simplificação da inicial é justificável, pois emana da necessidade de ser obtida, *com urgência*, a tutela.

Concedida a providência jurisdicional destinada a preservar o direito do autor, repitamos: este deverá, no prazo de quinze dias (preconizamos que seja de cinco dias, no processo do trabalho):

a) aditar a petição inicial (que era simplificada);

b) complementar a argumentação nela exposta;

c) juntar outros documentos, se for o caso; e

d) confirmar o pedido de tutela final, de mérito (art. 303, § 1.º, I).

Se o autor não aditar a inicial, o processo será extinto (art. 303, § 2.º).

Inciso II. Feito o aditamento à petição inicial, o réu será citado e, ao mesmo tempo, intimado para comparecer à audiência de conciliação ou mediação. A remissão que a norma *sub examen* faz ao art. 334 significa que a audiência deverá ser designada com antecedência mínima de trinta dias, e o réu ser citado com, pelo menos, vinte dias de antecedência. Se, nessa audiência, houver autocomposição (acordo), o processo será extinto com o cumprimento do que foi objeto da transação (CPC, art. 487, III, *"b"*). Sobre a compatibilidade desse preceptivo do CPC com o processo do trabalho nos manifestaremos mais adiante.

Inciso III. Não havendo acordo, o prazo para a contestação será contado da audiência ou da última sessão de conciliação (arts. 303, III, e art. 335, I).

Não cremos que o procedimento traçado pelos incisos I a III, do § 1.º, do art. 303, do CPC, deva ser observado, por inteiro, no âmbito da Justiça do Trabalho, por ser incompatível com o processo que nela se pratica. Basta ver que, enquanto a CLT estabelece que a audiência deva ser a primeira desimpedida, depois de *cinco dias* (art. 841, *caput*), o art. 334 do CPC exige que a audiência seja designada com antecedência mínima de *trinta dias*. Ademais, segundo o CPC, o réu deverá ser citado com antecedência mínima de *vinte dias*, e terá o prazo de quinze dias, ou mais, para contestar, que será contado da mencionada audiência (art. 335, I).

Preconizamos, diante disso, que o procedimento da tutela de urgência antecipada, em caráter antecedente, seja adaptado ao processo do trabalho, de tal arte que se poderia aplicar o disposto no *caput* do art. 303 do CPC; entretanto, concedida a tutela: a) o autor aditaria a inicial, juntaria documentos (se fosse o caso) e confirmaria o pedido de tutela final em *cinco dias*, por simetria ao art. 841, *caput*, da CLT; b) o réu seria citado para comparecer à audiência, a ser designada com observância do prazo fixado no art. 841, *caput*, da CLT. Não havendo autocomposição, o réu teria o prazo de *cinco dias* para oferecer contestação, a ser protocolada na secretaria do juízo ou remetida eletronicamente. Não cremos que o prazo alusivo à contestação por meio eletrônica esteja em antagonismo com o art. 847, parágrafo único, da CLT, se considerarmos a peculiaridade da situação em exame. Havendo necessidade, o juiz designaria audiência para a instrução oral do procedimento (depoimento das partes, inquirição das testemunhas, e o mais), adução de razões finais e reiteração da proposta conciliatória (CLT, art. 850). O julgamento poderia ser realizado na mesma audiência, ou em outra, especificamente marcada para esse fim.

No processo do trabalho, a decisão interlocutória que conceder ou denegar a tutela antecipada, seja em caráter antecedente ou incidental, terá caráter interlocutório, razão pela qual fica vedada a possibilidade de sua impugnação mediante recurso (CLT, art. 893, § 1.º). O meio impugnativo deverá ser o mandado de segurança (TST, Súmula n. 414, II). No processo civil, a decisão será impugnável por agravo de instrumento (CPC, art. 1.015, I).

§ 2.º Deixando, o autor, de efetuar, no prazo legal, sem justificativa juridicamente sustentável, o aditamento a que se refere o inciso I do §. 1.º, do art. 303, processo será extinto sem resolução do mérito (CPC, art. 485, X). O ato jurisdicional que implica a extinção do processo constitui *sentença* (CPC, art. 203, § 1.º), motivo pelo qual poderá ser impugnado por meio de *recurso ordinário* (CLT, art. 895, I). Nada impede o autor, por isso, de ingressar

com nova ação, destinada a obter tutela de urgência antecipada, em caráter antecedente (art. 303, § 2.º, art. 486). Não incide, neste caso, a regra do parágrafo único do art. 309, do CPC, que veda a renovação do pedido (exceto por novo fundamento), pois esse dispositivo legal se refere, exclusivamente, à cessação da *eficácia* a tutela concedida em caráter antecedente. O art. 303, § 2.º, do mesmo diploma processual, trata da *extinção do processo* (sem resolução do mérito).

§ 3.º O aditamento será efetuado nos mesmo autos, sem que custas adicionais devam ser pagas. Não haveria mesmo razão jurídica para que o aditamento fosse efetuado em autos distintos, a serem posteriormente reunidos aos primitivos. É evidente que a norma em estudo pressupõe a necessidade de a petição inicial ser aditada, por apresentar-se lacunosa, incompleta; haverá casos, porém, em que esse aditamento será dispensável, porquanto a inicial já contém todos os requisitos formais exigidos por lei (CPC, art. 319). Nunca é inútil recordar que, no processo do trabalho, o pagamento das custas é regido pelos arts. 789, 789-A, 790 e 790-A, da CLT.

§ 4.º A petição inicial mencionada no *caput* do art. 303 deverá conter o valor da causa. Cuida-se de reiteração tópica do art. 291, do CPC. Para esse efeito, o autor considerará o pedido de tutela final, a ser obtido na forma do art. 292, do mesmo Código.

A dicção legal *sub examen* poderá suscitar controvérsias no plano do processo do trabalho, pois aqui não se exige que da inicial conste o valor atribuído à causa: basta que se leia o art. 840, § 1.º, da CLT, para constatar-se a veracidade de nossa afirmação, que, de resto, é robustecida pelo art. 2.º, *caput*, da Lei n. 5.584, de 26-6-1970, conforme o qual o juiz, antes de passar à instrução da causa, fixará o seu valor "*se este for indeterminado no pedido*". O juiz do trabalho, portanto, não determina à parte que supra essa presuntiva omissão; cumpre ao próprio magistrado arbitrar um valor à causa. Não se aplica ao processo do trabalho, conseguintemente, a regra do art. 292, *caput*, do CPC. Por hábito, os advogados soem indicar nas iniciais trabalhistas o valor da causa, o que é sempre aconselhável; em tais casos, o juiz pode corrigir *ex officio* o referido valor quando se verificar uma das situações previstas no art. 292, § 3.º.

O que o § 1.º, do art. 840, da CLT exige é que os pedidos formulados na inicial sejam *líquidos*.

Mesmo no tempo em que o sistema do CPC repelia a possibilidade de o juiz alterar, por sua iniciativa, o valor atribuído à causa, na inicial, sustentávamos o entendimento de que essa vedação não se aplicava ao juiz do trabalho.

Em linhas gerais, estes eram os nossos argumentos: via de regra, o valor da causa deve corresponder ao do pedido. Isso era absolutamente essencial à compreensão do assunto. A razão era palmar: se a toda causa deve ser atribuído um valor econômico, é elementar que esse valor está ligado àquilo que o autor pede em juízo, vale dizer, ao pedido mediato, à obtenção de um bem ou de uma utilidade da vida, economicamente apreciáveis. Ora, se, por exemplo, os pedidos do autor, expressos sob a forma líquida, na inicial, equivalem a *cem* salários mínimos, nenhum motivo eticamente defensável haverá para o fato de ele atribuir, p. ex., à causa valor inferior a *dois* salários mínimos.

Sabemos que, em situações como essa, o autor concede à causa um valor irrisório por encontrar-se seguro quanto ao sucesso na ação (talvez, em face da matéria que dá conteúdo à demanda). Com esse expediente, ele visa a impedir o réu de recorrer da sentença condenatória. O processo, no entanto, é provido de um substrato ético, enquanto método estatal de solução dos conflitos de interesses. Esse inafastável conteúdo ético, a propósito, justifica as sanções previstas no CPC para os casos de litigância de má-fé, assim como para os embargos de declaração protelatórios e para os atos atentatórios à dignidade do Poder Judiciário.

Sob o pano de fundo desse substrato ético, toma-se despicienda a circunstância de o réu não haver impugnado o valor dado à causa, na inicial. Sobreleva à sua inadvertência o fato de o processo consistir, como advertimos, um método não só oficial e heterônomo (logo, indisponível), mas, essencialmente, ético, de solução dos conflitos. Assim, se o juiz, na qualidade de condutor do processo, convencer-se de que qualquer das partes está praticando ato capaz de acarretar lesão ao mencionado conteúdo ético, deverá tomar a iniciativa de dar cobro a isso. Na espécie de que estamos a cuidar, caber-lhe-á modificar o valor dado à causa (seja para mais ou para menos), sempre que tiver diante de seus olhos elementos que lhe permitam concluir que o autor está atribuindo à causa um valor irreal.

Insistíamos nesse assunto, para que a nossa opinião fosse adequadamente entendida.

Por isso, prosseguíamos: não estamos a sugerir que o juiz, em todo e qualquer caso, tome a iniciativa de alterar o valor da causa. Por isso, formularemos algumas regras para que essa intervenção *ex officio* se legitime. Em primeiro lugar, a iniciativa judicial nessa matéria só se justifica se a modificação do valor da causa, por ele realizada, for capaz de gerar repercussão em tema de procedimento ou de recorribilidade da sentença. Exemplifiquemos. No primeiro caso, se o autor der à causa um valor não superior a quarenta salários mínimos, o procedimento será sumariíssimo (CLT, art. 852-A); no segundo — que mais nos interessa —, se a ela for atribuído valor inferior ao de *dois* salários mínimos, quando o do próprio pedido corresponde, *e. g,* a muito mais do que dois salários mínimos, torna-se necessária a intervenção judicial *ex officio*. O mesmo se diga na situação inversa: o valor pespegado à causa é muito superior ao de dois salários mínimos, quando o do pedido mal chega a um salário mínimo. Ademais, essa iniciativa do juiz deve ser norteada por elementos objetivamente perceptíveis, vale dizer, a elevação ou redução do valor da causa, que vier a efetuar, deverá, de modo geral, derivar de um confronto entre o valor constante da inicial e o do pedido. Isso significa afirmar que se o pedido não se encontrar expresso em valores líquidos, dificilmente o juiz terá condições (concretas) de alterar o valor dado à causa, na inicial, pois qualquer modificação que fizer, quanto a isso, poderá ser de foro subjetivo, significa dizer, arbitrário. É claro que se o valor do pedido for ilíquido, mas os autos contiverem elementos objetivos, que permitam ao juiz concluir que o valor atribuído à causa não corresponde à realidade desses elementos, o valor daquela deverá ser modificado. Muitas vezes, p. ex., embora o pedido não se apresente sob a forma líquida (em decorrência de um gesto estratégico do próprio autor), os autos indicam que o seu salário mensal correspondia a dez vezes o do mínimo legal; ora, tendo este pedido a condenação do réu ao pagamento de aviso-prévio (30 dias), de férias e de 13.º salário integrais, sem precisar, no pedido, os pertinentes valores, mas der à causa um valor inferior ao de dois salários mínimos, estará patente o seu intuito de beneficiar-se (ainda que em tese, pois se a sentença lhe for desfavorável ele poderá ser vítima de sua própria velhacada) dessa atitude sorrateira e desleal.

E concluíamos: o juiz do trabalho, a quem a lei concede ampla liberdade na direção do processo (CLT, art. 765), não pode permitir que sejam perpetrados, sob seus olhos, semelhantes assaltos contra o substrato ético desse mesmo processo. Nesse concerto, eventual tolerância do magistrado soaria a conivência lamentável. Ou a uma quase-prevaricação.

Nossos argumentos, embora não tenham sensibilizado a jurisprudência trabalhista da época, parecem ter sensibilizado o CPC atual. Realmente, estabelece o § 3.º do art. 292 desse Código que "*O juiz corrigirá, de ofício e por arbitramento, o valor da causa quando verificar que não corresponde ao conteúdo patrimonial em discussão ou ao proveito econômico perseguido pelo autor, caso em que se procederá ao recolhimento das custas correspondentes*". Nunca nos sentimos desolados por havermos adotado, outrora, uma atitude heterodoxa em face da doutrina e da jurisprudência trabalhistas predominantes, que, apegadas a velhas concepções, não admitiam a possibilidade de o juiz do trabalho alterar o valor atribuído à causa, na inicial — ainda que esse valor estivesse a causar escoriações a certos princípios éticos do processo. Pois bem. Com o advento do atual CPC, somente por teimosia obstinada se poderá continuar sustentado a impossibilidade de o juiz do trabalho alterar, por sua iniciativa, o valor da causa, nos termos do § 3.º art. 292 do CPC.

Estabelece a Instrução Normativa n. 39/2016, do TST, que o art. 292, V, e § 3.º, do CPC, são aplicáveis ao processo do trabalho. Como consequência, esse Tribunal cancelou, em 13-4-2016, a OJ n. 155, da SBDI-II, segundo a qual inexistia *amparo legal* para que o juiz majorasse o valor da causa, sem que houvesse impugnação pela parte. Agora, *habemus legem*", autorizadora desse agir *ex officio*. Não se confunda o *valor da causa* com o *valor dos pedidos*, conquanto aquela, de modo geral, deva corresponder a este, o processo do trabalho, conforme expusemos, não exige que da petição inicial conste o valor da causa, embora imponha que os pedidos sejam formulados de maneira líquida (CLT, art. 840, § 1.º).

A propósito da exigência legal de que a inicial indique os *valores* dos pedidos, escrevemos em outro livro:

> Valor dos pedidos
>
> A imposição para que a peça de provocação da atividade jurisdicional do Estado contenha pedidos *líquidos* surgiu com a Lei n. 9.099, de 26-9-1995, que dispôs sobre os Juizados Especiais Cíveis e Criminais. Lê-se no art. 14, § 1.º, da precitada norma legal: "*Do pedido constarão, de forma simples e em linguagem acessível: I – (...); II – (...); III – o objeto e seu* ***valor***" *(destacamos)*. Ulteriormente, a Lei n. 9.957, de 12-1-2000, que alterou a CLT para introduzir no sistema do processo do trabalho o *procedimento sumariíssimo*[1], também passou a exigir que a petição inicial indicasse o valor do pedido (CLT, art. 825-B, I).
>
> Essa última norma legal atribuiu a seguinte redação ao art. 852-I, § 2.º, da CLT: "*Não se admitirá sentença condenatória por quantia ilíquida*". Estabelecia-se, desse modo, uma sistematização harmônica dos dispositivos dessa Lei, porquanto se passou a exigir que se apresentassem *líquidos*: a) os pedidos constantes da inicial; e b) a condenação imposta pela sentença. Deu-se, porém, que o Sr. Presidente da República vetou o § 2.º do art. 852-I, da CLT,[2] quebrando, com isso, a sistematização harmoniosa a que nos referimos há pouco, pois ficou mantida a exigência de que a inicial contivesse pedidos líquidos, embora se tenha dispensado

---

(1) Os adjetivos que apresentam i: o antes de uma consoante fazem o superlativo em dois ii: friíssimo, necessariíssimo, seriíssimo, sumariíssimo. Não havendo consoante antes de io, o superlativo apresenta apena um i: feíssima, cheíssima, dulcíssima (SACCONI, Luiz Antonio. *Não Erre Mais!* 9.ª ed. São Paulo: Ática, 1987. p. 50).

(2) Foram estas as razões do veto: "O § 2.º do art. 852-I não admite sentença condenatória por quantia ilíquida, o que poderá, na prática, atrasar a prolação das sentenças, já que se impõe ao juiz obrigação de elaborar cálculos, o que nem sempre é simples de se realizar em audiência. Seria prudente vetar o dispositivo em relevo, já que a liquidação por simples cálculo se dará na fase de execução da sentença, que, aliás, poderá sofrer modificações na fase recursal".

a sentença de trazer condenação líquida. Diante disso (e considerando que o valor definidor do procedimento não era o dos pedidos, e sim, o da causa), perguntávamos: qual a utilidade de os pedidos expressos na inicial serem líquidos, se poderiam ser alterados — como, geralmente, acontecia — pela contestação, pelas provas que a instruíssem, por outras provas produzidas em audiência ou mediante perícia?

Essas indagações, formuladas há cerca de 17 anos, não se justificam em face da nupérrima redação atribuída ao § 1.º, do art. 840, da CLT, porquanto, aqui, a imposição de pedidos líquidos não se vincula à sentença, senão que, conforme veremos, *ao princípio da sucumbência* (CLT, art. 791-A).

Pois bem. O § 1.º, do art. 840, da CLT, exige que da petição inicial conste o *valor do pedido,* vale dizer, *de cada pedido.* Não se suponha, portanto, que a exigência legal estaria cumprida com a indicação do valor total dos pedidos apresentados de maneira ilíquida.

A nova redação dada a esse preceptivo legal visou, a um só tempo, a atender:

a) a preceito de ordem ética, por modo a impedir a formulação de pedidos ilíquidos, ou, se líquidos, que excedam à própria repercussão pecuniária daquilo que o direito invocado concede. É oportuno observar que, não raro, alguns autores, mesmo podendo indicar o valor de cada *pedido* lançado na inicial, vinham se omitindo em fazê-lo, motivados por uma estratégia ardilosa destinada a fazer supor ao réu tratar-se de uma *causa* de pequena repercussão econômico-financeira, levando-o a negligenciar na elaboração da defesa. Acrescente-se a isso, o hábito de tais autores atribuírem à causa um valor muito inferior ao que decorreria da soma *dos pedidos* (se fossem apresentados de maneira líquida), e ter-se-á a medida da conveniência da estratégia processual que mencionamos;

b) a uma regra *pragmática,* porquanto será da diferença entre o valor do pedido, indicado na inicial, e o valor do acolhido pela sentença que se fará incidir o princípio da sucumbência (CLT, art. 791-A), por força do qual o autor será condenado a pagar honorários de advogado à parte contrária, naquilo em que não tiver êxito (CLT, art. 791-A, § 3.º). Estabelece essa norma legal: "*Na hipótese de procedência parcial, o juízo arbitrará honorários de sucumbência recíproca, vedada a compensação entre os honorários*".

É importante rememorarmos a Justificativa do Projeto de Lei n. 6.787/2016 para atribuir nova redação ao § 1.º, do art. 840, da CLT: "*As alterações promovidas no art. 840 têm como fundamento principal exigir que o pedido, nas ações trabalhistas, seja certo, determinado e que tenha o seu valor devidamente indicado. A exigência de que o pedido seja feito de forma precisa e com conteúdo explícito é regra essencial para garantia da boa-fé processual, pois permite que todos os envolvidos na lide tenham pleno conhecimento do que está sendo proposto, além de contribuir para a celeridade processual com a prévia liquidação dos pedidos na fase de execução judicial, evitando-se novas discussões e, consequentemente, atrasos para que o reclamante receba o crédito que lhe é devido".*

Não se ignora que, na prática, os autores encontrarão dificuldade para formular pedidos com valor expresso, por não disporem, no momento de elaborarem a petição inicial, de elementos concretos e fidedignos, que os possibilitem definir esses valores. Haverá casos em que a indicação do valor do pedido será inviável ou injustificável, como quando: a) somente mediante exame pericial contábil for possível apurar-se o valor das comissões devidas ao autor da ação; b) o autor pedir adicional de insalubridade, no grau máximo, e a perícia concluir pela existência de insalubridade, digamos, em grau mínimo. Neste último caso, como o autor poderia definir, a *priori*, o valor correto do pedido, se a própria classificação do grau de insalubridade dependia de exame pericial (CLT, art. 195, § 2.º)? Para situações que tais, deverá ser admitida a formulação de *pedido genérico*, com fundamento no inciso II, do art. 324, do CPC. A propósito, uma advertência se faz necessária: o sentido genérico do pedido, a que se refere a norma processual mencionada, reside em seu aspecto quantitativo (*quantum debeatur*), não em seu elemento ontológico (*an debeatur*). Se assim não fosse, haveríamos de concluir que a norma autorizaria, até mesmo, as postulações incertas. Hoje, em nosso meio, a certeza é um elemento que deve estar presente não só na inicial, como na sentença, pois esta deve ser certa, ainda quando resolva relação jurídica condicional (CPC, art. 492, parágrafo único). A *condição* é elemento de direito material e está prevista no art. 121 do Código Civil: "*Considera-se condição a cláusula que, derivando exclusivamente da vontade das partes, subordina o efeito do negócio jurídico a evento futuro e incerto".*

Haverá também situações em que a definição do valor dos pedidos somente será possível após a apresentação de documentos que se encontram em poder do réu. Nesta hipótese, poderão ser adotados alguns procedimentos, a saber:

a) *para que a petição inicial expresse, desde logo, o valor dos pedidos*, incumbirá ao autor ingressar com pedido de tutela de urgência de natureza cautelar (CPC, art. 301) ou com ação de produção antecipada de prova (CPC, art. 381), fundando-se no art. 324, § 1.º, III, do CPC, assim redigido: "§ 1.º É lícito, porém, formular pedido genérico: I – (...); III – quando a determinação do objeto ou do ***valor** da condenação* ***depender de ato a ser praticado pelo réu***" (destacamos). Apresentados os documentos necessários, os pedidos deverão ser liquidados antes de serem postos na inicial;

b) *para que o valor seja fixado após a apresentação da defesa*, o autor deverá suscitar o incidente de exibição de documentos, regulado pelos arts. 396 a 404, do CPC; exibidos os documentos, o juiz concederá prazo para que o autor emende a petição inicial, no prazo de quinze dias, indicando o valor dos pedidos formulados (CPC, art. 321, *caput*), sob pena de indeferimento da petição inicial *(ibidem*, parágrafo único).

Dir-se-á, talvez, que a possibilidade de haver essa emenda encontra óbice no art. 329, II, do CPC, que permite o aditamento ou a alteração do pedido e da causa de pedir, após o saneamento do processo, somente se houver consentimento do réu. Se assim se alegar, devemos contra-argumentar, em caráter proléptico, que a emenda à inicial, de que estamos a tratar, não implicará *aditamento* nem *alteração* do pedido. Expliquemo-nos. *Aditamento* e *modificação* não se confundem. Aquele representa o *acréscimo quantitativo de pedidos,* vale dizer, a inclusão, na mesma causa, de pedidos inicialmente omitidos; esta não implica a formulação de novos pedidos, senão que a *modificação dos já existentes* (ou da causa de pedir).

Ora, se o juiz do trabalho conceder prazo para que o autor, após haver obtido do réu os documentos necessários, indique o valor dos pedidos formulados na inicial, não estará autorizando nenhum aditamento e nenhuma alteração, se não que permitindo ao autor emendar a petição inicial, a fim de dar cumprimento à determinação contida no § 1.º, do art. 840, da CLT, para que o pedido possua uma expressão pecuniária. Efetuada a emenda, juiz concederá prazo de quinze dias, ao réu, para que se manifeste a respeito. Especificamente para essa finalidade, pode-se invocar a incidência analógica do disposto no inciso II, do art. 329, do CPC.

Em síntese:

a) a redação do § 1.º, do art. 840, da CLT, é inequívoca ao determinar que os pedidos lançados na inicial sejam formulados de maneira líquida, vale dizer, com a indicação do correspondente valor;

b) as razões pelas quais a Lei n. 13.467/2017 deu nova redação a esse dispositivo legal estão intimamente vinculadas a preceito ético e a regra *pragmática* — esta última, ligada ao princípio *da sucumbência*, trazido por essa mesma norma legal, mediante a inserção, na CLT, do art. 791-A;

c) para que a petição inicial expresse, *desde logo*, o valor dos pedidos — mas o autor não disponha de dados ou elementos para isso —, ele poderá ingressar com ação de tutela de urgência de natureza cautelar (CPC, art. 301) ou com ação de produção antecipada de provas (CPC, art. 381), fundando-se no art. 324, § 1.º, III, do CPC;

d) para que o valor seja fixado *após a apresentação da defesa, o* autor não fará, desde logo, na inicial, a indicação do valor do pedido, reservando-se (mediante requerimento dirigido ao juízo) para mencionar esse valor: d.a) após a apresentação da defesa, caso seja instruída com os elementos necessários à fixação do valor do pedido; d.b.) mediante a suscitação do incidente de exibição de documentos, regulado pelos arts. 396 a 404, do CPC, caso a defesa se apresente desacompanhada de documentos. Em ambos as situações, o juiz concederá o prazo de quinze dias para que o autor emende a petição inicial, indicando o valor dos pedidos formulados (CPC, art. 321, *caput*), sob pena de indeferimento dessa petição *(ibidem*, parágrafo único);

e) a exigência estampada no § 1.º, do art. 840, da CLT, também incide no caso de pedidos *alternativos* (CPC, art. 325), *subsidiários* (*ibidem*, art. 326) e *cumulados* (*ibidem*, art. 327). Para efeito de fixação do *valor da causa* (CPC, art. 291) deverão ser observados os incisos VII, VII e VI, respectivamente, do art. 292, do CPC;

f) em determinados casos, será lícito ao autor formular *pedido genérico,* com fulcro no inciso II, do art. 324, do CPC, hipótese em que a fixação do valor será estabelecida pela sentença ou diferida para a fase de liquidação (CLT, art. 879).

Cremos que não estaremos sendo acometidos de cerebração fantasiosa se afirmarmos que a imposição legal de formulação de pedidos líquidos terá caído como uma espécie de meteoro arrasador no cenário do processo do trabalho, por forma a gerar intensa inquietação tanto no espírito dos advogados quanto no dos juízes. Nos advogados, porque sobre eles recai a responsabilidade e a dificuldade de formulação de pedidos com valor líquido, situação agravada pelo risco da sucumbência; nos magistrados, porque poderão ser levados a apreciar infindáveis ações com pedido de tutela de urgência de natureza cautelar ou incidentes de exibição de documentos, ou a exarar incontáveis despachos, determinando que o autor emende a petição inicial, sob pena de indeferimento, por forma a sobrecarregar, ainda mais, o volume de trabalho nos gabinetes desses magistrados.

Nem mesmo o processo civil, com sua tradição formalista, se atreveu a impor que o pedido se apresentasse líquido, na inicial. O art. 319, IV, do CPC, mais sensato, exige que o pedido seja acompanhado de "suas especificações". Nem mesmo por antonomásia se poderá considerar os vocábulos *especificação* e *valor* como sinônimos entre si.

A exigência de indicação do valor dos pedidos, na inicial, não conflita com o art. 879, da CLT, que prevê a *liquidação* da obrigação materializada na sentença condenatória. Enquanto a menção do valor do pedido, na inicial, está vinculada, conforme dissemos, ao princípio da *sucumbência*, a liquidação se destina a quantificar o valor da *condenação* — que será, posteriormente, cotejado com o do pedido, para efeito da sucumbência.

No caso de revelia — que se configura pela ausência injustificada de contestação —, o juiz, em nome da presunção legal de veracidade dos fatos alegados na petição inicial (CLT, art. 844, *caput*; CPC, art. 344), não estará obrigado a impor ao revel uma condenação *segundo os valores apontados na inicial,* desde que possa demonstrar que esses valores são exorbitantes, à luz das normas legais ou convencionais incidentes.

Rememoremos que o *efeito* da revelia incide, unicamente, sobre *fatos*; não, sobre normas legais.

Se o juiz entender que o autor possui condições de indicar o valor dos pedidos estampados na inicial, mas não o fez, não deverá, de plano, indeferir essa petição, como parece constar do § 3.º, do art. 840, da CLT: cumprir-lhe-á aplicar o art. 321, do CPC — de manifesta compatibilidade com o processo do trabalho —, determinando que o autor supra a falha, no prazo de quinze dias. Somente se o autor não atender a esse despacho é que a petição inicial deverá ser indeferida (CPC, art. 321, parágrafo único), com a consequente extinção do processo sem resolução do mérito (CPC, art. 485, I).

Por outro lado, cumprirá ao magistrado ser extremamente cauteloso na aplicação do art. 791-A, da CLT, consagradora do princípio da *sucumbência*. Como critério, alvitramos que faça incidir a precitada norma legal, em princípio, apenas no caso de comprovada *má-fé*, por parte do autor (CPC, art. 80), quanto à fixação do valor dos pedidos, sob pena de o magistrado perpetrar grave injustiça (*summa ius, summa iniuria*, advertimos). Nem se ignore o fato de, em alguns casos, o autor haver ingressado em juízo sem advogado, conforme lhe faculta o art. 791, *caput*, da CLT, elaborando, ele mesmo, a petição inicial, ou vir a fazer uso da faculdade que lhe defere o § 2.º, do art. 840, da CLT, exercendo, de modo oral, o direito constitucional de ação. Também neste último caso ele deverá apresentar ao serventuário os valores *exatos* de seus pedidos?

Nas duas situações supracitadas, a regra do § 1.º do art. 840, da CLT, se for interpretada à risca, ou seja, em sua expressão unicamente literal, beira a surrealismo institucional.

Perguntamos: para serem evitadas as dificuldades e os contratempos derivantes do atendimento ao disposto no § 1.º, do art. 840, da CLT, não seria possível entender que o *valor* a que se refere essa norma legal poderia ser apenas *estimado* pelo autor e não, necessariamente, *exato, preciso*?

Em que pese ao fato de essa interpretação parecer estar mais adequada aos princípios do processo do trabalho, devemos advertir que ela traz menos segurança jurídica ao autor. Expliquemo-nos. Conforme afirmamos há pouco, os honorários de sucumbência serão calculados entre a diferença do valor indicado na inicial e o que foi objeto da sentença condenatória. No caso de entender-se que o valor deva ser exato, o autor poderá valer-se de um dos procedimentos que sugerimos em linhas anteriores, fato que reduzirá, expressivamente, o risco da sucumbência. Caso, porém, cogitemos de um pedido apenas *estimado*, o risco será enorme. Digamos que o autor haja *estimado*, na inicial, em R$ 50.000,00 o valor das horas extras postuladas; apresentados os documentos pelo réu, o autor verifica que muitas dessas horas foram pagas, de tal modo que o seu pedido deveria ter sido, digamos, de R$ 20.000,00. Vindo a sentença a conceder-lhe R$ 20.000,00 a título de hora extras, ele sucumbiria em R$ 30.000,00 (diferença entre o que pediu e o que lhe era devido). Não vemos como, nesta hipótese, o autor possa aditar a petição inicial para corrigir o valor de R$ 50.000,00 para R$ 20.000,00.

Há mais. Se o autor, para tentar esquivar-se ao risco da sucumbência *estimar* um valor dos pedidos:

1) muito *abaixo* do que seria o correto, não evitará um outro risco: o de a sentença condenar o réu ao pagamento do valor apontado na inicial, e não em valor superior a isso, sob pena de perpetrar transgressão ao art. 492, *caput,* do CPC, e de ensejar a que o réu alegue a nulidade da sentença, no tocante ao excesso de condenação (*ultra petita*). Além disso, o advogado do autor poderia vir a ser responsabilidade pelo seu cliente por haver estimado um valor muito aquém do que seria devido a este;

2) muito *acima* do que o correto, e a sentença vier a conceder-lhe abaixo disso (ou seja, o valor correto), sujeitar-se-á ao risco de ser duramente atingido pela sucumbência (CLT, art. 791-A, § 3.º).

Conclusivamente, e para dissipar eventuais dúvidas remanescentes:

a) entendemos que a nova redação dada ao § 1.º, do art. 840, da CLT, decorreu da preocupação de romper — por motivos de ordem ética e pragmática — com a antiga e arraigada tradição, consistente na formulação de pedidos ilíquidos, assim entendidos os que se apresentavam sem a sua expressão pecuniária;

b) ao aludir ao *valor* do pedido, a norma citada exige que este seja *exato*, e não, meramente *estimado* pelo autor da ação;

c) somente em casos excepcionais será admissível que a causa chegue a julgamento sem que o valor dos pedidos formulados na inicial tenha sido indicado, como no caso de *pedidos genéricos* (CPC, art. 324, II).

d) nos casos em que o autor, não sendo advogado, estiver fazendo uso do *ius postulandi* que lhe atribui o art. 791, *caput*, da CLT, cumprirá ao juiz atenuar (ou, em certas situações, até mesmo desconsiderar) a exigência expressa pelo § 1.º, do art. 840, da CLT, sob pena de inibir o exercício do direito constitucional de ação;

e) idealmente, o autor somente deveria ser condenado às sanções da sucumbência se o valor dos pedidos apontados na inicial houvesse decorrido de má-fé.

À guisa de arremate: a exigência da formulação de pedidos líquidos, na inicial, tende a converter-se, na prática, em um dos mais polêmicos temas processuais, de quantos foram trazidos pela Lei n. 13.467/2017. As opiniões que expressamos neste livro acerca dessa exigência legal traduzem a reflexão dos primeiros momentos. Só o tempo, com o valioso contributo da doutrina e da jurisprudência — designadamente desta — haverá de fixar um entendimento, se não unânime, ao menos majoritário sobre o assunto, a fim de pacificá-lo. Nessa tarefa de pacificação, o bom senso deverá ser o instrumento fundamental — como, aliás, em qualquer ato da vida humana. Não se requer o bom senso pelo bom senso, senão que o bom senso subordinado à preservação do exercício do direito constitucional de ação (CF, art. 5.º, XXXV), uma das mais preciosas conquistas de nosso Estado Democrático de Direito (CF, art. 1.º). *O Processo do Trabalho e a Reforma Trabalhista*. São Paulo: LTr, 2017. p. 130-134.

§ 5.º Na petição inicial, diz a norma, caberá ao autor mencionar que pretende valer-se do benefício previsto no *caput*, ou seja, que irá satisfazer-se

apenas com o requerimento da tutela antecipada (e à indicação do pedido de tutela final). Essa opção deve ser manifestada, portanto, de maneira expressa e inequívoca. Não se trata, a nosso ver, de "benefício", mas de *faculdade* a ele concedida pelo sistema legal, e que a exercerá segundo a sua conveniência ou necessidade. É recomendável que essa exigência da lei (ou essa opção do autor, como queiram) conste, em destaque, do preâmbulo da petição inicial. Sendo omissa a petição inicial, a esse respeito, a presunção é de que o autor se satisfará, tão somente, com a tutela antecipada.

Embora possa admitir-se a possibilidade de o autor, na inicial, também manifestar a sua intenção de ver o processo prosseguir, após a estabilização da tutela (CPC, art. 304), não cremos que ele tenha interesse quanto a isso, porquanto a tutela conservará os seus efeitos enquanto não for revista, reformada ou invalidada, considerando-se que decisão a concessiva produziu coisa julgada formal (art. 304, § 3.º). Por outras palavras, o autor já obteve, com a estabilização da tutela, o resultado útil que poderia alcançar por meio da sentença de mérito.

Quando o § 6.º do art. 304 declara que a decisão concessiva da tutela "não fará coisa julgada" está a referir-se à *res iudicata material*, não à *formal*.

§ 6.º Pode ocorrer de o juiz entender que não há elementos capazes de autorizar a concessão de tutela antecipada. Diante disso, mandará que o autor emende a inicial, em cinco dias. Sendo emendada no prazo, o juiz verificará se é o caso, ou não, de deferir a tutela. Não havendo emenda, a petição inicial será indeferida, extinguindo-se o processo sem resolução do mérito (CPC, art. 485, I), condenando-se o autor ao pagamento das custas processuais e de outras despesas.

O ato pelo qual o juiz extingue o processo configura *sentença* (CPC, art. 203, § 1.º), motivo pelo qual, no processo do trabalho, poderá ser impugnado mediante recurso ordinário (CLT, art. 895, I, na parte em que se refere às decisões *terminativas*). A CLT, inspirada no CPC de 1939, ainda alude às sentenças *definitivas* e às *terminativas*. No sistema daquele CPC do passado, *definitivas* eram as sentenças que examinavam o mérito da causa; *terminativas*, as que não o examinavam.

Art. 304. A tutela antecipada, concedida nos termos do art. 303, torna-se estável se da decisão que a conceder não for interposto o respectivo recurso.

§ 1.º No caso previsto no caput, o processo será extinto.

§ 2.º Qualquer das partes poderá demandar a outra com o intuito de rever, reformar ou invalidar a tutela antecipada estabilizada nos termos do caput.

§ 3.º A tutela antecipada conservará seus efeitos enquanto não revista, reformada ou invalidada por decisão de mérito proferida na ação de que trata o § 2.º.

§ 4.º Qualquer das partes poderá requerer o desarquivamento dos autos em que foi concedida a medida, para instruir a petição inicial da ação a que se refere o § 2.º, prevento o juízo em que a tutela antecipada foi concedida.

§ 5.º O direito de rever, reformar ou invalidar a tutela antecipada, previsto no § 2.º deste artigo, extingue-se após 2 (dois) anos, contados da ciência da decisão que extinguiu o processo, nos termos do § 1.º.

§ 6.º A decisão que concede a tutela não fará coisa julgada, mas a estabilidade dos respectivos efeitos só será afastada por decisão que a revir, reformar ou invalidar, proferida em ação ajuizada por uma das partes, nos termos do § 2.º deste artigo.

Comentário

Caput. Estamos diante de mais uma das novidades — a que bem podemos denominar de *revolucionárias* — trazidas pelo atual CPC. Assim dizemos, porque, sendo a tutela *antecipada* concedida na forma do art. 303 (*antecedente*) , ela se torna *estável* se a correspondente decisão não for impugnada por meio de recurso. A decisão concessiva produz, portanto, coisa julgada *formal*, por modo a impedir que seja discutida no mesmo processo em que foi proferida, até porque este terá sido extinto (art. 304, § 1.º). Se a parte interessada desejar rever, reformar ou invalidar a decisão deverá ajuizar ação autônoma, cuja petição inicial será distribuída por dependência (*ibidem*, § 2.º). A regra é aplicável apenas à tutela de urgência *antecipada* requerida em caráter *antecedente*, pois é dela que se ocupa o art. 303.

Podemos concluir, pois, que o princípio da estabilização *não* se aplica: a) à tutela de urgência cautelar (arts. 305 a 310); b) à tutela antecipada requerida em caráter incidental (arts. 294 e 295); c) à tutela da evidência (art. 311); d) às tutelas cautelares concedidas na vigência do CPC de 1973 e ainda não cassadas ou revogadas.

A *estabilidade* da tutela *antecipada/antecedente*, coloca em dúvida o acerto do legislador ao rotular de Tutela *Provisória* o Livro V, da Parte Geral, do CPC, quando decorrer, em branco, o prazo de dois anos para o ajuizamento da ação de que tratam os §§ 2.º a 5.º, do art. 304, do CPC. Neste caso, a tutela se torna *definitiva*.

Temos, aqui, uma outra questão instigante. O art. 304, *caput*, alude à interposição de *recurso*. É razoável supor que a doutrina do processo do trabalho tenda a rejeitar a possibilidade do uso desse meio impugnativo, ao argumento de que, possuindo a decisão caráter interlocutório, a única possibilidade de impugnação ocorrerá via mandado de segurança. Então, seja. Conforme deixamos expresso no comentário ao § 1.º do art. 303, a concessão (ou denegação) da tutela antes de o autor haver emendado a petição inicial, como determina o inciso I do referido § 1.º, tem natureza, tipicamente, *interlocutória*, razão pela qual o ato judicial não poderá ser impugnado mediante recurso (CLT, art. 893, § 1.º), conquanto desafie a impetração de mandado de segurança (TST, Súmula n. 414, II). Somente, portanto, se não houver impetração do *mandamus* é que a tutela adquirirá a *estabilidade* de que trata o art. 304, *caput,* do CPC. Pensamos que essa estabilidade fará sentido apenas no caso de o autor haver optado, exclusivamente, pelo pedido de tutela antecipada (em caráter antecedente), ou seja, aberto mão do processo de mérito, que pressupõe cognição exauriente. Com efeito, por que razão o autor, tendo obtido a estabilidade da tutela, iria proceder de acordo com o inciso I, do § 1.º, do art. 303, do CPC (aditar a petição inicial, mediante a complementação do pedido de tutela final)? Qual seria o seu interesse quanto a isso, se já obteve, com a *estabilização* da tutela, o resultado prático que o levou a ingressar em juízo? Aliás, com a estabilização da tutela o processo será extinto (CPC, art. 304, § 1.º). É interessante observar que essa extinção não está prevista no art. 485 (sem resolução do mérito), nem no art. 487 (com resolução do mérito). Teria legislador deixado à doutrina a tarefa de definir a questão? Podem ser indicados como requisitos para estabilização da tutela os seguintes: a) que o pedido de tutela provisória de urgência antecipada tenha sido formulado em caráter antecedente, e deferido pelo juiz; b) que na inicial haja requerimento expresso para a aplicação dessa técnica; c) que a decisão tenha concedido a tutela; d) que o réu não tenha impugnado essa decisão (mandado de segurança). Se a medida for concedida *in limine*, terá índole interlocutória, razão pela qual a sua impugnação também se dará por meio de mandado de segurança, não de recurso.

A doutrina do processo civil tem admitido a possibilidade de, no prazo para a interposição do recurso, a parte requerer a *reconsideração* da decisão concessiva da tutela antecipada, nos termos do art. 303, do CPC. Somos de opinião que o processo do trabalho também admita esse pedido de reconsideração. Há, todavia, um problema: qual seria o prazo para isso? Certamente, não poderia ser o de cento e vinte dias, fixado para a impetração do mandado de segurança. Sendo assim, cremos que se poderia adotar a regra geral de supletividade, inscrita no art. 218, § 3.º, do CPC, que prevê o prazo de cinco dias.

A tutela não pode ser concedida, portanto, pelo juiz, *ex officio*, pois consistindo, essa tutela, em um *benefício* ao autor (art. 303, § 5.º), uma *faculdade* deste, depende de seu requerimento expresso. Logo, eventual concessão *de ofício* não só traduzirá uma clara violação à lei, como poderá tornar o juiz suspeito.

A tutela poderá ser deferida sem audiência da parte contrária. Caso esta nossa assertiva venha ser contestada com fundamento no art. 9.º, do CPC, que veda a emissão de decisão contrária a uma das partes, sem que esta seja previamente ouvida, devemos redarguir, em caráter proléptico, que a mesma norma legal, em seus incisos I e II, abre exceção em favor das tutelas provisória de urgência e da evidência, respectivamente; quanto a esta última, nos casos previstos nos incisos II e III, do art. 311, do Código CPC.

Pode ocorrer, entretanto, de o autor vir a impetrar mandado de segurança contra o ato *denegatório* da concessão da cautela, sem ainda aditar a petição inicial. Nesta hipótese, concedida a tutela na ação mandamental, sem que o réu impugne a decisão monocrática concessiva (relator) ou o acordão que julgou o *mandamus* (colegiado), poder-se-ia cogitar de estabilidade da tutela? Entendemos que não, pois inexistindo o aditamento o processo será *extinto*, sem resolução do mérito (CPC, art. 303, § 2.º). Haverá, na prática, enfim, diversas situações que desafiarão a sensibilidade e a argúcia da doutrina e da jurisprudência acerca da possibilidade de a tutela ser estabilizada fora da estrita expressão literal do art. 304.

Devemos examinar, nesta quadra de nossos comentários, em que consiste a *estabilidade da tutela*, a que alude o art. 304 do CPC. Para logo, é necessário esclarecer que a *estabilidade* não se confunde com a *eficácia*. Uma decisão judicial pode ser eficaz sem ser estável, embora o inverso não se admita. *Eficácia* é a aptidão que a medida judicial concedida possui de produzir os efeitos que lhe são inerentes. Uma decisão dotada de eficácia pode ser objeto de *efetivação provisória*; *estabilidade* é a qualidade de que se reveste a decisão não impugnada, que pode, em razão disso, ser submetida à *efetivação definitiva*. Lembremos que a *efetivação*, no plano das tutelas provisórias, corresponde à *execução forçada*, própria do processo executivo.

Estabilidade também não é sinônimo de *imutabilidade*, pois aquela pode ser revista, reformada ou anulada por força de decisão de mérito proferida em processo posterior (CPC, art. 304, § 2.º), ao passo que a segunda não mais pode ser alterada, exceto em sede de ação rescisória (CPC, arts. 502 e 966).

Em termos práticos, a estabilidade da tutela, prevista no art. 304, significa que a decisão concessiva, conforme já ressaltamos, produziu coisa julgada *formal,* não podendo, em razão disso, ser revista, reformada ou invalidada *no mesmo processo em que foi proferida*, até porque este estará extinto (art. 304, § 1.º). Para tanto, haverá necessidade de a parte interessada promover ação autônoma e obter sentença de mérito favorável à sua pretensão (art. 304, 2.º e 3.º).

§ 1.º Conforme dissemos, tornada estável a decisão, o processo em que foi concedida será extinto. A extinção deverá ser determinada por sentença (CPC, art. 316). Em outras palavras, a tutela sobreviverá ao próprio processo em que foi concedida, conservando a sua eficácia e tornando-se estável. Sobreviverá, enfim, à decisão que a concedeu. Como o processo foi extinto, pode-se pensar, no plano da Justiça do Trabalho, em interposição de recurso ordinário da sentença que extinguiu o processo.

Uma nótula adicional: em que pese ao fato de o art. 296 do CPC declarar que a tutela provisória pode ser, a qualquer tempo, revogada ou modificada, essa possibilidade fica afastada no caso do art. 304 do mesmo Código, porquanto, aqui, houve a extinção do processo, por meio de sentença. O art. 296 pressupõe que o processo ainda esteja *pendente.*

§ 2.º Conforme dissemos, a decisão, concessiva da tutela não produz coisa julgada material (CPC, art. 502), mas, apenas, *formal*. Justamente por esse motivo, qualquer das partes poderá promover ação em face da outra, com a finalidade de rever, reformar ou mesmo invalidar a tutela estabilizada. O verbo *demandar*, utilizado pelo legislador na redação da norma, é, como afirmamos, *ação*, conforme revelam o §§ 3.º e 4.º do próprio art. 304 do CPC. Embora, por princípio, aquele que figurou como requerido no procedimento da tutela estabilizada possa parecer ser o único interessado em exercer a ação de que trata o § 2.º do art. 304, do CPC, devemos esclarecer que o próprio requerente poderá ter interesse em ajuizar a ação, especialmente, para revê-la, com a finalidade, digamos, de restituir-lhe a eficácia, que teria sido reduzida pela alteração prejudicial das condições factuais que haviam levado o juiz a conceder a tutela.

A ação deverá ser exercida no mesmo juízo concessivo da tutela, em face da conexão (CPC, art. 55) existente entre ambas (CPC, arts. 284 e 286, I).

§ 3.º A tutela antecipada, estabilizada, conservará os seus efeitos enquanto não for revista, reformada ou invalidada por *decisão de mérito* proferida na ação prevista no § 2.º. Fica evidente, portanto, que o juiz não poderá, *ex officio*, rever, reformar ou invalidar a tutela estabilizada. A lei exige a iniciativa da parte interessada (CPC, art. 299). Cumpre-nos indagar: no caso de o réu (ou requerido) vier a fazer uso da ação a que se refere o § 2.º do art. 304, poderá requerer a concessão de tutela antecipada antecedente com a finalidade de cassar a tutela estabilizada? Pensamos que não, pois o § 3.º do art. 304 afirma que a tutela antecipada conservará os seus efeitos enquanto não for revista, reformada ou invalidada por *decisão de mérito*. Esse assunto, entretanto, é um dos muitos que ficam abertos aos debates.

§ 4.º À parte que desejar rever, reformar ou invalidar a tutela estabilizada cumprirá instruir a petição inicial com os autos em que a medida foi concedida. Com vistas a isso, deverá requerer o desarquivamento dos autos. O juízo em que a tutela havia sido concedida fica prevento para a ação a que se refere o § 2.º do art. 304.

§ 5.º A ação prevista no § 2.º do art. 304 deve ser ajuizada no prazo de dois anos, contado da data da decisão que *extinguiu* o processo, nos termos do § 1.º. Trata-se de prazo decadencial, que, por sua natureza, não se sujeita a suspensão ou interrupção.

Decorrido o prazo de dois anos, sem que a ação destinada a rever, reformar ou invalidar a tutela antecipada/antecedente, que se tornou estável, esta se tornará, definitivamente, imutável? Aqui está mais um enigma a ser desvendado pela inteligência doutrinária. Como o ato jurisdicional que concedeu a sobredita tutela traduz *decisão,* seria possível cogitar-se, em tese, do exercício de *ação rescisória* (CPC, art. 966, *caput*) destinada a modificá-la ou eliminá-la. Em que pese ao fato de a decisão concessiva da tutela não ser, em rigor, de mérito, é possível argumentar que a sua *estabilidade* (em decorrência de sua imutabilidade e de sua "indiscutibilidade": CPC, art. 502) se equipara à decisão de mérito. Ainda que assim não se entenda, a ação rescisória poderia fundar-se, analogicamente, no inciso I, do § 2.º, do art. 966, do CPC, que a prevê no caso de a decisão, mesmo não sendo de mérito, impedir "nova propositura da demanda".

A regra do § 5.º, do art. 304, do CPC — que declara extinto o direito de a parte rever, reformar ou invalidar a tutela estabilizada após dois anos da data da decisão que extinguiu o processo — constitui *exceção* ao princípio inscrito no art. 296, *caput*, do mesmo Código, segundo qual a tutela provisória *(como gênero) pode ser revogada ou modificada a qualquer tempo. A nosso ver, portanto, não se trata, aqui, de antinomia, mas, conforme dissemos, de exceção (art. 304, § 5.º) ao mencionado princípio (art. 296, caput).*

§ 6.º Segundo havíamos destacado, a decisão concessiva da tutela não produz coisa julgada material, e sim, formal. A estabilidade da tutela, daí derivante, somente poderá ser afastada por decisão que a revir, reformar ou invalidar. Para isso, a parte interessada deverá demandar a adversa em outro processo e obter decisão de mérito que lhe seja favorável (art. 304, § 2.º), respeitado o prazo máximo de dois anos para o exercício dessa ação (art. 304, § 5.º). A correspondente decisão de mérito poderá ser objeto de ação rescisória, desde que presente, pelo menos, uma das causas indicadas nos incisos I a VIII, do art. 966, do CPC.

A decisão pertinente à tutela antecipada em caráter antecedente traz, portanto, implícita, a cláusula rebus sic stantibus ("estando as coisas assim"), a exemplo do que ocorre com a decisão judicial sobre alimentos, nos termos do art. 15, da Lei n. 5.478, de 25-7-1968, verbis: "A decisão judicial sobre alimentos não transita em julgado e pode a qualquer tempo ser revista, em face da modificação da situação financeira dos interessados".

Fluxograma I

TUTELA DE URGÊNCIA ANTECIPADA, EM CARÁTER ANTECEDENTE

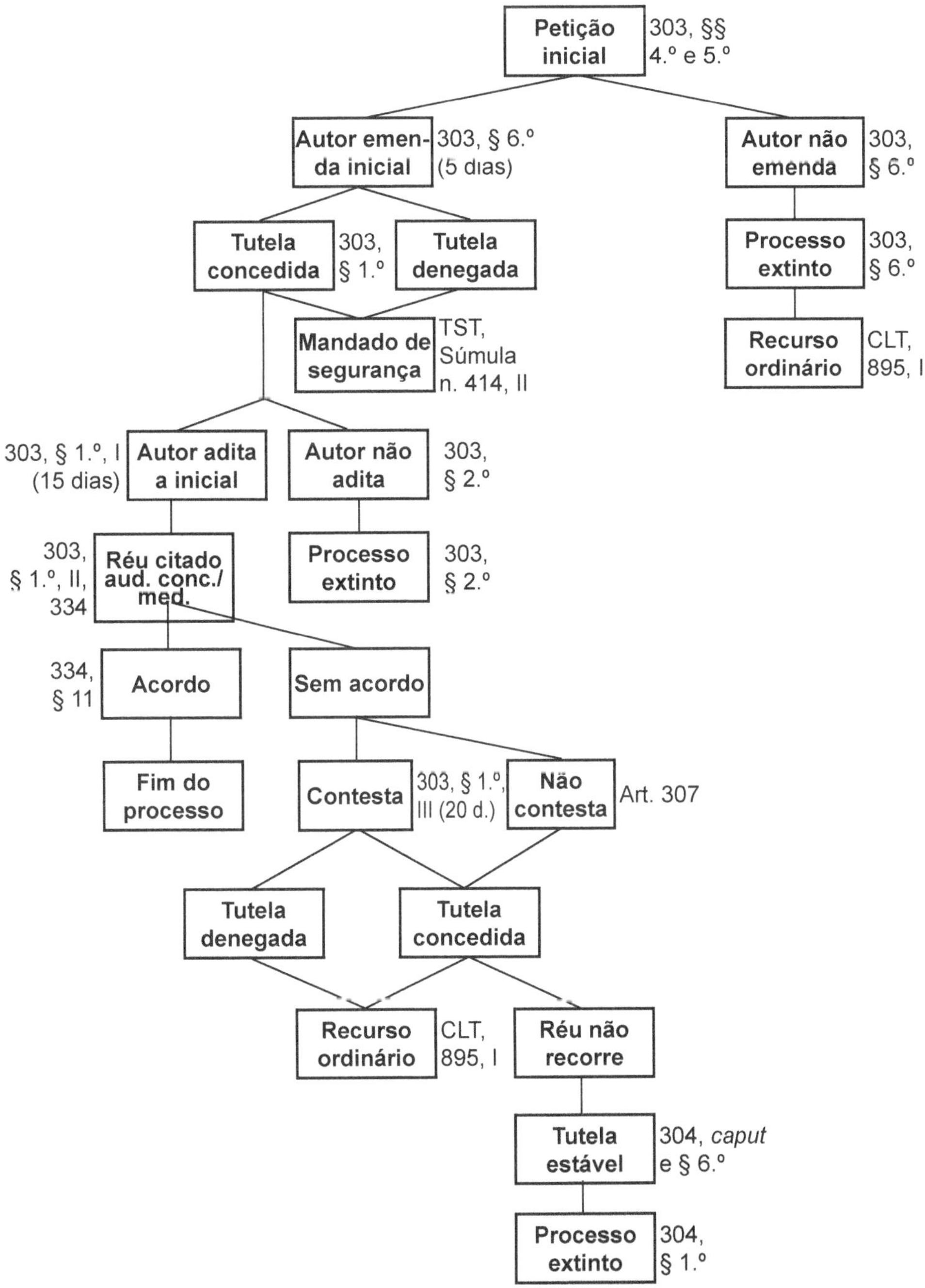

Seção II – Do procedimento da tutela cautelar requerida em caráter antecedente

Art. 305. A petição inicial da ação que visa à prestação de tutela cautelar em caráter antecedente indicará a lide e seu fundamento, a exposição sumária do direito que se objetiva assegurar e o perigo de dano ou o risco ao resultado útil do processo.

Parágrafo único. Caso entenda que o pedido a que se refere o *caput* tem natureza antecipada, o juiz observará o disposto no art. 303.

Comentário

Caput. Estamos diante de tutela de urgência *cautelar antecedente,* que não se confunde com a antecipada (art. 303), conquanto uma e outra pressuponham *urgência*. Todavia, a tutela cautelar antecedente — assim como a antecipada — pode ser deferida de plano (liminar) ou após justificação prévia determinada pelo juiz (CPC, art. 300, § 2.º).

A redação do art. 305 contém elementos do art. 801 do CPC revogado, inserido nas disposições gerais acerca do processo cautelar.

Vejamos os requisitos legais que a petição inicial da ação visando à obtenção de uma tutela de urgência cautelar, antecedente.

A lide e seu fundamento. Na doutrina de Carnelutti, lide é o conflito de interesses qualificado pela pretensão manifestada por um dos litigantes e pela resistência oferecida pelo outro.

Uma nótula sobre o requisito em apreço é importante: ele somente será exigido nas medidas *antecedentes,* pois não há razão lógica para impô-lo no caso das *incidentais,* em que, por definição, há um processo em curso, e nele está a indicação da lide referida pelo texto legal em foco. A lide, a que se refere a norma legal em estudo, é o conflito de interesses que será revelado no processo principal (de conhecimento) e no qual serão formulados os pedidos daí emanantes.

Sempre que nas medidas de urgência *antecedentes* o autor deixar de mencionar a lide e seu fundamento, o juiz ordenará, por despacho, que a omissão seja sanada, sob pena de indeferimento da inicial (CPC, art. 321, parágrafo único) e de extinção do processo sem resolução do mérito (CPC, art. 485, I).

Exposição sumária do direito que se visa a assegurar. Ao utilizar o adjetivo *sumária*, após aludir à exposição, o legislador, de um lado, procurou fazer com que a narração da *causa petendi* se harmonize com o traço de sumariedade que caracteriza a cognição judicial e o procedimento concernentes às tutelas de urgência de natureza cautelar; de outro, afastou-se da regra genérica do art. 319, III, do CPC, em que esse adjetivo não foi empregado, e, com isso, aproximou-se do sistema procedimental *ordinário* trabalhista, que recomenda "*uma breve exposição dos fatos*" (CLT, art. 840, § 1.º).

Poderíamos mesmo proclamar que o processo do trabalho edificou uma regra de ordem prática, voltada às petições em geral, inspirada na máxima latina *esto brevis et placebis* (sê breve e agradarás).

Os estudos doutrinários que tinham como objeto a *causa de pedir* acabaram por produzir correntes diversas; por apego à brevidade, contudo, dediquemo-nos à apreciação de apenas duas delas, consideradas as mais expressivas e de maior prestígio.

A primeira, chamada de *teoria da substanciação*, entende ser a *causa petendi* representada pelo fato ou pelo conjunto de fatos capazes de sustentar a pretensão deduzida pelo autor, porquanto são eles que fornecem o elemento do qual promana a conclusão; a segunda, denominada de *teoria da individualização*, vê na causa de pedir a relação (ou estado) jurídica afirmada pelo autor, em que se baseia a sua pretensão, deixando o fato em um plano secundário, exceto quando for necessário à individualização da relação jurídica.

O inc. III do art. 319 do CPC revela que o legislador brasileiro perfilhou a teoria da *substanciação,* porquanto fez da narrativa dos fatos e da indicação dos fundamentos jurídicos do pedido um dos requisitos da petição inicial. O Código de 1939, aliás, não só havia adotado essa teoria, como ido mais longe em minúcias do que o atual, ao dispor que a referida peça deveria mencionar o fato e os fundamentos do pedido "*expostos com clareza e precisão, de maneira que o réu possa preparar a defesa*" (art. 158, III).

O *direito que se objetiva assegurar* não é, necessariamente, o material, podendo ser, também, o direito ao processo, direito de ação. Com efeito, não é suficiente que se assegure ao indivíduo o direito subjetivo público de invocar a tutela jurisdicional do Estado: é imprescindível que se ponha ao seu alcance um instrumento eficaz para eliminar as situações de periclitância ao direito de agir em juízo. Esse "instrumento" é a tutela de urgência.

Perigo de dano. O perigo deve ser seja *iminente*, vale dizer, o dano esteja prestes a ocorrer; caso contrário, não se justificará a expedição de uma medida de urgência. Sem o *periculum in mora* (quando este for o caso) a pretensão à segurança é mero capricho do solicitante da medida.

Sobre o *periculum in mora*, como pressuposto para a concessão de providência cautelar, escrevemos em outro livro:

> *É de grande importância para o assunto verificarmos, em seguida, qual deve ser a atitude do juiz na apreciação do requisito do perigo na demora.*
>
> *Realçando o nosso entendimento de que na avaliação de um pedido cautelar o juiz não pode ingressar no mérito da causa (exceto nas situações que apontamos), devemos dizer que na apreciação do alegado periculum in mora ele deve ater-se aos fatos relacionados a esse pressuposto. Segundo o magistério de Liebman, o perigo na demora não é uma relação jurídica, traduzindo-se, isto sim, numa situação de fato, complexa e mutável, da qual o juiz extrairá dos elementos de probabilidade acerca da iminência de um dano ao direito da parte — direito ao processo e não direito material, insistimos em esclarecer* (Unitá del Procedimento Cautelar, in: *Problemi*, p. 108, *apud*, VILLAR, Castro, obra cit., p. 18).
>
> *Adverte Lopes da Costa que o dano deve ser provável, não sendo suficiente para a concessão da medida a possibilidade ou a eventualidade de dano, justificando que "possível é tudo, na contingência das cousas criadas, sujeitas à interferência das forças naturais e da vontade dos homens. O possível abrange assim até mesmo o que rarissimamente acontece. Dentro dele cabem as mais abstratas e longínquas hipóteses. A probabilidade é o que, de regra, se consegue alcançar na previsão. Já não é um estado de consciência, vago, indeciso, entre afirmar e negar, indiferente. Já caminha na direção da certeza. Já para ela propende, apoiado nas regras da experiência comum ou da experiência técnica"* (*Medidas Preventivas* 2.ª ed. Belo Horizonte, n. 43, 1958, p. 43).
>
> *Sem embargo, o receio de dano, externado pelo solicitante da medida acautelatória, deve ser fundado, ou seja, palpável, perceptível, real e não simplesmente imaginário, de modo a permitir uma constatação — o quanto possível — objetivada pelo juiz. A não ser assim, teríamos de admitir que um simples receio infundado da parte fosse suficiente para tornar exigível a outorga da providência cautelar. Com fundado receio procurou o legislador afastar do campo de apreciação judicial qualquer manifestação meramente subjetiva da parte, de avaliação difícil, imprecisa; quando não, impregnada de subjetivismo do próprio juiz.*
>
> *O receio manifestado pela parte não deve, por isso, ser produto de um seu capricho ou sentimento meramente pessoal e sim de justificado temor de dano, de tal modo que o juiz não fique em dúvida quanto a isso.*

É claro que mesmo regido pela cláusula do fundado receio o magistrado haverá de realizar uma prospecção, ainda que superficial, epidérmica, do perigo alegado pelo requerente. Pondera Alberto dos Reis que nem faria sentido que o juiz, para certificar-se da existência do direito (adapte-se para o dano receado) houvesse de empreender um exame tão longo, tão refletido, como o que há de efetuar no processo principal (*A figura do Processo Cautelar*, p. 26, *apud* VILLAR, Castro, obra cit., p. 18). *É que, nesse caso — arremata o ilustre jurista — o processo cautelar perderia a sua razão de ser: mais valeria esperar pela decisão definitiva (*idem, ibidem*).*

A finalidade do processo cautelar impetra, pois, um conhecimento judicial rápido, sumário, a respeito do perigo, não devendo o juiz impor à parte a prova concreta do dano e sim levar em conta, com vistas à avaliação desse pressuposto, a probabilidade de um dano proveniente da demora na composição da lide. Nesse aspecto, portanto, o processo cautelar é caracterizado por uma summa cognitio, que tem por objeto os fatos concernentes ao risco de dano temido pelo requerente. A iminência do dano e a consequente urgência de que a parte necessita na obtenção da providência acautelatória justificam, plenamente, a sumariedade na apreciação dos fatos — mesmo que, ao final, o juiz venha a denegar a medida solicitada.

Convém acrescentar que a plausibilidade de dano, a que nos referimos, não deve ser avaliada — em nome da summa cognitio que se impõe — de maneira arbitrária pelo juiz, até porque, em nenhum momento, a lei lhe atribui alguma arbitrariedade na prática de seus atos, decisórios ou não. O que a ele se reconhece, em matéria cautelar, é a discricionariedade, que não se confunde com a arbitrariedade. Apreciará o julgador, em face disso, a plausibilidade de dano sob o império das regras que informam a sua persuasão racional (CPC, art. 131), donde provém o seu dever de indicar, mesmo que laconicamente, os motivos que influíram na formação do seu convencimento sobre a periclitância do direito do requerente da cautela.

No que respeita ao autor, embora deva mencionar, na inicial, as provas que pretende produzir, não se deve pensar que no atendimento a esse ônus ele fique rigidamente atrelado aos preceitos que regem a produção das provas nos processos em geral. Daí vem que poderá o juiz admitir certos meios de justificação dos fatos, mais ou menos livres, reservando-se ao julgador o exame, segundo seu prudente arbítrio, da veracidade das alegações da parte.

Entende, por outro lado, Pontes de Miranda (conquanto o eminente jurista estivesse a comentar o art. 798 do CPC de 1973) que as medidas cautelares supõem, superveniência dos fatos e necessidade de ser mantido o status quo ante, *definido por um equilíbrio da situação das partes* (*Comentários ao Código de Processo Civil.* Rio de Janeiro: Forense, 1976. tomo XII, p. 17). *Desta forma — segundo ele — se a possibilidade de dano preexistia ou coexistiu com a constituição da pretensão, não se deve conceder a providência acautelatória requerida, salvo se for o caso de agravamento da situação, em virtude do qual surgiu o temor novo.*

É de grande utilidade aos estudos acerca de tão controvertido assunto mencionarmos, nesta quadra de nossa exposição o pensamento heterodoxo de Ovídio Baptista, que inspirado pelo desiderato de evitar que os conceitos de ação cautelar, de autonomia da ação assecurativa, a de especificidade dessa especial modalidade de tutela, correspondam a simples "abstrações doutrinárias proclamadas pelo legislador, mas negadas pela lei, ou gravemente mutiladas por uma defeituosa concepção legislativa" (*As Ações Cautelares e o Novo Processo Civil.* Rio de Janeiro: Forense, 1979. p. 19/20, nota de rodapé n. 44) *acaba por estabelecer, como pressupostos da ação cautelar: a) o temor de dano jurídico decorrente de uma situação objetiva de perigo; e b) a plausibilidade do direito invocado por quem pretenda obter a medida assecuratória. "Afaste-se para sempre — diz o insigne autor gaúcho — o periculum in mora que traz a ideia inafastável de dependência do processo cautelar, em primeiro lugar, e em segundo porque o dano jurídico que se pretende evitar não provém do perigo de demora decorrente da tutela jurisdicional satisfeita. Se não houver, além desse elemento, mais a situação objetiva de periclitação do interesse, não se comporá o suporte da ação cautelar" (idem, ibidem).*

É justo — e por isso elogiável — o empenho de Ovídio Baptista em deitar por terra o inveterado pressuposto doutrinário do periculum in mora, como forma de evitar qualquer insinuação de dependência do processo cautelar em relação a um presuntivo processo principal. Nós mesmos afirmamos, no início deste item, que as providências cautelares de índole administrativa, como sendo, em regra, auto-eficazes, não mantêm liames de dependência com outro processo (principal). Em rigor, sequer todas as providências assecurativas de natureza tipicamente jurisdicional estão submetidas a esse suposto nexo de dependência; em verdade, o processo cautelar apenas antecede (quando for o caso, à evidência) ao processo principal, sem que se possa vislumbrar nesse fato cronológico um elemento caracterizador de dependência. Bem sabemos da autonomia teleológica — e também ontológica — do processo cautelar, tanto sob o prisma da doutrina quanto da sistematização legal (...).

A peculiar e talentosa construção realizada por Ovídio Baptista necessita, porém, de maior explicitação. Ao conceber como pressupostos da ação cautelar o temor de dano jurídico proveniente de uma situação objetiva de perigo e a plausibilidade do direito invocado pelo requerente da medida, parece ficar sem explicação razoável o primeiro requisito diante daquelas providências assecurativas de feição administrativa, que podem ser concedidas sem que haja qualquer "temor de dano jurídico"; a justificação, e.g., pode destinar-se a simples documentação do fato ou da relação jurídica sem caráter contencioso (...). *Além disso, a absoluta desvinculação do processo cautelar jurisdicional do processo principal pode fazer com que, em uma situação ideal, os conflitos de interesses venham a ser dirimidos dentro de curto espaço de tempo, de sorte a permitir que a parte consiga a sentença satisfativa com a mesma celeridade que obteria a medida acautelatória, tornando, assim, desútil a existência do processo cautelar (esse fato encontraria razões lógicas na doutrina que justifica o processo cautelar como instrumento de tutela do processo de que resultará o provimento satisfeito). De outro ponto, se o processo cautelar não visa (e isso é certo) à tutela do direito material subjetivo, nem do direito ao processo satisfativo (pois com ele não se relaciona segundo Ovídio Baptista), fica difícil de entender qual o direito invocado pela parte, cuja plausibilidade figuraria como pressuposto da ação assecuratória.*

Em todo o caso, o pensamento do festejado jurista representa uma valiosa contribuição à árdua tentativa de acertamento e consequente homogeneização doutrinária desta disciplina polimórfica e ardilosa, que ainda está a desafiar a todos. Essa tarefa se torna sensivelmente dificultada não apenas pelo fato de haver uma profunda desarmonia no corpo doutrinal, mas também porque a lei e a doutrina ainda não se entenderam nesse assunto.

Do resultado dessa generalizada cizânia haveremos de extrair o melhor, com vistas à elaboração — científica o quanto possível — de lege ferenda de um código de processo do trabalho, sobre cuja necessidade de instituição ninguém opõe dúvidas. A mera concordância de todos quanto a isso, contudo, não basta: urge que alguém, na medida do seu círculo de influência pessoal ou de prestígio da classe a que pertença, tome a iniciativa de despertar a consciência política para tamanha necessidade (*As Ações Cautelares no Processo do Trabalho.* 5.ª ed. São Paulo: LTr, 2005. p. 145-146).

Resultado útil do processo. Refere-se ao processo de conhecimento, não ao cautelar. Por meio do processo cognitivo, o autor pretenderá ver reconhecido o seu direito a um bem ou a uma utilidade da vida. Esse é o resultado útil do processo. Caso esse resultado possa estar em risco, a parte terá à sua disposição a tutela de urgência antecipada, de natureza cautelar, para assegurar esse resultado.

Os requisitos para a validade formal da petição inicial da ação que visa a obter a tutela de urgência em caráter antecedente, entretanto, não se resumem à indicação da lide, ao seu fundamento, à exposição sumária do direito que se pretende assegurar, ao perigo de dano e ao risco ao resultado útil do processo, como se lê do art. 305, *caput*. Esse instrumento de provocação da atividade jurisdicional acautelatória deve, ainda, conter os elementos exigidos pelo art. 319, a saber:

Juízo a que é dirigida (juiz, tribunal). Esse é o primeiro requisito objetivo, a que a petição inicial deve atender, nos termos do art. 319, I, do CPC. A CLT determina que essa petição contenha a "*designação do juízo*" (art. 840, § 1.º). Tratando-se, contudo, de matéria que integra a competência originária dos tribunais (ação rescisória, mandado de segurança, ação coletiva, etc.) a petição inicial, também no processo do trabalho, indicará, no seu cabeçalho, o tribunal a que é encaminhada. A propósito, o CPC revogado fazia referência à indicação *do juiz* (art. 282, I); o Código atual, em melhor técnica, se refere ao *juízo*. O problema de se saber a quem a inicial deve ser dirigida se resolve, sem maiores dificuldades, segundo as normas legais definidoras da competência dos diversos órgãos jurisdicionais; algumas dessas normas são de ordem constitucional, como é o caso do art. 114, da Suprema Carta, que fixa a competência material da Justiça do Trabalho. De ordinário, a competência *territorial* dos órgãos da Justiça do Trabalho é definida pelo art. 651, da CLT.

Seja como for, não deve a parte mencionar o nome do juiz, como destinatário da petição inicial, pois este não atua, na qualidade de diretor do processo, como pessoa física, senão como órgão estatal. Evite-se, pois, o *personalismo judicial*. Assim, no primeiro grau da jurisdição trabalhista a inicial deve ser dirigida à Vara do Trabalho ou ao Juízo de Direito que se encontrar, circunstancialmente, investido nessa jurisdição especializada — vale dizer, ao órgão jurisdicional (CLT, art. 668). Demais, a referência nominal ao juiz pode insinuar uma certa intimidade da parte com o magistrado, o que é de todo desaconselhável, em decorrência do dever de neutralidade a que este se acha legalmente jungido. Sob este ângulo, podemos dizer que o juiz é sujeito não só desinteressado, como impessoal, do processo. É claro que o juiz não constitui uma abstração no mundo fenomênico, não é uma espécie de entidade mediúnica; ao contrário, ele é um elemento real e palpável, a quem a lei atribuiu o encargo de reger o processo, com vistas à solução dos conflitos de interesses que forem submetidos à sua cognição. Os traços pessoais da vida do magistrado só adquirem relevância para efeito de configurar a suspeição, proveniente, dentre outras coisas, de amizade íntima com o autor ou de inimizade com o réu.

De resto, a inaplicabilidade, ao processo do trabalho, do princípio da identidade física do juiz (TST, Súmula n. 136) demonstra a absoluta desrazão dos que costumam indicar, na petição inicial, o nome do magistrado que, naquele momento, está respondendo pelo órgão jurisdicional. Não só na inicial, mas em qualquer petição, portanto, deve ser evitada essa *nominalidade*, esse culto injustificável à personalidade do magistrado.

Tratando-se de cautelar requerida antecedentemente, ou seja, não incidental, a petição inicial será dirigida à autoridade judiciária que seria competente para conhecer da ação principal (CPC, art. 299, *caput*).

Reafirmemos: a petição inicial à regras de competência, fixadas pelo art. 114, da Constituição Federal, pelo art. 651 da CLT e, subsidiariamente, pelas disposições do CPC, naquilo que forem compatíveis com o processo do trabalho (CLT, art. 769) — sem prejuízo de nosso pensamento de que as *medidas de urgência* (especialmente, a cautelar), em situações *excepcionais*, podem ser emitidas por órgão jurisdicional *relativamente incompetente*, a quem, em consequência, a petição inicial será dirigida.

Qualificação do requerente e do requerido. A indicação dos nomes, dos prenomes, do estado civil, da existência de união estável, da profissão, do número de inscrição no Cadastro de Pessoas Físicas ou no Cadastro Nacional da Pessoa Jurídica, do endereço eletrônico, do domicílio e da residência do autor e do réu se destina não só a identificá-los como pessoas, com vistas ao exame da legitimidade (pertinência subjetiva da ação), mas também a evitar certas confusões provenientes de eventual homonímia e, ainda, a permitir verificar eventual litispendência ou coisa julgada. Mesmo na Justiça do Trabalho, há necessidade da qualificação das partes e da indicação do domicílio e da residência de ambas. O endereço, quanto ao réu, tem a finalidade precípua de possibilitar a sua citação, embora também se destine à comunicação dos demais atos do procedimento. No que tange ao autor, a exigência de a inicial conter o seu endereço tem em conta permitir-lhe a comunicação de tais atos. Se a parte mudar de endereço, sem disso dar ciência ao juízo, considerar-se-ão válidas as comunicações enviadas para o endereço constante dos autos.

Verificando, o juiz, que a peça vestibular não fornece o endereço do autor, deverá intimá-lo, na pessoa do seu advogado, se houver, para suprir a omissão, no prazo que lhe for assinado, sob pena de a inicial ser indeferida e o processo, extinto sem resolução do mérito (CPC, arts. 321 e 485, I).

Os fatos e os fundamentos jurídicos dos pedidos formam a causa de pedir (*causa petendi*).

Fatos, para os efeitos dos art. 840, § 1.º, da CLT, e 319, III, do digesto processual civil, não compreendem apenas os acontecimentos da vida, mas, também, aqueles sucessos que se acham abstratamente previstos em lei. São, pois, fatos jurídicos, cuja subsunção à norma legal incidente é obra que compete ao juiz (*da mihi factum, dabo tibi ius*). Incumbe às partes, portanto, proceder à narração (fiel) dos fatos, e, ao juiz, à (precisa) categorização jurídica dos mesmos.

Em termos práticos, isso equivale a afirmar que eventual erro do autor, na categorização jurídica dos fatos expostos na inicial, em nada o prejudicará porquanto essa conformação dos fatos ao ordenamento jurídico é mister que está afeto ao juiz. O processo do trabalho, mais do que qualquer outro, deve mostrar-se sensível a essa possibilidade de o juiz corrigir ocasional equívoco do autor na tipificação jurídica dos fatos, em nome do princípio da simplicidade — cada vez mais vergastado pelo formalismo injustificável que se vem instalando no âmbito desse processo. Referida providência judicial só não deverá ser adotada se passível de acarretar manifesto prejuízo ao direito de defesa do réu. De outro extremo, se o autor conferiu exata categorização jurídica aos fatos, mas formulou erroneamente os pedidos, não será lícito ao juiz realizar a necessária adequação dos pedidos. A solução, que se dá aqui ao problema, é diversa da sugerida no tocante à mera imperfeição na categorização dos *fatos* porque o juiz se encontra legalmente vinculado aos pedidos formulados pelo autor (CPC, art. 492). É por esse motivo que falamos, em linhas anteriores, no *princípio da adstrição aos pedidos* (Pontes de Miranda), que é subordinante da entrega da prestação jurisdicional, inclusive a trabalhista, exceto em sede de ação coletiva.

Não deve o autor, porém, relatar todo e qualquer fato que se relacione com o seu contrato de trabalho; cabe-lhe realizar uma prévia seleção desses fatos e indicar, somente, aqueles que sejam relevantes para a causa, tendo em vista os pedidos que pretende formular. Fatos que não se vinculem a esse objetivo são insignificantes, devendo, em decorrência disso, ser postos de lado. Podemos, por isso, enunciar a regra de que, considerado em si mesmo, o fato não é relevante nem irrelevante; a sua relevância ou irrelevância será determinada pelo pedido que o autor desejar formular em juízo. O fato, p. ex., de ele trabalhar em local insalubre é relevante (essencial, mesmo) para a causa em que esteja pleiteando o adicional correspondente; será, contudo, despiciendo numa demanda em que postule, exclusivamente, reintegração no emprego.

Como assinalamos no início deste comentário, não é bastante, para atender às exigências legais (e, por certo, aos ditames do bom senso), que o autor narre, tão só, os fatos relevantes; é imprescindível que o faça de modo preciso, claro e conciso, ou seja, com especificação, nitidez e brevidade, sob pena de não serem compreendidos pelo juiz, ou, se forem, tornar-se maçante a leitura de sua narração.

Acrescentemos que a exposição dos fatos, além disso, deve obedecer a uma sequência lógica, ordenada, de tal forma que fluam com leveza e naturalidade, do primeiro ao último. Poucas coisas provocam tanta irritação no leitor quanto as narrações a que denominamos de "dessultórias", assim conceituadas aquelas em que o narrador salta de um fato para outro, vai ao fim e retorna ao começo, e nisso se consome, emaranhando e encambulhando os fatos com esses tumultuantes volteios do seu pensamento, que só fazem render tributos à obscuridade ou à ambiguidade, além de instalar uma justificável irritação no espírito do juiz e do adversário.

Fundamentos jurídicos do pedido. Após realizar a exposição dos fatos, o autor deverá mencionar os fundamentos jurídicos de sua pretensão. Tais fatos e fundamentos compõem, assim, a causa de pedir e revelam os motivos pelos quais o autor está a impetrar a prestação da tutela jurisdicional.

A ausência da *causa petendi* tornará inepta a petição inicial (CPC, art. 330, I e § 1.º) e ensejará a extinção do processo, sem pronunciamento sobre as questões de fundo, da demanda (CPC, art. 485, I), se o autor não a emendar ou a complementar no prazo de quinze dias (art. 321).

Conforme escrevemos, em linhas pretéritas, nos domínios doutrinais formaram-se duas correntes acerca da causa de pedir, que vieram a desembocar nas teorias: a) da *substanciação* e b) da *individuação*. Diz-se, pela primeira, de origem germânica, que a *causa petendi* corresponde ao fato ou ao conjunto factual capaz de fundamentar as pretensões do autor, pois é dele que emana a conclusão (pedido). Dessa forma, é bastante que o autor aponte a relação jurídica substancial, da qual decorre o seu pedido, para que a causa de pedir se defina. A segunda, também nascida no seio da doutrina alemã, considera que a causa de pedir é a relação ou estado jurídico afirmado pelo autor como base de sua pretensão, colocando-se, com isso, o fato em posição secundária, salvo quando indispensável para individualizar a relação jurídica. Em suma, a *causa petendi*, para essa teoria, é formada pelos fatos alegados e pela correspondente repercussão que esses fatos produzem na ordem jurídica.

Não versando, nosso comentário, sobre norma que trate de teoria geral do processo não nos cabe, aqui, entretecer demorados comentários a respeito de outros aspectos concernentes às teorias citadas. Peculiarmente, contudo, o art. 840, § 1.º, da CLT, não menciona os fundamentos jurídicos do pedido como um dos requisitos da petição inicial. Teria havido, nisso, mera inadvertência do legislador, ou, ao contrário, uma sua efetiva intenção de dispensar a inicial trabalhista da indicação desses fundamentos? Por outras palavras: no processo do trabalho a *causa petendi* estaria circunscrita aos fatos?

Antes de respondermos a essa indagação, devemos investigar em que consistem, verdadeiramente, os fundamentos jurídicos do pedido, exigidos pelo processo civil.

Apressemo-nos em esclarecer que fundamentos jurídicos e fundamentos legais, ao contrário do que se tem imaginado, não são a mesma coisa. Enquanto estes últimos se referem aos dispositivos constantes do ordenamento normativo (leis, cláusulas contratuais ou inseridas em acordos ou convenções coletivas, ou, ainda, em acórdãos proferidos pelos tribunais, no exercício da jurisdição normativa), que atribuem ao autor o direito alegado, aqueles constituem a moldura jurídica dos fatos narrados, ou seja, a relação jurídica em que se baseiam os pedidos. Os fundamentos jurídicos, por estarem ligados ao objeto do processo, são extremamente importantes, entre outras coisas, para: a) aferir a juridicidade dos pedidos; b) determinar a individuação da demanda, com a finalidade de configurar a existência, ou não, de litispendência; c) estabelecer os limites — subjetivos e objetivos — da coisa julgada material.

Demais, conquanto o juiz possa apreciar os pedidos por fundamentos legais diversos dos apresentados pelo autor não lhe será lícito fazê-lo por fundamentos jurídicos não indicados pela parte.

Exaradas essas considerações, devemos concluir que, a despeito do silêncio do art. 840, § 1.º, da CLT, a petição inicial, no processo do trabalho, deve referir os fundamentos jurídicos do pedido, que não se confundem, como procuramos demonstrar, com os fundamentos legais. Para clarificar: embora não se exija (mas, também, não se proíba, como é óbvio) ao autor a indicação, na inicial, dos dispositivos legais que, segundo ele, estariam a conter o direito alegado, não lhe será permitido deixar de especificar, nessa peça postulatória, os fundamentos jurídicos do pedido, que são integrados, num sentido geral, pela relação jurídica, pelos fatos constitutivos e pela violação do direito, praticada pelo adversário.

Estatuía o art. 264, *caput*, do CPC revogado, que após a citação do réu o autor somente poderia modificar a causa de pedir (e o pedido) mediante o consentimento daquele, concluindo, o parágrafo único desse dispositivo, que a modificação não seria admissível, em nenhuma hipótese, após o saneamento do processo. Perguntávamos, na altura, se essa norma incidiria no processo do trabalho; e nós mesmos respondíamos: “sim, em termos”. Argumentávamos que o que parecia ter levado o legislador processual civil a redigir o normativo em exame fora o fato de que qualquer modificação da *causa petendi* após a citação do réu poderia trazer prejuízo a este, pois o prazo para a contestação era legalmente preestabelecido (art. 297). No processo do trabalho, contudo, no qual a resposta é oferecida em audiência, isto é, sem prazo fixo, não haja razão para obstar-se a modificação da causa de pedir, mesmo após a citação. Dava-se que, de ordinário, a audiência era realizada muitos meses depois de praticado o ato citatório, motivo por que deveria ser permitida a modificação de que estávamos a cuidar. É elementar que se deveria definir um prazo máximo, para que dita modificação pudesse ser feita. Assim sendo, poder-se-ia consenti-la desde que fosse assegurado ao réu o prazo mínimo de cinco dias, de que fala o art. 841, § 1.º, da CLT, que seria quadruplicado no caso de tratar-se de pessoa jurídica abrangida pelas prerrogativas instituídas pelo Decreto-lei n. 779/69 (art. 1.º, inciso II). Não havendo, no processo do trabalho, despacho saneador, a modificação da *causa petendi* poderia ser autorizada, uniformemente, de acordo com o critério que de sugeríamos. O que não nos parecia recomendável era a estrita aplicação ao art. 294, do CPC, pois isso só faria render homenagem aos rigores formalísticos daquele processo, que não se coadunavam com a simpleza que deveria presidir o do trabalho.

O CPC atual permite o aditamento ou a alteração do pedido e da causa de pedir: a) independentemente de consentimento do autor, até a citação; b) com a anuência do réu, até o saneamento do processo (art. 329).

O pedido e suas especificações. A CLT, em seu art. 840, § 1.º, como não poderia deixar de ser, faz expressa referência ao *pedido.*

Dada a importância de que se reveste o pedido, no corpo da petição inicial, em particular, e no contexto do processo, em geral, a ele dedicaremos comentário específico, mais à frente. Essa importância pode ser mensurada pelo fato de o pedido constituir-se numa espécie de bitola que delimita a lide, e, em consequência, a própria entrega da prestação jurisdicional. Rememore-se a advertência feita pelo art. 141, do CPC, de que o juiz deve solucionar o mérito "*nos limites propostos pelas partes*". Mencionemos, também, o art. 492.

Por enquanto, devemos apenas antecipar que o pedido constitui o objeto da demanda, o motivo, enfim, pelo qual alguém ingressa em juízo para impetrar a prestação da tutela jurisdicional. Ninguém vai a juízo, simplesmente, por ir; provoca-se o exercício da função jurisdicional do Estado para formular pedidos, para deduzir pretensões, vinculadas a bens ou a utilidades da vida. Podemos, na verdade, classificar os pedidos em *imediatos* e *mediatos*. O *imediato* consiste, exatamente, na referida invocação da tutela jurisdicional; aqui, o indivíduo se limita a ativar essa função estatal. O *mediato* é representado pela utilidade ou pelo bem da vida, que o autor pretende obter, ao impetrar a proteção jurisdicional do Estado. Essa é a mais pura razão pela qual ele ingressa e juízo.

A propósito, as partes (e o autor, em especial), têm uma visão eminentemente pragmática do processo, diferente, portanto, daquela que muitas vezes os magistrados possuem — escolástica, com algum menosprezo à realidade concreta.

Como dissemos, um exame mais aprofundado da matéria será realizado mais adiante.

A questão dos pedidos líquidos. A Lei n. 13.467/2017 deu nova redação ao art. 840, § 1.º, da CLT, que passou a ser a seguinte: "Sendo escrita, a reclamação deverá conter a designação do juízo, a qualificação das partes, a breve exposição dos fatos de que resulte o dissídio, *o pedido*, que deverá ser certo, determinado e *com indicação de seu valor*, a data e a assinatura do reclamante ou de seu representante" (destacamos).

Sobre esse assunto, escrevemos em outro livro:

> *A imposição para que a peça de provocação da atividade jurisdicional do Estado contenha pedidos líquidos surgiu com a Lei n. 9.099, de 26-9-1995, que dispôs sobre os Juizados Especiais Cíveis e Criminais. Lê-se no art. 14, § 1.º, da precitada norma legal: "Do pedido constarão, de forma simples e em linguagem acessível: I – (...); II – (...); III – o objeto e seu valor" (destacamos). Ulteriormente, a Lei n. 9.957, de 12-1-2000, que alterou a CLT para introduzir no sistema do processo do trabalho o procedimento sumariíssimo*[(3)]*, também passou a exigir que a petição inicial indicasse o valor do pedido (CLT, art. 825-B, I).*
>
> *Essa última norma legal atribuiu a seguinte redação ao art. 852-I, § 2.º, da CLT: "Não se admitirá sentença condenatória por quantia ilíquida". Estabelecia-se, desse modo, uma sistematização harmônica dos dispositivos dessa Lei, porquanto se passou a exigir que se apresentassem líquidos: a) os pedidos constantes da inicial; e b) a condenação imposta pela sentença. Deu-se, porém, que o Sr. Presidente da República vetou o § 2.º do art. 852-I, da CLT, quebrando, com isso, a sistematização harmoniosa a que nos referimos há pouco, pois ficou mantida a exigência de que a inicial contivesse pedidos líquidos, embora se tenha dispensado a sentença de trazer condenação líquida. Diante disso (e considerando que o valor definidor do procedimento não era o dos pedidos, e sim, o da causa), perguntávamos: qual a utilidade de os pedidos expressos na inicial serem líquidos, se poderiam ser alterados — como, geralmente,*

(3) Os adjetivos que apresentam io antes de uma consoante fazem o superlativo em dois ii: friíssimo, necessariíssimo, seriíssimo, sumariíssimo. Não havendo consoante antes de io, o superlativo apresenta apena um i: feíssima, cheíssima, dulcíssima (SACCONI, Luiz Antonio. *Não Erre Mais!* 9.ª ed. São Paulo: Ática, 1987. p. 50).

acontecia — pela contestação, pelas provas que a instruíssem, por outras provas produzidas em audiência ou mediante perícia?

Essas indagações, formuladas há cerca de 17 anos, não se justificam em face da nupérrima redação atribuída ao § 1.º, do art. 840, da CLT, porquanto, aqui, a imposição de pedidos líquidos não se vincula à sentença, senão que, conforme veremos, ao princípio da sucumbência (CLT, art. 791-A).

Pois bem. O § 1.º, do art. 840, da CLT, exige que da petição inicial conste o valor do pedido, vale dizer, de cada pedido. Não se suponha, portanto, que a exigência legal estaria cumprida com a indicação do valor total dos pedidos apresentados de maneira ilíquida.

A nova redação dada a esse preceptivo legal visou, a um só tempo, a atender:

a) a preceito de ordem ética, por modo a impedir a formulação de pedidos ilíquidos, ou, se líquidos, que excedam à própria repercussão pecuniária daquilo que o direito invocado concede. É oportuno observar que, não raro, alguns autores, mesmo podendo indicar o valor de cada pedido lançado na inicial, vinham se omitindo em fazê-lo, motivados por uma estratégia ardilosa destinada a fazer supor ao réu tratar-se de uma causa de pequena repercussão econômico-financeira, levando-o a negligenciar na elaboração da defesa. Acrescente-se a isso, o hábito de tais autores atribuírem à causa um valor muito inferior ao que decorreria da soma dos pedidos (se fossem apresentados de maneira líquida), e ter-se-á a medida da conveniência da estratégia processual que mencionamos;

b) a uma regra pragmática, porquanto será da diferença entre o valor do pedido, indicado na inicial, e o valor do acolhido pela sentença que se fará incidir o princípio da sucumbência (CLT, art. 791-A), por força do qual o autor será condenado a pagar honorários de advogado à parte contrária, naquilo em que não tiver êxito (CLT, art. 791-A, § 3.º). Estabelece essa norma legal: "Na hipótese de procedência parcial, o juízo arbitrará honorários de sucumbência recíproca, vedada a compensação entre os honorários".

É importante rememorarmos a Justificativa do Projeto de Lei n. 6.787/2016 para atribuir nova redação ao § 1.º, do art. 840, da CLT: "As alterações promovidas no art. 840 têm como fundamento principal exigir que o pedido, nas ações trabalhistas, seja certo, determinado e que tenha o seu valor devidamente indicado. A exigência de que o pedido seja feito de forma precisa e com conteúdo explícito é regra essencial para garantia da boa-fé processual, pois permite que todos os envolvidos na lide tenham pleno conhecimento do que está sendo proposto, além de contribuir para a celeridade processual com a prévia liquidação dos pedidos na fase de execução judicial, evitando-se novas discussões e, consequentemente, atrasos para que o reclamante receba o crédito que lhe é devido".

Não se ignora que, na prática, os autores encontrarão dificuldade para formular pedidos com valor expresso, por não disporem, no momento de elaborarem a petição inicial, de elementos concretos e fidedignos, que os possibilitem definir esses valores. Haverá casos em que a indicação do valor do pedido será inviável ou injustificável, como quando: a) somente mediante exame pericial contábil for possível apurar-se o valor das comissões devidas ao autor da ação; b) o autor pedir adicional de insalubridade, no grau máximo, e a perícia concluir pela existência de insalubridade, digamos, em grau mínimo. Neste último caso, como o autor poderia definir, a priori, o valor correto do pedido, se a própria classificação do grau de insalubridade dependia de exame pericial (CLT, art. 195, § 2.º)? Para situações que tais, deverá ser admitida a formulação de pedido genérico, com fundamento no inciso II, do art. 324, do CPC. A propósito, uma advertência se faz necessária: o sentido genérico do pedido, a que se refere a norma processual mencionada, reside em seu aspecto quantitativo (quantum debeatur), não em seu elemento ontológico (an debeatur). *Se assim não fosse, haveríamos de concluir que a norma autorizaria, até mesmo, as postulações incertas. Hoje, em nosso meio, a certeza é um elemento que deve estar presente não só na inicial, como na sentença, pois esta deve ser certa, ainda quando resolva relação jurídica condicional (CPC, art. 492, parágrafo único). A condição é elemento de direito material e está prevista no art. 121 do Código Civil: "Considera-se condição a cláusula que, derivando exclusivamente da vontade das partes, subordina o efeito do negócio jurídico a evento futuro e incerto".*

Haverá também situações em que a definição do valor dos pedidos somente será possível após a apresentação de documentos que se encontram em poder do réu. Nesta hipótese, poderão ser adotados alguns procedimentos, a saber:

a) para que a petição inicial expresse, desde logo, o valor dos pedidos, incumbirá ao autor ingressar com pedido de tutela de urgência de natureza cautelar (CPC, art. 301) ou com ação de produção antecipada de prova (CPC, art. 381), fundando-se no art. 324, § 1.º, III, do CPC, assim redigido: "§ 1.º É lícito, porém, formular pedido genérico: I – (...); III – quando a determinação do objeto ou do ***valor*** *da condenação* ***depender de ato a ser praticado pelo réu****" (destacamos). Apresentados os documentos necessários, os pedidos deverão ser liquidados antes de serem postos na inicial;*

b) para que o valor seja fixado após a apresentação da defesa, o autor deverá suscitar o incidente de exibição de documentos, regulado pelos arts. 396 a 404, do CPC; exibidos os documentos, o juiz concederá prazo para que o autor emende a petição inicial, no prazo de quinze dias, indicando o valor dos pedidos formulados (CPC, art. 321, caput*), sob pena de indeferimento da petição inicial (*ibidem*, parágrafo único).*

Dir-se-á, talvez, que a possibilidade de haver essa emenda encontra óbice no art. 329, II, do CPC, que permite o aditamento ou a alteração do pedido e da causa de pedir, após o saneamento do processo, somente se houver consentimento do réu. Se assim se alegar, devemos contra-argumentar, em caráter proléptico, que a emenda à inicial, de que estamos a tratar, não implicará aditamento nem alteração do pedido. Expliquemo-nos. Aditamento e modificação não se confundem. Aquele representa o acréscimo quantitativo de pedidos, vale dizer, a inclusão, na mesma causa, de pedidos inicialmente omitidos; esta não implica a formulação de novos pedidos, senão que a modificação dos já existentes (ou da causa de pedir).

Ora, se o juiz do trabalho conceder prazo para que o autor, após haver obtido do réu os documentos necessários, indique o valor dos pedidos formulados na inicial, não estará autorizando nenhum aditamento e nenhuma alteração, se não que permitindo ao autor emendar a petição inicial, a fim de dar cumprimento à determinação contida no § 1.º, do art. 840, da CLT, para que o pedido possua uma expressão pecuniária. Efetuada a emenda, juiz concederá prazo de quinze dias, ao réu, para que se manifeste a respeito. Especificamente para essa finalidade, pode-se invocar a incidência analógica do disposto no inciso II, do art. 329, do CPC.

Em síntese:

a) a redação do § 1.º, do art. 840, da CLT, é inequívoca ao determinar que os pedidos lançados na inicial sejam formulados de maneira líquida, vale dizer, com a indicação do correspondente valor;

b) as razões pelas quais a Lei n. 13.467/2017 deu nova redação a esse dispositivo legal estão intimamente vinculadas a preceito ético e a regra pragmática — esta última, ligada ao princípio da sucumbência, trazido por essa mesma norma legal, mediante a inserção, na CLT, do art. 791-A;

c) para que a petição inicial expresse, desde logo, o valor dos pedidos — mas o autor não disponha de dados ou elementos para isso —, ele poderá ingressar com ação de tutela de urgência de natureza cautelar (CPC, art. 301) ou com ação de produção antecipada de provas (CPC, art. 381), fundando-se no art. 324, § 1.º, III, do CPC;

d) para que o valor seja fixado após a apresentação da defesa, o autor não fará, desde logo, na inicial, a indicação do valor do pedido, reservando-se (mediante requerimento dirigido ao juízo) para mencionar esse valor: d.a) após a apresentação da defesa, caso seja instruída com os elementos necessários à fixação do valor do pedido; d.b.) mediante a suscitação do incidente de exibição de documentos, regulado pelos arts. 396 a 404, do CPC, caso a defesa se apresente desacompanhada de documentos. Em ambos as situações, o juiz concederá o prazo de quinze dias para que o autor emende a petição inicial, indicando o valor dos pedidos formulados (CPC, art. 321, caput*), sob pena de indeferimento dessa petição (ibidem, parágrafo único);*

*e) a exigência estampada no § 1.°, do art. 840, da CLT, também incide no caso de pedidos alternativos (CPC, art. 325), subsidiários (ibidem, art. 326) e cumulados (*ibidem*, art. 327). Para efeito de fixação do valor da causa (CPC, art. 291) deverão ser observados os incisos VII, VII e VI, respectivamente, do art. 292, do CPC;*

f) em determinados casos, será lícito ao autor formular pedido genérico, com fulcro no inciso II, do art. 324, do CPC, hipótese em que a fixação do valor será estabelecida pela sentença ou diferida para a fase de liquidação (CLT, art. 879).

Cremos que não estaremos sendo acometidos de cerebração fantasiosa se afirmarmos que a imposição legal de formulação de pedidos líquidos terá caído como uma espécie de meteoro arrasador no cenário do processo do trabalho, por forma a gerar intensa inquietação tanto no espírito dos advogados quanto no dos juízes. Nos advogados, porque sobre eles recai a responsabilidade e a dificuldade de formulação de pedidos com valor líquido, situação agravada pelo risco da sucumbência; nos magistrados, porque poderão ser levados a apreciar infindáveis ações com pedido de tutela de urgência de natureza cautelar ou incidentes de exibição de documentos, ou a exarar incontáveis despachos, determinando que o autor emende a petição inicial, sob pena de indeferimento, por forma a sobrecarregar, ainda mais, o volume de trabalho nos gabinetes desses magistrados.

Nem mesmo o processo civil, com sua tradição formalista, se atreveu a impor que o pedido se apresentasse líquido, na inicial. O art. 319, IV, do CPC, mais sensato, exige que o pedido seja acompanhado de "suas especificações". Nem mesmo por antonomásia se poderá considerar os vocábulos especificação e valor como sinônimos entre si.

A exigência de indicação do valor dos pedidos, na inicial, não conflita com o art. 879, da CLT, que prevê a liquidação da obrigação materializada na sentença condenatória. Enquanto a menção do valor do pedido, na inicial, está vinculada, conforme dissemos, ao princípio da sucumbência, a liquidação se destina a quantificar o valor da condenação — que será, posteriormente, cotejado com o do pedido, para efeito da sucumbência.

No caso de revelia — que se configura pela ausência injustificada de contestação —, o juiz, em nome da presunção legal de veracidade dos fatos alegados na petição inicial (CLT, art. 844, caput*; CPC, art. 344), não estará obrigado a impor ao revel uma condenação segundo os valores apontados na inicial, desde que possa demonstrar que esses valores são exorbitantes, à luz das normas legais ou convencionais incidentes.*

Rememoremos que o efeito da revelia incide, unicamente, sobre fatos; não, sobre normas legais.

Se o juiz entender que o autor possui condições de indicar o valor dos pedidos estampados na inicial, mas não o fez, não deverá, de plano, indeferir essa petição, como parece constar do § 3.º, do art. 840, da CLT: cumprir-lhe-á aplicar o art. 321, do CPC – de manifesta compatibilidade com o processo do trabalho —, determinando que o autor supra a falha, no prazo de quinze dias. Somente se o autor não atender a esse despacho é que a petição inicial deverá ser indeferida (CPC, art. 321, parágrafo único), com a consequente extinção do processo sem resolução do mérito (CPC, art. 485, I).

Por outro lado, cumprirá ao magistrado ser extremamente cauteloso na aplicação do art. 791-A, da CLT, consagradora do princípio da sucumbência. Como critério, alvitramos que faça incidir a precitada norma legal, em princípio, apenas no caso de comprovada má-fé, por parte do autor (CPC, art. 80), quanto à fixação do valor dos pedidos, sob pena de o magistrado perpetrar grave injustiça (summa ius, summa iniuria, advertimos). Nem se ignore o fato de, em alguns casos, o autor haver ingressado em juízo sem advogado, conforme lhe faculta o art. 791, caput*, da CLT, elaborando, ele mesmo, a petição inicial, ou vir a fazer uso da faculdade que lhe defere o § 2.º, do art. 840, da CLT, exercendo, de modo oral, o direito constitucional de ação. Também neste último caso ele deverá apresentar ao serventuário os valores exatos de seus pedidos?*

Nas duas situações supracitadas, a regra do § 1.º do art. 840, da CLT, se for interpretada à risca, ou seja, em sua expressão unicamente literal, beira a surrealismo institucional.

Perguntamos: para serem evitadas as dificuldades e os contratempos derivantes do atendimento ao disposto no § 1.º, do art. 840, da CLT, não seria possível entender que o valor a que se refere essa norma legal poderia ser apenas estimado pelo autor e não, necessariamente, exato, preciso?

Em que pese ao fato de essa interpretação parecer estar mais adequada aos princípios do processo do trabalho, devemos advertir que ela traz menos segurança jurídica ao autor. Expliquemo-nos. Conforme afirmamos há pouco, os honorários de sucumbência serão calculados entre a diferença do valor indicado na inicial e o que foi objeto da sentença condenatória. No caso de entender-se que o valor deva ser exato, o autor poderá valer-se de um dos procedimentos que sugerimos em linhas anteriores, fato que reduzirá, expressivamente, o risco da sucumbência. Caso, porém, cogitemos de um pedido apenas estimado, o risco será enorme. Digamos que o autor haja estimado, na inicial, em R$ 50.000,00 o valor das horas extras postuladas; apresentados os documentos pelo réu, o autor verifica que muitas dessas horas foram pagas, de tal modo que o seu pedido deveria ter sido, digamos, de R$ 20.000,00. Vindo a sentença a conceder-lhe R$ 20.000,00 a título de hora extras, ele sucumbiria em R$ 30.000,00 (diferença entre o que pediu e o que lhe era devido). Não vemos como, nesta hipótese, o autor possa aditar a petição inicial para corrigir o valor de R$ 50.000,00 para R$ 20.000,00.

Há mais. Se o autor, para tentar esquivar-se ao risco da sucumbência estimar um valor dos pedidos:

g) muito abaixo do que seria o correto, não evitará um outro risco: o de a sentença condenar o réu ao pagamento do valor apontado na inicial, e não em valor superior a isso, sob pena de perpetrar transgressão ao art. 492, caput, *do CPC, e de ensejar a que o réu alegue a nulidade da sentença, no tocante ao excesso de condenação (ultra petita). Além disso, o advogado do autor poderia vir a ser responsabilidade pelo seu cliente por haver estimado um valor muito aquém do que seria devido a este;*

h) muito acima do que o correto, e a sentença vier a conceder-lhe abaixo disso (ou seja, o valor correto), sujeitar-se-á ao risco de ser duramente atingido pela sucumbência (CLT, art. 791-A, § 3.º).

Conclusivamente, e para dissipar eventuais dúvidas remanescentes:

i) entendemos que a nova redação dada ao § 1.º, do art. 840, da CLT, decorreu da preocupação de romper — por motivos de ordem ética e pragmática — com a antiga e arraigada tradição, consistente na formulação de pedidos ilíquidos, assim entendidos os que se apresentavam sem a sua expressão pecuniária;

j) ao aludir ao valor do pedido, a norma citada exige que este seja exato, e não, meramente estimado pelo autor da ação;

k) somente em casos excepcionais será admissível que a causa chegue a julgamento sem que o valor dos pedidos formulados na inicial tenha sido indicado, como no caso de pedidos genéricos (CPC, art. 324, II).

l) nos casos em que o autor, não sendo advogado, estiver fazendo uso do ius postulandi *que lhe atribui o ar. 791,* caput, *da CLT, cumprirá ao juiz atenuar (ou, em certas situações, até mesmo desconsiderar) a exigência expressa pelo § 1.º, do art. 840, da CLT, sob pena de inibir o exercício do direito constitucional de ação;*

m) idealmente, o autor somente deveria ser condenado às sanções da sucumbência se o valor dos pedidos apontados na inicial houvesse decorrido de má-fé.

À guisa de arremate: a exigência da formulação de pedidos líquidos, na inicial, tende a converter-se, na prática, em um dos mais polêmicos temas processuais, de quantos foram trazidos pela Lei n. 13.467/2017. As opiniões que expressamos neste livro acerca dessa exigência legal traduzem a reflexão dos primeiros momentos. Só o tempo, com o valioso contributo da doutrina e da jurisprudência — designadamente desta — haverá de fixar um entendimento, se não unânime, ao menos majoritário sobre o assunto, a fim de pacificá-lo. Nessa tarefa de pacificação, o bom senso deverá ser o instrumento fundamental – como, aliás, em qualquer ato da vida humana. Não se requer o bom senso pelo bom senso, senão que o bom senso subordinado à preservação do exercício do direito constitucional de ação (CF, art. 5.º, XXXV), uma das mais preciosas conquistas de nosso Estado Democrático de Direito (CF, art. 1.º) (*O Processo do Trabalho e a Reforma Trabalhista.* São Paulo: LTr, 2017. p. 130/134).

Posteriormente, empenhamo-nos em abrandar o rigor do § 1.º do art. 840, da CLT, sugerindo a aceitação do pedido cujo valor fosse feito por *estimativa*, e sem que a correspondente sentença condenatória ficasse limitada ao valor estimado. Parece-nos ser esse o rumo que está a tomar a jurisprudência.

O valor da causa. Exige o digesto de processo civil que a petição inicial indique o valor da causa. A CLT nada nos diz a respeito. Seria, então, de perguntar: no processo do trabalho a inicial não precisa mencionar esse valor? Respondamos com prudência. Antes, chamemos a atenção ao fato de o valor da causa não se confundir com o valor do pedido, ainda que, sob certo aspecto, este possa ser determinante daquela.

É evidente que as causas judiciais, inclusive as trabalhistas, devem, em princípio, ter um valor econômico estimado (CPC, art. 291). No sistema do processo civil esse *quantum* deve ser apontado desde logo, ou seja, na petição inicial. No do trabalho, entretanto, embora não se proíba que o valor da causa venha referido nessa peça, não se exige que ela o contenha. Tanto isso é certo, que o art. 2.º, *caput,* da Lei n. 5.584/70, dispõe que se o juiz verificar que a inicial não menciona o valor da causa, ele, antes de passar à instrução, o arbitrará. Ao contrário do CPC (art. 321), a norma trabalhista não diz que o juiz assinará prazo para que o autor supra a (suposta) omissão. Dessa maneira, podemos concluir que, a despeito de as causas trabalhistas também deverem possuir um valor econômico, este não necessita ser apontado na inicial.

No processo civil, vários são os motivos pelos quais as causas devem apresentar um valor econômico (na inicial, como vimos), entre os quais se destacam: a) a determinação da competência, em razão, exatamente, do valor da causa naqueles Estados cuja lei de organização judiciária haja criado cargos de juízes, togados ou leigos, incumbidos do julgamento das causas de que trata o art. 98, I, da Constituição Federal; b) a fixação da taxa judiciária, das custas e de outras despesas processuais; c) a limitação da interponibilidade de recurso extraordinário para o Supremo Tribunal Federal.

O CPC, em seu art. 292, estabelece os critérios a serem considerados para efeito de atribuir-se valor econômico à causa.

No processo do trabalho, a necessidade de dar-se valor à causa emana de três razões fundamentais: a) estabelecer o procedimento (ordinário ou sumariíssimo) a que a causa se submeterá; b) definir a possibilidade de a sentença, aí proferida, ser recorrível, ou não; c) calcular o valor das custas, em casos como o de extinção do processo, sem julgamento do mérito, decorrente da ausência injustificada do autor à audiência "inicial"; do indeferimento da petição inicial; da desistência da ação, etc.

No tocante à letra *"a"*, devemos acrescentar que a Lei n. 5.584/70 (art. 2.º, § 4.º) instituiu as denominadas "ações de alçada exclusiva dos órgãos de primeiro grau", cujo efeito prático foi o de impedir a interposição de recurso (ordinário) das sentenças aí proferidas, exceto se a decisão violar a letra da Constituição Federal ou os princípios em que ela se apoia (Const. Fed., a rt. 52, § 2.º). Nesta hipótese, caberá recurso extraordinário ao STF, ficando a matéria impugnada ("devolução") restrita à que tenha perpetrado ofensa à Constituição.

Alguns intérpretes afoitos, do texto constitucional em vigor, chegaram a afirmar que o § 4.º, art. 2.º, da sobredita Lei n. 5.584/70, teria sido revogado pelo art. 5.º, inciso LV, da atual Suprema Carta Política. O fundamento dessa tese se concentra na suposição de que a antedita norma constitucional, ao assegurar aos litigantes e aos acusados em geral o contraditório e a ampla defesa, "com os meios e recursos a ela inerentes", teria feito desaparecer aquela norma infraconstitucional. *Data venia*, se esses intérpretes açodados houvessem se dedicado a um estudo de nossa história constitucional, teriam percebido que, com pequenas nuanças de literalidade, as Constituições Republicanas de 1891 (art. 72, n. 16), 1934 (art. 113, n. 24), 1946 (art. 141, § 25), 1967 (art. 150, § 15), com a Emenda n. 1/69 (art. 153, § 15), numa sequência cronológica somente quebrada (por motivos políticos conhecidos) pela Carta outorgada em 1937, sempre asseguraram aos indivíduos (e às coletividades) o contraditório e a ampla defesa, com os "meios e recursos" a esta imanentes. Sublinhando: o fato de a vigente Constituição empregar o vocábulo *recurso*, ao cuidar do contraditório e da ampla defesa, não constitui, portanto, nenhuma novidade, pois isso faz parte de nossa tradição constitucional, como procuramos demonstrar. É algo que coincide com a aurora de nossa vida republicana.

Além disso, a Constituição Federal não é um Código de Processo, de tal maneira que as palavras, nela inseridas, devam ser interpretadas segundo o rigor técnico da terminologia processual.

Em síntese, o art. 52, inciso LV, da Constituição Federal de 1988, não revogou o § 4.º, do art. 2.º, da Lei n. 5.584/70. Segue-se, que, tirante a possibilidade de ofensa à Constituição, continuam a ser irrecorríveis as sentenças emitidas nas ações de alçada exclusiva dos órgãos de primeiro grau da jurisdição trabalhista, salvo se implicarem violação à Constituição da República. Daí, a importância que ostenta o valor atribuído à causa. Advirta-se que o valor a ser levado em conta para definir a recorribilidade, ou não, de tais sentenças, é o atribuído *à causa*, e, não, o do pedido ou o arbitrado à condenação. Expliquemo-nos.

Basicamente, cinco valores são fixados em uma ação: 1) o da causa; 2) o do pedido; 3) o da condenação; 4) o da execução; 5) o da transação. O que define a possibilidade de a sentença ser impugnada, ou não, é, como asseveramos, o valor dado *à causa*, seja na inicial ou mediante arbitramento do juiz, em audiência, antes de dar início à instrução. Dessa forma, se à causa se atribuiu valor inferior ao de dois salários mínimos, mas o da condenação corresponde, digamos, a cem salários mínimos, a sentença será irrecorrível, observada a ressalva feita quanto à violação constitucional.

A fixação do valor da causa em salários mínimos, para efeito de recorribilidade da sentença, é estabelecida pela Lei n. 5.584/70 (art. 2.º, § 4.º, com a redação que lhe deu a Lei n. 7.402, de 5-11-85). Não estaria, contudo, esse dispositivo da norma ordinária revogado pelo art. 7.º, inciso IV, da Constituição Federal em vigor, que veda a vinculação do salário-mínimo "para qualquer fim"? Entendemos que não. Como afirmamos em linhas anteriores, o que a Constituição está a proibir, a nosso ver, é a utilização desse salário com vistas, p. ex., à fixação do valor de aluguéis, de multas, de preços em geral, pois isso tem efeito reconhecidamente inflacionário. A simples adoção do salário mínimo, todavia, para a definição das ações da alçada exclusiva dos órgãos de primeiro grau da Justiça do Trabalho não tem nenhuma repercussão inflacionária; logo, não afeta a economia do País. Destarte, a mantença do salário mínimo, para essa finalidade, não entra em conflito com os verdadeiros motivos que determinaram a elaboração da citada norma constitucional. Esse entendimento, que desde sempre sustentamos, acabou sendo perfilhado pela Súmula n. 356 do TST.

Também no processo do trabalho podem ser aplicados alguns dos critérios traçados pelo art. 292 do CPC, para efeito de fixar-se o valor da causa, seja pelo autor ou pelo juiz. Assim: 1) na cobrança de dívida, serão computados o principal e a correção monetária e outras penalidades, se houver (I). Conforme o CPC, entrarão ainda os juros da mora "vencidos até a propositura da ação". Esse critério, no entanto, não deve ser observado no processo do trabalho, no qual os juros moratórios somente são devidos a contar do ajuizamento da inicial (CLT, art. 883); 2) havendo cumulação de pedidos, o valor da causa será obtido pela soma de todos eles (VI); 3) sendo alternativos os pedidos, considerar-se-á o de maior valor (VII); 4) existindo pedido subsidiário, adotar-se-á o valor do principal (VIII); 5) o valor do contrato ou de sua parte incontroversa (II); 6) nas ações de indenização, inclusive, por dano moral, o valor pretendido (V); 7) no caso de prestações vencidas e vincendas, levar-se-á em conta o valor de umas e de outras. O valor das prestações vincendas será igual a uma prestação anual, se a obrigação for por tempo indeterminado ou por tempo superior a um ano; se por tempo inferior, será igual á soma das prestações (§ 1.º).

As situações previstas nos demais incisos do art. 292 (III e IV), do CPC, são inaproveitáveis no terreno peculiar do processo do trabalho, por versarem sobre matérias que não se encaixam na competência da Justiça do Trabalho. O Supremo Tribunal Federal firmou o entendimento de que, na ação rescisória, o valor da causa deve ser o mesmo que se atribuiu à demanda que foi apreciada pelo acórdão rescindendo. Para que esse critério seja aceitável, torna-se indispensável, todavia, a correção monetária do aludido valor, que não é "rendimento" do capital, como tem alardeado a retórica oficial, senão que mero fator de recomposição do poder de compra, do dinheiro. O TST, pela Instrução Normativa n. 31/2007, regulamentou a forma de realização do depósito prévio, em ação rescisória, previsto no art. 836 da CLT (arts. 2.º e 3.º).

Ainda se controverte, na doutrina, quanto à necessidade de a inicial, *na ação de segurança*, mencionar o valor da causa.

Sustentam, alguns estudiosos, que a indicação desse valor é dispensável, pois a reparação que se busca, nesse tipo de ação, não é em pecúnia, mas em espécie. Em que pese ao fato de a reparação aí pretendida não ser, efetivamente, de natureza pecuniária — pois o acórdão nunca é condenatório, mas declaratório ou constitutivo —, não pode ser colocado de parte o mandamento inscrito no art. 291, do CPC, no sentido de que a toda causa deve ser atribuído um valor certo, ainda que não tenha conteúdo econômico aferível de imediato.

Tanto na ação rescisória quanto na de segurança se o relator verificar que a inicial não contém o valor da causa não deve assinar prazo de quinze dias para que o autor supra a falta — sob pena de indeferimento (CPC, art. 321) e consequente extinção do processo sem resolução do mérito (CPC, art. 485, I) —, mas, fixar, ele próprio, esse valor, nos termos do art. 2.º, *caput*, da Lei n. 5.584/70.

Nas ações coletivas (*dissídios coletivos*), torna-se necessária a menção do valor da causa, cuja falta poderá ser suprida mediante despacho do relator. Mesmo nas ações em que o pedido se restrinja à interpretação de norma legal ou de cláusula normativa (os comumente denominados "dissídios coletivos de natureza jurídica") esse valor deve ser indicado, pois a pretensão, aí formulada, que aparenta ser exclusivamente jurídico-interpretativa, se encontra, sempre, vinculada a um conteúdo econômico.

As provas com que o autor pretende demonstrar a verdade dos fatos alegados. A CLT não contém disposição nesse sentido. Conseguintemente, uma nova indagação se impõe: no processo do trabalho é necessário que o autor especifique, na inicial, as provas com as quais deseja provar a verdade dos fatos narrados?

Antes de formularmos a resposta, devemos fazer um pequeno reparo na dicção do art. 319, VI, do CPC, porquanto, em rigor, naquele processo, a inicial deve indicar não as *provas* com que o autor pretende demonstrar a veracidade dos fatos alegados, e, sim, os *meios* de prova que serão utilizados para esse fim. Prova não é meio, e sim, resultado. O CPC de 1939, mais preciso que o de 1973, e do que o atual, neste ponto, aludia aos *meios de prova* (art. 158, V).

São dois, basicamente, os motivos pelos quais o processo civil exige que o autor especifique, na inicial, os meios de prova a serem utilizados, a saber: a) atender ao princípio da boa-fé processual; b) permitir ao juiz verificar, em alguns casos, se o meio escolhido é, efetivamente, adequado, ou moralmente legítimo.

Apesar disso, pensamos que, no processo do trabalho, essa regra deve ser aplicada com certa cautela, não tanto pelo fato de a CLT nada dispor quanto a esse requisito, mas em virtude da simplicidade do procedimento. Não estamos a dizer que o autor tem o direito de esconder, do adversário, os meios de que se valerá para provar a veracidade dos fatos narrados na inicial, pois isso atentaria contra o dever de lealdade, a que estão submetidas as partes, mesmo no processo do trabalho. O que estamos a asseverar é que, naquela peça, poderá o autor, simplesmente, requerer a produção de "todas as provas em direito admitidas" — segundo a clássica expressão —, vindo a especificar os meios adequados (e moralmente legítimos) no momento oportuno, por força de determinação do juiz.

A realidade prática tem revelado, a todo momento, que somente após a resposta do réu (máxime sob a forma de contestação) é que o autor se encontra, realmente, em condições de definir os meios de prova de que necessitará fazer uso. Muitas vezes, o autor, tomando conhecimento do teor da resposta, acaba por eleger meio de prova diverso daquele que, a princípio, pensava utilizar. De outra parte, eventual ausência de resposta do réu, por implicar revelia e traduzir, quase sempre, a confissão fictícia, pode dispensar a produção de qualquer prova, pelo autor. Tudo isso demonstra a desnecessidade de a petição inicial trabalhista indicar os meios probantes de que o autor pretende fazer uso para comprovar a verdade dos fatos expostos.

Com *meios adequados de prova* queremos expressar aqueles que são aptos para demonstrar a verdade do fato probando. Podemos, mesmo, construir a regra de que, segundo seja a natureza do fato objeto da prova, será o meio legal a utilizar-se. Ainda: a natureza do fato determina o pertinente meio de prova. Assim, para a prova de horas extras, *v. g.*, admitem-se os meios documental e testemunhal; para o pagamento de salários só é adequado o meio documental (CLT, art. 464, *caput*), do mesmo modo como a prova da insalubridade ou da periculosidade deve ser feita mediante perícia (CLT, art.195, § 2.º).

Não basta, à evidência, que o meio de prova seja adequado; requer-se, acima de tudo, que seja *moralmente legítimo*. O art. 5.º, inciso LVI, da Constituição Federal, por seu turno, declara serem inadmissíveis as provas obtidas "por meios ilícitos". Deve-se entender por meios moralmente ilegítimos, dentre outros, os que atentem contra os direitos da personalidade, aí incluídos os relativos à liberdade de pensamento e à privacidade — que foram alteados à categoria constitucional (art. 52, incisos IV, X, XI e XII).

Independentemente disso, devemos renovar a nossa opinião de que, no processo do trabalho, não se deve exigir que o autor mencione, na inicial, os meios pelos quais procurará comprovar a veracidade dos fatos alegados. E suficiente que faça referência a fórmulas genéricas, como "todos os meios em direito permitidos" etc. Caberá ao juiz, no momento oportuno, exigir que ele e o próprio réu especifiquem os meios de que se valerão para provar a verdade dos fatos narrados.

Cabe aqui, no entanto, uma ressalva. Tratando-se de fato que deva ser comprovado mediante documentos, estes devem acompanhar, desde logo, a inicial, como impõe o art. 787, da CLT (o mesmo consta do art. 320 do CPC), exceto se os documentos se encontrarem em poder do adversário ou de terceiros, hipótese em que se adotará o procedimento da exibição (CPC, art. 396), seja antecedente ou incidental.

As considerações, até aqui expendidas, são aplicáveis, *mutatis mutandis*, à ação rescisória, que admite, em princípio, a produção de provas por todos os meios previstos em lei.

Nas ações de segurança, entretanto, não cabe ao juiz (relator) ordenar que o autor especifique os meios de prova de que fará uso, porquanto o art. 6.º, *caput*, da Lei n. 12.016/2009, deixa claro não apenas que o meio exclusivo é o *documental,* como que os documentos devem instruir, de imediato, a petição inicial. Trata-se, pois, de prova *pré-constituída*.

A opção do autor pela realização ou não de audiência de conciliação ou de mediação. O art. 165 do CPC determina que os tribunais criem centros judiciários destinados à solução consensual dos conflitos de interesses. Esses centros serão responsáveis pela realização das sessões e audiências de conciliação e mediação, entre outras incumbências. No processo civil, caso o outro pretenda submeter, ou não, a sua demanda a uma dessas sessões ou audiências, deverá manifestar a sua intenção na petição inicial. A regra não incide no processo do trabalho, pois aqui, em virtude do disposto no art. 764, *caput*, da CLT, os dissídios, individuais ou coletivos, "serão sempre sujeitos à conciliação", razão pela qual os juízes deverão empregar os seus bons ofícios e poder de persuasão "no sentido de uma solução conciliatória do dissídio" (*ibidem*, § 1.º). No processo do trabalho não cabe, pois, à parte, manifestar sua intenção de optar pela realização ou não de audiência de conciliação, pois esta é inerente e essencial ao referido processo. Quanto à mediação, não tem sido posta em prática na Justiça do Trabalho. *Requerimento para a citação do réu.* Devemos lançar alguns escólios sobre outro elemento da petição inicial, que era exigido pelo CPC revogado. Referimo-nos ao *requerimento para a citação do réu.* Aquele CPC, em seu art. 282, VII, impunha que a petição inicial contivesse o requerimento para a citação dor réu.

Preso a um formalismo injustificável (e à influência da *ius vocatio*), entendia a doutrina daquele processo que a citação deveria ser *requerida* pelo autor, a fim de que o processo se formasse validamente e, também, de que a citação produzisse os efeitos descritos no art. 219, daquele CPC.

Esse requisito não era — e continua não sendo — encontrado no art. 840, § 1.º, da CLT. Não há, nisso, *omissão*, e sim, *silêncio intencional*, que é coisa diversa. Esse *silêncio intencional* deriva de razão de ordem lógica.

Com efeito, se o autor (trabalhador) provoca o exercício da função jurisdicional e deixa claro, na petição inicial, que está exercendo o seu direito de ação em face ("contra", costuma-se dizer, com grande equívoco) de determinada pessoa (réu), que deseja ver condenada a satisfazer-lhe uma pretensão (bem ou utilidade da vida), é elementar, é óbvio, que a citação constitui ato que se impõe, *natural e automaticamente,* sob pena de, a entender-se de modo diverso, imaginar-se que o autor possa (ou costume) ingressar em juízo movido por simples diletantismo, capricho, ou vaidade, sem desejar a citação do adversário. Isto é algo absolutamente inconcebível no processo do trabalho (para falarmos, apenas, deste), em que o trabalhador, ao exercer o seu direito constitucional de ação e nominar o réu, deixa patente o seu interesse em que este seja cientificado da demanda. Essa *cientificação* se realiza por um ato judicial específico, a que se denomina de *citação.*

Esta é a visão pragmática do processo, que possuem as partes, e da qual falamos há pouco.

Usando outras palavras: o fato de o autor ajuizar a ação em face do réu deixa evidente o seu intuito de demandar, sendo, por isso, produto de censurável afetação formalista exigir-lhe que requeira, expressamente, a citação do adversário, como se essa comunicação não possa ser algo que decorra *naturalmente* do ato de ingressar em juízo.

Felizmente, o processo civil parece haver-se convencido disso.

Data e assinatura. O CPC, curiosamente, não introduziu, no rol dos requisitos de validade da petição inicial, a data em que foi elaborada e a assinatura do advogado. A CLT menciona esses requisitos (art. 840, § 1.º); quanto à assinatura, alude à do "reclamante" ou de seu representante.

Entendíamos, porém, que a petição inicial deveria ser sempre assinada por advogado, pois o art. 791, *caput*, da CLT, que atribui a ardilosa capacidade postulatória aos litigantes, em nosso ver, teria sido tacitamente revogado pelo art. 68, da Lei n. 4.215, de 27-4-1963 (antigo Estatuto da Ordem dos Advogados do Brasil); quando não, pelo art. 133, da Constituição Federal em vigor. Assim, banido o *ius postulandi*, a petição inicial deveria ser elaborada e assinada por advogado. A parte somente poderia exercer o direito de postular, pessoalmente, em juízo, na hipótese do art. 86, do CPC, ou seja, se não houvesse, no local, advogado, ou, havendo, se recusasse a aceitar o patrocínio da causa ou se encontrasse impedido de receber procuração, ou não ser, o advogado, por motivo relevante e provado, da confiança da parte. Entretanto, o STF, na ADI n. 1.127-8 (DJ de 29-6-2001), concedeu liminar para suspender a eficácia, dentre outras disposições, do inciso I do art. 1.º da Lei n. 8.906/94 (Estatuto atual da OAB), que declara ser privativa da advocacia a postulação a qualquer órgão do Poder Judiciário.

Diante disso, não há mais como sustentar a revogação do art. 791, *caput*, da CLT.

Tendo acoimado de ardilosa a capacidade postulatória de que trata o art. 791, *caput*, da CLT, cumpre-nos justificar essa afirmação.

Procurando criar um processo no qual as partes pudessem atuar sem advogado, o legislador trabalhista instituiu um procedimento simplificado. A CLT, como sabemos, entrou a viger em 1943. Nos primeiros momentos, as partes não encontraram maiores dificuldades para exercer o *ius postulandi* que lhes atribui o art. 791, *caput*, da CLT. A vida fluía simples. Todavia, os tempos, agora, são outros. Tudo mudou, de 1943 até esta parte. Ampliou-se, consideravelmente, a base do direito material dos trabalhadores. As novas exigências científicas, nascidas no período que se seguiu ao término da 2.ª Guerra Mundial, penetraram o próprio Direito Processual. As relações entre os homens também se tornaram mais complexas. Tudo isso foi, aos poucos, delineando esse fenômeno indesejável, a que se poderia denominar de "complexização do processo". Passou-se a fazer uso, no processo do trabalho, de figuras ou institutos próprios do processo civil (incidente de falsidade documental; ações cautelares, rescisória, de consignação e pagamento, monitória, embargos de terceiro; reconvenção; ação civil pública; embargos à expropriação e o mais).

Essa "complexização" do processo do trabalho não só o desfigurou, em diversos pontos, o *ius postulandi*, traduzido na faculdade legal de o indivíduo ingressar em juízo sem advogado, como tornou praticamente inviável o seu exercício.

E, o que é pior: a parte que vai a juízo, como autor ou réu, pessoalmente, fica em uma colossal inferioridade técnica diante daquela que se faz acompanhar por advogado. Nós mesmos, quando atuávamos como juiz em primeiro grau, vimos, em inúmeras ocasiões, p. ex., o réu, por seu advogado, oferecer, solene e pomposamente, exceção de incompetência *ratione loci* (e a frase vinha escrita em Latim, realmente), oportunidade em que, com um certo desassossego no espírito, tínhamos que nos dirigir ao mísero trabalhador, que se encontrava na audiência, para dizer-lhe que (como excepto!), dispunha do prazo de 24 horas para responder à exceção. Nunca a respondia, é evidente, pois nem sequer sabia como fazê-lo; nem tinha noção do que os prazos processuais representavam. Quanto menos, sabia contá-los. O mesmo ocorria nos casos de reconvenção. Não raro, aliás, o trabalhador levava à audiência, para serem inquiridas como testemunhas, pessoas sobre as quais, por serem suas amigas íntimas, pairava a reserva de suspeição. Era muito difícil para um humílimo trabalhador compreender a razão por que o seu melhor amigo não poderia ser sua testemunha.

Enfim, o processo do trabalho — designadamente, em decorrência de sua "complexização" — se tornou uma espécie de ardil, de esparrela para as partes que ingressam em juízo sem a companhia de advogado. Para sermos francos, mesmo antes dessa "complexização" o *ius postulandi* já correspondia a uma sutil armadilha para o trabalhador e para o próprio empregador, armada pelo legislador, pois enquanto, de um lado, os convidava a atuar em juízo pessoalmente, de outro, lançava sobre eles o escárnio da preclusividade dos prazos, da confissão fictícia e tantas outras regras que somente poderiam ser compreendidas por quem fosse advogado.

O *ius postulandi,* se propicia aos juízes maior liberdade na formulação das propostas conciliatórias e na própria direção do processo, é, na mesma proporção, em infindáveis ocasiões, a causa exclusiva do insucesso do trabalhador em juízo, que, em sua insciência acerca das regras processuais, vê os seus direitos se perderem pelos caminhos labirínticos do procedimento. Desse *due process of law,* que, para ele, soa a grego. Ou a uma irrisão.

Não nos iludamos: a dura realidade do processo fez frustrar os sonhos do legislador, quanto à utilidade do *ius postulandi.* Por isso, hoje, conscientes dessa realidade, estamos serenamente convencidos de que a presença obrigatória do advogado, nas causas trabalhistas, mais do que um imperativo de ordem legal, é uma condição de igualdade técnica, entre as partes, na calorosa disputa pelo direito. Ainda que a primeira razão inexistisse, os fatos da vida haveriam de fazer com que a segunda fosse consagrada.

Os fatos que emanam da realidade concreta — cuja dramaticidade a retórica dos argumentos de mera conveniência jamais consegue ocultar — demonstram que quando um dos litigantes vai a juízo pessoalmente, o que se presencia não é uma disputa justa pelo Direito, mas um massacre empreendido por parte daquele que tem a seu lado um advogado.

Não foi, por certo, para estimular situações como esta que se instituiu o processo. Que disso se convençam os ardorosos defensores do *ius postulandi.*

Cumpre reiterar: a presença do advogado em juízo representa um pressuposto fundamental para o equilíbrio técnico na disputa; desacompanhada de advogado, a parte acaba se tornando adversária de si mesma, porquanto é desconhecedora das normas que regem o procedimento, em especial, as relativas à preclusão. Nesse contexto, fica reservada ao juiz do trabalho a árdua tarefa de fazer a contagem das vítimas *do ius postulandi.*

Parágrafo único. Se o juiz verificar que o pedido de tutela de *urgência* em caráter *cautelar* possui natureza de *antecipada*, deverá processá-la nos termos do art. 303. Cuida-se, nesta hipótese, de uma heterotópica incidência do princípio da *fungibilidade*, característica do tema dos recursos. É evidente que, neste caso, o autor deverá ser intimado, a fim de amoldar o procedimento ao traçado pelo art. 303. Em princípio, não vemos prejuízo ao autor, em decorrência dessa convolação de uma ação em outra, embora o procedimento da tutela de urgência antecipada seja um pouco mais embaraçante do que o da tutela cautelar. Na verdade, essa alteração de procedimento é favorável ao autor, se considerarmos que a tutela antecipada, quando requerida em caráter antecedente, pode tornar-se estável (CPC, art. 304).

É relevante observar que a conversão do procedimento previsto pelos arts. 305 a 309, do CPC (tutela cautelar), para o traçado pelos arts. 303 e 304, do mesmo Código (tutela antecipada), independe de requerimento do autor: trata-se ato que o juiz deve praticar por sua iniciativa (*ex officio*), a cuja conclusão se chega pela literalidade do parágrafo único do art. 303, do CPC.

No sistema do processo do trabalho, o ato concessivo ou denegatório da tutela cautelar, antecedente ou incidental, pode ser impugnado por meio de mandado de segurança (TST, Súmula n. 414, II).

Art. 306. O réu será citado para, no prazo de 5 (cinco) dias, contestar o pedido e indicar as provas que pretende produzir.

Comentário

O procedimento da tutela de urgência cautelar é mais objetivo, corresponde a dizer, mais célere do que o da tutela antecipada. Basta ver, para exemplificar, que o inciso II, § 1.º, do art. 303, que se ocupa da tutela antecipada, determina que o réu seja citado para a audiência de conciliação ou mediação "*na forma do art. 334*", do mesmo Código. Este artigo estabelece, entre outras coisas, que a audiência será designada com a antecedência mínima de trinta dias, sendo que a citação deve ocorrer no prazo mínimo de vinte dias. No caso da tutela cautelar, o réu será citado logo após o juiz entender que a petição inicial preenche os requisitos legais, e disporá do prazo de cinco dias para contestar o pedido e indicar as provas que pretende produzir (CPC, art. 306).

Devemos reiterar, contudo, o nosso entendimento, expresso em linhas pretéritas, deste livro, que, no processo do trabalho, o prazo para o réu contestar o pedido, tanto no caso de tutela *cautelar* quanto no de *antecipada*, deverá ser de *cinco dias*, por simetria com o art. 841, *caput,* da CLT, sem prejuízo de observância do disposto no art. 1.º, inciso II, do Decreto-lei n. 779, de 21-8-1969.

No conceito do Código revogado, a *citação* era o ato pelo qual se *chamava* a juízo o réu ou o interessado, a fim de defender-se (art. 213). Em nosso ver, o legislador teria dado um passo adiante, rumo à perfeição doutrinária, se, ao redigir o art. 213 daquele Código, houvesse dito que a citação tinha o escopo de dar *ciência ao réu da existência* da ação, para que, se desejasse, a ela respondesse.

Nos termos do art. 238, do CPC 2015, a citação é o ato pelo qual são *convocados* o réu, o executado ou o interessado para integrar a relação processual. Convenhamos, o legislador da atualidade em quase nada contribuiu para o aprimoramento do conceito desse importante ato processual. Os verbos *chamar* a *convocar* sugerem a ideia de imposição, de obrigação. Ora, o réu não está obrigado a comparecer a juízo, embora responda pelas consequências de seu não comparecimento; de igual modo, a relação processual pode ser constituída, regularmente, sem a sua presença efetiva. Basta argumentar com a revelia. Por isso, repitamos, temos, desde muito tempo, insistido em dizer que a citação nada mais é o do que o ato pelo qual se dá *ciência* ao réu da ação — para que ele, se desejar, ofereça a sua *resposta* em face dela.

A falta de citação acarreta a nulidade do processo. Dessa maneira, o juiz, verificando que o réu não foi citado, deverá determinar o suprimento da falta, atento ao princípio da *proteção,* a teor do qual somente se deverá declarar a nulidade quando não for possível suprir a ausência do ato ou repeti-lo (CLT, art. 796, *"a"* e *"b"*; CPC, art. 276).

Caso o réu compareça à audiência, embora não tenha sido citado (ou a citação não tenha sido feita regularmente) e *responda* à ação, não pronunciará o juízo a nulidade, pois inexistente o pressuposto do prejuízo. O comparecimento espontâneo do réu ou do executado supre a falta ou a nulidade de citação, caso em que fluirá dessa data o prazo para a apresentação de contestação ou de embargos à execução (CPC, art. 239, § 1.º).

No processo do trabalho, não se exige que a citação seja *pessoal;* considera-se citado o réu, tanto que o instrumento, remetido pelo correio, seja comprovadamente entregue no endereço existente nos autos, presumindo-se, de qualquer modo, recebido o instrumento citatório 48 horas depois de sua regular expedição; constitui, em face disso, encargo do réu demonstrar que não o recebeu ou que este foi entregue após o decurso das 48 horas (TST, Súmula n. 16). O bom senso sugere que se afaste essa presunção (relativa, aliás) quando se tratar de citação postal feita a réu domiciliado em cidade situada fora da jurisdição do órgão perante o qual a ação cautelar foi aforada, máxime se a distância entre tal cidade e a sede do órgão judiciário for considerável.

O advogado deve estar provido de poderes específicos para receber citação, em nome do seu constituinte, dado que esse poder não está compreendido pela cláusula *ad iudicia* (CPC, art. 105).

No Anteprojeto e no Projeto do Código de 1973 constava que o réu seria citado para "responder ao pedido"; por força da Emenda n. 135, da Comissão Especial, essa expressão foi substituída pela "contestar o pedido", sob o argumento de inexistir "vantagem em alterar a tradição legislativa e substituir o verbo defender, ou o substantivo defesa, pelo verbo responder, ou o substantivo resposta". O assunto, *data venia*, não deveria ter sido tratado em termos de "vantagem" ou desvantagem, e sim, de harmonia com o sistema do texto, em que p. ex., no processo de conhecimento, se falava em *resposta* (e não defesa) *do réu* (art. 297).

Uma pergunta se impõe: no processo do trabalho a resposta do réu à ação em que se postula uma tutela de urgência antecipada, em caráter antecedente, *deve* ser formulada *em audiência* (CLT, art. 846), ou *pode* ser apresentada em secretaria, no prazo de cinco dias, fixado pelo art. 306 do CPC? Se nos deixássemos impressionar pelo caráter algo retórico do princípio da oralidade e pela expressão literal do art. 846 da CLT, tenderíamos a concluir que a resposta do réu deveria ser sempre oferecida em *audiência*. Esse apego irrefletido à letra da lei, contudo, cometeria a imprudência colossal de eliminar — embora inadvertidamente — a finalidade e a eficácia das providências acautelatórias. Realmente, colocando-se à frente o atual estádio de congestionamento das pautas trabalhistas — que tem sido responsável pelo longo tempo para a realização de audiências —, exigir-se que o autor devesse aguardar que o réu respondesse à ação apenas nessa oportunidade seria fazer com que o remédio produzisse mais danos do que a própria enfermidade. Já advertimos, por mais de uma vez, que a tutela cautelar deve ser prestada com *urgência* (por isso, a sua denominação legal de *tutela de urgência, cautelar*), ainda que para negar a medida solicitada. Como tornar-se concreto, real, esse imperativo de celeridade se a resposta devesse ser apresentada em audiência, ou seja, muito tempo depois do ajuizamento da cautelar? Ainda que um e outro juiz conseguissem encontrar espaços nas pautas, para aí inserirem audiências pertinentes às ações cautelares, isso não poderia ser utilizado como fundamento a um critério geral de que a resposta do réu, em tais ações, devesse ser aduzida em audiência: sustentar semelhante ponto de vista seria argumentar com a exceção, em menosprezo à regra geral, que diz da extrema dificuldade em realizarem-se, num curto espaço de tempo, audiências destinadas à formulação de resposta a pretensões cautelares.

O notório *mare-magnum* de feitos, que assola os órgãos da Justiça do Trabalho, tem convertido, na prática, o alardeado princípio da oralidade do procedimento, paradoxalmente, em fator de transtorno à desejada rapidez da prestação jurisdicional; basta referir a "defesa oral", determinada pela CLT (art. 846), que, se fosse exigida à risca, faria com que se incluísse em pauta um número de audiências muito inferior ao atualmente registrado, dado que somente para aduzir a sua resposta o réu disporia de vinte minutos — tempo que, hoje, tem sido suficiente, em muitos casos, para realizar quase *toda* a instrução oral de um processo de pequena complexidade .Rompa-se, pois, no terreno das tutelas de urgência, nomeadamente, a cautelar, com o mítico princípio da oralidade, a fim de permitir-se que o réu apresente a sua resposta à ação cautelar *em secretaria*, no prazo de cinco dias, ou a remeta por meio eletrônico. Há, nessa proposição, um outro efeito prático: deixando o réu de responder no prazo legal, tornar-se-á revel, sendo, em consequência, admitidos como verdadeiros os fatos alegados pelo autor (CPC, art. 307, *caput*). Por que motivo, portanto, aguardar-se a realização de audiência (consumindo-se, nisso, meses de espera) se a ela, em determinadas hipóteses, o réu não comparecerá por não ter intenção de formular qualquer espécie de resposta? Mesmo que ele pretendesse responder à ação, seria preferível que o fizesse em secretaria, no quinquídio legal, porquanto se estaria, com isso, abreviando a prestação jurisdicional cautelar, mesmo que consideremos aí a necessidade de realizar a audiência de instrução.

Poderia alguém, todavia, redarguir que com a concessão de providência *liminar* (art. 300, § 2.º) os nossos argumentos precipitar-se-iam no vazio, porquanto, com isso, a designação de audiência, para que nela o réu manifestasse a sua resposta, não traria qualquer prejuízo ao autor, pois a situação de periclitância do seu direito teria sido eficazmente dissolvida pela providência concedida *in limine*. Se tal objeção é ponderável no caso de concessão *liminar* da medida, ela se revela desarrazoada quando o juiz *nega* a liminar, ou, concedendo-a, esta vem a ser cassada por força de mandado de segurança impetrado pelo réu. Por tudo isso, a prudência sugere o abandono tópico à oralidade, com vistas à adoção do procedimento e do prazo estabelecidos pelo art. 306 do CPC.

Essa atitude do juízo não propiciaria ao réu um forte motivo para arguir a nulidade processual, pois o sistema consagrado pelo processo do trabalho é o da apresentação da "defesa" *em audiência*, como parece resultar incontestável do art. 846 da CLT? Não negamos a existência de um sistema relativo às nulidades processuais; devemos admitir, contudo, que esse sistema é abrandado por um conjunto de contrapesos legais, que se exteriorizam sob a forma de exceções. Dentre essas, destacamos as da *transcendência* e da *instrumentalidade*. A primeira, inscrita nos arts. 794 da CLT e 282, § 1.º, do CPC, dispõe que somente se pronunciará a nulidade quando do ato inquinado resultar *manifesto* prejuízo à parte; a segunda, que, embora prescrevendo a lei determinada forma, sem a cominação de nulidade, valerá o ato se, praticado por forma diversa, atingir a mesma finalidade (CPC, art. 277). Segue-se, que a determinação para que o réu apresente, por escrito, em secretaria, a sua resposta à ação de tutela cautelar, atinge a mesma finalidade que levou o legislador processual trabalhista a prever a realização de audiência; essa conversão da forma de realização do ato apenas poderá ser declarada nula se o réu demonstrar que ela lhe trouxe *evidente prejuízo*. Fora disso, é ignorar-se que o processo não constitui um fim em si mesmo, e sim, um mero instrumento de que se vale o Estado para solucionar os conflitos de interesses. O processo do trabalho jamais poderá — em nome de um verdadeiro sentido teleológico — ser considerado "o reino das formas". Além disso, a CLT não comina de nula a "defesa" apresentada sob forma diversa da prevista no art. 306. O princípio da *instrumentalidade*, materializado nos arts. 188 e 277 do CPC, declara que os atos e termos processuais não dependem de forma determinada — exceto quando a lei expressamente a exigir —, sendo considerados válidos os que, realizados de outro modo, atinjam a finalidade essencial.

Como dissemos antes, também a citação para a tutela de urgência (cautelar ou antecipada), no processo do trabalho, deve curvar-se à regra genérica contida no art. 841, § 1.º, da CLT: mediante registro postal. Se, no entanto, circunstâncias relevantes exigirem que, em determinado caso, esse ato seja realizado por oficial de justiça, o prazo para o réu responder, mesmo assim, não será contado da juntada aos autos do mandado, senão que da data em que o réu foi citado. O mesmo se afirme em relação à *efetivação* da medida, quando concedida *in limine* ou após justificação prévia (CPC, art. 300, § 2.º).

É proveitoso observarmos que o sistema dos prazos processuais é informado por cinco princípios: *a)* da utilidade; *b)* da continuidade; *c)* da inalterabilidade; *d)* da peremptoriedade; *e)* da preclusão.

> a) *Utilidade*. Os prazos fixados por lei, ou assinados pelo juiz, devem ser úteis, isto é, hábeis, à satisfação dos objetivos em relação aos quais foram instituídos. Há, assim, uma profunda vinculação entre o prazo e a finalidade a que se liga, de acordo com os critérios adotados pelo legislador para a consequente fixação.

Esse fato justifica a existência de prazos com maior ou menor duração.

Um efeito prático se tira dessa regra. É que se a parte, por motivos que não lhe possam ser irrogados, não puder se valer do prazo útil, total ou parcialmente, que lhe era assegurado, a solução será restituir-lhe, por igual, o faltante. Tal é o preceito do art. 221 do CPC, de aplicação supletiva ao processo do trabalho (CLT, art. 769).

É importante ressaltarmos que os prazos não se iniciam nem se vencem em dias desúteis (CLT, art. 775 e parágrafo único).

Sendo contínuos e irreleváveis, os prazos apenas podem ser prorrogados nos casos previstos em lei (CLT, art. 775, *caput*).

Sempre que uma das partes houver criado algum obstáculo, o prazo ficará suspenso para a outra. Seria o caso, p. ex., de o próprio autor retirar os autos da secretaria quando se encontrava em curso o prazo para o réu responder à ação; nesta hipótese, o prazo deverá ser restituído a este por tempo igual ao que faltava para a sua exaustão (CPC, art. 221).

O vencimento dos prazos será sempre certificado nos autos, pelo escrivão ou pelo diretor da secretaria do órgão (CLT, art. 776). Embora essa certificação não tenha eficácia para subordinar o juízo, é certo que a sua existência nos autos, além de obrigatória, permite melhor verificação quanto à tempestividade, ou não, da resposta apresentada.

b) *Continuidade*. Este princípio se manifesta fronteiriço com o da utilidade, com o qual, sob certo sentido, se entrelaça.

Por ele se afirma que os prazos são contínuos, cuja suspensão, como fenômeno excepcional, está rigidamente disciplinada por lei. O princípio da continuidade se identifica, portanto, com a afirmação de que os prazos, uma vez iniciados, devem ter livre curso até o seu final.

Suspensão e interrupção, entretanto, não se confundem. Enquanto na primeira o prazo que havia fluído é computado; na segunda não se verifica esse aproveitamento. Equivale dizer: lá, a contagem do prazo prossegue a partir do ponto em que ocorreu a suspensão; aqui, tudo se apaga, iniciando--se nova contagem.

c) *Inalterabilidade*. Ao discorrermos sobre o princípio da utilidade, pudemos asseverar que a duração do prazo guarda íntima relação com a necessidade de tempo que requer para ser realizado. Sob esse prisma, tanto a redução quanto a ampliação dos prazos rompem esse equilíbrio, essa ordem harmoniosa que há entre o lapso de tempo (prazo) e a finalidade a que se destina (prática de determinado ato). Pensamos mesmo que o princípio da inalterabilidade seja consequência direta do da utilidade, ao qual Moacyr Amaral Santos reconhece base científica (obra cit., p. 253).

A proibição de alterar os prazos processuais é dirigida ao às partes, aos terceiros e a todos os sujeitos do processo, enfim. Os litigantes não podem reduzir ou dilatar prazos peremptórios, ainda que mediante comunhão de vontades. O próprio juiz não pode reduzir prazos peremptórios sem a anuência das partes (art. 222, § 1.º).

d) *Peremptoriedade*. Dizem-se peremptórios aqueles prazos que são fixados sem qualquer possibilidade de serem alterados; disto decorre que a sua exaustão é automática e inexorável no dia do vencimento; são fatais.

O prazo para o oferecimento da resposta, *v. g.*, se caracteriza pela peremptoriedade.

As partes, conforme afirmamos, não podem reduzir ou prorrogar prazos peremptórios, ainda que estejam de acordo quanto a isso. Permite-se ao magistrado, porém, nas comarcas de difícil transporte prorrogar quaisquer prazos, mas nunca por mais de dois meses (*ibidem*), exceto nos casos de calamidade pública, quando a prorrogação poderá exceder ao referido limite (*ibidem*, parágrafo único).

O decurso em branco do prazo para a formulação de resposta implica preclusão temporal do exercício desse direito do réu, independentemente de declaração judicial (CPC, art. 223, *caput*), permitindo-lhe, porém, comprovar que deixou de responder em virtude de força maior (CLT, art. 775, *caput*), a que o processo civil denomina de justa causa (CPC, art. 223, *caput*).

> e) *Preclusão.* Configura-se a preclusão, em sentido amplo, pela perda de uma faculdade ou de um direito processual, que por não ser exercitado no tempo oportuno fica automaticamente extinto.

Em rigor, esse conceito se refere à preclusão dita *temporal*, que não é a única espécie. Há também, a *lógica*, que expressa a incompatibilidade entre o ato que se deseja realizar e o anteriormente praticado, e a *consumativa*, que indica a vedação de colocar-se em prática um ato já realizado.

No sistema do CPC de 2015, os prazos processuais passaram a ser contados em dias úteis (CPC, art. 219). Em livro, entendemos que esse critério era compatível com o processo do trabalho ("Comentários ao Código de Processo Civil sob a Perspectiva do Processo do Trabalho", São Paulo: Editora LTr, 2016, pág. 255). Todavia, o TST, por sua Instrução Normativa n. 36/2016, declarou que o art. 219 do CPC era inaplicável ao processo do trabalho. Pois bem. A Lei n. 13.467/2016 veio demonstrar que estávamos certos em nossa opinião, pois alterou a redação do *caput* do art. 775, da CLT, para dispor que "Os prazos estabelecidos neste Título serão contados em *dias úteis* (...)". Destacamos. O Título, a que se refere a sobredita norma legal, é o X, pertinente ao "Processo Judiciário do Trabalho", compreendendo os arts. 763 a 910, ou seja, tanto o processo de conhecimento (dissídios individuais e coletivos) quanto o de execução — e, com certeza, as tutelas provisórias, quanto utilizadas no processo do trabalho.

Art. 307. Não sendo contestado o pedido, os fatos alegados pelo autor presumir-se-ão aceitos pelo réu como ocorridos, caso em que o juiz decidirá dentro de 5 (cinco) dias.

Parágrafo único. Contestado o pedido no prazo legal, observar-se-á o procedimento comum.

Comentário

Caput. Regra idêntica estava no art. 803, *caput*, do CPC revogado.

Se o requerido deixar de contestar o pedido, sem justificativa legal, serão presumidos verdadeiros os fatos alegados pelo requerente. Neste caso, o juiz deverá proferir a decisão em cinco dias. Esse prazo constitui uma das exceções à regra contida no art. 226, do mesmo Código, que fixa o prazo de dez dias para a emissão de decisões interlocutórias e de trinta dias, para as sentenças (II e III, nessa ordem).

O art. 307, do CPC, *sub examen*, traduz, por sua vez, particularização da regra mais ampla, estampada no art. 344 do mesmo Código, de acordo com a qual "*Se o réu não contestar a ação, será considerado revel e presumir-se-ão verdadeiras as alegações de fato formuladas pelo autor*".

Essa presunção de veracidade, entrementes, não é absoluta, segundo demonstram os incisos I a IV, do art. 345, do CPC. Com efeito, esse preceptivo do CPC declara que a revelia não produzirá o efeito mencionado no art. 344, se: "I – havendo pluralidade de réus, algum deles contestar a ação; II – o litígio versar sobre direitos indisponíveis; III – a petição inicial não estiver acompanhada de instrumento que a lei considere indispensável à prova do ato; IV – as alegações de fato formuladas pelo autor forem inverossímeis ou estiverem em contradição com prova constante dos autos".

Examinemos essas exceções legais.

Inciso I. Havendo pluralidade de réus, algum deles contestar a ação. O inciso *sub examen* não tem o alcance que a sua expressão literal faz supor. Somente no regime litisconsorcial do tipo *unitário* é que a contestação apresentada por um dos compartes beneficiará os demais (CPC, arts. 116 e 117). A razão é compreensível: nessa modalidade de consórcio para a lide, a decisão tem que ser uniforme para todos os compartes; destarte, eventual entendimento de que a contestação oferecida por um litisconsorte não aproveitaria os demais seria aberrante e subversiva do princípio nuclear de que a lide deve ser solucionada de maneira igual para todos.

No litisconsórcio *simples,* opostamente, os atos praticados pelos litisconsortes não se comunicam, justamente porque, aqui, a decisão não precisa ser homogênea, podendo, por isso, a lide ser composta de modo diversificado para cada litisconsorte. É com vistas a esta espécie de regime litisconsorcial que se deve interpretar o princípio contido no art. 117, do CPC.

De qualquer sorte, isto é axiomático: mesmo no litisconsórcio *simples*, a omissão de um litisconsorte não prejudicará os demais. Conquanto a lei não o diga, essa regra de comedimento foi entretecida pela doutrina e consagrada pela jurisprudência.

Inciso II. O litígio versar sobre direitos indisponíveis. A norma do inciso II será reiterada pelo art. 392, *caput*, do mesmo Código.

Levando-se em consideração que estamos a cuidar dos efeitos da revelia (e das exceções legais), será rara a incidência, no processo do trabalho, do inciso II, do art. 345, pois dificilmente o réu (empregador) terá direito indisponível para ser invocado em seu benefício. Se a realidade prática, no entanto, apontar a existência de indisponibilidade de algum direito do réu, é certo que, nesta hipótese excepcional, a revelia não produzirá os efeitos que lhe são imanentes. Diante disso, caberá ao juiz ordenar que o autor especifique as provas que pretende produzir, se ainda não as houver indicado (art. 348).

A União, os Estados e os Municípios podem confessar; logo, verificam-se, quanto a eles, os efeitos da revelia.

Inciso III. A petição inicial não estiver acompanhada de instrumento que a lei considere indispensável à prova do ato. Não se produzirão os efeitos da revelia se a inicial estiver desacompanhada de instrumento que a lei considere ser da essência do ato. O CPC anterior aludia a instrumento público (art. 320, III). Cotejando-se ambas as normas, vemos que a atual, ao fazer referência genérica a *instrumento*, está a compreender tanto o público quanto o particular.

No processo do trabalho, são raros os casos em que a norma legal exige a presença instrumento público que a lei repute indispensável à prova do fato. Se, entretanto, em um caso singular, for imposta a presença de instrumento público, e a petição inicial não o trouxer, a revelia não acarretará os efeitos referidos no art. 344, do CPC.

Do ponto de vista prático, todavia, o que se deve entender da declaração enunciada pelo art. 345, do CPC, de que se ocorrer uma das hipóteses referidas por essa norma o efeito da revelia não será produzido? Essa dicção da lei significa que subsistirá, para o autor, o ônus de demonstrar a veracidade dos fatos alegados na petição inicial. Em virtude disso, deverá o juiz intimá-lo, a fim de que especifique as provas que pretende produzir, se ainda não as indicou (art. 348). Em regra, a prova será testemunhal. A documental deverá ter sido produzida com a petição inicial (CLT, art. 787; CPC, art. 320). Nem sempre, porém, as provas serão coletadas em audiência, como imaginou o legislador; situações especiais autorizam que seja produzida fora da audiência, como se dá com o exame pericial que for necessário ou indispensável.

Ocorrendo o efeito da revelia, o juiz estará autorizado a realizar o julgamento antecipado do mérito (CPC, art. 355, II), emitindo, em razão disso, a sentença *(ibidem)*. A antecipação, na espécie, decorre da desnecessidade de o processo ser submetido à fase de colheita de provas orais (depoimentos das partes, inquirição de testemunhas). Salta-se, assim, diretamente da revelia para o pronunciamento de mérito — conquanto o juiz possa proceder ao interrogatório do autor. A regra do art. 344 do CPC (assim como do art. 844, *caput*, da CLT) é de boa lógica, pois se o réu, por ser revel, não impugnou os fatos afirmados pelo autor, estes fatos se tornaram incontroversos, tornando dispensável, em virtude disso, a realização de audiência tendente a coligir as provais orais. Somente os fatos controvertidos devem ser objeto de prova (CPC, art. 374, II e III).

A declaração da lei, de que, verificado o efeito da revelia, o juiz conhecerá imediatamente do pedido, proferindo a sentença de mérito (CPC, art. 355, II), reclama alguns temperamentos, que serão a seguir expostos.

Primeiro: como advertimos inúmeras vezes, em páginas anteriores, o efeito da revelia não subtrai, por si só, o poder de o juiz do trabalho, como reitor soberano do processo (CLT, art. 765), tomar o depoimento do autor, com o propósito não apenas de melhor inteirar-se acerca dos fatos da causa, como de investigar se as declarações deste coincidem com os fatos relatados na inicial. Eventual discrepância entre as declarações do autor e os fatos lançados na inicial configurará confissão real, que, por sua vez, autorizará a neutralização do efeito da revelia, nomeadamente, para aqueles que veem nesse efeito uma presunção (relativa, por certo) de veracidade dos fatos postos na petição inaugural.

Segundo: nem sempre o juiz, mesmo verificando a ocorrência do efeito da revelia, proferirá sentença de mérito. Nada obsta que ele extinga o processo sem pronunciamento sobre as questões de fundo da demanda quando perceber que está ausente algum pressuposto de constituição ou de desenvolvimento regulares da relação processual (capacidade de ser parte, capacidade de estar em juízo; jurisdição, competência etc.) ou uma das condições da ação (legitimidade *ad causam* e interesse de agir).

O exame desses pressupostos e das condições da ação, aliás, não é uma faculdade, senão que um *dever* do magistrado, a quem cabe, por esse motivo, pronunciar-se *ex officio* sobre a matéria (CPC, art. 485, § 3.º).

Terceiro: não ocorrerá o efeito da revelia toda vez que a matéria for daquelas a que se convencionou designar, não sem uma ponta de impropriedade, como sendo "de direito", em oposição à que é constituída pelos fatos alegados pelo autor e que devam ser por este provados.

"Matéria de fato" e "matéria de direito" não são expressões que, necessariamente, se contraponham. Esta significa que a formação do convencimento do magistrado dependerá, tão somente, da interpretação que extrair das normas legais invocadas pelo autor; aquela, que os fatos, como acontecimentos da vida dotados de aptidão para produzir consequências na ordem jurídica, para serem aceitos pelo julgador devem ser provados por quem os alegou. É evidente, no entanto, que a presença de matéria "de fato" não exclui a necessidade de apreciação dos fatos sob o ângulo do direito. No âmbito das matérias de direito encontra-se, também, o pedido juridicamente *impossível,* assim considerado aquele em relação ao qual há um veto da lei quanto ao seu acolhimento judicial. Destarte, a revelia não produz o efeito que lhe é característico quando se tratar de pedido dessa natureza. A propósito, será preferível que se fale de pedido juridicamente *inatendível,* pois, em princípio, todo pedido é *possível*, do ponto de vista de sua *formulação*. O seu *acolhimento* é que se torna *impossível.*

Quarto: o efeito da revelia não dispensa a sentença de conter os três elementos estruturais exigidos por lei (CLT, art. 832; CPC, art. 489, I a III), a saber: relatório, motivação e dispositivo; especialmente a fundamentação, que é um requisito com sede na Constituição Federal (art. 93, IX). No procedimento trabalhista sumariíssimo, a lei dispensa o relatório (CLT, art. 852-I, *caput*). *De lege ferenda*, isso poderia ocorrer em relação a todo e qualquer tipo de sentença ou de acórdão.

Quinto: conquanto revel, o réu poderá ser vencedor na causa se houver um fato notório (CPC, art. 374, I) que o beneficie. É bem verdade que se pode discutir se o fato detém, ou não, o atributo de notoriedade. Notório que seja o fato, ele terá preeminência com relação ao efeito da revelia, justamente porque essa nota peculiar da notoriedade prescindirá de prova quanto à existência do fato. Um outro caso em que o revel poderá ser vencedor na causa: se o laudo pericial concluir pela inexistência de insalubridade ou de periculosidade, sendo esse o único pedido formulado pelo autor. Ocorre que, mesmo havendo revelia, a existência de insalubridade (e a classificação de seu grau) ou de periculosidade dependem de exame pericial, por força do disposto no art. 195, § 2.º, da CLT.

Sexto: nada impede que o juiz, em determinadas situações, converta o julgamento em diligência, conquanto presente o efeito da revelia, com o propósito de apurar a verdade (real) dos fatos. Não se pode ignorar que o processo do trabalho outorga ampla liberdade diretiva aos juízes (CLT, art. 765). Cuidará o magistrado, entrementes, para que a sua preocupação com o descobrimento da verdade não o afaste do dever de neutralidade, a que se encontra legalmente submetido. Assim, a mesma regra de prudência que aconselha o juiz a não decidir, de modo sistemático, contra o revel, o adverte para que não se converta em defensor dos interesses deste. Estamos convencidos de que os juízes têm sabido encontrar o indispensável ponto de equilíbrio entre essas duas situações contrastantes. Não se confundem os substantivos *descobrimento* e *descoberta*: aquele significo o ato de *descobrir* algo; esta, aquilo que foi *descoberto*.

Inciso IV. As alegações de fato formuladas pelo autor forem inverossímeis ou estiverem em contradição com prova constante dos autos. Estas causas impeditivas da produção dos efeitos inerentes à revelia constituem novidade trazida pelo CPC atual.

Alegações inverossímeis. O efeito característico da revelia é a presunção de veracidade dos fatos alegados na petição inicial. Sob essa perspectiva, ficaria difícil, em princípio, admitir-se a possibilidade de o juiz deixar de reconhecer a ocorrência desse efeito quanto o fato alegado pelo autor lhe parecer inverossímil. Não seriam inconciliáveis, dos pontos de vista lógico e jurídico, a existência dessas duas situações, significa dizer, se a revelia gera a presunção de serem verdadeiros os fatos postos na inicial, como seria possível ao juiz considerar inverossímeis os fatos que nem sequer foram contestados pelo autor? Ainda que em casos remotos, isso é acontecível. Digamos, que o autor haja alegado, na inicial, jamais ter usufruído, durante os dez anos em que trabalhou para o réu, de intervalo para repouso ou alimentação. Não é crível, segundo os ditames do senso comum, que isso tenha, efetivamente, ocorrido. Em casos como esse, caberia ao juiz tomar o depoimento do autor e, se verificar que este, muitas vezes, teve esse intervalo com a duração mínima prevista em lei, mandar apurar na fase de liquidação, mediante artigos, quantas vezes houve esse intervalo, e quantas, não. Lembremos que o senso comum designa o modo de pensar da maioria das pessoas, o conjunto dos conhecimentos adquiridos pelos seres humanos em geral, durante a vida. São conhecimentos empíricos, que, portanto, não se baseiam em métodos científicos, mas no modo comum de assimilar conhecimentos hauridos do cotidiano. São uma espécie de *máximas de experiência* que se obtém da observação daquilo que ordinariamente ocorre. Essas máximas estavam previstas no art. 335 do CPC anterior, e foram mantidas pelo CPC atual (art. 375).

Desacordo com a prova dos autos. O efeito da revelia também não ocorrerá se estiver em desacordo com a prova existente nos autos, notadamente, a documental. Se, por exemplo, o autor juntou à inicial documento pelo qual se verifica que ele se demitiu do emprego, o juiz pode não considerar a alegação do autor de que teria sido demitido sem justa causa, máxime, se ele não alegou qualquer vício de consentimento, de sua parte, na formação do aludido documento. Por outro lado, poder-se-ia ficar em dúvida sobre a possibilidade de haver nos autos documentos juntados pelo réu, quando ele for revel, vale dizer, não houver oferecido contestação. A resposta quanto a essa possibilidade é dada pelo 4, § 5.º, da própria CLT: se o réu (ou preposto) não comparecer à audiência, mas estiver presente o seu advogado, munido de procuração e portando contestação, não haverá revelia, devendo, por isso , o juiz aceitar a contestação e os documentos que, acaso, a instruam.

A propósito do assunto, estabelece a Súmula n. 122, do TST: *"A reclamada, ausente à audiência em que deveria apresentar defesa, é revel, ainda que presente seu advogado munido de procuração, podendo ser ilidida a revelia mediante a apresentação de atestado médico, que deverá declarar, expressamente, a impossibilidade de locomoção do empregador ou do seu preposto no dia da audiência" (primeira parte – ex-OJ n. 74 da SBDI-1 – inserida em 25-11-1996; segunda parte – ex-Súmula n. 122 – alterada pela Res. n. 121/2003, DJ 21-11-2003).*

Ao comentarmos, no livro: *O Processo do Trabalho e a Reforma Trabalhista* (São Paulo, Editora LTr, 2017), o § 2.º, do art. 844, da CLT, afirmamos que o TST prestaria bons serviços aos princípios jurídicos e às garantias constitucionais do processo (em especial, as da bilateralidade, do contraditório e do devido processo legal (CF, art. 5.º, incisos LIV e LV) se reformulasse o teor da Súmula n. 122, para reconhecer o direito de o advogado presente à audiência apresentar a resposta que portasse por escrito, ou formulá-la oralmente, mesmo estando ausente o preposto.

Nossas considerações, conforme vimos, acabaram sendo atendidas pelo legislador, pois o § 5.º do art. 844, da CLT, declara que mesmo não comparecendo o réu à audiência, mas estando presente o seu advogado, deverão ser aceitos a contestação e os documentos que este apresentar. A regra é de boa lógica, e justa. De boa lógica, porque, caracterizando-se a revelia pela *ausência de defesa*, não faria sentido considerar-se revel quem cuidou de elaborar contestação e levá-la a juízo; justa, porque a parte se preocupou em oferecer contestação, manifestando, desse modo, o seu *animus* de defender-se, de reagir às alegações contidas na petição inicial.

Note-se que, no caso, a aceitação da contestação e dos documentos não traduz uma *faculdade* atribuída ao magistrado, e sim, uma inequívoca *imposição*, conforme revela a redação da norma: "serão aceitos". Eventual recusa do magistrado em aceitar a contestação ou os documentos caracterizará cerceamento do exercício do direito constitucional de ampla defesa (CF, art. 5.º, LV), por forma a acarretar a nulidade do processo (CLT, art. 794). É relevante destacar, porém, que esses documentos devem ser *apresentados* pelo advogado do réu, por ocasião da audiência. O § 5.º, do art. 844, da CLT, não pode ser invocado pelo advogado para requerer ao magistrado a concessão de prazo para trazer, em prazo que lhe assinar, documentos a juízo. Está claro, pois, que o advogado deverá estar *portando* os documentos, quando da audiência em que se configurar a revelia do seu cliente, sob pena de preclusão.

À guisa de adminículo doutrinário, transcreveremos, a seguir, algumas considerações que lançamos sobre a revelia, em outro livro:

> É conveniente revermos algumas concepções do passado a respeito da revelia, para que possamos melhor entender esse acontecimento do processo.
>
> Alguns estudiosos chegaram a identificá-la como uma rebelião ao poder do juiz. Dessa rebeldia extraía-se o fundamento para a punição do revel. Essa opinião, contudo, não pode prosperar nos tempos modernos, nos quais a resposta do réu, como afirmamos, não é obrigatória nem figura como requisito fundamental para o desenvolvimento do processo. O que se exige é que ele seja citado, vale dizer, cientificado da existência da demanda.
>
> Chegou-se, também, a reconhecer na revelia a renúncia ao direito de defesa. Essa teoria pecou pelo excesso. Se sustentasse que a contumácia corresponderia à renúncia ao direito de resposta, poderia até ser aceitável. Falar, todavia, em renúncia ao direito de defesa importa ir além da medida, pois o conceito de defesa, como sabemos, é bem mais amplo do que o de resposta. Desde o sistema do CPC de 1939, em nosso meio se assegurou a possibilidade de o revel intervir da causa para se defender, recebendo-a no estado em que se encontre. Isso demonstra que a única renúncia capaz de ocorrer na revelia é quanto ao direito de responder, nunca de se defender.
>
> Pensou-se, ainda, na revelia como uma espécie de desistência da faculdade de agir. Essa corrente de pensamento, conquanto tenha o mérito de aproximar-se da concepção hoje predominante, fica sem poder dar uma explicação suasória diante do fato de que essa desistência acarreta consequências processuais desfavoráveis ao revel. Conforme pudemos argumentar em defesa do conceito que formulamos anteriormente, em que pese ao fato de o exercício do direito de resposta do réu estar ligado a uma sua faculdade, isso não significa que a opção de não fazer uso dessa faculdade não lhe acarrete consequências prejudiciais. Demais, o

revel não desiste da faculdade de agir, mas, apenas, de responder (contestar, no caso). Valemo-nos, aqui, das mesmas objeções que lançamos à teoria da renúncia ao direito de defesa: há excesso no seu conteúdo.

A teoria da inatividade, formulada por notáveis juristas italianos (Chiovenda, Beti), procurou explicar a revelia a partir do elemento objetivo da contumácia, desprezando, assim, o subjetivo. Para ela, portanto, a lei levaria em conta, apenas, o aspecto objetivo da revelia, que se manifestaria sob a forma de uma aceleração ou de simplificação do procedimento, em decorrência da falta do contraditório. Exatamente por isso é que essa teoria rejeitou a relevância de questões como confissão fictícia, intenção do revel, justiça da sentença, por serem de foro subjetivo. Essa concepção doutrinária, porém, não se ajusta à nossa realidade legislativa, pois a norma processual não reduz a revelia a mera simplificação do procedimento, prevendo também consequências jurídicas desfavoráveis ao revel, consubstanciadas na presunção (ainda que relativa) de veracidade dos fatos alegados pelo autor.

Nenhuma das teorias aqui expostas, como já se pode inferir, se sustenta diante de nosso sistema processual, embora sejam perfeitamente apropriadas e abalizadas para justificar sistemas vigorantes nos países de origem.

Como afirmamos, no processo civil brasileiro as partes têm deveres em face do processo, como os de expor os fatos em juízo conforme a verdade; não formular pretensões, nem alegar defesa, cientes de que são destituídas de fundamentos; não produzir provas, nem praticar atos inúteis ou desnecessários à declaração ou defesa do direito; cumprir com exatidão as decisões jurisdicionais, de natureza provisória ou final, não criar embaraços à efetivação de pronunciamentos jurisdicionais de natureza antecipatória ou final; declinar o endereço em que receberão intimações e atualizar essas informações quando for o caso; não praticar inovação ilegal no estado de fato de bem ou direito litigioso (CPC, art. 77). Devem ser mencionados, ainda, os deveres de comparecer a juízo para serem interrogadas e de responder ao que lhes for interrogado, assim como de submeter-se à inspeção judicial, de praticar o ato que lhe for determinado (art. 379, I a III); de tratar as testemunhas com urbanidade (CPC, art. 459, § 2.º) e de não praticar ato atentatório à dignidade da Justiça (CPC, art. 774), entre outros.

Interessam-nos, em especial, os deveres de expor os fatos em juízo conforme a verdade (CPC, art. 77, I) e de impugnar os fatos alegados pelo autor, sob pena de serem presumidos verdadeiros (CPC, art. 341).

Quando o autor invoca a prestação da tutela jurisdicional, com o escopo de promover a defesa de um bem ou de uma utilidade da vida, ele o faz por meio de um instrumento específico de provocação dessa atividade estatal, a que se denomina petição inicial. Nesta, incumbir-lhe-á narrar os fatos dos quais extrairá, mais adiante, os pedidos. Vimos que esses fatos devem ser narrados de acordo com a verdade. Se tais fatos não correspondem à verdade, cabe ao réu impugná-los. Não o fazendo, a consequência objetiva, prevista pelo nosso sistema processual, é a presunção de veracidade dos fatos constantes da inicial. Os nossos códigos se afastaram, como se percebe, da tradição romana, segundo a qual, mesmo havendo contumácia, o autor permanecia com o ônus de comprovar os fatos alegados. Não vem ao encontro do propósito da análise que estamos a empreender se essa atitude do legislador brasileiro foi correta, ou não, embora antecipemos a nossa opinião de que foi.

À luz do processo civil de nosso País (e, por extensão, do processo do trabalho), a revelia encontra no próprio sistema a justificação (técnica, política, lógica) de sua existência, uma vez que se há um dever do autor (para cogitarmos somente dele) de expor os fatos, na petição inicial, conforme a verdade, e um dever do réu, de impugnar esses fatos, caso os repute inverídicos; é evidente que a revelia, à qual se liga a falta de depoimento do réu, implica o reconhecimento tácito, por parte deste, de que são efetivamente verdadeiros esses fatos.

Se a norma legal ordena, em nome do princípio do contraditório, que se dê ao réu a oportunidade para refutar os fatos afirmados pelo adversário, e ele nem sequer comparece a juízo para fazê-lo, é absolutamente razoável que ditos fatos tenham em seu favor a presunção, ainda que relativa (iuris tantum), de veracidade, pois não seria justo exigir que o autor os provasse mesmo quando o réu tenha preferido manter injustificado silêncio diante deles.

Não se trata, portanto, de rebelião ao poder do juiz, nem de renúncia ao direito de defesa, ou de desistência da faculdade de agir ou de inatividade do réu, e, sim, de quebra, por parte deste, dos deveres legais de vir a juízo, a fim de impugnar, com precisão (especificamente), os fatos narrados pelo autor e de submeter-se ao interrogatório.

Preocupam-se, alguns estudiosos, com a possibilidade de a confissão presumida, decorrente do silêncio do réu, acabar consagrando a inverdade, a mentira, sempre que os fatos expostos na inicial não forem verdadeiros. Ora, essa objeção é insustentável, seja porque se nada há nos autos, capaz de demonstrar que os fatos são falsos, seria de indagar-se com que fundamentos jurídicos se poderia alegar essa falsidade, seja porque a possibilidade de acabar prevalecendo a inverdade não é algo que decorra, com exclusividade, da revelia e da ausência de depoimento, podendo, infelizmente, ser produzida mesmo nos casos em que não ocorra a revelia, bastando, para isso, que o réu induza, por exemplo, as suas testemunhas ao falseamento da verdade.

O que o juiz deve ter em mente, nas situações de revelia (ou de ausência de depoimento do réu), é que a confissão fictícia, como o próprio adjetivo o demonstra, não constitui uma porta escancarada para a admissibilidade, como verdadeiros, dos fatos alegados pelo autor, se não que um expediente, uma fórmula objetiva (e, também, artificiosa), idealizada pelo legislador, para superar o problema acarretado por aquele que deixou de atender aos deveres de impugnar os fatos expostos pelo adversário e de submeter-se ao interrogatório. A presunção de veracidade desses fatos, enfim, não deve ser um pretexto para que o juiz renuncie ao seu poder de direção do processo e ao seu dever de investigação da verdade, mas, sim, um pano-de-fundo, que será utilizado sempre que não lhe for possível fazer aflorar, sem quebra da imparcialidade, a verdade dos fatos.

Ninguém ignora o vetusto mandamento de que juiz deve formar a sua convicção jurídica acerca dos fatos da causa com fulcro na verdade formal, que é aquela constituída nos autos (*quod non est in actis non est in mundo*); toda vez, porém, que a verdade formal não coincide com a real (os fatos, tais como existiram), essa anomalia fenomênica faz com que opinião pública realize um perigoso saque contra o prestígio dos pronunciamentos da jurisdição.

Por isso, é imprescindível que os juízes sejam comedidos na aplicação prática dos preceitos legais pertinentes à revelia e à confissão ficta, cujas existências, entretanto, se justificam, sob o aspecto pragmático, como providência para resolver situações provocadas por aquele que, sem razão alguma, pôs de lado deveres legais específicos, como os de submeter-se ao interrogatório judicial e de impugnar os fatos alegados pelo adversário.

A abreviação do procedimento, nestas hipóteses, não é um fim visado pelo legislador, senão que uma decorrência lógica da incontrovérsia que o silêncio do réu fez gerar no tocante a esses fatos. Aludimos à abreviação do procedimento porque, nos termos do art. 355, inciso II, do CPC, a revelia constitui um dos casos que autorizam o julgamento antecipado do mérito. Essa antecipação significa que o juiz poderá suprimir, no todo ou em parte, a fase de instrução oral do processo.

(...)

Como afirmamos, no processo civil brasileiro as partes têm deveres em face do processo, como os de expor os fatos em juízo conforme a verdade; não formular pretensões, nem alegar defesa, cientes de que são destituídas de fundamentos; não produzir provas, nem praticar atos inúteis ou desnecessários à declaração ou defesa do direito; cumprir com exatidão as decisões jurisdicionais, de natureza provisória ou final, não criar embaraços à efetivação de pronunciamentos jurisdicionais de natureza antecipatória ou final; declinar o endereço em que receberão intimações e atualizar essas informações quando for o caso; não praticar inovação ilegal no estado de fato de bem ou direito litigioso (CPC, art. 77). Devem ser mencionados, ainda, os deveres de comparecer a juízo para serem interrogadas e de responder ao que lhes for interrogado, assim como de submeter-se à inspeção judicial, de praticar o ato que lhe for determinado (art. 379, I a III); de tratar as testemunhas com urbanidade (CPC, art. 459, § 2.º) e de não praticar ato atentatório à dignidade da Justiça (CPC, art. 774), entre outros.

Interessam-nos, em especial, os deveres de expor os fatos em juízo conforme a verdade (CPC, art. 77, I) e de impugnar os fatos alegados pelo autor, sob pena de serem presumidos verdadeiros (CPC, art. 341).

Quando o autor invoca a prestação da tutela jurisdicional, com o escopo de promover a defesa de um bem ou de uma utilidade da vida, ele o faz por meio de um instrumento específico de provocação dessa atividade estatal, a que se denomina petição inicial. Nesta, incumbir-lhe-á narrar os fatos dos quais extrairá, mais adiante, os pedidos. Vimos que esses fatos devem ser narrados de acordo com a verdade. Se tais fatos não correspondem à verdade, cabe ao réu impugná-los. Não o fazendo, a consequência objetiva, prevista pelo nosso sistema processual, é a presunção de veracidade dos fatos constantes da inicial. Os nossos códigos se afastaram, como se percebe, da tradição romana, segundo a qual, mesmo havendo contumácia, o autor permanecia com o ônus de comprovar os fatos alegados. Não vem ao encontro do propósito da análise que estamos a empreender se essa atitude do legislador brasileiro foi correta, ou não, embora antecipemos a nossa opinião de que foi (*Petição Inicial e Resposta do Réu no Processo do Trabalho.* 2.ª ed. São Paulo: LTr, 2017. p. 327-329).

Ausente o réu (ou o preposto) à audiência inicial, e presente o seu advogado (portando procuração, contestação e documentos que são juntados aos autos), este teria direito de requerer o depoimento do autor? Nossa opinião é: não. Duas são as razões que nos conduzem a esse entendimento.

Em primeiro lugar, conforme sustentamos em vários livros anteriores, a CLT não adota o sistema de *depoimento*, e sim, o do *interrogatório*. Aquele e este não são sinônimos entre si, sob o rigor da terminologia processual.

Efetivamente, com base no próprio ordenamento processual civil vigente, podemos apontar os mais expressivos traços de dessemelhança entre o interrogatório e o depoimento:

> *a*) enquanto o interrogatório é sempre determinado de ofício pelo juiz (CPC, art. 139, VIII), o depoimento pode, além disso, ser requerido pela parte adversa (CPC, art. 385);
>
> *b*) o interrogatório pode ser determinado em qualquer estado do processo (CPC, art. 139, VIII); já o depoimento deve ser colhido na audiência de instrução e julgamento (CPC, art. 385);
>
> *c*) *o* interrogatório tanto pode ser único como repetir-se mais vezes, desde que assim entenda necessário o juiz; o depoimento, em regra, é um só.

A distinção fundamental, todavia, entre um e outro está em sua *finalidade:* enquanto o *interrogatório* busca obter das partes certos *esclarecimentos* (ao juiz) sobre os fatos da causa, o *depoimento*, embora não despreze esse esclarecimento, pode acarretar a *confissão*.

Desta forma, embora o interrogatório e o depoimento tenham, no particular, um elemento comum, que é a obtenção de esclarecimento acerca dos fatos narrados nos autos, *somente este pode gerar a confissão (provocada) da parte*.

Essa distinção essencial entre ambos se manifesta, igualmente, na hipótese de ausência injustificada da parte, ou de recusa em depor. Tratando-se de *depoimento,* a parte que não comparecer, ou, comparecendo, recusar-se a depor, ensejará que se presumam verdadeiros os fatos contra ela alegados, pois se configura, na espécie, a *ficta confessio* (CPC, art. 385, § 1.º). Não se pode cogitar de confissão, todavia, se for o caso de *interrogatório,* porquanto o juiz não tem interesse em extrair a confissão da parte. Como afirmamos em linhas anteriores, o juiz é sujeito *desinteressado* do processo. Por essa razão, compartilhamos o entendimento de Moacyr Amaral Santos (ob. cit., pág. 86), no sentido de que "*O inadimplemento desse dever, que se reflete no de outro, qual o de 'expor os fatos em juízo conforme a verdade' autoriza a aplicação de uma sanção, que todavia não é prevista no art. 343 (art. 385, do CPC de 2015)*". E conclui: "*Não nos parece aplicável a pena de confissão, do art. 343 (art. 385, do CPC de 2015), relativa ao depoimento pessoal, porque o interrogatório não tem a finalidade deste e sim apenas a de aclarar os fatos da causa*" (destacamos).

Parece-nos nítida, o quanto basta, a linha fronteiriça entre o interrogatório e o depoimento das partes, a desautorizar, com isso, que se afirme haver sinonímia processual entre ambos.

A CLT, em absoluta falta de sistematização científica, ora se refere a *depoimento* (art. 819, *caput*), ora a *interrogatório* (art. 848, *caput* e § 1.º), fazendo com que o intérprete conclua, à primeira vista, que ela conferiu um tratamento *unitário* à matéria, uma vez que utiliza, indistintamente, ambos os vocábulos.

Temos para conosco que o deslinde da questiúncula deve ser buscado não pela análise isolada da significação de um e outro vocábulos, mas mediante uma visão global do problema relacionado ao comparecimento e à *audição* das partes no juízo trabalhista.

É inegável que no plano do processo do trabalho as partes *devem* comparecer à audiência: este é o comando do art. 843, *caput* da CLT, iterado pelo art. 845 do mesmo Texto. Dois podem ser apontados como os motivos determinantes dessa disposição legal: *a*) propiciar a que o magistrado (CLT, art. 846, *caput e* 850, *caput*) torne concreto o objetivo medular da Justiça do Trabalho, qual seja, a conciliação (CLT, art. 764, *caput* e §§ 1.º a 3.º); e *b*) possibilitar que sejam *ouvidas.*

Já é possível, a esta altura, estabelecer-se uma ilação parcial: o comparecimento das partes, ao juízo trabalhista (à audiência), constitui *dever legal;* consequentemente, *independe de requerimento do litigante contrário* — em que pese ao fato de, por influência do processo civil, a petição inicial e a contestação, em geral, conterem requerimento nesse sentido (o que, em verdade, é desnecessário).

Presentes as partes e frustrada a primeira proposta conciliatória, proceder-se-á a instrução processual (procedimento ordinário), *interrogando-se* os litigantes (CLT, art. 848, *caput*), após o que poderão retirar-se (§ 1.º). A menção legal ao *interrogatório* das partes poderia, de certo modo, levar a que se concluísse, desde logo, inexistir no processo do trabalho o *depoimento;* isto seria precipitado, pois, como vimos, a CLT também aludiu ao *depoimento* no art. 819, *caput.* Cumpre, portanto, que prossigamos no exame da matéria.

Diz o *caput* do art. 848 da CLT, todavia, em linguagem clara, que não havendo o acordo "seguir-se-á a instrução do processo, *podendo o presidente, ex officio ou a requerimento de qualquer Juiz temporário, interrogar os litigantes*" (realçamos). Disto resulta que: *a*) o interrogatório das partes somente poderá ocorrer por iniciativa do juiz, considerando-se que os "juízes temporários", classistas, foram eliminados da organização judiciária trabalhista. O magistrado, contudo, não está compelido a proceder ao interrogatório dos litigantes, pois este ato constitui *faculdade* sua, tanto que o legislador empregou o verbo *poder* (podendo) e não *dever* (devendo).

Dir-se-á, contudo, que o art. 820 da própria CLT, demonstra o desacerto de nossa afirmação, visto estabelecer que as partes poderão ser reinquiridas, por intermédio do juiz, a requerimento dos classistas, *"das partes,* seus representantes ou advogados" (destacamos). Convém redarguir, entretanto, em caráter proléptico, que o art. 820 deve ser entendido *em conjunto* com o art. 848. Desta forma, somente se o juiz, por iniciativa sua, efetuar o interrogatório dos litigantes é que a parte poderá *reinquirir* (o prefixo *re* é bastante elucidativo) a que estiver sendo interrogada. Verifica-se, assim, que o art. 848 constitui o pressuposto legal para a atuação do art. 820 da CLT, na parte em que permite a reinquirição pelos litigantes. De resto, a referência, ainda existente no texto do art. 820, da CLT, aos "juízes classistas", já não se justifica, pela mesma razão que não se justifica essa menção no art. 848.

O fato de o art. 820 estar compreendido na Seção das provas, e o 848 na da audiência de julgamento, em nada altera, *venia permissa,* os nossos argumentos, quanto mais não seja se colocarmos à frente a ausência de sistematização científica do legislador processual trabalhista, já denunciada.

Tem-se, então, uma outra inferência parcial: no processo do trabalho, ao contrário do comum, o interrogatório (ou a *audiência*) das partes é ato de iniciativa exclusiva do juiz. Nessa mesma linha de raciocínio — que sabemos colidente com a doutrina predominante —, entendemos que o indeferimento, pelo magistrado, de requerimento da parte, no sentido de determinar a intimação da outra, para vir a juízo a fim de depor, não configura restrição de defesa, não sendo, pois, causa de nulidade processual, por suposto. O mesmo se diga na hipótese de, em audiência, o juiz dispensar, *sponte* sua, o interrogatório dos litigantes, ainda que presentes.

Do conjunto desses fatos e da soma das conclusões parciais, ou intermediárias, construímos uma final: a CLT, manifestando o traço *inquisitivo* do processo que ela disciplina (nada obstante haja, também, um componente de *disponibilidade*), não previu o *depoimento das partes,* como fez o atual CPC (art. 385, mas apenas o *interrogatório* (art. 848), que é coisa distinta.

Aplicam-se ao procedimento sumariíssimo, *mutatis mutandis*, as considerações que até aqui expendemos com relação ao ordinário.

Temos plena consciência, todavia, de que esta nossa opinião — que estamos a sustentar há vários anos —, é heterodoxa, porquanto não vem sendo aceita pela doutrina e pela jurisprudência predominantes. Nossa opinião, contudo, para além do que o senso literal do art. 848, da CLT, esteja a sugerir, somente será convenientemente compreendida se foram levadas em conta as circunstâncias políticas sob as quais a CLT foi editada. Vivia-se, na altura, no terreno político e das garantias individuais, um período de exceção, imposto pela Constituição de 1937, que instituíra o denominado Estado Novo. Getúlio Vargas fechara o Congresso Nacional e impusera uma Constituição bem ao gosto da época, em que o autoritarismo, em diversos países (Alemanha, Itália, Portugal, entre outros) era a tônica. Uma das características desse regime era a concentração de poderes nas mãos das autoridades constituídas. Os magistrados do trabalho, como detentores de parcela do poder público, receberam, do legislador brasileiro, não apenas ampla liberdade na direção do processo (CLT, art. 765), como determinadas faculdades exclusivas, como a de proceder ao interrogatório das partes. Se a leitura dessa norma, da CLT, seja algo que faça surgir certa incompatibilidade com os ares democráticos que nos dias atuais, felizmente, respiramos, é algo que se pode considerar.

Em segundo, o próprio § 5.º, do art. 844, da CLT, determina quais são os atos que o advogado do revel pode praticar na audiência: juntar a contestação e documentos que, acaso, a instruam. Nada além disso. Adicionem-se a isso as considerações que expendemos quanto à dessemelhança entre depoimento pessoal e interrogatório, e ver-se-á que o referido advogado não tem direito a interrogar o autor, nem a requerer o depoimento deste. O juiz, entrementes, terá toda a liberdade (CLT, art. 765) para proceder ao interrogatório do autor, se assim desejar.

Pode ocorrer, também, de o réu oferecer contestação, mas não se manifestar, de modo preciso, sobre os fatos alegados na inicial (*princípio da impugnação específica);* neste caso, ele não será revel, embora sejam presumidos verdadeiros os fatos narrados pelo autor (art. 341), exceto se: a) não for admissível a seu respeito a confissão; b) a inicial não estiver acompanhada de instrumento que a lei considere da substância do ato; ou c) os fatos estiverem em contradição com a defesa, considerada em seu conjunto (*ibidem*, I a III).

Retornemos ao exame do § 5.º, do art. 844, da CLT, para complementá-lo. Por força do disposto nessa norma legal, como sabemos, mesmo que o réu não compareça à audiência, mas a ela esteja presente o seu advogado, regularmente constituído, o juiz deverá admitir que este junte aos autos a contestação e os documentos que estiver portando. O texto legal nada mais nos diz. É importante saber qual a atitude que, após a juntada da contestação e dos documentos, o juiz deve adotar. Em primeiro lugar, deverá, em nome do princípio do contraditório, conceder vista da contestação e dos documentos ao autor, pelo prazo que assinar. E, a partir daí, o que deverá o juiz fazer? Fará incidir o efeito da revelia? Se o fizer, estará incorrendo em manifesto equívoco, pois esse efeito somente pode ser liberado no caso de o réu ser revel. Ora, na situação que estamos a examinar, o réu não é revel, pois apresentou contestação. Pode-se imaginar que alguns juízes não aplicarão o efeito da revelia, mas consideração o réu confesso, por não haver comparecido para prestar depoimento pessoal (interrogatório). Esse procedimento será aceitável no caso das denominadas audiências *unas*. Tratando-se, entrementes, de audiência *fracionada* (inicial, instrução e julgamento), seria aberrante do bom senso considerar-se o réu confesso, sabendo-se que, por força da praxe, na audiência inicial não se colhem os depoimentos das partes, senão que o juiz somente formula a primeira proposta de conciliação (CLT, art. 846, *caput*) e, frustrada essa tentativa, abre *prazo para a formulação da defesa oral (*ibidem, *art. 847) ou recebe a defesa escrita (*praxis*).*

Estamos a asseverar, portanto que no caso de o réu não comparecer à audiência *inicial,* mas estiver presente o seu advogado, munido de procuração, o juiz, após formular a primeira proposta visando a uma solução negociada do conflito, e nisso não tendo êxito, deverá permitir a realização da defesa oral ou a apresentação da escrita, e permitir a juntada de documentos, e, em seguida, designar audiência de instrução, destinada ao depoimento das partes, à inquirição de testemunhas, etc. O procedimento que estamos a sugerir pode parecer heterodoxo em face do que a realidade forense tem demonstrado, mas é necessário esclarecer que a norma do art. 844, *caput*, parte final, da CLT, só incide nos casos de audiência *una*, uma vez que, nesta, o réu deveria, efetivamente, prestar depoimento.

Em síntese: não se pode dar ao *processo da praxe* (audiência fracionada) a mesma solução que a CLT apresenta para o *processo legislado* (audiência una). O processo da praxe é uma realidade viva, que somente um rasgo de hipocrisia poderia negar. São próprios desse processo, por exemplo, a resposta escrita (exceção, contestação, reconvenção), o protesto antipreclusivo, a substituição das razões finais orais por memoriais etc.

*Parágrafo único***.** Contestado o pedido, no prazo legal, será observado o procedimento *comum*. No processo civil, o atual CPC contém dois procedimentos: o comum e o especial. No processo do trabalho, há os procedimentos comum e sumariíssimo, embora alguns estudiosos entendam existir também o sumário, trazido pela Lei n. 5.584/70. Seja como for, o fato concreto é que em ambos os sistemas processuais há o procedimento *comum*, e é a ele que nos remete o parágrafo único do art. 307 do CPC.

Vejamos o caminho que o juiz deverá seguir no caso de o réu apresentar contestação.

Designação de audiência. O juiz designará audiência de instrução e julgamento, se houver prova (geralmente, oral) a ser produzida.

O objeto da prova, em geral, inclusive no processo cautelar, são os *fatos*; não qualquer fato, mas, por princípio, apenas os: *a)* controvertidos;

b) relevantes; e *c)* pertinentes. Fatos *incontroversos*, por isso, não precisam ser provados (CPC, art. 374, III). Não basta, porém, que o fato seja controvertido: para que ele seja objeto de prova, impõe-se de que tenha *pertinência* à causa; a impertinência dos fatos inibe a atividade probatória. Não é ainda bastante que o fato seja controvertido e concernente à causa: insta que apresente *relevância* para as pretensões da parte. Bem andará o magistrado, portanto, se indeferir a produção de prova respeitante a fato que, embora se caracterize pela controvérsia e pela pertinência, não possua a mínima importância para a causa.

No processo cautelar (tutela de urgência) não devem ser destinatários de prova os fatos ligados ao direito material, que, porventura, o autor tenha brandido em juízo. Isso é propriedade do processo de conhecimento, de onde brotará uma sentença de mérito. Em sede cautelar, falar-se em prova dos fatos significa apontar para aqueles relacionados à situação da qual emana o risco de dano iminente e de difícil reparação ao direito do autor. Direito ao processo e não direito material, insista-se.

Afastando-se, todavia, da regra geral, o art. 374 do CPC dispensa a prova relativa a fatos: *a)* notórios; *b)* afirmados por uma parte e confessados pela outra; *c)* admitidos, no processo, como incontroversos; *d)* em cujo favor milita a presunção legal da existência ou de veracidade (incisos I a IV, nessa ordem).

Ao exame.

a) *Fatos notórios*. É largamente conhecido o aforismo do direito canônico, que acabou sendo incorporado pelo direito tradicional, conforme o qual *non probandum factum notorium* (os fatos notórios não precisam ser provados).

Está em Calamandrei a mais difundida definição de fato notório: é aquele "cujo conhecimento faz parte da cultura normal própria de determinado círculo social no tempo em que ocorre a decisão" (*Per la definizione del fatto notório. Revista*, p. 297, *apud* SANTOS, Moacyr Amaral. *Prova judiciária*. São Paulo: Saraiva, 1983. v. 1, p. 181). Selecionam-se, ainda, na doutrina, as seguintes definições: fatos notórios são os conhecidos em um círculo maior ou menor por uma multidão ou que são percebidos nas mesmas condições, contanto que também sejam conhecidos pelo Tribunal (Rosenberg); são os fatos conhecidos por todos ou pelo menos por um grande número de pessoas (Schonke); são os fatos conhecidos por todo mundo ou por um grande número de pessoas *(Kisch)*; notório é o fato certo para a generalidade das pessoas fora da lide, ainda que no processo seja concretamente discutido (Micheli); são os que, mediante consenso humano geral, se reputam certos e indiscutíveis, seja por que pertencem à história, ou às leis naturais, ou à ciência, ou aos acontecimentos da vida pública; fala-se, além disso, de uma notoriedade mais restrita, isto é, dos fatos ordinariamente conhecidos em determinada circunscrição, de sorte que qualquer pessoa aí residente esteja em condições de dar notícias dele (Chiovenda).

Os conceitos de fato notório, como demonstram os formulados pelos autores referidos, variarão de acordo com o ponto de vista que se adote; em nenhum dos conceitos, entretanto, poderão faltar os elementos essenciais de *generalidade* e *verdade*.

Procurando justificar a desnecessidade de o fato notório ser provado, assim se expressou Lobão: "*O que é necessário é que se tenha sempre presente ao espírito o exato conceito da notoriedade, a qual consiste em ser a verdade da existência ou a inexistência do fato tão pública e tão geralmente conhecida, que a ninguém seja possível, senão por teimosia ou por capricho, negá-la ou pô-la em dúvida*" (*apud* BATALHA, Wilson de Souza Campos. *Tratado de direito judiciário do trabalho*. São Paulo: LTr, 1977. p. 498), concluindo que "*Exigir-se a prova de um fato revestido de tal publicidade é o suprassumo da extravagância, ou zombar do senso humano*" (*ibidem*, p. 497).

O nó górdio da questão reside, precisamente, em fixar-se o "exato conceito de notoriedade" do fato, a que aludiu Lobão, pois esse conceito tem a caracterizá-lo uma acentuada relatividade. Veja-se que para um fato ser considerado notório não há necessidade de que com ele se tenham relacionado diretamente os integrantes de cada grupo ou círculo social: é notório que o descobrimento do Brasil se deu a 22 de abril de 1500, a despeito de não termos vivido naqueles tempos.

Cremos que o problema relacionado ao fato notório ainda não se encontra definitivamente solucionado pela doutrina; deve ser, p. ex., tido como notório o fato que, sendo conhecido pelos litigantes, não seja do conhecimento do juiz?

A prevalecer a maioria das opiniões emitidas pelos juristas há pouco mencionados, a resposta seria afirmativa. Pessoalmente, temos entendimento oposto. Se a parte a quem a notoriedade do fato *prejudica* admite a sua existência, resulta óbvio ser despiciendo perquirir se dele o juiz tem, ou não, ciência, pois a notoriedade, na hipótese, foi aceita pela parte a quem, por princípio, interessava negá-la; não admitindo, entretanto, o litigante a notoriedade do fato alegado pelo adverso (embora efetivamente o seja) e o juiz, por qualquer razão, também desconhecê-lo, como sustentar-se a afirmação de que a ignorância do julgador não implica exigência de que a notoriedade seja comprovada? A ser assim: *a)* ou o juiz diligencia no sentido de verificar se o fato é mesmo notório — e neste caso estará buscando a prova de sua existência, em contrariedade à regra posta no inciso I do art. 374 do CPC;

b) ou o juiz deixa de realizar essa investigação e julga: 1) a favor da parte a quem a notoriedade *aproveita;* ou 2) contra ela. Na primeira hipótese, com que convicção o faria, se ele próprio, julgador, não tem cognição do fato? Na segunda, como justificar a sua atitude diante do precitado artigo do CPC, que dispensa a prova dos fatos notórios?

Lorenzo Carnelli chegou a dedicar ao assunto proveitosa monografia, na qual concluiu pela condenação do fato notório, como preceito processual, considerando-o mesmo "perigoso, de nome incorreto, discutido e discutível na sua constituição, nos seus fins e no seu alcance" (*apud* Aguiar, Pestana de. *Comentários ao CPC*. São Paulo: Revista dos Tribunais, 1977. p. 94). O renomado jurista uruguaio tirou essa inferência após analisar a afinidade e a analogia do fato notório com outros institutos processuais e o consequente risco do elastecimento do conceito de notoriedade, que, de acordo com a sua opinião, passaria a ser utilizado como fator de injustiça na averiguação da verdade, provocando, dessa maneira, uma perigosa fenda no princípio dispositivo, que informa o processo moderno no campo das provas.

b) Fatos confessados. Quando um dos contendores admite como verdadeiro um fato contrário ao seu interesse, que tenha sido alegado pelo adverso, aí estará configurado o fenômeno da *confissão* (CPC, arts. 374, II e 389).

Não importa que a confissão seja real (espontânea ou provocada) ou fictícia, para os efeitos processuais; o que essas modalidades podem refletir é apenas uma diversidade de *eficácias*, pois sendo as duas primeiras *reais*, os seus efeitos são muito mais eficazes do que os inerentes à última, que se trata de confissão presumida, fictícia.

Respeita a lógica e o bom senso, portanto, o inc. II do art. 374 do CPC ao dispensar a prova de um fato alegado por uma das partes e confessado pela parte contrária.

c) Fatos incontroversos. Ao dispensar em um de seus incisos (I), a prova dos fatos alegados por um dos litigantes e confessados pelo adversário, e, em outro (II), dos fatos admitidos no processo como incontroversos, incidiu o art. 374 do CPC, em nosso ver, em vício pleonástico, pois os fatos confessados *também são incontroversos*. Se o legislador houvesse aglutinado, em um só, os dois incisos e dito que ficavam dispensados de prova os fatos *incontroversos*, teria ganhado em síntese e prestado justa homenagem à lógica. Fica aqui a sugestão, com vistas a um aproveitamento *de lege ferenda*.

Para que a controvérsia se estabeleça, impõe-se que a parte impugne os fatos alegados pela outra; essa contestação deve ser *específica*, ou seja, formulada em relação a cada fato, como exige o art. 341 do CPC, presumindo-se verdadeiros os que não tenham sido objeto de contrariedade. Já não há lugar, pois, em face do atual CPC, para as *contestações genéricas*, que foram largamente utilizadas na vigência do Código de 1939.

d) Fatos cuja existência ou veracidade são presumidas. As presunções que decorrem de um processo de raciocínio lógico do juiz são designadas de *simples* (ou *comuns* ou *de homem*); as provenientes de um preceito normativo denominam-se *legais*.

As presunções requerem, para a sua constituição, o concurso de três elementos: *a)* um fato conhecido (fato-base); *b)* um fato desconhecido; *c)* um nexo de causalidade; excluem-se do campo probatório os dois últimos elementos (fato desconhecido e relação de causalidade), conquanto se possa exigir que a parte demonstre a existência do fato-base, vale dizer, do fato em que a presunção se apoia. Quem invoca, portanto, a presunção legal de existência ou de veracidade de certo fato não está obrigado a provar o *fato presumido* e sim o fato em que se calca a presunção legal. O ônus da prova incumbe, na espécie, à parte favorecida pela presunção.

São exemplos de *praesumptionis iuris* no direito do trabalho: *a)* o art. 447 da CLT, pelo qual, inexistindo acordo ou prova sobre condição essencial do contrato firmado oralmente, esta se *presume* existente como se tivessem ajustado os interessados, na conformidade dos preceitos jurídicos adequados à sua legitimidade; *b)* o parágrafo único do art. 456 da CLT, onde se lê que na falta de prova ou inexistindo cláusula expressa, entende-se (ou seja, *presume-se*) que o empregado se obrigou a todo e qualquer serviço compatível com a sua condição pessoal; *c)* o inc. I do art. 1.º do Decreto-lei n. 779, de 21 de agosto de 1979, que estabelece a *presunção* relativa de validade dos recibos de quitação ou pedidos de demissão de empregados da União, dos Estados-Membros, dos Municípios, do Distrito Federal, das autarquias ou das fundações de direito público (*sic*), "ainda que não homologados nem submetidos à assistência mencionada nos §§ 1.º, 2.º e 3.º do art. 477 da CLT".

Esclareçamos, contudo, que os §§ 1.º e 3.º (assim como o 7.º), do art. 477, da CLT, foram expressamente revogados pelo art. 5.º, I, *"j"*, da Lei n. 13.467/2017.

Dediquemos alguns escólios, agora, ao problema dos fatos que são do conhecimento *pessoal* do juiz da causa.

Um dos princípios fundamentais que norteiam a atividade do juiz na condução do processo é o da sua *imparcialidade*. Figura entre os deveres legais do juiz, de conseguinte, dispensar um tratamento isonômico, igualitário, às partes, sem propender, emotiva, ideológica ou politicamente, ou por qualquer outra razão, para este ou para aquele lado (CPC, art. 139, I).Essa neutralidade do magistrado integra a garantia do devido processo legal, que as legislações modernas outorgam aos indivíduos. Imparcialidade tem, aqui, o alcandorado sentido de garantia de *justiça* às partes. Tão importante é essa garantia que a lei permite que a parte argua, mediante exceção, o impedimento ou a suspeição do juiz, com a finalidade de afastá-los do processo (CLT, art. 801). O fato de o atual CPC haver determinado que o impedimento e a suspeição sejam alegados em petição específica (art. 146, *caput*), vale dizer, independentemente de exceção, não altera o nosso argumento, até porque, no processo do trabalho, a lei impõe a formulação de *exceção* (CLT, art. 801). Talvez, a doutrina e a jurisprudência trabalhistas possam, mercê de uma interpretação arrojada, concluir pela aplicabilidade do art. 146 do CPC ao processo do trabalho. O próprio juiz deve, por sua iniciativa, considerar-se impedido ou suspeito — neste último caso, até mesmo por motivo de foro íntimo (CPC, art. 145, § 1.º).

É justamente no dever legal de neutralidade do magistrado que se vai buscar o fulcro da proibição de que ele possa decidir com base em fatos que são do seu conhecimento *pessoal*. Afinal, o juiz não pode agir, no processo em que dirige, como *testemunha* de um dos litigantes.

Como adverte Chiovenda, se ao juiz fosse lícito decidir de acordo com a sua ciência privada dos fatos controvertidos, isso seria psicologicamente incompatível com as suas funções, porquanto estaria controlando por si as próprias observações, quando o que se lhe exige é que forme a convicção pessoal por meio do controle de observações alheias.

Nem mesmo a urgência que marca a prestação da tutela jurisdicional cautelar pode ser invocada como fundamento para o juiz emitir a providência requerida com base em fatos não comprovados nos autos, mas dos quais alega possuir conhecimento próprio; fatos cuja prova incumbia à parte que os alegou. Concedendo a medida, em tal hipótese, não estaria o magistrado atendendo à cognição sumária, que é a tônica dos procedimentos acautelatórios, e sim, valendo-se de um pretexto para esquivar-se, desautorizadamente, do seu dever legal de imparcialidade.

Fique, então, acertado: permite a lei que o juiz outorgue a medida de cautela mesmo sem audiência do réu, o que não significa poder emiti-la (ainda que com a audiência deste) com base em fatos controvertidos, não provados nos autos, que afirma, *como razão de decidir*, serem do seu conhecimento privado.

Propostas conciliatórias e razões finais. Deve o juiz, nos procedimentos atinentes às tutelas de urgência, antecedentes, formular propostas destinadas à conciliação das partes e permitir que estas aduzam razões finais?

Entendemos que sim.

O objetivo fundamental da Justiça do Trabalho é a *conciliação*, (CLT, art. 764), que dá origem à *transação* — a forma ideal de autocomposição dos litígios. Para que esse escopo seja alcançado na prática, exige a lei que o juiz formule em, no mínimo, dois momentos, propostas destinadas a fazer com que os litigantes se conciliem e transacionem, mediante concessões recíprocas (CLT, arts. 847, *caput* e 850, *caput*).

A quem pretenda objetar-nos com o argumento de que a norma processual trabalhista apenas prevê as propostas conciliatórias no processo de *conhecimento*, antecipamos que tal argumento não tem autoridade para garantir que se o processo cautelar estivesse regulado na CLT o legislador não teria determinado que o juiz buscasse, também aqui, a conciliação das partes. Ora, sendo a conciliação o propósito medular da Justiça do Trabalho, como dissemos, é razoável supor que ela não abandonaria esse objetivo no âmbito do processo cautelar. De outro ângulo, o fato de a CLT não haver feito referência a propostas conciliatórias *na execução* não pode ser oposto ao pensamento que estamos a manifestar, pois o legislador entendeu desnecessário fazer com que as partes fossem instadas à conciliação após haverem-na recusado, em duas oportunidades, no processo de conhecimento, de onde proveio o título executivo. No processo de conhecimento, como sabemos, há um ambiente propício à conciliação em virtude da *incerteza* subjetiva a respeito do resultado da prestação jurisdicional invocada; já o processo de execução se peculiariza pela *certeza* da existência do direito de uma das partes (credor), que munido de um título executivo — provimento satisfativo — deseja que o devedor seja compelido a satisfazer a correspondente obrigação consubstanciada na sentença exequenda. A execução faz desaparecer, portanto, aquelas condições favoráveis à conciliação, outrora presentes no processo de conhecimento. Sensível a isso, o legislador preferiu não fazer qualquer referência à conciliação no processo executivo, embora não a proíba, como é palmar.

Esclareça-se: não *exige* a norma legal que o juiz, na execução tente conduzir as partes a um "acordo"; este, porém, *pode* ser realizado *sponte propria* dos litigantes "*mesmo depois de encerrado o juízo conciliatório*" (CLT, art. 764, § 3.º).

A própria doutrina civilista entende que o juiz deve buscar a conciliação nas ações acautelatórias de natureza jurisdicional; *a fortiori*, deve persegui-la o Juiz do Trabalho. Assim como o processo de conhecimento, o cautelar trabalhista deve ser presidido pelo princípio nuclear, que se irradia do art. 764,

§ 1.º da CLT, segundo o qual "... *os Juízes e Tribunais do Trabalho empregarão sempre os seus bons ofícios a persuasão no sentido de uma solução conciliatória dos conflitos*" (destacamos).

Queremos deixar claro que a transação pode visar não apenas ao processo cautelar em si, mas à própria lide, que dá ou dará conteúdo ao processo principal, naqueles casos em que exista uma relação entre ambos. A composição da lide material, por intermédio de transação realizada nos autos do processo cautelar, atende aos imperativos de economia e de celeridade na resolução dos conflitos interindividuais de interesses.

Razões finais. As razões finais, por sua vez, revelam-se imprescindíveis também nos procedimentos de tutela de urgência e de tutela de evidência. É verdade que se levássemos exclusivamente em conta que, no geral, as partes, ao aduzirem essas razões no processo de conhecimento limitam-se a reportar-se aos elementos dos autos, ficaríamos em dificuldade para justificar a importância ou a utilidade das razões finais no processo cautelar; essa atitude, no entanto, cometeria o estrabismo de ignorar aqueles casos em que as razões finais representam a oportunidade específica para a parte arguir nulidades processuais decorrentes de atos praticados na audiência, ou mesmo fora dela. Esse fato é bastante para demonstrar a imprescindibilidade de conceder-se aos demandantes o ensejo para formularem, no processo acautelatório, arguições dessa natureza e outras mais, necessárias à salvaguarda de direitos.

Apoiados nessas considerações, sentimo-nos seguros para afirmar que assim como ocorre no processo de conhecimento, a falta de oportunidade para o oferecimento de razões finais torna nulificável o processo cautelar. É lógico que estamos aqui a nos referir às cautelas *jurisdicionais*, porquanto naquelas de natureza *administrativa* não é cabível a tentativa de conciliação, diante da inexistência de litígio, de lide. Ainda assim, pensamos que se eventualmente os interessados (requerente e requerido) desejarem transacionar nos autos da cautela administrativa a respeito da matéria que constitui ou constituirá objeto de ação principal, não deverá o juiz obstar que o façam, hipótese em que o ato se aperfeiçoará como transação extrajudicial comum (Galeno Lacerda, obra cit., p. 333) — conquanto isso seja algo raro, em concreto, porquanto em certas providências dessa natureza o requerido nem sequer pode *responder* (apresentar defesa, diz a lei).

Autonomia da instrução na tutela de urgência

A autonomia do processo cautelar (tutela de urgência) determina a autonomia da sua instrução, em cotejo com o processo principal. O objeto da prova não é o mesmo em ambos os processos. Neste, em regra, o fato probando se refere àquele do qual o autor extrai uma pretensão material; no processo cautelar, a prova é quanto ao perigo de dano iminente e de difícil reparação ao direito da parte ao processo ou de risco ao resultado útil do processo (CPC, art. 305).O processo cautelar, além disso, satisfaz-se com a simples *verossimilhança* do direito alegado, motivo por que a instrução que lhe é própria se caracteriza por uma *summa cognitio* dos fatos; já o processo principal se empenha na busca da verdade dita *real*, utilizando-se, para tanto, de uma fase instrutória — documental e oral — minuciosa e, por isso mesmo, muito mais demorada que a do cautelar. Dizendo-se por outro modo: no processo de conhecimento, a cognição deve ser exaustiva, verticalmente aprofundada, porque o juízo que se formulará, no final, será de certeza; no processo cautelar, entretanto, a cognição é sumária, verticalmente superficial, porquanto o juízo que se formulará, no final, será de mera *probabilidade*. São, precisamente, essas particularidades que impõem o trâmite *separado* de ambos os processos, sob pena de eventual reunião dos respectivos autos, para efeito de unificar-se a instrução, representar um golpe de morte no processo cautelar, pois o seu escopo de celeridade ficaria fatalmente comprometido por esse insensato atrelamento à natural morosidade do processo principal.

Comete, por isso, inescusável *error in procedendo*, passível de providência correcional, o juiz que, na generalidade dos casos, determina a junção dos autos da cautelar aos do processo principal, com vistas a realizar uma única instrução. A contrário senso, em alguns casos, se o apensamento não acarretar qualquer prejuízo aos propósitos da cautela, poderá ser efetuado sem receio de admoestação censória. Este é, por isso, o critério a ser adotado quando se cuida de verificar quanto à possibilidade e à conveniência de apensar-se os autos da cautelar aos da ação principal, com o fim de unificar-se a instrução de ambas.

De qualquer modo, quando for possível o apensamento da cautelar entrará na faculdade do juiz determiná-lo, ou não. O apensamento não será *das ações*, e sim, *dos autos*. A ação é algo tão imaterial quanto o sentimento, a felicidade, a alegria etc.; logo, não tendo existência concreta não pode ser materialmente jungida a uma outra, ou a coisa alguma.

Sentença. Em alguns casos, a tutela provisória é concedida por meio de *decisão*; em outros, de *sentença*. A sentença emitida na ação visando à obtenção de tutela provisória de urgência cautelar, em caráter antecedente, deve, em princípio, atender aos requisitos legais para a validade e eficácia das sentenças em geral, como o mais importante dos pronunciamentos jurisdicionais. Esta nossa assertiva, no entanto, merece maiores explicações, por estar insinuando a incidência do art. 489, § 1.º, do CPC, com seu rigor exacerbado — ao menos, aos olhos do processo do trabalho. Estamos serenamente convencidos de que essa norma do processo civil deve ser repelida pelo processo do trabalho. Em primeiro lugar, por uma razão jurídica elementar e essencial: a CLT *não é omissa* sobre o tema (art. 769), como evidencia o seu art. 832. Em segundo, porque mantemos a opinião que manifestamos no livro: *A Sentença no Processo do Trabalho* (5.ª ed. São Paulo: LTr, 2017. p. 288-292):

> O § 1.º do art. 489, do CPC, e o processo do trabalho
>
> Este parágrafo não considera fundamentada qualquer decisão judicial, seja interlocutória, sentença ou acórdão, que incidir em uma das disposições dos seus incisos I a VI. Estamos diante de uma das mais rigorosas exigências legais, de quantas possam ter sido formuladas até aqui, para satisfazer ao requisito constitucional (CF, art. 93, IX) da fundamentação dos pronunciamentos jurisdicionais decisórios. Que nos desculpe o legislador, mas o conjunto das disposições inseridas nos referidos incisos I a VI do § 1.º beiram as raias do absurdo, se considerarmos o exagerado grau de esmiuçamento analítico-argumentativo aí imposto. Não se nega que o fundamento das decisões emitidas pelos órgãos do Poder Judiciário de nosso país constitui não apenas uma exigência constitucional, mas também um imperativo do Estado Democrático de Direito, em que se funda a nossa República. Exigir-se, contudo, que as decisões interlocutórias, as sentenças e os acórdãos se submetam aos rigores dos incisos I a VI do § 1.º do art. 489 do CPC, não é atender ao mandamento constitucional, nem aos ditames de um Estado Democrático de Direito, senão que entravar ou inviabilizar a prática desses atos processuais, fazendo retardar, ainda mais, o curso do procedimento. Deixo a palavra com os estudiosos do processo civil.
>
> O art. 93, inciso IX, da Constituição Federal, exigente de que as decisões judiciais (e, também, as administrativas) sejam fundamentadas, sob de nulidade, é autoaplicável (*selfexecuting*), não necessitando, por isso, ser "regulamentada" por norma infraconstitucional. Essa "regulamentação", ademais, pondo à frente o exacerbado rigor e formalismo com que foi elaborado constitui verdadeira camisa-de-força imposta aos magistrados. A propósito, desde o Regulamento Imperial n. 737, passando pelos Códigos de Processo Civil de 1939 e de 1973, sempre se exigiu que os pronunciamentos jurisdicionais de fundo (sentença e acórdão) fossem juridicamente fundamentados, sem necessidade de detalhar-se em que consistiria essa fundamentação, vale dizer, sem vincular-se o juiz a determinados requisitos formais. É oportuno lembrar que a Primeira Turma STF, no julgamento do AI n. 797.581/PB-AgR, sendo relator o Ministro Ricardo Lewandowski, assentou: "*a exigência do art. 93, IX, da Constituição, não impõe que a decisão seja exaustivamente fundamentada. O que*

se busca é que o legislador informe de forma clara e concisa as razões do seu convencimento". O que o preceito constitucional sobredito exige, portanto, é que o magistrado indique as razões jurídicas que influenciaram na formação do seu convencimento acerca dos fatos e demais elementos dos autos, a fim de evitar que a sua decisão seja arbitrária. Nada mais do que isso. Sob essa perspectiva, o § 1.º do art. 489, do CPC, não esconde a seu caráter surrealista.

Causa-nos sobressalto, por isso, o enunciado n. 303, do IV Encontro do Fórum Permanente de Processualistas Civis, aprovado em Salvador (8 e 9.11.2013), segundo o qual "*As hipóteses descritas nos incisos do § 1.º do art. 499 são exempllificativas*"! Na altura, o art. 499 do Projeto correspondia ao atual art. 489, da Lei n. 13.105/2015.

Se, na vigência do CPC de 1973, os embargos de declaração passaram a ser utilizados em larga escala, por certo, atingirão números astronômicos em decorrência das extremadas imposições do § 1.º do art. 489 do CPC de 2015 para que a sentença seja considerada fundamentada. Assim afirmamos, porque um dos fundamentos legais para o oferecimento de embargos declaratórios por omissão reside no fato de a decisão incorrer "*em qualquer das condutas descritas no art. 489, § 1.º*", conforme estabelece o art. 1.022, parágrafo único, inciso II, do CPC.

Traduzindo a indignação da magistratura nacional diante dessa norma do CPC, a ANAMATRA, a AMB e a AJUFE formularam pedido de veto ao § 1.º do art. 489 (e também aos arts. 12, 153 e 942), cujo pedido, infelizmente, não foi acatado. Vejam-se estes trechos da nota expedida pela ANAMATRA, no tocante às críticas formuladas à proposta de veto feita pelas três associações nacionais de magistrados:

1. Diversamente do que — até levianamente — afirmaram alguns poucos dentre os muitos juristas ouvidos, os vetos propostos não têm por finalidade "diminuir o trabalho dos juízes", mas preservar-lhes a independência funcional e assegurar mínima concretude a um dos princípios norteadores do NCPC e de todos os Pactos Republicanos para o Judiciário até aqui: a duração razoável do processo. Embora esperado o ataque de setores da advocacia, lamentavelmente ele veio antes mesmo de serem conhecidas as razões alinhavadas por ANAMATRA, AMB e AJUFE. Preferiu-se, pois, o julgamento às cegas.

2. No centro da polêmica, os vetos propostos aos parágrafos do art. 489 do NCPC guiaram-se por uma lógica jurídica comezinha: o legislador não pode restringir desarrazoadamente o conceito constitucional de fundamentação (art. 93, CF), como tampouco pode obliquamente tornar "vinculantes" súmulas, teses e orientações jurisprudenciais que constitucionalmente não o sejam. O mesmo se aplica ao art. 927.

3. Com efeito, os §§ 2.º e 3.º do art. 489 e os incisos III, IV e V e § 1.º do art. 927 do NCPC exorbitam do poder de conformação legislativa do Parlamento, na medida em que terão impactos severos, de forma negativa, na gestão do acervo de processos, na independência pessoal e funcional dos juízes e na própria produção de decisões judiciais em todas as esferas do país, com repercussão deletéria na razoável duração dos feitos (art. 5.º, LXXVIII, da CRFB), que é reconhecidamente o Leitmotiv e um dos alicerces centrais do novo Código.

4. À vista dos termos do art. 93, IX, da Constituição da República, o legislador entendeu por bem "regulamentar" a matéria em questão, contrariando a tradição secular do processo civil brasileiro — que jamais se viu "condicionado" pelo legislador quanto àquilo que seria ou não uma fundamentação sentencial suficiente —, para agora, em pleno século XXI, tolher a construção dos tribunais e estatuir ele próprio, Poder Legislativo, quais as hipóteses em que os tribunais devem considerar as decisões "não fundamentadas" (e, portanto, nulas de pleno direito, aos olhos da Constituição).

5. Ao fazê-lo, o Congresso Nacional retira do Poder Judiciário a plena autonomia para a interpretação do art. 93, IX, CRFB, travestindo-se em "intérprete autêntico" de uma cláusula constitucional de garantia que foi ditada pelo poder constituinte originário, o que chama a atenção por afrontar a própria separação harmônica entre os Poderes da República (art. 2.º da CRFB). O Poder Legislativo não pode ditar ao Poder Judiciário como deve interpretar a Constituição. Esse papel cabe sumamente ao próprio Judiciário; e, em derradeira instância, ao Supremo Tribunal Federal, guardião constitucional da Carta Maior (art. 102 da CRFB). O inciso IX do art. 93/CF jamais encerrou norma jurídica de eficácia limitada ou contida, mas indubitável norma jurídica de eficácia limitada ou contida, mas indubitável norma jurídica de eficácia plena, que agora perde plenitude por uma interpretação legislativa enviesada.

6. Não bastasse, onde regulamenta impropriamente, o Congresso Nacional regulamentou de modo írrito, violando outras tantas cláusulas constitucionais. Cite-se como exemplo o inciso IV do § 1.º do art. 486 ("não enfrentar todos os argumentos deduzidos no processo capazes de, em tese, infirmar a conclusão adotada pelo julgador"), que enuncia uma utopia totalitária. Esperar que o juiz — em tempos de peticionamento eletrônico e dos impressionantes "ctrl C" e "ctrl V" — refute um a um todos os argumentos da petição inicial, da contestação e das várias peças recursais, ainda quando sejam argumentos de caráter sucessivo ou mesmo contraditórios entre si (porque será possível tê-los, p. ex., no âmbito das respostas processuais, à vista do princípio da eventualidade da defesa), tendo o juiz caminhado por uma linha lógica de decisão que obviamente exclui os outros argumentos, é exigir do agente público sobretrabalho inútil e violar obliquamente o princípio da duração razoável do processo.

7. De outra parte, quanto aos incisos V e VI do parágrafo único do mesmo art. 489, diga-se da sua quase esquizofrenia. Por tais preceitos, será nula a sentença que "se limitar a invocar precedente ou enunciado de súmula, sem identificar seus fundamentos determinantes nem demonstrar que o caso sob julgamento se ajusta àqueles fundamentos"; logo, o juiz não pode simplesmente aplicar a súmula de jurisprudência a caso que a caso que evidentemente se subsuma a ela, devendo "identificar" (enaltecer?) seus fundamentos determinantes. Mas não é só. Assim como não pode "simplesmente" decidir com base em súmula de jurisprudência de tribunais superiores, também não pode deixar de decidir conforme essa mesma súmula (o que denota, no limite, um tratamento esquizoide da matéria), porque também será nula a sentença que "deixar de seguir enunciado de súmula, jurisprudência ou precedente invocado pela parte, sem demonstrar a existência de distinção no caso em julgamento ou a superação do entendimento". No limite, restará ao juiz reproduzir súmulas e enaltecê-las — conquanto não sejam constitucionalmente vinculantes.

8. Essas e outras "inovações", impostas a fórceps, de uma só canetada, a toda a Magistratura nacional, sem o necessário amadurecimento de mecanismos de democratização dos procedimentos de uniformização de jurisprudência no âmbito dos tribunais superiores, regionais e estaduais, não colhem a simpatia da Magistratura do Trabalho, como tampouco deveriam colhê-la de qualquer cidadão minimamente cônscio das necessárias aptidões democráticas do Poder Judiciário. Por isso, e apenas por isso, a Anamatra pediu — e segue pedindo — o veto aos referidos preceitos do NCPC, já amplamente conhecido como o "Código dos advogados". Que diga, agora, a Presidência da República.

Paulo Luiz Schmidt

Presidente da Anamatra

(Disponível em: <http://conjur.com.br/2015-mar-09/legislador-nao-restringir-conceito-fundamentacao-anamatra>).

No que diz respeito ao processo do trabalho, sentimo-nos à vontade para afirmar, com serenidade, que o § 1.º do art. 489 do CPC é inaplicável a este processo, porquanto a CLT não é omissa sobre o tema (art. 769). Com efeito, dispõe o art. 832, *caput*, da CLT que a decisão deverá conter, além do nome das partes: a) o resumo do pedido e da defesa (relatório); b) os fundamentos da decisão (fundamentação); e c) a respetiva conclusão (dispositivo). Ainda que se admitisse, apenas para efeito de argumentação em tese, que a CLT fosse omissa quanto ao assunto, nem por isso seria compatível com o processo do trabalho (CLT, art. 769) a regra do § 1.º do art. 489 do CPC. Se assim não se entender, estar-se-á reduzindo, de maneira considerável, a quantidade de decisões interlocutórias, de sentenças e de acórdãos emitidos pelos órgãos da Justiça do Trabalho, em detrimento, por certo, daqueles que invocaram a prestação jurisdicional desse operoso segmento do Judiciário brasileiro. Nem devemos ignorar o fato relevante de, no âmbito da Justiça Comum, serem poucos os julgamentos realizados por semana ou por mês e, além disso, as iniciais conterem dois ou três pedidos, ao passo que na Justiça do Trabalho há dezenas de julgamentos por semana ou por mês e as iniciais soem trazer dezenas de postulações, que se refletem na extensão das correspondentes defesas. A realidade do processo do trabalho, portanto, não é idêntica à do processo civil, de tal arte que soa a absurdo, a insensatez, a aplicação àquele processo de norma que foi elaborada, exclusivamente, em atenção a este. É algo como vestir roupa que havia sido feita para outro corpo.

Nestes mais de setenta anos de vigência da CLT não nos consta que as sentenças e os acórdãos emitidos pela Justiça do Trabalho, em termos gerais, tenham sido sem fundamentação jurídica, ou dotados de fundamentação precária. Casos isolados não contam. A razão pela qual se exige a fundamentação das sentenças e dos acórdãos é fazer com que a decisão reflita a preeminência da ordem jurídica, e não a vontade arbitrária do magistrado. Isso é o quanto basta para satisfazer às exigências e às necessidades de um Estado de Direito, O que o § 1.º do art. 489 do CPC está a impor ao magistrado — ao menos, aos olhos do processo do trabalho — não é uma fundamentação plena, e sim, a elaboração de um tratado multidisciplinar de filosofia, lógica e metafísica.

Nem ignoremos particularidade de, no procedimento sumariíssimo, o legislador haver permitido ao juiz do trabalho adotar, em cada caso concreto, "*a decisão que reputar mais justa e equânime, atendendo aos fins sociais da lei e às exigências do bem comum*" (CLT, art. 852-I).

Estamos cientes de que haverá intensas discussões, nos planos doutrinário e jurisprudencial, sobre a incidência, ou não, no processo do trabalho, do § 1.º do art. 489 do CPC. Por esse motivo, depositamos aqui, desde logo, o nosso contributo sobre o tema, tangidos pela esperança de que prevaleça a corrente de opinião desfavorável a essa incidência, a fim de que o processo do trabalho possa atender aos fins para os quais foi instituído., sem menosprezo aos imperativos de celeridade e de efetividade na prestação jurisdicional. A aceitação do § 1.º do art. 489, do CPC, implicará duro golpe naquilo que o processo do trabalho tem, verdadeiramente, de seu, no seu núcleo vital, por assim dizer. Não podemos ficar indiferentes — e, quanto menos, capitularmos — em momentos como este. Despertar é preciso. Resistir é preciso".

Interpretando-se o art. 832 da CLT à luz dos sistemas processuais mais modernos, percebe-se que "o resumo do pedido e da defesa" corresponde ao relatório; a "apreciação das provas" e "os fundamentos da decisão", à fundamentação; a "respectiva conclusão", ao dispositivo.

Isso é, a nosso ver, o quanto basta para atender à exigência do processo do trabalho, que ainda prossegue na luta contra a "complexização" que vem sofrendo, há várias décadas, pela infiltração de dispositivos do processo civil, mercê, muitas vezes, da equivocada leitura do art. 769, da CLT.

Art. 308. Efetivada a tutela cautelar, o pedido principal terá de ser formulado pelo autor no prazo de 30 (trinta) dias, caso em que será apresentado nos mesmos autos em que deduzido o pedido de tutela cautelar, não dependendo do adiantamento de novas custas processuais.

§ 1.º O pedido principal pode ser formulado conjuntamente com o pedido de tutela cautelar.

§ 2.º A causa de pedir poderá ser aditada no momento de formulação do pedido principal.

§ 3.º Apresentado o pedido principal, as partes serão intimadas para a audiência de conciliação ou de mediação, na forma do art. 334, por seus advogados ou pessoalmente, sem necessidade de nova citação do réu.

§ 4.º Não havendo autocomposição, o prazo para contestação será contado na forma do art. 335.

Comentário

Caput. O prazo de trinta dias, para que o autor formule o pedido principal, será contado da *efetivação* da tutela cautelar. Note-se que a norma não se refere à *concessão* da medida. Deve-se entender por *efetivação* da tutela a prática de todos os atos, materiais ou processuais, necessários para que a tutela atinja a plenitude dos seus objetivos. Somente depois disso é que passará a fluir o prazo para que o autor formule o pedido principal. A fim de evitar zonas nebulosas quanto à definição do momento em que a tutela estaria *efetivada*, cumprirá ao magistrado: a) determinar esse momento, segundo sua convicção, e, em consequência; b) intimar o autor, para efeito de contagem do prazo mencionado.

O prazo será contado em dias úteis (CLT, art. 775, *caput*).

Sendo respeitado o prazo de trinta dias, o pedido principal será apresentado nos autos em que foi formulado o pedido de tutela cautelar. Supõe-se, por isso, que se o pedido exceder ao trintídio não será apresentado nos referidos autos. Indaga-se, entrementes: de que prazo disporá o autor, quando já ultrapassados os trinta dias? Em livro anterior (*Comentários ao Código de Processo Civil sob a Perspectiva do Processo do Trabalho.* 2.ª ed. São Paulo: LTr, 2016. p. 333) afirmamos que caberia ao magistrado fixar esse prazo. Desejamos alterar esse entendimento. O assunto é mais complexo do que nos pareceu, à primeira vista. Realmente, se o pedido principal não for formulado no prazo de trinta dias, a medida cautelar perderá a sua eficácia (CPC, art. 309, I). Como este artigo alude à perda da *eficácia* da medida, e não, à *extinção do processo cautelar*, pensamos que o pedido principal deva ser formulado nesses autos, dentro do prazo prescricional (CF, art. 7.º, XXIX), que será contado do despacho que determinou a citação do réu, no procedimento cautelar (CPC, arts. 240, § 1.º, e 306).

É evidente que o prazo de trinta dias, estabelecido pelo *caput* do art. 308, do CPC, somente se aplica à tutela cautelar requerida em caráter *antecedente*; se for *incidental*, não se haverá, por um motivo de ordem lógica, que cogitar desse prazo, uma vez que a ação principal (processo de conhecimento) já se encontra ajuizada.

Em qualquer caso, não haverá adiantamento de novas custas processuais, lembrando-se que o processo do trabalho possui regras próprias sobre o pagamento de custas (CLT, arts. 789 e 789-A).

§ 1.º A disposição do *caput* do art. 308 pressupõe que o pedido de tutela cautelar anteceda à formulação do pedido principal. Justamente por essa razão é que o CPC a denominou de "*tutela cautelar requerida em caráter antecedente*". O § 1.º desse preceptivo legal, todavia, permite ao autor formular o pedido principal *conjuntamente* com o pedido de tutela cautelar. Um e outro podem, pois, ser contemporâneos ou *simultâneos*. Caberá ao autor decidir-se a respeito. O importante é que coloque em destaque o *pedido cautelar*, sob consequência de o juiz não se dar conta da sua existência na peça inicial. A propósito, do ponto de vista da *elaboração* dos pedidos, o cautelar *antecederá* ao principal — e nessa mesma ordem deverão ser *apreciados* (cada um a seu tempo) pelo magistrado. Assim sendo, ainda que ambos sejam apresentados *simultaneamente*, segundo o aspecto cronológico, a *apreciação* do pedido cautelar deverá *anteceder* ao do principal.

§ 2.º A dicção legal de que a causa de pedir pode ser acrescentada no momento da formulação do pedido principal está ligada ao *caput* do artigo, e não, ao § 1.º; em relação a este, não faz sentido cogitar-se de aditamento, pois a *causa petendi* já deve estar expressa na petição. É oportuno observar que ao ingressar em juízo com o pedido cautelar, o autor deve indicar *a lide e seu fundamento*, nos termos do *caput* do art. 305, do CPC. Posteriormente, com fundamento no § 2.º do art. 308, do mesmo Código, ele poderá aditar a *causa de pedir*. É razoável presumir que o legislador tenha previsto a possibilidade de o autor aditar a *causa de pedir* quando da formulação do pedido principal por entender que ele não teria condições de indicá-la, com as minúcias necessárias, no momento em que ingressasse em juízo, com o pedido de tutela de urgência, cautelar. Nada obsta, todavia — ao contrário, tudo sugere — que a *causa petendi* seja indicada desde logo, significa dizer, no momento em que a parte elabora a petição inicial a que se refere o *caput* do art. 305, *caput*, do CPC – desde que, à evidência, disponha de tempo e de elementos para isso.

§ 3.º Apresentado o pedido principal — afirma a norma — o juiz designará audiência de conciliação ou mediação, intimando as partes, pessoalmente, ou por meio de seus advogados, dispensando-se nova citação do réu. A referência que a norma em exame faz ao art. 334, do CPC, significa que a citação deve ocorrer com a antecedência mínima de vinte dias, em relação à audiência. Conforme afirmamos em linhas anteriores, entendemos que, no processo do trabalho, essa antecedência deverá ser de cinco dias, a fim de estabelecer-se simetria com o art. 841, *caput*, da CLT.

§ 4.º Não havendo transação (acordo, autocomposição), o prazo para o réu contestar será contado na forma prevista pelo art. 335.

Repisamos, aqui, *mutatis mutandis*, o que escrevemos na oportunidade dos comentários ao art. 303, § 1.º, inciso II do CPC: o réu será intimado para comparecer à audiência de conciliação ou mediação. A remissão que a norma *sub examen* faz ao art. 335 significa que o réu, no processo civil, poderá oferecer contestação no prazo de quinze dias. No processo do trabalho, deverá ser de cinco dias (CLT, art. 841, *caput*). O termo inicial será a data a que se referem os incisos I a III do art. 335, do CPC. Se, nessa audiência, houver autocomposição (acordo), o processo será extinto com o cumprimento do que foi objeto da transação (CPC, art. 487, III, *"b"*). Não havendo acordo, o prazo para a contestação será contado da audiência ou da última sessão de conciliação (art. 335, I).

Estabelece, por outro lado, o art. 307, parágrafo único, que se o pedido for contestado no prazo legal será observado o procedimento *comum*. Por sua vez, o art. 334, que integra o procedimento comum, dispõe que a audiência será realizada com antecedência mínima de trinta dias, devendo o réu ser citado com o prazo mínimo de vinte dias. Não cremos que esse procedimento deva ser observado no âmbito da Justiça do Trabalho, por ser incompatível com o processo que nela se pratica. Basta ver que, enquanto a CLT estabelece que a audiência deva ser a primeira desimpedida, depois de cinco dias (art. 841, *caput*), o art. 334 do CPC exige que a audiência seja designada com antecedência mínima de trinta dias.

Preconizamos, diante disso, que nos domínios da Justiça do Trabalho o procedimento da tutela de urgência *cautelar*, em caráter antecedente, seja adaptado ao processo do trabalho, de tal arte que o réu seja citado para oferecer contestação em cinco dias. O mesmo dizemos quanto à tutela *antecipada*, requerida de maneira antecedente.

Em resumo, no processo do trabalho, *efetivada* a tutela cautelar: a) o autor poderá aditar a petição inicial, juntar documentos (se for o caso) e confirmar o pedido de tutela final em cinco dias, por simetria ao art. 841, *caput*, da CLT; b) o réu será intimado para comparecer à audiência, a ser designada com observância do prazo fixado no art. 841, *caput*, da CLT. Não havendo autocomposição, o réu terá o prazo de cinco dias para oferecer contestação, a ser protocolada na secretaria do juízo ou remetida eletronicamente. Com vistas a isso, não haverá necessidade de nova intimação do réu. O juiz, sendo necessário, designará audiência para a instrução oral do procedimento (depoimento das partes, inquirição das testemunhas e o mais), adução de razões finais e reiteração da proposta conciliatória. O julgamento poderá ser realizado na mesma audiência, ou em outra, especificamente marcada para esse fim.

Art. 309. Cessa a eficácia da tutela concedida em caráter antecedente, se:

I – o autor não deduzir o pedido principal no prazo legal;

II – não for efetivada dentro de 30 (trinta) dias;

III – o juiz julgar improcedente o pedido principal formulado pelo autor ou extinguir o processo sem resolução de mérito.

Parágrafo único. Se por qualquer motivo cessar a eficácia da tutela cautelar, é vedado à parte renovar o pedido, salvo sob novo fundamento.

Comentário

Caput. A matéria estava prevista, de modo diverso, art. 808 do CPC revogado.

Cuida-se, aqui, de enumeração dos casos em que cessará a *eficácia* da medida deferida de modo *antecedente*.

Inciso I. Estabelece o art. 308, *caput*, que, efetivada a medida cautelar, o pedido principal deverá ser apresentado pelo requerente (nos mesmos autos) no prazo de trinta dias. Não formulado o pedido principal nesse prazo, cessará a eficácia da medida, salvo se o requerente comprovar que não atendeu ao prazo por justa causa (CPC, art. 223 § 1.º).

Inciso II. A eficácia da medida também findará se ela não for efetivada dentro de trinta dias. *Efetivar*, conforme já esclarecemos, significar praticar todos os atos, materiais ou processuais, necessário ao atingimento dos objetivos da tutela concedida. É oportuno repisar que os prazos processuais são contados em dias úteis (CLT, art. 775, *caput;* CPC, art. 219).

Inciso III. Uma outra causa de cessação da eficácia da medida consistirá no fato de o juiz rejeitar os pedidos principais formulados pelo autor ou extinguir o processo, sem resolução do mérito, em que esses pedidos tenham sido deduzidos.

Esta última situação é multifacetada, devendo ser examinada sob quatro ângulos:

a) O autor é vencedor na cautelar e também na ação principal. Neste caso, a medida assecuratória concedida não apenas "passa" ao processo principal, em cujo curso mantém a sua eficácia (CPC, art. 296), como de certo modo se transforma no conteúdo do próprio provimento de mérito. Posta à frente essa particularidade, podemos afirmar que a extinção do processo principal, *com* julgamento do mérito (favorável ao autor), na verdade não determina a cessação da eficácia da cautela, como diz a lei, mas, ao contrário, torna *definitiva* a tutela do direito, iniciada com aquela medida. A "cessação" da eficácia da providência, referida no Código, deve ser interpretada, por isso, no sentido de que esse atributo da cautela se *exauriu* com a obtenção da sentença de mérito, que "absorveu" a medida de garantia.

b) O autor é vencedor na cautelar, mas vencido na ação principal. Aqui, a despeito do princípio legal de que a tutela provisória conserva a sua eficácia na pendência do processo principal (CPC, art. 296, *caput*), ela efetivamente cessa (= é cassada) com o provimento de mérito, contrário aos interesses do autor. O mesmo destino teria a medida cautelar se o processo principal fosse extinto *sem* exame do mérito; em ambas as situações contempladas neste subitem, incidiria, plenamente, o preceito declaratório contido no inc. III do art. 309 do CPC.

Indaga-se, entretanto: se o autor interpusesse recurso ordinário da sentença de mérito, isso faria com que a cautela conseguida anteriormente (mas contrastada pela sentença recorrida) mantivesse a sua eficácia, considerando-se que o processo principal continuaria "pendente", de maneira a poder-se invocar a regra insculpida no *caput* do art. 296 do CPC?

Não negamos que o art. 296 declare a permanência do provimento cautelar enquanto *pendente* a causa principal, e que a interposição regular do recurso ordinário (ou da apelação, no processo civil) tenha o efeito de preservar essa pendência. O que não nos parece possível deixar de reconhecer é que a norma legal mencionada, ao proclamar a manutenção da eficácia da cautela "na pendência do processo", esteja, logicamente, pressupondo que a sentença de mérito tenha sido *favorável* ao autor, de tal sorte que a interposição de recursos dessa sentença, *pelo réu*, não retiraria a eficácia da medida acautelatória, pois tanto o recurso ordinário trabalhista, em geral (CLT, art. 899, *caput*), quanto a apelação civil, em particular (CPC, art. 520, IV), têm efeito somente "devolutivo".

Se, ao contrário, o autor (que recebera a tutela cautelar) ficar *vencido* no processo principal, parece-nos ilógico sustentar que a medida, *mesmo assim*, manteria a sua eficácia, pois se a sentença de mérito foi desfavorável a ele, e a interposição de recurso não tem efeito *suspensivo* das consequências jurídicas que esse ato jurisdicional produz na esfera jurídica dos litigantes, a conclusão inafastável é de que prevalece a sentença de mérito, no cotejo com o decreto cautelar. Se, no sistema do processo do trabalho, o recurso possuísse efeito suspensivo da decisão a que se dirige, não estaríamos sustentando o ponto de vista que acabamos de expor.

A vingar a tese esposada por aqueles que entendem ser aplicável o disposto no art. 296, do CPC, mesmo no caso de a sentença de mérito haver sido *desfavorável* ao autor, que postulou a concessão de medida cautelar, veríamos surgir, na realidade prática do processo do trabalho, situações como estas: o empregado obtém, em sede cautelar, uma providência pela qual consegue bloquear determinada quantia existente em conta corrente do empregador (CPC, art. 301); no prazo do art. 309, I, ingressa com a ação principal, pretendendo receber a indenização prevista no art. 479, *caput*, da CLT, pois o seu contrato de trabalho fora estabelecido *a prazo* (ou mediante "termo estipulado", como está na lei). Em sua resposta, o réu não apenas contesta esse pedido como formula *reconvenção*, visando a receber do autor-reconvindo a indenização que entende ser devida, a teor do art. 480, da CLT. A sentença de mérito *acolhe* o pedido do réu-reconvinte, fazendo com que dela o autor-reconvindo interponha recurso ordinário, admitido em seu efeito natural, que é o meramente *devolutivo* (CLT, art. 899, *caput*). Como — de acordo com a posição doutrinária de que divergimos —, *ainda assim*, a medida acautelatória conservaria sua eficácia (pois o processo principal continuaria *pendente*, por força do recurso interposto pelo autor-reconvindo) e como o réu-reconvinte poderia promover a execução provisória da sentença que lhe foi favorável, ficaríamos diante dessa situação *anômala* — para não dizer: *surrealista* — em que o vencedor na ação reconvencional, embora pudesse dar início à execução provisória do título executivo sentencial, não poderia libertar-se de um constrangimento patrimonial, representado pelo mencionado bloqueio de numerário depositado em sua conta corrente.

Por essas e outras razões, continuamos convencidos de que o art. 296, do CPC pressupõe tenha a sentença de mérito sido impugnada *pelo réu*, por ter sido favorável ao autor.

c) O autor é vencido na cautelar e vencedor na ação principal. Neste caso, não se cogita de cessação de eficácia da medida cautelar, simplesmente por que *inexistiu* a concessão da medida. Não há lugar, portanto, para a incidência do inc. III do art. 309, do CPC. A circunstância de, em certas hipóteses, o juiz negar a providência acautelatória não significa que o autor venha, forçosamente, a ter idêntica sorte no processo principal. A cautela, p. ex., pode não ser deferida em virtude de o juiz não se convencer da configuração dos pressupostos do *fumus boni iuris* e do *periculum in mora*, muito embora o mesmo juiz possa vir, na ação de mérito, a acolher os pedidos deduzidos pelo autor. O objeto da ação cautelar é distinto do objeto da ação de mérito. Lá, colima-se obter um provimento que ponha fim à situação de *periclitância* de um direito "aparente"; aqui, deseja-se o reconhecimento da existência do direito alegado e eventual declaração dos seus efeitos.

d) O autor é vencido na ação cautelar e na principal. Também aqui não atua a regra encartada no inc. III do art. 808 do CPC; as razões coincidem com as expostas no subitem anterior: não tendo o autor êxito em seu propósito de conseguir a tutela cautelar, é óbvio que feriria ao bom senso falar-se da cessação da eficácia de uma providência que jamais foi outorgada. Distingue-se a situação em análise da que a precedeu, pelo fato de que, naquela, o autor, conquanto ficasse vencido na ação acautelatória, restou vencedor na principal, ao passo que, nesta, o seu insucesso se verificou igualmente na ação de mérito.

Outras situações poderiam ser trazidas à colação, como *v. g.*, as envolventes de medidas *liminares*; cremos, entretanto, que as examinadas bastam para ensejar uma visão razoável da amplitude e da complexidade do que temos chamado de *universo cautelar*, onde as próprias normas legais incidentes, muitas vezes, revelam-se insuficientes para disciplinar os inúmeros e quase indecifráveis "pontos negros", aí localizados.

Duas indagações devem ainda ser feitas, antes do fechamento deste item: *a)* a perda da eficácia da medida cautelar é automática, ou deve ser declarada pelo juiz?; *b)* se necessária a declaração, o juiz deve emiti-la de ofício, ou somente poderá fazê-lo a requerimento do interessado? Vejamos.

Para *Pontes de Miranda*, a perda da eficácia da providência é *ipso iure*, com o que prescinde de qualquer ato judicial declaratório, nesse aspecto (obra cit., p. 81). *Frederico Marques*, em posição discrepante, alega que embora a cessação da medida se opere de plano, "*necessita de ato que a formalize, para que o juiz possa ordenar as diligências que devam ser praticadas em consequência* de cessação de eficácia da medida antes deferida" (*Manual de Direito Processual Civil*, São Paulo: Saraiva, 1980. vol. III).

Tomando partido nessa pendenga, julgamos que a razão esteja com *Pontes de Miranda*; atrevemo-nos mesmo a aduzir outros argumentos em prol da opinião assumida pelo notável jurista. Ora, a própria expressão literal do art. 309 do CPC coloca em evidência que a cessação da eficácia da cautela, na hipótese lá prevista, é *automática*, dá-se de plano, dispensando qualquer declaração judicial quanto a isso. É provável que se objete, como fez *Galeno Lacerda*, de que, à guisa de exemplo, um sequestro não se levanta, nem se cancela sem ordem judicial, com declaração prévia de extinção da medida, daí por que se o interessado "*comparecesse ao cartório do registro para pedir cancelamento da averbação, exibindo, apenas, certidão de que a ação principal não ingressou no prazo de trinta dias, receberia em resposta um rotundo e categórico não*" (obra cit., p. 406).

Data venia, parece-nos que esse grande jurista confundiu o ato-fato da *extinção* da medida acautelatória — que é *automática*, vale dizer, opera-se *ipso iure* — com o ato da *comunicação*, a quem de direito, dessa extinção, com a consequente ordem (mandado) para que tudo retorne ao *status quo ante*. Para que o juiz possa ordenar essas diligências, não há necessidade — como pensa *Frederico Marques* — de ato *formalizador* da extinção; reproduzidas, na prática, quaisquer das hipóteses previstas no art. 309 do CPC (notadamente as dos incisos I e II), incumbirá ao juiz, sem emitir declaração formal da *cessação da eficácia da medida*, mandar *cientificar* o fato, como dissemos, a quem de direito, com a correspondente ordem para que cessem os efeitos da cautela, antes concedida. O mandado, na espécie, não constitui o instrumento formal da cessação da eficácia da medida, se não que o da *comunicação* da extinção dessa eficácia, contendo a ordem que se fizer necessária.

No que respeita ao inc. III da norma processual precitada, há uma singularidade: a cessação da eficácia da providência cautelar *decorre* da sentença que declara extinto o processo principal, com ou sem o julgamento do mérito. Referimo-nos à *sentença* por ser ato extintivo do processo (CPC, art. 203, § 1.º). Pois bem. Ainda que a sentença extintiva do processo principal não aluda (= declare) à cessação da eficácia da cautela, uma tal cessação *não deixará de ocorrer*, porquanto a sua causa eficiente foi a sentença emitida no processo principal e não a suposta declaração que estivesse embutida nessa sentença, sobre a extinção da eficácia da cautela. Nada obsta, é certo, que a sentença, no caso, pronuncie a extinção da medida, embora isso não constitua requisito essencial à configuração desse fenômeno da medida, fica com a resposta prejudicada, em face de nosso parecer de que dita cessação independe de qualquer ato judicial declaratório. Ocorre de maneira automática, conquanto deva ser *comunicada* a quem outrora igualmente se comunicara (e ordenara), quando da concessão da cautela.

Parágrafo único. Repete-se a norma do parágrafo único do art. 808 do CPC revogado.

Qualquer que tenha sido o motivo pelo qual cessou a eficácia da medida, a lei proíbe a parte de repetir o pedido, exceto se o fizer sob novo fundamento. Esta disposição está em harmonia com a do art. 505, do mesmo Código, segundo a qual, por princípio, "*Nenhum juiz decidirá novamente as questões já decididas relativas à mesma lide*", exceto nas situações mencionadas nos incisos I e II.

Se, por qualquer motivo — diz o parágrafo único do art. 309 do CPC —, cessar a medida, é proibido à parte *repetir* o pedido, exceto por novo fundamento.

O que devemos entender, para esse efeito, como "novo fundamento"?

Antes de passarmos ao estudo do assunto, devemos anotar que a locução legal "por qualquer motivo" indica que as causas de cessação da eficácia da medida cautelar não se resumem às mencionadas nos incisos I a III do art. 309, do CPC. Disto decorre que subsistirá o veto da "repetição do pedido", impresso no parágrafo único dessa norma legal, mesmo que a causa da extinção da eficácia da cautela não esteja incluída entre as previstas nos referidos incisos.

A exata apreensão do conceito de "novo fundamento" reclama breve incursão pelo terreno da coisa julgada, a fim de lembrarmos que a *res iudicata* — inclusive a formal — somente se constitui (com vistas à incidência do parágrafo único do art. 309 do CPC) se presente a tríade de elementos essenciais da relação jurídica posta em juízo, a saber: *a)* pessoas; *b)* objeto; e *c)* causa. Como é fácil de ver, o fundamento (de fato ou de direito) pertence à causa.

Fixado esse entendimento, percebe-se que o Código proíbe o ajuizamento da ação cautelar (e de ações em geral) cujos elementos (pessoas, objeto e causa) coincidam com os da ação anterior, tanto que fala em "renovar o pedido", ou seja, em voltar o autor com *a mesma* pretensão.

Segue-se, portanto, que ao permitir o ingresso de ação acautelatória "por novo fundamento", o parágrafo único do art. 309 do Código está, na realidade, tendo em conta *uma ação distinta da anterior*, por não existir, entre uma e outra, identidade de *fundamentos*, ou de *causas*. É conveniente aclarar que a proibição legal não está circunscrita à matéria de fato; sendo assim, é também defeso à parte retornar com a ação acautelatória mesmo por *novo fundamento jurídico*, salvo se esse fundamento decorrer de *lei nova*. Insistindo: cessada a eficácia da providência cautelar, a parte não poderá intentar, outra vez, a ação mesmo que com fundamento jurídico diverso do anterior e extraído de um ordenamento jurídico que não sofreu qualquer alteração entre o ajuizamento da primeira e o da segunda ação. Apenas se lei *nova* surgir é que a parte estará autorizada a invocar, novamente, a tutela cautelar.

Essa lei posterior, aliás, inspira-nos a defender a ideia, há pouco manifestada, de que a segunda ação não traduz a mera *repetição* da anterior, tratando-se, em rigor, de *outra ação*, vale dizer, de ação diversa da precedente.

Um detalhe importante é pinçado por *Galeno Lacerda*: a vedação legal à possibilidade de reproduzir a ação cautelar pressupõe a permanência e a identidade da ação principal: "*Se esta variar, tratar-se-á de nova cautela, ou se o direito do autor, que decaiu da medida, for reconhecido pela sentença, nada impede se renove a providência para efeitos de execução. Seria absurdo, em tal hipótese, manter-se a sanção primitiva, com risco de impossibilitar a realização da própria vontade estatal, presente no comando da sentença*"(obra cit., p. 411).

Art. 310. O indeferimento da tutela cautelar não obsta a que a parte formule o pedido principal, nem influi no julgamento desse, salvo se o motivo do indeferimento for o reconhecimento de decadência ou de prescrição.

Comentário

Ainda que o juiz rejeite a concessão da medida tutelar cautelar, a parte poderá ingressar com o pedido principal sem que aquele indeferimento influa no julgamento do pedido de mérito. O princípio a ser observado, portanto, é o da *autonomia* dos pedidos deduzidos em ambas as ações. Os raros casos em que, por exceção, o indeferimento repercutirá no julgamento do pedido principal serão quando o juiz pronunciar a prescrição ou a decadência.

Realmente, se o direito material a ser objeto do pedido principal estiver fulminado pela prescrição extintiva ou pela decadência, de nenhuma utilidade prática seria a concessão de medida cautelar (tutela de urgência) desse direito. Por um critério essencialmente pragmático, o legislador veta a possibilidade de a parte repetir o pedido de medida decorrente de tutela de urgência quando estas tiverem sido rejeitadas com fundamento em prescrição ou em decadência.

Embora, em linhas transatas, tenhamos indagado sobre a possibilidade de o juiz do trabalho pronunciar, *ex officio*, a prescrição, desejamos, nesta quadra de nossa exposição, reiterar o entendimento de que isso é possível. Em um plano ideal, poder-se-ia sustentar que a prescrição liberatória não deveria existir no processo do trabalho. O fato concreto, todavia, é que a própria Constituição da República a admite (art. 7.º, XXIX), inserindo-a, aliás, curiosamente, no capítulo dos *Direitos Sociais*. Pois seja. Tradicionalmente, as normas legais permitiam ao juiz pronunciar, de ofício, a *decadência*, mas não, a *prescrição*. Posteriormente, uma alteração introduzida no art. 219, § 5.º, do CPC de 1973, *determinou* que o juiz pronunciasse, por sua iniciativa, a *praescriptio*. Isso significou que o legislador colocou a prescrição no mesmo nível da decadência, ou seja, considerou-a como matéria de ordem pública. O CPC de 2015 manteve essa linha de autorização ou determinação, conforme revela o § 1.º do art. 332. Se dúvida poderia haver quanto à incidência dessa disposição do CPC no processo do trabalho, essa hesitação da inteligência desapareceu com a Lei n. 13.467/2017, que inseriu o art. 11-A, na CLT, permitindo ao juiz pronunciar, *ex officio*, a prescrição *intercorrente*. Tal como afirmamos em outra página, seria render culto ao ilogismo supor que o magistrado somente pudesse pronunciar, por sua inciativa, essa espécie de prescrição que se forma no curso do processo, mas não, a antecedente ao processo, a que podemos denominar de *prescrição ordinária*.

Fluxograma II

TUTELA *CAUTELAR*, EM CARÁTER *ANTECEDENTE*[4]

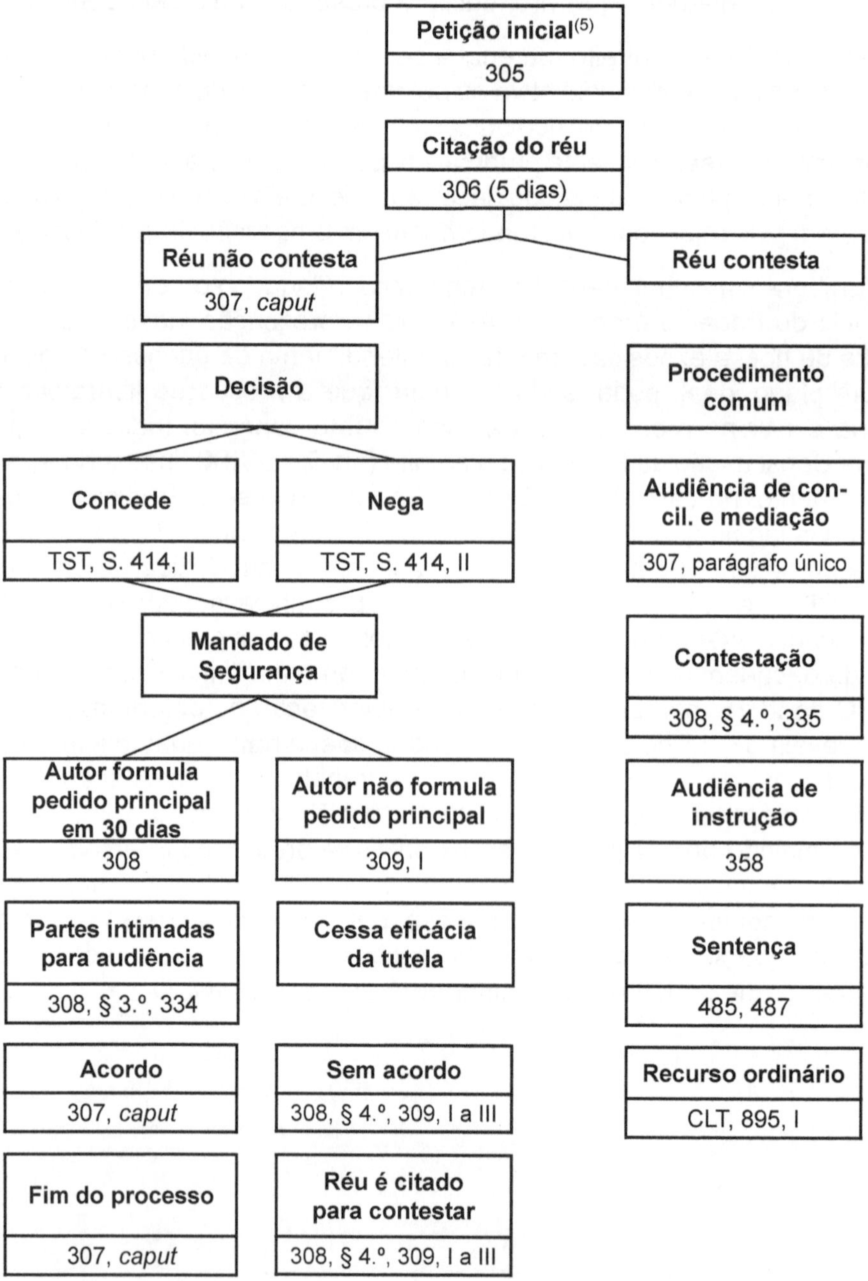

(4) Pressupõe: perigo de dano ou risco ao resultado útil do processo.

(5) A inicial indicará: a lide e seu fundamento; exposição sumária do direito; perigo de dano ou risco ao resultado útil do processo.

Capítulo III

Da Tutela da Evidência

Art. 311. A tutela da evidência será concedida, independentemente da demonstração de perigo de dano ou de risco ao resultado útil do processo, quando:

I – ficar caracterizado o abuso do direito de defesa ou o manifesto propósito protelatório da parte;

II – as alegações de fato puderem ser comprovadas apenas documentalmente e houver tese firmada em julgamento de casos repetitivos ou em súmula vinculante;

III – se tratar de pedido reipersecutório fundado em prova documental adequada do contrato de depósito, caso em que será decretada a ordem de entrega do objeto custodiado, sob cominação de multa;

IV – a petição inicial for instruída com prova documental suficiente dos fatos constitutivos do direito do autor, a que o réu não oponha prova capaz de gerar dúvida razoável.

Parágrafo único. Nas hipóteses dos incisos II e III, o juiz poderá decidir liminarmente.

Comentário

Caput. O assunto era, parcialmente, regulado pelo art. 273 do CPC revogado sob o nominativo de *antecipação da tutela*.

Foi preciso o legislador ao usar as expressões tutela *de* urgência e tutela *da* evidência. No primeiro caso, a preposição *de* sugere a noção de algo vinculado a uma fumaça (*fumus*) de direito, a algo que *poderá* acontecer; já a contração da preposição *de* com o artigo definido *a*, formando a preposição *da*, induz à ideia de algo concreto, perceptível aos olhos, evidente.

Justamente por isso, a tutela *da evidência* será concedida mesmo que não haja: a) *perigo de dano (periculum in mora)* ou b) de *risco ao resultado útil do processo*, elementos inerentes às tutelas *de urgência* (CPC, art. 300, *caput*). Os incisos do art. 311 indicam as situações que autorizam a concessão de medidas derivantes das tutelas da evidência. Essas situações não são cumulativas; basta, pois, a presença de uma delas para que a tutela seja concedida. Passemos a examiná-las.

Inciso I. O processo, como método ou instrumento estatal de solução de conflitos de interesses ocorrentes entre os indivíduos e as coletividades, ou entre uns e outros, possui um conteúdo acentuadamente ético, impondo, em razão disso, um comportamento das partes e de terceiros em consonância com esse substrato. É em nome da preservação dessa substância ética do processo que se erigiram as figuras da litigância de má-fé (art. 80), do ato atentatório à dignidade da justiça (art. 774) e o ilícito da fraude à execução (art. 792), entre outras. Não deixa de constituir emanação do conteúdo ético do processo, também, a determinação para que o juiz, convencendo-se de que as partes se valem desse instrumento estatal para praticar ato simulado ou conseguir fim vedado por lei, profira decisão impeditiva desse objetivo, aplicando às partes, *ex officio*, as penalidades da litigância de má-fé (CLT, art. 793-B e CPC, art. 142).

É, ainda, em atenção ao conteúdo ético do processo que a lei permite ao juiz conceder tutela da evidência quando o requerido estiver *abusando do direito de defesa* ou *empreendendo manobras protelatórias do curso processual.* Se, de um ponto, é inegável que o direito de ampla defesa constitui garantia constitucional (CF, art. 5.º, LV), de outro, o *abuso* desse direito implica malferimento do substrato ético do processo, por forma a autorizar o magistrado, como salientamos, a deferir a tutela da evidência. Neste caso, a tutela não leva em conta o perigo de dano ou o risco ao resultado útil do processo, mas a *conduta* do réu, incompatível com os padrões éticos e com os deveres processuais (art. 77). Desse modo, outorga-se a tutela *da evidência,* não para satisfazer eventual direito do autor, e sim, para *punir* a atitude do réu.

Podem configurar abuso do direito de defesa – por parte do réu — para os efeitos do inciso I, do art. 311, do CPC, dentre outros: a) esquivar-se à citação; b) prestar, intencionalmente, informações incorretas; c) formular contestação destituída de qualquer fundamento jurídico; c) subtrair documento dos autos; d) provocar incidentes infundados. Podemos afirmar, enfim, que as situações caracterizadoras de litigância de má-fé, previstas no art. 80, do CPC, traduzem, *ipso facto*, abuso do direito de defesa, conquanto não sejam as únicas que se prestem a isso.

O fato de o juiz haver concedido a tutela da evidência com fulcro no inciso em exame não significa, necessariamente, que na decisão final (sentença) ele irá julgar de modo contrário aos interesses do réu. Devemos rememorar que a tutela da evidência não é definitiva, pois constitui espécie do gênero *tutela provisória*. Somente a tutela antecipada concedida em caráter antecedente (art. 303, *caput*) pode ter o atributo da *estabilidade* (art. 304). Em síntese, na situação prevista no inciso I do art. 311 o juiz, por meio de concessão da tutela da evidência, limita-se a punir o réu (acolhendo o pedido formulado pelo autor) em decorrência do seu comportamento antiético. A sentença, entretanto, poderá ser contrária ou favorável ao réu, conforme venha ser o convencimento do juiz acerca da veracidade dos fatos alegados pelas partes e da maneira como se desincumbiram do encargo probatório que lhes atribui a lei.

É evidente que a concessão da tutela pressupõe que o pedido formulado pelo autor, na inicial, não se inclua na esfera daqueles a que a doutrina e a jurisprudência denominam de *juridicamente impossíveis*. É por esse motivo, entre outros, que o autor deve, já na peça de provocação da atividade jurisdicional, indicar o *direito* que pretende ver tutelado. A mesma imposição constava do inciso II do art. 273 do CPC anterior.

Se, por algum motivo, o juiz, antes mesmo da emissão da sentença de mérito, perceber, de um lado, que o autor não possui o direito material alegado (está pretendendo, digamos, obter o reconhecimento de relação de emprego com a União, sem haver prestado concurso público e sem se ajustar às exceções previstas no art. 37, II, da Constituição Federal), e, de outro, que o réu está abusando do seu direito de defesa ou empreendendo manobras procrastinatórias, que atitude deverá adotar? Segundo entendemos, como não pode conceder a tutela da evidência (pois a única evidência é de que o autor *não possui o direito alegado*), deverá proceder ao julgamento antecipado do mérito (CPC, art. 355, I), rejeitando os pedidos formulados pelo autor (CPC, art. 490), e condenando o réu por litigância de má-fé (CLT, arts. 793-B e 793-C), no que couber.

Inciso II. Os pressupostos legais para a concessão da tutela de evidência são estes: a) a petição inicial estar instruída com documentos que comprovem, de maneira irrefutável, os fatos alegados pelo autor; e b) haver tese firmada em julgamento de casos repetitivos; c) ou em súmula vinculativa. Podemos inserir, também, d) a possibilidade jurídica do pedido; e) as decisões do STF no controle concentrado de constitucionalidade (CPC, art. 927, I); f) os acórdãos em incidente de assunção de competência (CPC, art. 927, III); g) os enunciados das Súmulas do STF em matéria constitucional e do STJ em matéria infraconstitucional (CPC, art. 927, IV). São pressupostos de natureza objetiva, e *não cumulativos*. *Fatos só puderem ser comprovados documentalmente*. Algumas observações acerca deste requisito devem ser expendidas.

Em primeiro lugar, apenas serão considerados, para os efeitos na norma legal em estudo, os fatos que devam ser comprovados, de maneira exclusiva, por meio de documentos, como seria o caso, por exemplo, no processo do trabalho, do pagamento de salários (CLT, art. 464). Em segundo, pressupõe-se que o documento não tenha sido validamente impugnado, nem sido objeto do incidente de falsidade, a que se refere o art. 430, do CPC.

Tese em casos repetitivos. A tutela da evidência também será concedida, sem necessidade de demonstração de perigo de dano ou de risco ao resultado útil do processo, quando houver tese firmada em julgamento de casos repetitivos. O incidente de resolução de demandas repetitivas é regido pelo art. 976 a 987, do CPC.

Súmulas vinculativas. De igual modo, dispensar-se-á a demonstração de dano ou de risco ao resultado útil do processo se houver súmula vinculativa sobre o tema. As denominadas súmulas "vinculantes" foram instituídas pela Emenda n. 45/2004, que inseriu o art. 103-A na Constituição da República. O adjetivo *vinculantes* foi por nós aspado por não se encontrar (ainda) dicionarizado. O que há é *vinculativa* ou *vinculatória*.

A partir da publicação na imprensa oficial, a súmula terá efeito vinculativo dos demais órgãos do Poder Judiciário e da administração pública direta e indireta, nas esferas federal, estadual e municipal.

Pedido juridicamente possível. Exige-se que o pedido esteja amparado pelo ordenamento jurídico. Se houver, na lei, ao contrário, um *veto* à formulação de determinado pedido, este será, tecnicamente, considerado juridicamente impossível. Melhor seria que dissesse juridicamente *inatendível*, pois a *formulação* do pedido, em tese, é (materialmente) *possível*, embora o seu *acolhimento* seja obstado por norma legal.

Inciso III. A Justiça do Trabalho não possui competência para apreciar ação reipersecutória tendo como objeto contrato de depósito. Diz-se que a ação é reipersecutória porque por meio dela o autor busca a restituição de um bem que lhe pertence e que se encontra fora do seu patrimônio.

Inciso IV. Se a petição inicial estiver acompanhada de documento capaz de provar, de maneira "suficiente", os fatos constitutivos do direito do autor, a que o réu não oponha prova capaz de infundir dúvida razoável no espírito do juiz, este poderá conceder a tutela da evidência mesmo que não haja demonstração de perigo de dano ou de risco ao resultado útil do processo. Não basta, portanto, que o documento se revele como prova suficiente, idônea, dos fatos constitutivos do direito do autor: é absolutamente necessário que o réu não oponha ao documento prova capaz de gerar dúvida razoável no espírito do magistrado. Cuida-se, aqui, de prova, exclusivamente, documental, vale dizer, pré-constituída.

Neste caso, juiz, antes de conceder a tutela, deverá citar o autor, para que se pronuncie sobre a inicial e os documentos que a instruem.

É relevante esclarecer que as situações previstas nos incisos I a IV, do art. 311, do CPC (além das que foram por nós acrescentada), não são cumulativas. Sendo assim, basta a presença de uma delas para que o juiz esteja autorizado a conceder a tutela da evidência.

Parágrafo único. Nas situações previstas nos incisos II e III, o juiz poderá conceder a tutela *in limine*, vale dizer, antes de ser apresentada a contestação. Como a matéria de que se ocupa o inciso III não se insere na competência da Justiça do Trabalho, resta o inciso II. De qualquer forma, a concessão da medida constituirá *faculdade* do juiz, não se traduzindo, pois, em direito subjetivo processual do autor a obtenção da tutela liminar. Note-se, que enquanto o *caput* do art. 311 afirma que a tutela *será* concedia (caráter imperativo), o parágrafo único dispõe que a concessão *poderá* (caráter facultativo) ser deferida, liminarmente, nos casos ali previstos.

Nos termos do parágrafo único do art. 311, portanto, as situações mencionadas no inciso I (abuso do direito de defesa ou manifesto objetivo protelatório) não autorizam o juiz a conceder, *in limine*, a tutela da evidência. Temos, no entanto, uma ponderação a fazer. No caso específico de o réu estar a adotar, de forma manifesta, atitude protelatória do processo, entendemos que o juiz poderá conceder, liminarmente, a tutela, ou seja, sem que a contestação tenha sido apresentada. Digamos que o réu esteja, de modo evidente, se esquivando à própria citação, fazendo com que o tramite processual fique prejudicado. Situações como essa, a nosso ver, autorizam o juiz a conceder a tutela, desde logo (contanto que seja *requerida*: CPC, art. 299, *caput*), como providência destinada a punir esse comportamento antiético do réu, e a demovê-lo de seu intento.

No caso do inciso IV, há uma razão lógica para o veto legal à possibilidade de o magistrado conceder a tutela, *in limine:* como a norma legal pressupõe o fato de o réu não haver oposto "*prova capaz de gerar dúvida razoável*" a respeito da prova documental que instrui a petição inicial, é evidente que o juiz *antes* de pensar em conceder a tutela ao autor, deverá mandar citar o réu para manifestar-se sobre esses documentos.

Fluxograma III

O fluxograma que apresentaremos, a seguir, é *simplificado*, pois não compreende todas as hipóteses e desdobramentos procedimentais de tutela da evidência.

TUTELA DE EVIDÊNCIA

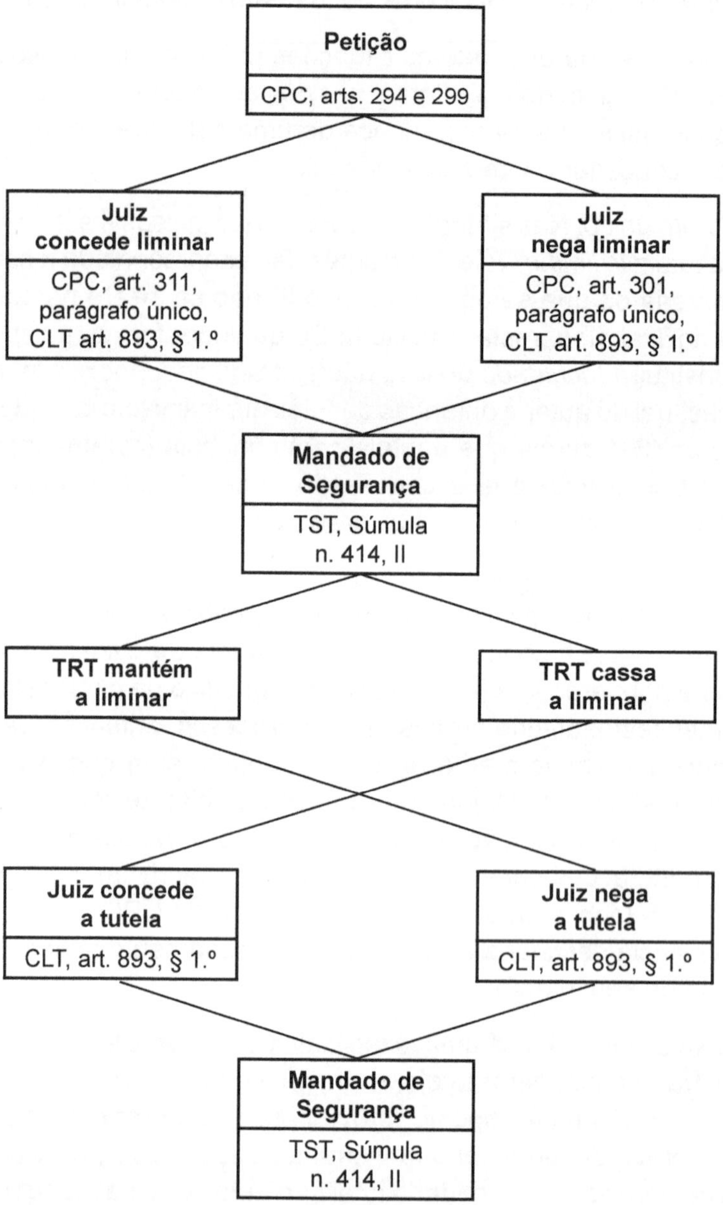

Capítulo IV

Tutelas Provisórias, Julgamento Antecipado Integral do Mérito e Julgamento Antecipado Parcial do Mérito

O art. 355, do CPC, permite ao juiz realizar o *julgamento antecipado (e integral) do mérito* nos casos em que:

a) não houver necessidade de produção de outras provas;

b) o réu for revel, ocorrer o efeito da revelia e não existir requerimento de prova (incisos I e II, nessa ordem).

Desnecessidade de outras provas. O primeiro desses casos é quando a partes informarem que não pretendem produzir *outras* provas. Isso significa que provas *foram produzidas* nos autos. A não se entender assim, não faria sentido o emprego do adjetivo *outras*. Deste modo, como já existem provas suficientes nos autos, não há necessidade de serem produzidas *outras*. É certo que o assunto não é tão simples quanto possa supor, pois deve ser indagado: quem decide quanto à *desnecessidade* de outras provas? As partes? O juiz? Tanto aquelas quanto este. Tudo dependerá de cada caso concreto. Haverá situações em que as próprias partes dirão dessa desnecessidade; e outras, em que cumprirá ao juiz formular essa declaração (CLT, art. 765). É evidente que se as partes discordarem dessa decisão do magistrado poderão alegar nulidade processual decorrente da restrição do direito de defesa dos seus direitos e interesses processuais, desde que se sintam aptas para comprovar o manifesto prejuízo derivante desse ato judicial (CLT, art. 794).

Embora o inciso I do art. 355, do CPC, conforme vimos, se refira à desnecessidade de produção de *outras* provas, o julgamento antecipado integral do mérito poderá ocorrer mesmo quando não houver necessidade de produção de *nenhuma* prova, seja por tratar-se da denominada *matéria de direito*, seja por estar-se diante de *fato notório* (CPC, art. 274, I).

Se as partes informarem que não têm outras provas a produzir, além das contidas nos autos, o juiz poderá julgar o mérito em detrimento da parte sobre a qual incide o *onus probandi*, e desse encargo processual não se tenha desincumbido.

É importante ressaltar que, sob a óptica do processo do trabalho, o julgamento antecipado integral do mérito não poderá prescindir das propostas conciliatórias e das razões finais, sob pena de nulidade processual.

Revelia. Outra situação que autoriza o julgamento antecipado integral do mérito é o da revelia. Não basta, entretanto, que o réu seja revel: é indispensável que tenha ocorrido o efeito da revelia, qual seja, a presunção de veracidade dos fatos alegados na inicial (art. 344), e que o réu não haja requerido a produção de provas, conforme lhe permite o art. 349. O art. 345 do CPC indica os casos em que a revelia não produz o seu efeito.

Não se verificando o efeito da revelia, o ônus da prova, em princípio, permanece com o autor, razão pela qual o juiz mandará intimá-lo para que especifique as provas que deseja produzir, se ainda não fez essa indicação (art. 348).

O art. 332 do CPC revela, de certa forma, outra situação em que ocorre o de julgamento *antecipado* do mérito (art. 355), embora se refira à "improcedência" *liminar* do pedido. A diferença está em que na "improcedência" prevista no art. 332 o julgamento ocorrerá sem que o réu tenha sido citado, ao passo que o art. 355 pressupõe a existência de citação. Além disso, no caso do art. 332 a causa dispensa, expressamente, a *fase instrutória*, enquanto o art. 355 diz da desnecessidade de serem produzidas *outras* provas.

O art. 356, do CPC, por sua vez, autoriza o juiz a proceder ao *julgamento antecipado parcial* do mérito quando este:

a) mostrar-se incontroverso;

b) estiver em condições de imediato julgamento, nos termos do art. 355.

Incontroverso é o pedido não contestado e, quando for o caso, também os fatos em que ele se funda. Dispõe a esse respeito o art. 341, do mesmo Código, incumbir ao réu manifestar-se, de maneira precisa, sobre as alegações contidas na petição inicial, "presumindo-se verdadeiras as não impugnadas". Cuida-se, aqui, do princípio da impugnação específica (ou especificada) dos fatos. Se o réu contestar os fatos alegados na inicial, mas, na oportunidade do seu depoimento, reconhecer como verdadeiros os fatos alegados naquela peça, estará confessando (CPC, art. 389), fazendo com seja dispensada produção de outras provas acerca dos fatos confessados, pois estes se tornaram incontroversos (CPC, art. 374, II e III).

Em condições de imediato julgamento. A causa estará em condições de imediato julgamento, para os efeitos do artigo em exame, quando não houver necessidade de produção de provas (ou de outras provas) ou quando ocorrer o efeito da revelia (art. 355). Devemos chamar a atenção ao fato de que, no primeiro caso, sob a perspectiva do processo do trabalho a causa só estará em *condições de ser julgada* após a formulação de propostas visando à solução consensual do conflito e a apresentação de razões finais (CLT, arts. 846, § 1.º, e 850, *caput*).

Nada obsta a que, nas situações previstas pelos arts. 355 e 356, do CPC, o juiz, a requerimento da parte (CPC, art. 299), conceda tutela provisória, seja em caráter antecedente, seja em caráter incidental, desde que se encocntrem presentes os pressupostos legais.

O que distingue o julgamento *parcial* do mérito, do julgamento *integral*, é a extensão da projeção do correspondente pronunciamento jurisdicional sobre o conjunto dos fatos e dos pedidos. Sob certo aspecto, contudo, os requisitos legais para julgamento integral, ou para julgamento parcial, não apresentam diferenças profundas (arts. 355 e 356, respectivamente).

Capítulo V

Enunciados Aprovados no Fórum Nacional de Processo do Trabalho

(1.ª Reunião na Cidade de Curitiba/PR)

Por ocasião do I Fórum Nacional de Processo do Trabalho, realizado em Curitiba, nos dias 4 e 5 de março de 2016, foram adotados diversos *Enunciados*, envolvendo o *binômio*: processo do trabalho / Novo CPC.

Ao 2.º Grupo coube o tema: *Tutela de Urgência*, em relação ao qual foram adotados os seguintes *Enunciados:*

> 20) ART. 769 DA CLT E ART. 294/NCPC. TUTELA CAUTELAR. O art. 294, *caput* e parágrafo único, do NCPC, é aplicável ao processo do trabalho no que diz respeito à concessão de tutela provisória de urgência cautelar, seja de forma antecedente ou incidental, ou de tutela provisória de urgência antecipada em caráter incidental. Inteligência do art. 769 da CLT e art. 294 do NCPC.
>
> *Resultado: aprovado por unanimidade.*
>
> 21) ART. 769 DA CLT E ART. 297 DO NCPC. Nas tutelas de urgência, autorizado pelo poder geral de cautela, o juiz poderá conceder tutela diversa da pleiteada para assegurar resultado prático à demanda, e, principalmente para asseguração de direitos e garantias fundamentais (art. 769 da CLT c/c art. 297 do NCPC).
>
> *Resultado: aprovado por unanimidade.*
>
> 22) ART. 769 DA CLT E ART. 297 NCPC. TUTELA DE URGÊNCIA. É compatível com o processo do trabalho o art. 297 do NCPC (art. 769 da CLT c/c art. 297 do NCPC).
>
> *Resultado: aprovado unanimidade.*
>
> 23) ART. 769 DA CLT E ART. 298 DO NCPC. TUTELA PROVISÓRIA. FUNDAMENTAÇÃO. Em razão de norma específica e da compatibilidade de institutos, bem como ante o comando do art. 93, IX, da Constituição Federal, o art. 298 do NCPC, é aplicável ao processo

do trabalho, devendo o juiz fundamentar todas as decisões (art. 769 da CLT c/c art. 298 do NCPC).

Resultado: aprovado unanimidade.

24) ART. 769 DA CLT E ART. 299 DO NCPC. COMPETÊNCIA FUNCIONAL. TUTELA PROVISÓRIA. Diante da lacuna normativa e por compatibilidade, é adequado aplicar ao processo do trabalho as regras do art. 299 do NCPC, que tratam da competência funcional para a apreciação dos requerimentos de tutela provisória. A tutela provisória deverá ser requerida ao juízo da causa e, quando antecedente, ao juízo competente para conhecer do pedido principal. (art. 769 da CLT c/c art. 299 do NCPC).

Resultado: aprovado unanimidade.

25) ART. 769 DA CLT E ART. 300 DO NCPC. TUTELA DE URGÊNCIA. PERIGO DE REVERSIBILIDADE. A natureza e a relevância do direito em discussão na causa podem afastar o requisito da inexistência de perigo de irreversibilidade dos efeitos da decisão, quando da concessão de tutelas de urgência (art. 769 da CLT c/c art. 300, § 3.º do NCPC).

Resultado: aprovado por maioria qualificada.

26) ART. 769 DA CLT E ART. 300, §1.º DO NCPC. TUTELA DE URGÊNCIA. CAUÇÃO. Para os fins do §1.º do art. 300 do NCPC (exigência de caução), que é aplicável ao processo do trabalho, o trabalhador, em regra, é considerado economicamente hipossuficiente.

Resultado: aprovado por unanimidade.

27) ART. 769 DA CLT E ART. 300, §2.º DO NCPC. TUTELA DE URGÊNCIA LIMINAR. É aplicável ao processo do trabalho o § 2.º do art. 300, segundo o qual as tutelas de urgência podem ser concedidas liminarmente ou após justificação prévia.

Resultado: aprovado por unanimidade.

28) ART. 769 DA CLT E ART. 305 E A 310 DO NCPC. TUTELA DE URGÊNCIA ANTECEDENTE E INCIDENTAL. A partir da vigência do NCPC, tanto o pedido de tutela cautelar, quer na modalidade antecedente ou na incidental, como o pedido principal, serão formulados nos mesmos autos (*caput* dos arts. 305 e 308), podendo ser concedida liminarmente ou após justificação prévia (art. 9.º, parágrafo único, I, e art. 300, § 2.º). A tutela cautelar, em suas modalidades, é compatível com o processo do trabalho e com as

medidas liminares previstas art. 659, IX e X da CLT, devendo o autor indicar, na petição inicial, quando antecedente, "a lide e seu fundamento" e a "exposição sumária do direito que se objetiva assegurar e o perigo de dano ou o risco ao resultado útil do processo" (NCPC, art. 300, *caput*).

Resultado: aprovado por unanimidade.

29) ART. 769 DA CLT E ART. 311 DO NCPC. TUTELA DE EVIDÊNCIA. A tutela de evidência é compatível com o Direito Processual do Trabalho e deve ser amplamente utilizada. Pode ser requerida na petição inicial junto com o pedido principal, bem como no curso do processo, mas sempre nos mesmos autos do pleito atinente à tutela de mérito (analogia do *caput* do art. 303, § 1.º, II c/c *caput* dos arts. 305 e 308). A tutela da evidência, que não pressupõe demonstração de perigo de dano ou de risco ao resultado útil do processo, mas apenas de uma das situações legalmente elencadas (NCPC, art. 311, I a IV), pode ser concedida liminarmente nas hipóteses dos incisos II e III do art. 311 do NCPC (arts. 9.º, parágrafo único, II, e 311, parágrafo único) e guarda compatibilidade com o processo do trabalho, notadamente por propiciar celeridade, razoável duração do processo e efetividade.

Resultado: aprovado por unanimidade.

Bibliografia

A

ALSINA, Hugo. *Tratado teorico e practico de derecho procesal civil y comercial.* 2. ed. Buenos Aires: Bibliográfica Argentina, 1963. v. 5.

AGUIAR, João Carlos Pestana de. *A crise da privacidade e os meios de prova,* RF, 252/69.

______. *Comentários ao CPC.* São Paulo: Revista dos Tribunais, 1977.

ARAGÃO, Egas Moniz de. *Comentários ao Código de Processo Civil.* vol. II. Rio de Janeiro: Forense, 1974.

B

BAPTISTA, Ovídio. *As ações Cautelares e o novo Código de Processo Civil.* Rio de Janeiro: Forense, 1979.

BARBI, Celso Agrícola. *Comentários ao Código de Processo Civil.* vol. I. Rio de Janeiro: Forense, 1981.

BATALHA, Wilson de Souza Campos. *Tratado de direito judiciário do trabalho.* São Paulo: LTr, 1977.

C

CALAMANDREI, Piero. *Instituciones de derecho procesal civil.* Buenos Aires: 1941.

CARNELUTTI, FRANCESCO. Lite e Processo. In: *Studi Di Dirittto Processuale.* vol. III.

CASTILLO, Niceto Alcalá-Zamora y. *Principios teóricos y políticos de una reforma procesal.* Honduras, 1950.

CASTRO, Amílcar de. *Comentários ao Código de Processo Civil.* vol. X, tomo 1.º, 2.ª cd. 1974.

CHIOVENDA, Giuseppe. *La riforma del procedimento civile.* Roma, 1911.

______. La acción en el sistema de los derechos. In: *Ensayos de derecho procesal civil.* vol. I, tradução argentina.

______. *Instituições de direito processual civil.* Nápoles: Jovene, 1933.

______. *Principíos de derecho procesal civil.* Madrid: Inst. Edit. Reues, sem data, tomo II.

COSTA, Lopes da. *Medidas preventivas.* 2.ª ed. Belo Horizonte: 1958.

D

DINAMARCO, Cândido Rangel. *Fundamentos do processo civil moderno*. São Paulo: Revista dos Tribunais, 1986.

______. *A Instrumentalidade do Processo*. São Paulo: Revista dos Tribunais, 1987.

______. *Nova era do processo civil*. São Paulo: Malheiros, 2003.

G

GOLDSCHMIDT, James. *Teoría general del proceso*. Barcelona: Editorial Labor, 1936.

GRINOVER, Ada Pellegrini. *Teoria geral do processo*. 6.ª ed. São Paulo: Revista dos Tribunais, 1986.

L

LACERDA, Galeno *Comentários ao Código de Processo Civil*. v. III, tomo I. 2.ª ed. Rio de Janeiro: Forense, 1981.

LIEBMAN, Enrico Tullio. *Manuale di diritto processuale civile*. vol. 1. 3.ª ed. Milano: Giuffrè, 1973.

M

MARQUES, José Frederico. *Manual de direito processual civil*. São Paulo: Saraiva, 1980. vol. III.

MAXIMILIANO, Carlos. *Comentários ao Código de Processo Civil*. 2.ª ed. São Paulo: Revista dos Tribunais, 1976. vol. I.

MIRANDA, Pontes de. *Comentários ao Código de Processo Civil*. Rio de Janeiro: Forense, 1976. Tomo XII.

MOREIRA, José Carlos Barbosa. *Temas de direito processual*. São Paulo: Saraiva, 1984.

______. Efetividade do processo e técnica processual. *Revista Forense*, Rio de Janeiro, Forense, vol. 329, p. 97, jan./mar. 1995.

______. *Antecipação da tutela:* algumas questões controvertidas. Temas de direito processual Oitava série. São Paulo: Saraiva, 2004.

N

NERY JUNIOR. Nelson. *Princípios do processo civil na Constituição Federal*. 3.ª ed. São Paulo: Revista dos Tribunais, 1996.

R

REALE, Miguel. *Lições preliminares de direito*. 7.ª ed. São Paulo: Saraiva, 1980.

S

SANTOS, Ernane Fidelis dos. *Introdução ao direito processual civil*, Rio de Janeiro: Forense, 1978.

SANTOS, Moacyr Amaral. *Primeiras linhas de direito processual civil*. 1.º vol. São Paulo, Saraiva, 1978.

SPRENGER, James; KRAMER, Heinrich. *O martelo das feiticeiras.* 12.ª ed. Rio de Janeiro: Rosa dos Tempos, 1997.

T

TEIXEIRA FILHO, Manoel Antonio. *As ações cautelares no processo do trabalho. 5.ª ed.* São Paulo: LTr, 2005.

______. *Execução no processo do trabalho.* 12.ª ed. São Paulo: LTr, 2017.

______. *A prova no processo do trabalho.* São Paulo: LTr, 1985.

______. *O processo do trabalho e a reforma trabalhista.* São Paulo: LTr, 2017.

______. *Petição inicial e resposta do réu no processo do trabalho.* 2.ª ed. São Paulo: LTr, 2017.

______. *A sentença no processo do trabalho.* 5.ª ed. São Paulo: LTr, 2017.

______. *Comentários ao Código de Processo Civil sob a perspectiva do processo do trabalho.* 2.ª ed. São Paulo: LTr, 2016.

TORNAGUI, Hélio. *Comentários ao Código de Processo Civil.* 2.ª ed. São Paulo: Revista dos Tribunais, 1976. vol. I.

V

VILLAR, Castro. *Ação cautelar inominada.* Rio de Janeiro: Forense, 1986.

Z

ZITELMANN. *Las lacunas del derecho.* Trad. Espanhola de Lücken im Recht. In: *La ciência del Derecho*, Buenos Aires: Losada, 1949.